LUCIA BERLIN

Was ich sonst noch verpasst habe

Stories

Herausgegeben von Stephen Emerson

Aus dem amerikanischen Englisch
von Antje Rávic Strubel

 ARCHE

Die Originalausgabe erschien 2015 unter dem Titel
A Manual for Cleaning Women. Selected Stories
im Verlag Farrar, Straus & Giroux, LLC, New York

Die Übersetzung wurde gefördert durch das
Max-Geilinger-Stipendium des Übersetzerhauses Looren, Schweiz.

ISBN 978-3-7160-2742-4

Deutsche Erstausgabe
5. Auflage 2016
© der deutschsprachigen Ausgabe 2016 by
Arche Literatur Verlag AG, Zürich–Hamburg
© 2015 Literary Estate of Lucia Berlin LP
© 1977, 1983, 1984, 1988, 1990, 1993, 1999 by Lucia Berlin
© Notiz des Herausgebers: 2015 by Stephen Emerson
© Vorwort: 2015 by Antje Rávic Strubel
Alle Rechte vorbehalten
Gesetzt aus der Minion Pro
Satz: Pinkuin Satz und Datentechnik, Berlin
Druck und Bindung: GGP Media GmbH, Pößneck, Germany

www.arche-verlag.com
www.facebook.com/ArcheVerlag

Inhalt

Das Schreiben als Fallschirm

Ein Vorwort von Antje Rávic Strubel

Wer war diese Frau mit dem fantastischen Namen, der wirkt, als wäre er erfunden? Auf welchen Sprachraum, welche Herkunft deutet er hin? So wenig, wie der Name seine Trägerin festlegt, so offen, mehrdeutig und bezugsreich ist das Werk von Lucia Berlin.

Wer bisher nach Lucia Berlin suchte, fand nur wenige biografische Details. Über ihren Tod im Jahr 2004 hinaus galt sie als das am besten gehütete literarische Geheimnis der USA. Der verdiente Durchbruch kam erst im Jahr 2015, als Stephen Emerson, ein guter Freund von Berlin, im renommierten New Yorker Verlag Farrar, Straus & Giroux einen neu zusammengestellten Band herausbrachte, der dreiundvierzig von insgesamt sechsundsiebzig Erzählungen enthält. Diese Sammlung, auf der auch die vorliegende deutsche Ausgabe beruht, zeigt, dass Berlins Literatur keineswegs gealtert, sondern atemberaubend gegenwärtig ist; es sind zeitlose Geschichten, deren Klang lange nachhallt.

Ihrer späten Entdeckung zum Trotz gehört Lucia Berlin zu den Großen der amerikanischen Literatur. Ihre genuine Schreibweise hat die Strahlkraft einer Carson McCullers, eines William Faulkner, einer Joan Didion. Mit Didion verbindet Lucia Berlin nicht nur die Generation – sie wurde 1936 in Alaska geboren –, sondern auch der untrügliche Blick, die pointierte Zuspitzung, die literarische Präzision. Mit Carson McCullers verbindet sie das Interesse an ungewöhnlichen, vielschichtigen, gebrochenen Charakteren und eine berauschende erzählerische Leichtigkeit, mit Faulkner das literarische Wagnis und die Lust, an Grenzen zu gehen.

Lucia Berlin ist eine jener Autorinnen, für die Leben und Schreiben eine fortlaufende, sich wechselseitig entzündende Bewegung ist. Als Tochter eines Bergbauingenieurs wuchs sie in den Minenstädten der Rocky Mountains auf, in Montana, Idaho, Arizona. Als ihr Vater während des Zweiten Weltkriegs bei der Marine diente, zog die Mutter mit ihr und der jüngeren Schwester zu Verwandten ins texanische El Paso. Nach dem Krieg siedelte die Familie nach Chile über, wo der Vater für eine große Bergbaufirma arbeitete. Von dort ging Berlin zum Studium nach New Mexico. Später lebte sie in Nordkalifornien, Oakland, schließlich in Boulder, Colorado, bevor sie an ihrem 68. Geburtstag in Los Angeles starb. Dieses Unterwegssein ist auch ihren Geschichten eingeschrieben. Sie spielen in den rauen Landschaften des amerikanischen Westens und Südwestens und in Südamerika; in Albuquerque, El Paso, in Mexiko und Chile.

Erste Erzählungen erschienen ab den 1960er-Jahren in Zeitschriften. Da hatte sie allerdings schon einen Roman geschrieben, der ihr in Mexiko gestohlen wurde, und einen weiteren verbrannt, was sie später bereute. 1977 erschien ihr erstes Buch in einem kleinen Verlag. Sechs weitere Bände folgten, die letzten drei bei Black Sparrow Press. Dieser Verlag, in den 1960er-Jahren gegründet, brachte unter anderem Werke von Charles Bukowski oder Paul Bowles heraus. Auch Beat-Autoren wie Jack Kerouac publizierten dort, der Black-Mountain-Dichter Robert Creeley und der Autor und Künstler Fielding Dawson. Lucia Berlin war eine aufmerksame Leserin – mit

Robert Creeley verband sie eine lebenslange Freundschaft, später gehörte der Dichter und Verleger Kennward Elmslie zu ihrem Freundeskreis, die beiden führten einen intensiven, wöchentlichen Briefwechsel.

Mit ihrer unbehauenen Sprache, ihren ungeschönten Schilderungen und komplexen Figurenporträts, durchwoben von abgründigem Witz, hat Lucia Berlin allerdings ein unverkennbar eigenes, einzigartiges literarisches Universum geschaffen.

Diese Autorin schaut dorthin, wo es wehtut. Den Schmerz fängt sie in einem dunklen Lachen auf. Und das geschieht unabhängig von dem kulturellen Hintergrund, dem Milieu oder der Generation ihrer Charaktere. Berlin ist nicht, wie bei Schriftstellern häufig der Fall, Expertin für ein Milieu oder eine bestimmte gesellschaftliche Klasse. Dank ihrer Reisen, ihrer Herkunft, ihrer vielfältigen Jobs hat sie verschiedenste gesellschaftliche Schichten und Sozialisationen erlebt. Sie kennt sich mit prekären Verhältnissen ebenso aus wie mit wohlhabenden, und sie weiß aus eigener Erfahrung, wie unvermittelt der Wechsel von einem ins andere geschehen kann. Als Jugendliche war sie Teil der chilenischen High Society, als alleinerziehende, alkoholkranke Mutter von vier Kindern schrammte sie später öfter am Abgrund entlang. So kann sie von sozialer Brüchigkeit in kolonial geprägten amerikanischen Haushalten ebenso anschaulich erzählen wie von Sozialprojekten, Drogenentzugsanstalten und Obdachlosenheimen.

Ihr untrüglicher Blick zielt auf das Besondere im sozialen Stereotyp. Sie bricht mit Erwartungen und stellt Vorurteile auf den Kopf, indem sie unterschiedlichste Menschen in aller Schroffheit aufeinandertreffen lässt, häufig an öffentlichen Orten. Im Waschsalon, im Bus, im Krankenhaus begegnen sich Figuren, deren soziale und kulturelle Horizonte sich gewöhnlich wenig berühren, hier aber wie selbstverständlich zusammenkommen. Das Selbstverständliche dagegen erscheint auf einmal fremd.

Mexikanische Mütter im Teenageralter, Drogendealer und Krankenschwestern, die sich um todkranke oder schwerstbehinderte Kinder kümmern, amerikanische Ureinwohner und wohlhabende junge Frauen, die zur Abtreibung ins mexikanische Grenzgebiet fahren, bevölkern Berlins Welten. Verwahrloste und gemobbte Mädchen, Putzfrauen auf ihrer täglichen Busfahrt durch die Stadt, kommunistische Lehrerinnen mit blindem, zweifelhaftem Idealismus, alkoholkranke Lehrerinnen. US-Amerikaner in Südamerika ebenso wie Südamerikaner in den Staaten. Geografische Grenzen spiegeln oft die Grenzerfahrungen der Figuren wider; Verwahrlosung, Missbrauch, Krankheit, Sucht, Sterben. Wie hier die Durchlässigkeit von Grenzen sichtbar wird, ist nur ein Zeichen der außergewöhnlichen Sprachmächtigkeit dieser Erzählerin.

Die Figuren wirken zunächst skizzenhaft, wie flüchtig hingeworfen. Aber sie kehren in späteren Geschichten wieder, manchmal unter anderen Namen oder in neuen Zusammenhängen, manchmal scheint die frühere Version in der späteren auf wie ein Schatten. Und es ist dieses Wiederaufgreifen einer Figur, was die einzelnen Erzählungen untergründig verknüpft und in ein großes Erzählmosaik stellt. Im Grunde hat Lucia Berlin ihr gesamtes Leben an einem einzigen Werk geschrieben, an einem ununterbrochenen Text; ein urwüchsiges Schreiben, das in seiner stilistischen Vielfalt, der Multiperspektivität, in seinem Stimmenreichtum und seiner thematischen Breite hinausgeht über die in sich geschlossene Form einer Short Story, die zumeist auf ein Thema, einen Konflikt, ein Milieu begrenzt ist. Lucia Berlins Art zu schreiben ähnelt in ihrer Offenheit dem Verfahren der Beat-Autoren. *La Ida,* die Fahrt, so heißt das Boot der Fischer in der Geschichte *Toda Luna, Todo Año,* und das sind wir, die Leser, in all diesen Geschichten: auf der Fahrt. Unterwegs. Möglich, dass wir mehrmals dieselbe Küste ansteuern – aber immer bei anderem Wind, aus einer anderen Richtung, und immer hat sich die Küste in der Zwischenzeit verändert. Dieses Schreiben ist ankerlos, voller Brüche und Sprünge, ein Gefüge mit Raum für eigene Erfahrungen, Erinnerungen, Assoziationen, das die Beteiligung der Leser am Text stärker fordert als die geschlossene Erzählform. Indem Lucia Berlin die Texte offen hält für eine intensive Auseinandersetzung – zuweilen spricht sie uns, die Leser, direkt an –, stellt sie sich selbst als Suchende dar in einem Dialog, in dem jede Antwort auf neue Fragen abzielt.

Berlin erzählt mit der berühmten desillusionierenden Härte, mit der der Überlebenskampf, das Ringen mit Natur und Schicksal in der Short Story verhandelt werden. Zugleich aber legt Berlin den emotionalen Kern ihrer Figuren offen. Interessanterweise hat sie darin eine brutalere Wirkung als Autoren wie etwa Raymond Carver, den sie kannte und dessen Literatur sie sich eine Zeit lang verbunden fühlte. »Ja«, schrieb sie in einem Brief an den amerikanischen Dichter August Kleinzahler, »ich mag Raymond Carvers Geschichten – bevor er ausnüchterte & den Schluss seiner Texte versüßte – (& bevor dieses Miststück seine Geschichten zu *short cuts* aufmotzte – *schrecklich,* so was zu tun). Ich habe schon geschrieben wie er, bevor ich überhaupt etwas von ihm gelesen hatte. Er mochte auch meine Texte – wir hatten gute Gespräche. Erkannten einander sofort. Unser beider ›Stil‹ beruhte auf unserem (auf gewisse Weise ähnlichen) Hintergrund. Keine Gefühle zeigen. Nicht weinen. Lass niemanden an dich ran.«

Berlins Stil ist ungezügelt und kontrolliert zugleich in der präzisen Art, in der Szenen entworfen, Situationen aufs

Wesentliche konzentriert werden. Ihre spontane, situative Erzählweise vermittelt den Eindruck, man wäre mitten im Geschehen. Die Wirklichkeit des Textes rückt so nah, als materialisiere sich das Gelesene, hinterließe einen Abdruck in der Luft. Den Moment zu erfassen, war Berlin wichtig, ihn als das wahrzunehmen, was er ist, unabhängig davon, ob er gut oder schlecht ist und worauf er hinausläuft. »Man muss die Dinge so nehmen, wie man sie in diesem konkreten Moment sieht.« Ehrlich sein, wahr sein, nah dran sein. Daraus resultiert zuweilen ein so ungekünstelter erzählerischer Ton, dass man sich noch in einem skizzenhaften Entwurf wähnt, während sich doch schon die ganze Vielfalt eines Lebens auffächert, festsetzt und im Kopf bleibt. Wie ein Song, eine gute Liedzeile.

»Miles Davis: ›Those dark Arkansas roads. That's the sound I'm after‹«, schrieb sie in einem anderen Brief an Kleinzahler. »Turner und Caravaggio sind die Maler, die mich erfreuen, aber die Porträts von Bacon und Alice Neals sprechen zu mir als Schriftstellerin. Ich lese ihre Porträts wie Romane oder Gedichte. Vor allem aber Rothko. Schneesturm in New York, keine Autos! Also laufen, ich zieh die Kinder auf Schlitten hinter mir her, um mir eine Rothko-Retrospektive im MOMA anzusehen. Wenige Leute, blendende Oberlichter, und seine Farben pulsieren von den Wänden, rein, unverfälscht, wie, na ja, ›Arkansas roads‹.«

Ihre Erzählungen sind von Traurigkeit und Trauer durchströmt, von einer tiefen inneren Verletztheit. Ihr Ventil ist das Lachen. Das Absurde in der Verzweiflung sehen, im Schrecklichen den Witz, darin ist Lucia Berlin einzigartig. Das bedeutet nicht, die Härte wegzulachen, zuzukleistern mit albernem Gelächter. Sondern es bedeutet, das eine im anderen zum Ausdruck kommen zu lassen, den Menschen aus der Erstarrung des Schreckens zu lösen, damit er den Schrecken wahrnehmen kann. So sind Berlins Themen zwar hart, aber ihr Blick ist es nicht. Ihr Blick zielt auf die Gebrochenheit des Menschen und darauf, sie in einem wesentlichen Gefühl zu erfassen. Dieses Gefühl in aller Schlichtheit und Klarheit aufleuchten zu lassen, es so nackt und echt wie möglich zur Anschauung zu bringen, das ist Berlins Schreibantrieb. Von diesem Gefühl auch zu erzählen, wenn es nicht der gesellschaftlich anerkannten Moral entspricht oder an Tabus rührt. Ihr großes Vorbild sieht sie in Tschechow: »Er lässt die Dinge offen. Er löst sie nicht auf: Jemand stirbt oder eine Liebe geht zu Ende, und nichts wird zusammengeschnürt, man bleibt einfach damit zurück, mit dieser Trauer oder Sorge oder um welches Gefühl es sich auch immer handelt.« Auch Grace Paleys Kurzgeschichten oder Charles Baudelaires Prosagedichte sind für sie Vorbilder einer solchen Poetik des klaren Gefühlsmomentes.

Es ist leicht, Parallelen zu ziehen zwischen den Ich-Erzählerinnen und der Autorin. Ein zerrüttetes Elternhaus. Ein Großvater, der Tochter und Enkelin missbraucht. Gleichzeitig der glamouröse Alltag einer reichen, gesellschaftlich einflussreichen Familie; Berlins Vater war in den 1950er-Jahren in Chile mit dem Handel von Erz zu Geld gekommen. Sie arbeitete als Krankenschwester, als Putzfrau, Spanischlehrerin und als Telefonistin in einer Abtreibungsklinik. Sie war Ehefrau eines Junkies und Ehefrau eines Jazzmusikers, sie war Mutter von vier Söhnen, teilweise alleinerziehend, und schließlich Professorin für kreatives Schreiben an der Boulder University in Colorado. Sie litt lebenslang an der Krankheit Skoliose, die sie als Kind zwang, ein Metallkorsett zu tragen, und im Alter an ein Sauerstoffgerät fesselte. Es gab Lebensphasen, in denen sie glaubte, die Tage nur mit Alkohol ertragen zu können. Schließlich glückte ihr der Entzug. Sie begleitete ihre Schwester in den Tod, die Anfang der 1990er-

Jahre in Mexiko an Krebs starb. Und schließlich: der ewige Schatten der Mutter.

Aber das Autobiografische schimmert bestenfalls als Bodensatz in den Erzählungen auf. Die Autorin schwebt in großer Höhe darüber, und das Schreiben ist der Fallschirm, der sie in der Luft hält. Der Fallschirm ermöglicht ihr den Blick von oben, in dem sich die darunterliegende Welt – die Details ihres Lebens – neu ordnet und zu einer literarischen Landschaft wird, in der sich Größe und Form der Dinge verändern und in ein ungewohntes Verhältnis zueinander rücken, je nachdem, wie es die Logik der Geschichte verlangt. Einschneidende Ereignisse werden mal näher am Boden, mal entfernt überflogen, abhängig von der gewünschten Perspektive. Man könnte auch sagen: Es sind jede Menge Nicht-Ichs, mit denen sich die Autorin in ihren Texten veräußert, ganz im Sinne Baudelaires, den Paul Auster einmal so übersetzte: »Wo immer ich nicht bin, bin ich ich selbst.«

Berlin, die kokett bekannte, über ihr Schreiben nie groß nachzudenken, benutzte ihr eigenes Leben erst dann als Material für ihre Fiktion, wenn sie genügend Abstand dazu hatte. Allein das Schreiben, sagte sie in einem Interview, sei schon eine Möglichkeit der Distanznahme. Eine Distanz, die durch Galgenhumor gesichert wird. »Okay«, schrieb sie in einem Brief an Kleinzahler, »da bin ich also in diesen entsetzlichen Schulen, und mein Papa ist im Krieg, meine Mutter, mein Großvater und Onkel sind betrunken, meine Mutter und mein Großvater missbrauchen mich, sexuell und physisch (aber nicht gleichzeitig, schließlich waren sie ja nicht krank im Kopf oder so was).«

Schreiben bedeutet für Lucia Berlin auch, einen Ort zu finden, an dem sie bleiben kann. Aus dem Gefühl heraus, nicht geerdet zu sein, immer getrieben, früh verjagt aus der Sicherheit eines Elternhauses, findet sie Geborgenheit in einem Satz. »Wenn du einen Satz schreibst, dann ist er da, und er ändert sich nicht, und er bewegt sich nicht, und so wird er zu einem Ort für mich. Die Geschichten sind festgehalten in der Zeit, das ist ein wichtiger Teil des Schreibens, eine Wirklichkeit oder einen Ort zu finden.«

Sie hat es immer vorgezogen, in Krankenhäusern zu arbeiten, in Notaufnahmen oder in Gefängnissen, in Grenzbereichen, wo die Grenze zwischen gesund und krank, psychischer Stabilität und Labilität, Ordnung und Chaos besonders stark zutage tritt, zugleich aber an Bedeutung verliert, weil sie alltäglich wird, so normal wie die Übergänge von einem ins andere. Das scheint eines der inneren Organisationsprinzipien des literarischen Schaffens von Berlin zu spiegeln: Der Abgrund ist in den Texten jederzeit präsent, und der nächste Satz ist eine Brücke, die Berlin darüber spannt. Ihre Sätze machen den Abgrund nicht kleiner, lassen ihn nicht verschwinden, aber sie sind ein sprachlicher Ort, an dem sich trotz allem – ziemlich gut – aufhalten lässt.

Es sind ihr besonderer, unsentimentaler Blick auf die *condition humaine*, eine unvoreingenommene Herangehensweise, Empfindsamkeit für die Figuren und erzählerische Kühnheit, die Lucia Berlin so herausragend machen. Die Lebensklugheit dieser Autorin enthebt ihre Figuren schließlich der persönlichen Misere und lässt in ihnen wesentliche Züge der menschlichen Existenz aufleuchten.

August 2015

15

Sterne und Heilige

Warten Sie. Lassen Sie mich erklären…

Mein ganzes Leben lang bin ich immer wieder in solche Situationen geraten wie an jenem Morgen mit dem Psychiater. Er wohnte in der Hütte hinter meinem Haus, während sein neues Haus hergerichtet wurde. Er wirkte sympathisch, war attraktiv, und natürlich wollte ich einen guten Eindruck machen. Ich hätte ihm Brownies rübergebracht, wollte ihn aber nicht auf den Gedanken bringen, ich wäre aufdringlich. Eines Morgens, als gerade die Sonne aufging, trank ich wie immer meinen Kaffee und sah aus dem Fenster in den Garten, der zu dieser Zeit wunderschön war, die Wicken, der Rittersporn und die Cosmea. Ich fühlte mich, nein, ich war glücklich … wieso zögere ich, Ihnen das zu sagen? Ich will nicht, dass Sie mich für sentimental halten, ich möchte einen guten Eindruck machen. Jedenfalls war ich voller Freude, warf eine Handvoll Vogelsamen auf die Veranda und saß da und lächelte in mich hinein, als Dutzende Trauertauben und Finken angeflogen kamen, um die Samen aufzupicken. Dann, zack, sprangen zwei fette große Katzen auf die Veranda und stürzten sich auf die Vögel, Federn flogen genau in dem Moment, als der Psychiater aus der Tür trat. Er sah mich an, fassungslos, und sagte: »Wie entsetzlich!«, floh. Nach diesem Morgen mied er mich gänzlich, ich bildete mir das nicht ein. Es gab keine Möglichkeit, ihm zu erklären, dass alles so schnell gegangen war, dass ich nicht über die Katzen gelächelt hatte, die über die Vögel herfielen. Sondern mein Glück über die Wicken und die Finken hatte noch keine Zeit gehabt, zu verblassen.

So weit ich mich zurückerinnern kann, habe ich immer einen sehr schlechten ersten Eindruck gemacht. Beispielsweise damals in Montana, als ich nur versuchte, Kent Shreve die Socken auszuziehen, damit wir barfuß gehen konnten, und dann waren sie an seinen langen Unterhosen festgemacht.

Aber wovon ich eigentlich erzählen möchte, ist von der St. Joseph's-Schule. Psychiater (bitte missverstehen Sie mich nicht, ich bin nicht auf Psychiater fixiert oder so was) – Psychiater scheinen sich meines Erachtens viel zu sehr auf die Urszene zu konzentrieren, auf den präödipalen Verlust, und dabei lassen sie das Trauma der ersten Schuljahre außer Acht und die anderen Kinder, die grausam sind, schlicht rücksichtslos.

Ich will gar nicht weiter darauf eingehen, was in Vilas passierte, meiner ersten Schule in El Paso. Alles in allem ein großes Missverständnis. Nach den ersten zwei Monaten der dritten Klasse stand ich jedenfalls da, auf dem Spielplatz von St. Joseph's. Meiner neuen Schule. In schierer Panik. Ich hatte geglaubt, die Schuluniform würde helfen. Aber ich trug dieses schwere Metallkorsett auf dem Rücken wegen dem, was die Ärzte eine Krümmung nannten, die aber, ehrlich gesagt, ein Buckel war. Und so hatte ich die weiße Bluse und den karierten Rock in einer viel zu großen Größe nehmen müssen, damit sie darüberpassten, und natürlich dachte meine Mutter nicht daran, den Rock wenigstens neu zu säumen.

Ein weiteres großes Missverständnis. Monate später hatte Schwester Mercedes Fluraufsicht. Sie war vom Typ her die junge Nette, die bestimmt eine tragische Liebesgeschichte hinter sich hatte. Wahrscheinlich war er im Krieg umgekommen, ein Kanonier. Als wir in Zweierreihen an ihr vorbeiliefen, berührte sie meinen Buckel und flüsterte: »Liebes Kind, du hast ein Kreuz zu tragen.« Wie hätte sie auch wissen sollen, dass ich zu dieser Zeit eine religiöse Fanatikerin geworden war, dass ihre unschuldigen Worte mich nur noch mehr von meiner schicksalhaften Verbindung zu unserem Heiland überzeugten?

(Ach ja, und Mütter! Neulich im Bus stieg eine Mutter mit ihrem kleinen Jungen ein. Sie kam offensichtlich von der Arbeit, hatte ihren Jungen vom Kindergarten abgeholt, war müde, freute sich aber, ihn zu sehen. Sie fragte ihn nach seinem Tag, und er erzählte ihr alles, was er gemacht hatte. »Du bist was ganz Besonderes!«, sagte sie und umarmte ihn. »Was Besonderes heißt, dass ich anders bin«, sagte der Junge. Er hatte dicke Tränen in den Augen, saß da und fürchtete sich zu Tode, während seine Mutter weiter vor sich hin lächelte, so wie ich mit den Vögeln.)

An diesem Tag auf dem Spielplatz wusste ich, dass ich nie im Leben hineinkommen würde. Nicht nur hineinpassen, sondern hineinkommen. In der einen Ecke des Spielplatzes wirbelten zwei Mädchen ein schweres Seil herum, und eines nach dem anderen sprangen schöne, rotwangige Mädchen aus der Reihe, um unter dem Seil hindurchzulaufen, zu hüpfen, zu hüpfen und gerade rechtzeitig wieder herauszulaufen und sich zurück in die Reihe zu stellen. Klatsch, klatsch, niemand verpasste einen Schlag.

In der Mitte des Spielplatzes gab es eine Schaukel mit einem runden Sitz, die sich schwindelerregend fröhlich drehte und nie stehen blieb, und lachende Kinder sprangen auf und ab, ohne zu … nicht nur ohne zu fallen, sondern ohne das Tempo zu wechseln. Überall um mich herum auf diesem Spielplatz herrschte Symmetrie, Synchronität. Zweier Nonnen, die Rosenkränze im Einklang klappernd, ihre Gesichter wie eines, nickten den Kindern zu. Jacks. Die Kugel prallte mit einem sauberen Plauz auf den Beton, ein Dutzend Metallsternchen flog in die Luft und wurden alle auf einmal mit der Drehung eines winzigen Handgelenks gefangen. Klapp, klapp, klapp, andere Mädchen spielten verwickelte, komplizierte Handabschlagespiele. Ene, mene, muh. Klapp, klapp. Ich streunte herum, nicht nur unfähig, reinzukommen, sondern, wie es schien, auch unsichtbar, was ein zweifelhafter Segen war. Ich floh um die Ecke des Gebäudes, wo ich Lärm und Gelächter aus der Schulküche hören konnte. Hier war ich vom Spielplatz aus nicht zu sehen; die freundlichen Geräusche aus der Küche beruhigten mich. Aber auch dort kam ich nicht hinein. Dann aber gab es Gekreische und Gebrüll, und eine Nonne sagte, oh, ich kann nicht, ich kann einfach nicht, und da wusste ich, dass es in Ordnung war, hineinzugehen, denn das, was sie meinte, waren die toten Mäuse, die sie nicht aus den Fallen nehmen konnte. »Ich mach das«, sagte ich. Und die Nonnen waren so erfreut, weshalb sie nichts dazu sagten, dass ich in der Küche war, außer einer, die einer anderen »Protestantin« zuflüsterte.

Und so fing es an. Sie gaben mir ein Plätzchen mit Butter, warm und lecker. Natürlich hatte ich schon gefrühstückt, aber es war so gut, dass ich es hinunterschlang, und sie gaben mir noch eines. Als Gegenleistung für das Leeren und Neubestücken von zwei oder drei Fallen bekam ich nicht nur jeden Tag Plätzchen, sondern eine Sankt-Christophorus-Münze, die ich später gegen mein Mittagessen eintauschte. Das ersparte mir die Peinlichkeit, mich vor dem Unterricht in die Schlange stellen zu müssen, um Zehncentstücke gegen die Münzen einzutauschen, die wir für das Mittagessen benötigten.

Wegen meines Rückens durfte ich während der Sport-stunden und in den Pausen im Klassenzimmer bleiben. Nur am Morgen war es hart, wenn der Schulbus eintraf, bevor aufgeschlossen wurde. Ich zwang mich, Freundschaften zu schließen, mit den Mädchen aus meiner Klasse zu sprechen, aber es war hoffnungslos. Sie waren alle katholisch und kann-ten sich schon aus dem Kindergarten. Fairerweise muss man sagen, dass sie nett waren, normale Kinder. Ich hatte Klassen übersprungen, war also viel jünger, und hatte vor dem Krieg in abgelegenen Bergarbeiterlagern gelebt. Ich wusste nicht, wie man Dinge sagte wie: »Fandest du die Stunde über Belgisch-Kongo gut?« oder »Was sind deine Hobbys?«. Ich steuerte auf sie zu und stieß hervor: »Mein Onkel hat ein Glasauge.« Oder: »Ich habe einen toten Kodiakbären gefunden, mit lauter Ma-den im Gesicht.« Sie beachteten mich nicht oder kicherten und sagten: »Du lügst, deine Nase wird ja immer länger!«

Für eine Weile hatte ich also einen Ort, an den ich gehen konnte, bevor der Unterricht begann. Ich fühlte mich nützlich und wurde geschätzt. Aber dann hörte ich, wie die Mädchen »ein Fall für die Nächstenliebe« flüsterten, in einem Atemzug mit »Protestantin«, und dann fingen sie an, mich »Rattenfän-gerin« zu nennen und »Minnie Maus«. Ich tat so, als wäre mir das egal, außerdem mochte ich die Küche, das leise Lachen und das Gemurmel der Nonnenköchinnen, die in der Küche wie Nachthemden aussehende Habitate aus Leinen trugen.

Natürlich hatte ich damals beschlossen, Nonne zu werden, weil Nonnen nie nervös oder ängstlich wirkten, vor allem aber wegen der schwarzen Habitate und der weißen Hauben, ein Kopfschmuck wie riesige, gestärkte weiße Schwertlilien. Ich wette, die katholische Kirche verlor eine Menge Nonnen-anwärterinnen, als man begann, die Nonnen zu kleiden wie gewöhnliche Politessen.

Dann besuchte meine Mutter die Schule, um zu sehen, wie ich zurechtkam. Man berichtete ihr, meine Klassenarbeiten seien ausgezeichnet und mein Benehmen tadellos. Schwester Cecilia erzählte ihr, wie sehr man mich in der Küche schätzte und wie sehr sie darauf achteten, dass ich ein gutes Frühstück bekam. Meine Mutter, der Snob, in ihrem rattenhaften alten Mantel mit dem rattenhaften Fuchskragen, aus dem die Knopfaugen rausgefallen waren. Sie war gekränkt, angeekelt von den Mäusen und richtig wütend über die Sankt-Christophorus-Münze, weil ich weiterhin jeden Morgen mein Zehncentstück bekommen und es nach der Schule für Süßigkeiten ausgegeben hatte. Hinterhältige kleine Diebin. Klatsch, klatsch. Eine Kränkung! Damit war dann also Schluss, und es war alles in allem ein großes Missverständnis. Die Nonnen hatten offenbar geglaubt, ich triebe mich in der Küche herum, weil ich eine arme, hungrige verlorene Seele war, sie hatten mich aus Barmherzigkeit mit den Mausefallen beauftragt und nicht, weil sie mich dafür wirklich brauchten. Allerdings weiß ich immer noch nicht, wie dieser falsche Eindruck hätte verhindert werden können. Vielleicht hätte ich die Plätzchen nicht annehmen sollen?

So kam es, dass ich vor dem Unterricht in der Kirche herumlungerte und endgültig beschloss, Nonne zu werden oder Heilige. Das erste Mysterium war, dass die Flammen der Kerzen, die unter jedem Standbild von Jesus, Maria und Joseph aufgereiht waren, flackerten und zitterten, als gäbe es Windböen im Inneren der gewaltigen Kirche, obwohl sie geschlossen war und keine der schweren Türen offen stand. Ich glaubte, Gottes Geist in den Standbildern sei so stark, dass die Kerzenflammen davon zuckten und zischten, bebend von all dem Leid. Jede kleine Lichtexplosion erhellte das verkrustete Blut an Jesus' knöchernen weißen Füßen und ließ es nass aussehen.

Anfangs hielt ich mich ganz hinten auf, schwummerig, trunken vom Geruch nach Weihrauch. Ich kniete nieder, betete. Wegen meines Rückens war das Knien sehr schmerzhaft, das Korsett grub sich in meine Wirbelsäule. Ich war sicher, dass mich das heilig machte und Buße für meine Sünden war, aber es tat so weh, dass ich schließlich damit aufhörte und einfach in der dunklen Kirche saß, bis die Schulklingel zum Unterrichtsbeginn läutete. Normalerweise war außer mir nie jemand in der Kirche, nur donnerstags schloss sich Pater Anselmo im Beichtstuhl ein. Ein paar alte Frauen gingen dorthin, Mädchen aus der Oberstufe, manchmal ein Grundschüler. Sie blieben vor dem Altar stehen, um niederzuknien und sich zu bekreuzigen, erneut niederzuknien und sich zu bekreuzigen, bevor sie die andere Seite des Beichtstuhls betraten. Verwirrend war, dass ihr Gebet, bevor sie die Kirche wieder verließen, jeweils unterschiedlich lang dauerte. Ich hätte alles auf der Welt darum gegeben, zu erfahren, was im Beichtstuhl vor sich ging. Ich weiß nicht, wie lange ich brauchte, ehe ich mich selbst mit klopfendem Herzen dort wiederfand. Die Einrichtung war erlesener, als ich es mir hätte vorstellen können. Rauchig von Myrrhe, ein Samtkissen zum Knien, eine Heilige Jungfrau, die mit unendlicher Güte und Barmherzigkeit auf mich niedersah. Hinter dem geschnitzten Gitter saß Pater Anselmo, der normalerweise ein zerstreuter kleiner Mann war. Aber er war nur eine Silhouette, so wie der Mann mit dem Zylinder an Mamies Zimmerwand. Er hätte jeder sein können… Der Schauspieler Tyrone Power, mein Vater, Gott. Seine Stimme klang überhaupt nicht wie die von Pater Anselmo, sondern war tief und mit leisem Vibrato. Er forderte mich zu einem Gebet auf, das ich nicht kannte, also sprach er mir die Zeilen vor, und ich wiederholte sie. *Drum ist mir dies der größte Schmerz, dass ich erzürnt dich, höchstes Gut.* Dann fragte er mich nach meinen Sünden. Ich log nicht. Ich hatte wirklich und wahrhaftig keine Sünden zu beichten. Nicht eine einzige. Ich schämte mich, mir würde doch bestimmt etwas einfallen. Horch tief in dich hinein, mein Kind... Nichts. Verzweifelt und schrecklich darum bemüht, ihm zu gefallen, dachte ich mir etwas aus. Ich hatte meine Schwester mit der Haarbürste auf den Kopf gehauen. Warst du neidisch auf deine Schwester? O ja, Pater. Neid ist eine Sünde, mein Kind, bete darum, dass sie dir vergeben wird. Drei Ave-Marias. Als ich betete, kniend, wurde mir klar, dass es eine kurze Buße war, beim nächsten Mal konnte ich das besser machen. Aber es gab kein nächstes Mal. An diesem Tag behielt Schwester Cecilia mich nach der Stunde da. Dass sie so freundlich war, machte es noch schlimmer. Sie verstand, dass ich die Sakramente und Mysterien der Kirche erfahren wollte. Mysterien, ja! Aber ich war Protestantin, und ich war weder getauft noch gefirmt. Ich durfte ihre Schule besuchen, und das freute sie, weil ich eine gute und gehorsame Schülerin war, aber an ihrer Kirche durfte ich nicht teilhaben. Ich sollte mit den anderen Kindern auf dem Spielplatz bleiben.

Mir kam ein schrecklicher Gedanke, und ich nahm meine vier Heiligenkarten aus der Tasche. Jedes Mal, wenn wir die höchste Punktzahl im Lesen oder Rechnen erzielten, bekamen wir einen Stern. An Freitagen bekam die Schülerin mit den meisten Sternen eine Heiligenkarte, ähnlich einer Baseballkarte, außer dass auf dem Heiligenschein Glitter war. Darf ich meine Heiligen behalten?, fragte ich todtraurig.

»Natürlich darfst du das, und ich hoffe, du wirst dir noch mehr verdienen.« Sie lächelte mich an und tat mir noch einen Gefallen. »Du kannst auch weiterhin um Geleit beten, mein Liebes. Lass uns ein Ave-Maria zusammen sprechen.« Ich schloss die Augen und betete inbrünstig zu unserer Mutter

Gottes, die immer das Gesicht von Schwester Cecilia haben wird.

Sobald eine Sirene auf der Straße erklang, nah oder fern, hieß Schwester Cecilia uns, aufzuhören mit dem, was wir taten, den Kopf auf die Schulbank zu legen und ein Ave-Maria zu sprechen. Ich mache das heute noch. Dieses Ave-Maria sprechen, meine ich. Na ja, ich lege auch meinen Kopf noch auf Holztische und höre ihnen zu, denn sie machen Geräusche wie Äste im Wind, als wären sie noch Bäume. Damals gab es eine Menge Dinge, die mich beunruhigten: Was, beispielsweise, hatte den Kerzen Leben eingehaucht oder woher kamen die Geräusche in der Schulbank? Wenn alles in Gottes Welt eine Seele hatte, sogar die Schulbänke, da sie sich äußern, musste es auch einen Himmel geben. Ich kam nicht in den Himmel, weil ich eine Protestantin war. Ich würde in den Limbus kommen. Ich wäre lieber in die Hölle als in den Limbus gekommen, was für ein hässliches Wort, wie Bimbo oder Klimbim, ein Ort ohne jede Würde.

Ich sagte meiner Mutter, dass ich Katholikin werden wollte. Sie und mein Großvater bekamen einen Anfall. Er wollte mich zurück auf die Vilas-Schule schicken, aber sie war dagegen wegen der vielen Mexikaner und der jugendlichen Straftäter. Ich sagte, dass es auch an St. Joseph's viele Mexikaner gäbe, aber sie meinte, die kämen aus guten Familien. Waren wir eine gute Familie? Ich hatte keine Ahnung. Noch heute schaue ich in Fenster, hinter denen Familien wie aus dem Bilderbuch beisammensitzen, und frage mich, was sie da machen, wie sie miteinander reden.

Eines Nachmittags kamen Schwester Cecilia und eine andere Nonne zu uns nach Hause. Ich weiß nicht, warum, und sie bekamen auch keine Möglichkeit, das zu erklären. Es herrschte ein großes Durcheinander. Meine Mutter weinte, und Mamie, meine Großmutter, weinte, Großvater war betrunken und beleidigte sie, nannte sie Krähen. Am nächsten Tag hatte ich Angst, dass Schwester Cecilia böse auf mich sein könnte und nicht »Auf Wiedersehen, Liebes« sagen würde, wenn sie mich in der Pause allein im Raum ließ. Aber bevor sie ging, gab sie mir ein Buch mit dem Titel *Ein glückliches Jahr für Betsy* und sagte, sie glaube, es würde mir gefallen. Es war das erste richtige Buch, das ich jemals las, das erste Buch, in das ich mich verliebte.

Sie lobte meine Arbeit im Unterricht, und jedes Mal, wenn ich einen Stern bekam, machte sie eine Bemerkung darüber vor den anderen Schülern, und auch, wenn ich am Freitag eine Heiligenkarte erhielt. Ich tat alles, um ihr zu gefallen, schrieb sorgsam A.M.D.G. an den oberen Rand auf jedes Blatt Papier, beeilte mich, die Tafel abzuwischen. Meine Gebete waren die lautesten, meine Hand die erste, die sich hob, wenn sie eine Frage stellte. Sie gab mir weiterhin Bücher, die ich lesen sollte, und einmal gab sie mir ein Lesezeichen aus Papier, auf dem stand: »Betet für uns Sündige jetzt und zur Stunde unseres Todes.« In der Cafeteria zeigte ich es Melissa Barnes. Ich hatte dummerweise angenommen, dass die Mädchen jetzt, da Schwester Cecilia mich mochte, auch anfangen würden, mich zu mögen. Aber statt sich weiter über mich lustig zu machen, fingen sie an, mich zu hassen. Wenn ich im Unterricht aufstand, um eine Frage zu beantworten, flüsterten sie: Schoßhündchen, Schoßhündchen, Schoßhündchen. Schwester Cecilia wählte mich aus, um die Zehncentstücke einzusammeln und die Münzen für das Mittagessen auszuteilen, und wenn ein Mädchen die Münze nahm, flüsterte es: Schoßhündchen.

Eines Tages wurde meine Mutter aus heiterem Himmel wütend auf mich, weil mein Vater mir mehr Briefe schrieb als ihr. Der Grund war, dass ich ihm häufiger schrieb. Nein, du bist sein Schoßhündchen. Eines Tages kam ich spät nach Hause. Ich hatte den Bus vom Marktplatz verpasst. Sie stand oben an der Treppe und hielt einen blauen Luftpostumschlag von meinem Vater in der Hand. Mit der anderen zündete sie ein Streichholz an ihrem Daumennagel an und verbrannte den Brief, während ich die Treppe hochstürmte. Davor hatte ich immer Angst gehabt. Als ich klein gewesen war, hatte ich das Streichholz nicht gesehen und gedacht, sie würde sich ihre Zigaretten mit dem brennenden Daumen anzünden.

Ich hörte auf zu sprechen. Ich sagte nicht: So, jetzt höre ich auf zu sprechen. Ich hörte einfach langsam damit auf, und wenn die Sirenen im Vorbeifahren ertönten, legte ich meinen Kopf auf den Tisch und flüsterte das Gebet in mich hinein. Wenn Schwester Cecilia mich aufrief, schüttelte ich den Kopf und setzte mich wieder hin. Ich bekam keine Heiligen und keine Sterne mehr. Es war zu spät. Jetzt riefen sie mich Dummchen. Schwester Cecilia blieb im Klassenzimmer, als die anderen zur Sportstunde gegangen waren. »Was ist denn los, Liebes? Kann ich dir helfen? Bitte sprich mit mir.« Ich presste meine Zähne zusammen und weigerte mich, sie anzusehen. Sie ging, und ich saß dort im heißen Halbdunkel des Klassenraums. Später kam sie mit einer Ausgabe von *Black Beauty* zurück, die sie vor mich hinlegte. »Das ist ein wunderbares Buch, aber es ist sehr traurig. Sag mir, macht dich irgendetwas traurig?«

Ich rannte weg vor ihr und dem Buch in die Garderobe. Weil es in Texas so heiß war, waren dort natürlich keine Mäntel, sondern staubige Lehrbücher. Osterschmuck. Weihnachtsschmuck. Schwester Cecilia folgte mir in den winzigen Raum. Sie drehte mich herum und zwang mich auf die Knie. »Lass uns beten«, sagte sie.

Gegrüßet seist Du, Maria, voll der Gnade, der Herr ist mit Dir. Gebenedeit ist die Frucht Deines Leibes, Jesus… In ihren Augen standen Tränen. Ich konnte die Zärtlichkeit darin nicht ertragen. Ich entwand mich ihrem Griff, wobei ich sie aus Versehen umstieß. Ihr Kopfschmuck blieb an einem Kleiderhaken hängen und wurde heruntergerissen. Ihr Haar war nicht kurz geschoren, wie die Mädchen erzählt hatten. Sie schrie auf und rannte aus dem Raum.

Noch am selben Tag wurde ich nach Hause geschickt, entlassen von St. Joseph's, weil ich eine Nonne gehauen hatte. Ich weiß nicht, wie sie hatte annehmen können, ich hätte sie gehauen. Das war ganz und gar nicht der Fall gewesen.

Dr. H. A. Moynihan

Ich hasste St. Joseph's. Ich hatte Angst vor den Nonnen. Und an einem heißen texanischen Tag haute ich Schwester Cecilia und wurde der Schule verwiesen. Zur Strafe musste ich in den Sommerferien jeden Tag in der Zahnarztpraxis meines Grandpas arbeiten. Aber ich wusste, dass es nur darum ging, mich nicht mit den Nachbarskindern spielen zu lassen. Mexikaner und Syrer. Kein Neger, aber das sei nur eine Frage der Zeit, sagte meine Mutter.

Ich bin sicher, dass man mir auch Mamies Sterben ersparen wollte, ihr Stöhnen, das Beten ihrer Freunde, den Gestank, die Fliegen. Nachts döste sie dank des Morphiums ein, und meine Mutter und mein Grandpa tranken jeder für sich allein in ihren Zimmern. Auf der Veranda, wo ich schlief, konnte ich mal hier, mal dort den Bourbon gluckern hören.

Grandpa redete den ganzen Sommer über kaum mit mir. Ich sterilisierte seine Instrumente und legte sie bereit, band Handtücher um den Hals der Patienten, hielt die Tasse mit der antiseptischen Mundspülung und sagte ihnen, wann sie ausspucken sollten. Kamen keine Patienten, ging er in seine Werkstatt, um Zähne herzustellen, oder in sein Büro, um an seinem Einklebebuch zu arbeiten. Ich durfte keines der Zimmer betreten. Er klebte Ernie Pyle, Korrespondent im Zweiten Weltkrieg, und Franklin D. Roosevelt in sein Buch;

für die Kriege in Japan und Deutschland hatte er verschiedene Einklebebücher. Er hatte ein Einklebebuch für Kriminalfälle und eines zu Texas und eines für ungewöhnliche Unfälle: Ein Mann dreht durch und wirft eine Wassermelone aus dem Fenster im zweiten Stock. Sie fällt seiner Frau auf den Kopf und tötet sie, prallt ab, trifft das Baby im Kinderwagen, tötet es ebenfalls, und all das, ohne zu zerplatzen.

Alle hassten Grandpa, außer Mamie und vielleicht mir. Jede Nacht war er betrunken und wurde gemein. Er war grausam, stur und stolz. Bei einem Streit hatte er meinem Onkel John das Auge ausgeschossen, und meine Mutter hatte er das ganze Leben lang beschämt und gedemütigt. Sie redete nicht mit ihm, ging nicht einmal in seine Nähe, weil er so dreckig war, Essen verschüttete, spuckte und überall seine nassen Zigaretten liegen ließ. Er war übersät mit weißen Gipsflecken, die von den Zahnabdrücken stammten, wie ein Maler oder eine Statue.

Er war der beste Zahnarzt in West-Texas, vielleicht in ganz Texas. Das sagten viele, und ich glaubte es. Seine Patienten waren nicht nur alte Säufer oder Mamies Freunde, das behauptete bloß meine Mutter. Sogar aus Dallas oder Houston kamen elegante Herren, weil er so wunderbare falsche Zähne machte. Seine falschen Zähne verrutschten nie, sie machten keine Pfeifgeräusche und sahen vollkommen echt aus. Er hatte eine geheime Formel entwickelt für die richtige Farbe, manchmal stellte er sie sogar mit abgebrochenen Ecken oder gelblicher Verfärbung her, mit Füllungen und Kronen.

In seine Werkstatt ließ er niemanden, außer die Feuerwehrleute, dieses eine Mal. Sie war seit vierzig Jahren nicht mehr sauber gemacht worden. Ich ging hinein, als er auf der Toilette war. Die Fenster waren schwarz verkrustet von Schmutz, Gips und Wachs. Das einzige Licht kam von zwei flackernden blauen Bunsenbrennern. Riesige Gipssäcke waren an der Wand aufgestapelt, der Gips hatte sich über den Fußboden verstreut, der mit Stücken von zerbrochenen Zahnabdrücken übersät war, und da waren Gläser mit lauter einzelnen Zähnen. Dicke pinkfarbene und weiße Wachsklumpen hingen an den Wänden, voller Spinnweben. Die Regale waren vollgestopft mit rostigem Werkzeug und reihenweise künstlichen Gebissen, grinsend oder verkehrt herum, sie fletschten die Zähne wie Theatermasken. Bei der Arbeit sang er, und oft setzten seine halb gerauchten Zigaretten die Wachsklumpen oder das Einwickelpapier von Schokoriegeln in Brand. Er löschte die Feuer mit Kaffee, der auf dem gipsweichen Boden dunkelbraune Flecken hinterließ.

Von der Werkstatt kam man in ein kleines Büro mit einem Rollenschreibtisch, an dem er seine Einklebebücher bearbeitete und Schecks ausfüllte. Nachdem er unterschrieben hatte, schüttelte er den Stift immer aus, sodass es schwarz auf die Unterschrift spritzte und manchmal den Betrag auslöschte, und die Bank musste anrufen, um gegenzuprüfen.

Zwischen dem Behandlungsraum und dem Wartezimmer gab es keine Tür. Während der Arbeit drehte er sich zu den Leuten im Wartezimmer um und unterhielt sich mit ihnen, wobei er mit dem Bohrer fuchtelte. Die Patienten, denen ein Zahn gezogen worden war, erholten sich auf einem Sofa; die übrigen saßen auf Fensterbrettern oder Heizkörpern. Manchmal saß auch jemand im Telefonkabuff, einem großen Holzverschlag mit einem Münztelefon, einem Ventilator und einem Schild: »Mir ist noch nie ein Mann begegnet, den ich nicht mochte.«

Es gab keine Zeitschriften. Wenn jemand eine mitbrachte und dort ließ, warf Grandpa sie weg. Er mache das nur aus Trotz, sagte meine Mutter. Er sagte, es mache ihn verrückt, wenn die Leute dasäßen und blätterten.

Die Patienten, die nicht saßen, liefen durch den Raum und spielten an den Gegenständen herum, die auf den beiden Panzerschränken standen. Buddhas, Schädel mit falschen Zähnen, die mit einem Draht auf- und zugeklappt werden konnten, Schlangen, die bissen, wenn man sie am Schwanz zog, Glasglocken, die man umdrehte, und es schneite. An der Decke hing ein Schild: »Warum zum Teufel guckst du hier hoch?« Die Panzerschränke enthielten Gold und Silber für Füllungen, Geldbündel und Jack-Daniel's-Flaschen.

An allen Fenstern, die auf die Hauptstraße von El Paso hinausgingen, stand in riesigen goldenen Buchstaben: »Dr. H. A. Moynihan. Ich arbeite nicht für Neger.« Die Buchstaben wurden von den Spiegeln reflektiert, die an den übrigen drei Wänden angebracht waren. Der Spruch stand auch auf der Tür zum Flur. Ich saß nie mit dem Blick zur Tür, weil ich Angst hatte, dass ein Farbiger kommen und wegen des Spruches hereinschauen könnte. Allerdings sah ich nie einen im Caples-Gebäude, abgesehen von Jim, dem Fahrstuhlführer.

Wenn Leute anriefen, die einen Termin haben wollten, ließ Grandpa mich ausrichten, er nehme keine Patienten mehr, und im Laufe des Sommers gab es immer weniger zu tun. Kurz bevor Mamie starb, kamen schließlich überhaupt keine Patienten mehr. Grandpa schloss sich in seiner Werkstatt oder im Büro ein. Ich ging manchmal aufs Dach. Von dort aus konnte man Juarez sehen und die ganze Innenstadt von El Paso. Ich suchte mir jemanden in der Menge aus und folgte ihm mit den Augen, bis er verschwand. Aber meistens saß ich drinnen auf der Heizung und sah hinunter auf die Yandell Avenue. Ich verbrachte Stunden damit, die Buchstabenfolgen der Freundschaftsbriefe in den Captain-Marvel-Comics zu entschlüsseln, obwohl das richtig langweilig war. Der Code war einfach: A stand für Z, B für Y, und so weiter.

Die Nächte waren lang und heiß. Mamies Freunde blieben sogar, wenn sie schlief, lasen aus der Bibel, manchmal sangen sie. Grandpa ging aus, zu den Elks oder nach Juarez. Der Taxifahrer von 8-5-Taxis half ihm die Stufen hoch. Meine Mutter ging aus, um Bridge zu spielen, wie sie sagte, aber auch sie kam betrunken nach Hause. Die mexikanischen Kinder blieben bis spät in die Nacht draußen. Ich sah den Mädchen von der Veranda aus zu. Sie spielten Jacks, hockten auf dem Beton unter der Straßenlaterne. Ich sehnte mich danach, mitzuspielen. Das Geräusch der Metallsternchen kam mir magisch vor, der Wurf der Sternchen wie Besen auf einer Trommel oder wie Regen, den ein Windstoß schimmernd an die Fensterscheibe wirft.

Eines Morgens, als es noch dunkel war, weckte Grandpa mich. Es war Sonntag. Ich zog mich an, während er das Taxi bestellte. Wenn er ein Taxi bestellte, fragte er den Telefonisten nach 8-5, und sobald sie abhoben, sagte er: »Wie wär's mit einer kleinen Beförderung?« Er antwortete nicht, als der Taxifahrer fragte, warum wir am Sonntag in die Praxis fuhren. Im Foyer war es dunkel und gruselig. Kakerlaken trappelten über die Kacheln, und Zeitschriften grinsten uns hinter den Stäben der Absperrgitter hervor an. Er bediente den Fahrstuhl, ließ ihn wie verrückt hinauf- und wieder hinunter- und wieder hinaufrumpeln, bis wir endlich über der fünften Etage anhielten und hinabsprangen. Es war sehr still, nachdem wir angehalten hatten. Nur Kirchenglocken und die Straßenbahn von Juarez waren zu hören.

Erst hatte ich zu viel Angst, um ihm in die Werkstatt zu folgen, aber er zog mich hinein. Es war dunkel, wie in einem Kino. Er zündete die zischenden Bunsenbrenner an. Noch immer konnte ich nichts sehen, verstand nicht, was er von mir wollte. Er holte ein Set falscher Zähne von einem Regal und hielt sie nah an die Flamme auf dem Marmorblock. Ich schüttelte den Kopf.

»Guck sie dir genau an.« Grandpa machte seinen Mund weit auf, und ich sah hin und her zwischen seinen eigenen und den falschen Zähnen.

»Das sind deine!«, sagte ich.

Die falschen Zähne waren eine perfekte Nachbildung der Zähne in Grandpas Mund, sogar das Zahnfleisch war von einem hässlichen, blässlich kranken Rosa. Die Zähne hatten Füllungen und Risse, einige waren abgebrochen oder abgenutzt. Er hatte nur einen Zahn ersetzt, einen Schneidezahn, der eine Goldkrone trug. Das mache es zu einem Kunstwerk, sagte er.

»Wie hast du die ganzen Farben hingekriegt?«

»Verdammt gut, was? Also … ist es mein Meisterwerk?«

»Ja.« Ich schüttelte ihm die Hand. Ich war sehr glücklich, hier zu sein.

»Wie kriegst du sie rein?«, fragte ich. »Passen sie denn?«

Normalerweise zog er erst alle Zähne, ließ das Zahnfleisch verheilen und nahm dann einen Abdruck vom nackten Gaumen.

»Einige von den Jungen machen es so. Man nimmt den Abdruck, bevor die Zähne gezogen werden, stellt das Gebiss her und setzt es ein, bevor das Zahnfleisch die Möglichkeit hat, zu schrumpfen.«

»Wann lässt du dir die Zähne ziehen?«

»Jetzt. Wir machen das jetzt. Bereite die Sachen vor.«

Ich stöpselte den rostigen Sterilisator ein. Das Kabel war zerfranst, es sprühte Funken. Er ging darauf zu. »Komm, lass das …«, aber ich hielt ihn zurück. »Nein. Sie müssen steril sein«, und er lachte. Er stellte seine Whiskyflasche auf die Ablage, legte die Zigaretten dazu, zündete sich eine Zigarette an und füllte einen Pappbecher mit Jack Daniel's. Er setzte sich auf den Stuhl. Ich stellte den Spiegel ein, hängte ihm einen Latz um, pumpte den Stuhl hoch und schob die Lehne zurück.

»Mensch, ich wette, eine Menge Patienten wären jetzt gern an meiner Stelle.«

»Kocht das Zeug schon?«

»Nein.« Ich füllte ein paar Pappbecher mit Mundspülung und nahm ein Glas mit Riechsalz heraus.

»Was ist, wenn du ohnmächtig wirst?«, fragte ich.

»Gut, dann kannst du sie ziehen. Pack sie so weit unten, wie du kannst, du musst gleichzeitig drehen und ziehen. Gib mir einen Drink.« Ich reichte ihm einen Becher mit Mundspülung. »Schlaues Kerlchen.« Ich goss ihm Whisky ein.

»Keiner deiner Patienten kriegt einen Drink.«

»Sie sind meine Patienten, nicht deine.«

»Okay, jetzt kocht's.« Ich leerte den Sterilisator ins Spuckbecken aus, legte ein Handtuch bereit. Auf einem weiteren Tuch legte ich die Instrumente auf der Ablage über seiner Brust in einem Halbkreis zurecht.

»Halt mir den kleinen Spiegel«, sagte er und nahm die Kneifzange.

Ich stand auf der Fußstütze zwischen seinen Beinen, um ihm den Spiegel nah vors Gesicht zu halten. Die ersten drei Zähne gingen leicht heraus. Er gab sie mir, und ich warf sie in die Tonne an der Wand. Die Schneidezähne waren schwieriger, besonders einer. Er würgte und hörte auf, die Wurzel steckte noch im Zahnfleisch. Er machte ein merkwürdiges Geräusch und schob mir die Zange in die Hand.

»Hol ihn raus!« Ich zog daran. »Schere, du Dummkopf!« Ich setzte mich auf die Metallplatte zwischen seinen Füßen. »Einen Moment, Grandpa.«

Er griff über mich hinweg nach der Flasche, trank, nahm

dann ein anderes Instrument von der Ablage und machte sich daran, den Rest des Zahns ohne Spiegel aus dem Unterkiefer zu ziehen. Das Geräusch war das von Wurzeln, die ausgerissen werden, wie Bäume, die man aus dem winterharten Boden zieht. Blut tropfte auf die Ablage, platsch, platsch, und auf das Metall, auf dem ich saß.

Er fing an zu lachen, so sehr, dass ich dachte, er wäre verrückt geworden. Er fiel vornüber, auf mich drauf. Erschrocken sprang ich auf, so heftig, dass ich ihn in den gekippten Stuhl zurückwarf.

»Zieh sie raus!«, keuchte er. Ich hatte Angst, fragte mich kurz, ob es Mord war, wenn ich sie ihm rauszog und er starb.

»Zieh sie raus!« Er spuckte einen dünnen roten Wasserfall über sein Kinn.

Ich pumpte den Stuhl weit zurück. Er war schlaff, schien nicht zu spüren, wie ich die hinteren oberen Backenzähne seitlich verdrehte und herauszog. Er wurde bewusstlos, seine Lippen schlossen sich wie graue Muschelschalen. Ich öffnete ihm den Mund und schob ein Papierhandtuch in eine Seite, um an die drei letzten Backenzähne zu gelangen.

Die Zähne waren alle draußen. Ich versuchte, den Stuhl mit dem Pedal wieder herunterzustellen, traf aber den falschen Hebel und wirbelte ihn herum. Blut spritzte im Kreis auf den Boden. Ich ging weg, der Stuhl kam langsam und quietschend zum Stehen. Ich wollte ein paar Teebeutel holen, er ließ die Patienten immer auf Teebeutel beißen, um die Blutung zu stoppen. Ich leerte Mamies Schubfach: Talkum, Gebetskarten, Dankesgrüße für die Blumen. Die Teebeutel lagen in einer Büchse hinter der Heizplatte.

Das Handtuch in seinem Mund war mittlerweile purpurrot, vollgesaugt mit Blut. Ich warf es auf den Boden, schob ihm eine Handvoll Teebeutel in den Mund und drückte seinen

Kiefer zusammen. Ich schrie. Ohne Zähne war sein Gesicht ein Totenschädel, weiße Knochen über einem lebendigen, blutigen Kehlkopf. Ein furchterregendes Monster, eine Teekanne, die zum Leben erwacht, gelbe und schwarze Teebeutelanhänger schlenkerten herum wie die Dekoration bei einer Parade. Ich rannte zum Telefon, um meine Mutter anzurufen. Keine Münzen. Ich schaffte es nicht, ihn zu bewegen, um an seine Taschen zu gelangen. Er hatte in seine Hosen genässt; Urin tropfte auf den Boden. Immer wieder trat ihm eine Blutblase aus der Nase und platzte.

Das Telefon klingelte. Meine Mutter war dran. Sie weinte. Der Schmorbraten, das schöne Sonntagsessen. Sogar mit Gurken und Zwiebeln, so wie Mamie es immer machte. »Hilfe! Grandpa!«, sagte ich und legte auf.

Er hatte sich übergeben. O Gott, dachte ich und kicherte, weil ich bei etwas so Dummem o Gott dachte. Ich ließ die Teebeutel in den Schmutz auf den Boden fallen, machte ein paar Handtücher nass und wusch ihm das Gesicht. Ich öffnete das Riechsalz unter seiner Nase, roch selbst daran, schüttelte mich.

»Meine Zähne!«, brüllte er.

»Sie sind raus!«, rief ich, wie zu einem Kind. »Alle weg!«

»Die neuen, du Dummkopf!«

Ich holte sie. Ich kannte sie jetzt alle, sie waren genauso, wie sein Mund von innen gewesen war.

Er streckte seine Hand danach aus, wie ein Bettler aus Juarez, aber sie zitterte zu sehr.

»Ich setze sie ein. Erst ausspülen.« Ich gab ihm die Mundspülung. Er spülte aus und spuckte, ohne den Kopf zu heben. Ich schüttete Peroxid über die Zähne und schob sie ihm in den Mund. »He, guck!« Ich hielt Mamies Elfenbeinspiegel hoch.

»Na also, verdammich!« Er lachte.

»Ein Meisterwerk, Grandpa!« Ich lachte auch, küsste seinen verschwitzten Kopf.

»O mein Gott.« Meine Mutter kreischte, kam mit ausgebreiteten Armen auf mich zu. Sie rutschte im Blut aus und schlitterte in die Tonnen mit den Zähnen. Sie klammerte sich fest, um nicht das Gleichgewicht zu verlieren.

»Guck dir seine Zähne an, Mama.«

Sie nahm sie gar nicht wahr. Sah den Unterschied nicht. Er goss ihr Jack Daniel's ein. Sie nahm das Glas, prostete ihm abwesend zu und trank.

»Du bist verrückt, Papa. Er ist verrückt. Wo kommen diese ganzen Teebeutel her?«

Es gab ein reißendes Geräusch, als er sich das Hemd von der Haut zog. Ich half ihm, die Brust und den faltigen Bauch zu waschen. Dann wusch ich mich auch und zog einen korallenroten Pullover von Mamie an. Die beiden tranken schweigend, während wir auf das 8-5-Taxi warteten. Ich fuhr uns im Fahrstuhl nach unten, brachte ihn ziemlich nah am Boden zum Stehen. Als wir nach Hause kamen, half der Fahrer meinem Grandpa die Stufen hoch. Er blieb vor Mamies Tür stehen, aber sie schlief.

Im Bett schlief auch Grandpa ein, seine Zähne zu einem Bela-Lugosi-Grinsen gefletscht. Sie haben sicher wehgetan.

»Er hat ganze Arbeit geleistet«, sagte meine Mutter.

»Du hasst ihn doch nicht immer noch, oder, Mama?«

»O doch«, sagte sie. »Doch, ich hasse ihn.«

Elektroauto, El Paso

Mrs. Snowden wartete, dass meine Großmutter und ich in ihr Elektroauto stiegen. Es sah aus wie jedes andere Auto, nur, dass es sehr hoch und kurz war, wie ein Auto aus einem Comic, das gegen eine Wand gefahren war. Ein Auto, dem die Haare zu Berge standen. Mamie stieg vorne ein und ich hinten. Dort war es wie Fingernägel, die über eine Tafel kratzten. Die Fenster waren von einer gelben Staubschicht überzogen. Verkleidung und Sitze aus stockfleckigem staubigen Samt. Maulwurfgrau. Damals knabberte ich viel an den Fingernägeln, und das Gefühl von modrigem, staubigen Samt an den rohen Fingerkuppen, den aufgeschürften Ellbogen und Knien … es war eine Qual. Meine Zähne schmerzten, meine Haare taten weh. Ich schauderte, als hätte ich versehentlich eine verfilzte tote Katze berührt. Zusammengekauert griff ich nach oben zu den geschnitzten goldenen Blumentöpfen über den schmutzigen Fenstern, hielt mich daran fest. Die Halteriemen waren verrottet und fast durchgewetzt, baumelten wie alte Perücken zwischen den Blumentöpfen. Eine Hand am Riemen, hob es mich hoch in die Luft, ich schaukelte über den Rücksitzen anderer Autos, wo ich Einkaufstüten sehen konnte, Babys, die in Aschenbechern wühlten, Kleenex-Schachteln.

Das Auto machte ein so schwaches surrendes Geräusch, dass es schien, als würden wir uns nicht bewegen. Oder doch?

Mrs. Snowden konnte oder wollte nicht schneller fahren als fünfzehn Meilen pro Stunde. Wir fuhren so langsam, dass ich alles um mich her sah wie nie zuvor. Zeit entrückt, als sähe man jemandem beim Schlafen zu, die ganze Nacht. Ein Mann auf dem Gehweg entschloss sich, in ein Café zu gehen, überlegte es sich anders, lief bis zur nächsten Straßenecke, drehte wieder um, ging zurück und hinein ins Café, breitete die Serviette über seinen Schoß und sah erwartungsvoll aus, und das alles, bevor wir das Ende der Straße erreicht hatten.

Wenn ich den Kopf wie den Sitz einer Schaukel zwischen meine baumelnden Arme fallen ließ und dann aufblickte, konnte ich von der winzigen Mamie und Mrs. Snowden nur ihre Strohhüte sehen, als wären sie selbst nichts als zwei Hüte aus Stroh, die auf dem Armaturenbrett lagen. Jedes Mal musste ich wahnsinnig kichern. Mamie drehte sich um und lächelte so, als würde sie nichts mitbekommen. Wir waren immer noch nicht im Zentrum, nicht mal an der Plaza.

Sie und Mrs. Snowden redeten über Freundinnen, die gestorben oder krank waren oder ihren Ehemann verloren hatten. Alles, was sie sagten, beendeten sie mit einem Spruch aus der Bibel.

»Also, ich glaube, das war *sehr* unvernünftig von ihr, zu…«

»Oh, Gott sei uns gnädig, ja. ›Doch haltet ihn nicht als einen Feind, sondern vermahnet ihn als einen Bruder.‹«

»Thessalonicher drei!«, sagte Mamie. Das war eine Art Spiel.

Schließlich konnte ich mich nicht länger an den Blumentöpfen festhalten. Ich legte mich auf den Boden. Schimmelnder Gummi. Staub. Mamie drehte sich um, wollte lächeln. O mein Gott! Mrs. Snowden fuhr an den Straßenrand. Sie dachten, ich wäre hinausgefallen. Viel später, Stunden später, musste ich auf die Toilette. Die sauberen Toiletten waren alle auf der anderen Seite der Straße, auf der linken Seite. Mrs. Snowden konnte aber nicht links abbiegen. Erst nach zehnmal rechts abbiegen und einer Einbahnstraße kamen wir zu einer Toilette. Da hatte ich mir schon in die Hosen gepinkelt, sagte es ihnen aber nicht und trank Wasser aus dem kühlen, kühlen Texaco-Hahn. Es dauerte noch viel länger, ehe wir wieder auf der rechten Seite der Straße waren, weil wir bis zur Überführung an der Wyoming Avenue zurückfahren mussten.

Die Luft am Flughafen war trocken, Autos knirschten auf dem Schotter hinein und heraus. Steppenroller hatten sich im Zaun verfangen. Asphalt, Metall, ein Schleier staubig tanzender Atome, von Tragflächen und Fenstern der Flugzeuge blendend gespiegelt. Die Menschen in den Autos um uns herum aßen schlabbriges Zeug. Wassermelonen, Granatäpfel, Bananen mit braunen Stellen. Bier war auf die Dächer gespritzt, Schaum rann an Autotüren hinab. Ich wollte an einer Orange lutschen. Ich habe Hunger, quengelte ich.

Mrs. Snowden hatte das vorausgesehen. Ihre behandschuhte Hand reichte mir Fig Newtons, die in Talkumtaschentücher eingewickelt waren. Die Feigenkekse gingen im Mund auf wie japanische Blüten, wie ein platzendes Kissen. Ich würgte und weinte. Mamie lächelte und reichte mir ein im Tütchen angestaubtes Taschentuch, flüsterte mit Mrs. Snowden, die den Kopf schüttelte.

»Kümmer dich nicht um sie … sie spielt sich nur auf.«

»Denn wen der Herr liebt, den züchtigt Er.«

»Johannes?«

»Hebräer, elf.«

Ein paar Flugzeuge hoben ab, eines landete. Na gut, wir fahren besser zurück nach Hause. Sie konnte nachts nicht so gut sehen, die Scheinwerfer und so, also fuhr sie auf dem Rückweg noch langsamer, hielt großen Abstand zu den am

Straßenrand geparkten Autos. Die Sonntagsfahrer hupten uns alle an. Ich stellte mich auf den Sitz, hielt Abstand zum Samt, indem ich mich mit den Händen am Rückfenster abstützte, und schaute auf die Reihe von Scheinwerfern, die sich hinter uns bis zurück zum Flughafen stauten.

»Cops!«, brüllte ich. Ein rotes Licht, eine Sirene. Mrs. Snowden blinkte, lenkte langsam zur Seite, um den Streifenwagen vorbeizulassen, aber er hielt neben uns. Sie ließ ihr Fenster zur Hälfte hinuntergleiten, um ihn anzuhören.

»Meine Dame, die Ampeln sind auf vierzig Meilen ausgerichtet. Außerdem fahren Sie in der Mitte der Straße.«

»Vierzig ist viel zu schnell.«

»Fahren Sie schneller, oder ich muss Ihnen einen Strafzettel geben.«

»Die können doch einfach um mich herumfahren.«

»Schätzchen, das würden sie nie wagen!«

»Also gut!«

Sie schloss das elektrische Fenster, während er noch redete. Er hämmerte mit seiner Faust dagegen, mit hochrotem Kopf. Hupen blökten, und die Leute im Auto hinter uns lachten. Wütend stampfte der Polizist um das Auto herum und stieg in seinen Streifenwagen, ließ den Motor aufheulen und brauste davon. Mit heulenden Sirenen überfuhr er eine rote Ampel, krachte in das lohfarbene Heck eines Oldtimers und krachte gleich darauf in die Vorderseite eines Pick-ups. Glas klimperte. Mrs. Snowden ließ ihr Fenster herab. Sie fuhr vorsichtig am Heck des kaputten Lieferwagens vorbei.

»Darum, wer sich lässt dünken, er stehe, mag wohl zusehen, dass er nicht falle.«

»Korinther!«, sagte Mamie.

Makadam

Frisch sieht er aus wie Kaviar, klingt wie zerbrochenes Glas, als würde jemand Eis kauen.

Ich kaute Eis, wenn die Limonade ausgetrunken war, saß schaukelnd mit meiner Großmutter auf der Veranda. Wir starrten hinunter auf die Sträflingskolonne, die die Upson Street pflasterte. Ein Vorarbeiter kippte Schotter aus, die Sträflinge stampften ihn fest in einem schweren, gleichmäßigen Rhythmus. Die Ketten klirrten, der Schotter klang wie Applaus.

Wir drei sagten dieses Wort oft. Meine Mutter, weil sie schrecklich fand, wie wir wohnten, im Dreck, und weil wir jetzt wenigstens eine Makadamstraße haben würden. Meine Großmutter wollte bloß, dass alles sauber war – der Schotter würde den Staub binden. Roter texanischer Staub, der mit dem grauen Abfallerz von den Schmelzhütten hereinwehte und auf dem glänzenden Dielenboden und ihrem Mahagonitisch zu siebfeinen Dünen wuchs.

Ich sagte *Makadam* immer laut zu mir selbst, weil es klang wie der Name für einen Freund.

Stille

Mein Leben begann ruhig, ich wohnte in Bergbaustädten und zog zu oft um, um Freunde zu haben. Ich suchte mir einen Baum oder einen Platz in einem alten verlassenen Hüttenwerk und saß in der Stille.

Meine Mutter las normalerweise oder schlief, und so sprach ich meistens mit meinem Vater. Sobald er zur Tür hereinkam oder wenn er mich in die Berge und ins tiefe Dunkel der Minen mitnahm, redete ich ununterbrochen.

Dann ging er ins Ausland, und wir lebten in El Paso, Texas, wo ich die Vilas-Schule besuchte. In der dritten Klasse konnte ich gut lesen, hatte aber vom Addieren keine Ahnung. Ein schweres Korsett auf meinem krummen Rücken. Ich war hochgewachsen, aber immer noch wie ein Kind. Ein Wechselbalg in dieser Stadt, als hätten mich Bergziegen in den Wäldern aufgezogen. Ich machte mir in die Hosen, nässte so lange ein, bis ich mich schließlich ganz weigerte, zur Schule zu gehen oder mit dem Direktor zu reden.

Die alte High School-Lehrerin meiner Mutter brachte mich als Stipendiatin in der exklusiven Radford-Schule für Mädchen unter, die zwei Busstunden entfernt auf der anderen Seite von El Paso lag. Ich hatte immer noch alle oben erwähnten Probleme, war jetzt außerdem aber angezogen wie eine Vogelscheuche. Ich lebte im Slum, und irgendetwas an meinen Haaren war besonders inakzeptabel. Von dieser Schule habe ich nicht viel erzählt. Es macht mir nichts aus, den Leuten schreckliche Sachen zu erzählen, solange ich sie komisch beschreiben kann. Das war nie komisch. Einmal trank ich in der Pause Wasser aus dem Gartenschlauch, und die Lehrerin nahm ihn mir weg und sagte, ich sei gewöhnlich.

Aber die Bibliothek. Jeden Tag durften wir eine Stunde dort verbringen, uns jedes Buch, alle Bücher ansehen, uns hinsetzen und lesen oder den Zettelkatalog durchblättern. Fünfzehn Minuten bevor die Stunde zu Ende war, sagte uns die Bibliothekarin Bescheid, damit wir ein Buch ausleihen konnten. Die Bibliothekarin hatte eine so – lachen Sie nicht – sanfte Art zu reden. Nicht nur leise, auch nett. Sie sagte zu uns: »Dort stehen die Biografien«, und erklärte dann, was eine Biografie war.

»Hier stehen die Nachschlagewerke. Wenn ihr etwas wissen wollt, fragt mich einfach, und wir werden die Antwort in einem Buch finden.« Diese Vorstellung war wunderbar, und ich glaubte ihr.

Dann wurde Miss Bricks' Handtasche unter ihrem Schreibtisch hervor gestohlen. Sie sagte, dass ich das gewesen sein müsse. Ich wurde ins Büro von Lucinda de Leftwitch Templin geschickt. Lucinda de sagte, sie wisse, dass ich nicht aus einem privilegierten Haus käme wie die meisten anderen ihrer Mädchen und dass das manchmal schwer für mich sei. Sie verstehe das, sagte sie, aber eigentlich sagte sie: »Wo ist die Handtasche?«

Ich ging. Kehrte nicht einmal zurück, um das Geld für den Bus oder mein Lunchpaket aus meinem Fach zu holen. Ich marschierte quer durch die Stadt, den ganzen langen Weg, den ganzen langen Tag. Meine Mutter erwartete mich mit einer Rute auf der Veranda. Sie hatten angerufen und mitgeteilt,

dass ich die Handtasche gestohlen hätte und dann weggelaufen sei. Meine Mutter fragte mich nicht einmal, ob ich sie
gestohlen hatte. »Du kleine Diebin, machst mir Schande!«,
klatsch, »Undankbares Gör!«, klatsch.

Lucinda de rief am nächsten Tag an, um zu sagen, dass
ein Hausmeister die Handtasche gestohlen habe, aber meine
Mutter entschuldigte sich nicht einmal bei mir. Sie sagte nur:
»Schlampe«, nachdem sie aufgehängt hatte.

So kam ich schließlich auf die St. Joseph's-Schule, die ich
liebte. Doch die Kinder dort hassten mich ebenfalls, aus den
oben erwähnten Gründen, aber mehr noch aus anderen
Gründen. Einer davon war, dass Schwester Cecilia immer
mich aufrief und ich Sterne und Heiligenbildchen bekam und
das Schoßhündchen! Schoßhündchen! war, bis ich aufhörte,
mich zu melden.

Onkel John ging nach Nacogdoches, sodass ich mit meiner
Mutter und meinem Großvater allein zurückblieb. Onkel John
hatte immer mit mir zusammen gegessen, oder er hatte getrunken, während ich aß. Er unterhielt sich mit mir, wenn ich ihm
beim Reparieren von Möbeln half, nahm mich ins Kino mit
und ließ mich sein schleimiges Glasauge halten. Nachdem er
weg war, wurde es schrecklich. Großvater und Mamie (meine
Großmutter) waren den ganzen Tag in seiner Zahnarztpraxis,
und wenn sie nach Hause kamen, brachte Mamie meine kleine
Schwester in der Küche oder in Mamies Zimmer in Sicherheit.
Meine Mutter war ausgegangen, gab im Armeekrankenhaus
die Schwesternhelferin oder spielte Bridge. Großvater war im
Elks oder wer weiß wo. Das Haus war gruselig und leer ohne
John, und ich musste mich vor Großvater und Mama verstecken, wenn einer von ihnen betrunken war. Zu Hause war es
schlimm, und in der Schule war es schlimm.

Ich beschloss, nicht mehr zu sprechen. Ich gab es einfach

irgendwie auf. Das ging über eine so lange Zeit, dass Schwester Cecilia schließlich versuchte, in der Garderobe mit mir zu beten. Sie meinte es gut und berührte mich beim Beten aus reiner Sympathie. Ich bekam Angst und stieß sie weg, und sie fiel hin, und ich wurde von der Schule geworfen. Zu dieser Zeit lernte ich Hope kennen.

Das Schuljahr war fast vorbei, also blieb ich zu Hause, bis ich im Herbst wieder auf die Vilas-Schule gehen sollte. Ich sprach immer noch nicht, auch nicht, als mir meine Mutter einen ganzen Krug Eistee über den Kopf goss oder mich kniff und mir dabei die Haut zwirbelte, sodass die blauen Flecke aussahen wie Sterne, der Große Wagen, der Kleine Wagen, die Leier, überall auf meinen Armen.

Ich spielte Jacks auf dem Betonabsatz der Treppe, hoffte, das syrische Mädchen von gegenüber würde mich zu sich einladen. Sie spielte auf ihrer Betonveranda. Sie war klein und dünn, wirkte aber alt. Nicht groß oder erwachsen, sondern wie ein alte Kindfrau. Langes, glänzend schwarzes Haar mit einem Pony, der ihr über die Augen hing. Wenn sie etwas sehen wollte, musste sie den Kopf zurückwerfen. Sie sah aus wie ein Babypavian. Auf eine gute Weise, meine ich. Ein kleines Gesicht und riesige schwarze Augen. Jedes der sechs Haddad-Kinder sah abgemagert aus, aber die Erwachsenen waren monumental, hatten zwei- oder dreihundert Pfund.

Ich wusste, dass sie mich bemerkte, denn wenn ich Eier-im-Korb spielte, dann machte sie das auch. Oder Sternewerfen, nur dass sie nie eines der Metallsternchen fallen ließ, sogar wenn es alle zwölf waren. Wochenlang machten unsere Gummibälle und Sternchen einen schönen Plopp-plopp-platsch-plopp-plopp-platsch-Rhythmus, bis sie schließlich an den Zaun kam. Sie musste gehört haben, wie meine Mutter mich anschrie, denn sie sagte: »Sprichst du wieder?«

Ich schüttelte den Kopf.

»Gut. Mit mir sprechen zählt nicht.«

Ich kletterte über den Zaun. Als ich am Abend im Bett lag, war ich so glücklich darüber, eine Freundin zu haben, dass ich laut rief: »Gute Nacht!«

Wir hatten an diesem Tag stundenlang Jacks gespielt, und dann hatte sie mir Mumbletypeg beigebracht. Gefährliches Spiel mit einem Messer. Dreifachdrehung ins Gras, und das Furchterregendste war eine Hand flach auf dem Boden und zwischen jeden Finger stechen. Schneller, schneller, schneller, Blut. Ich glaube, wir haben überhaupt nicht geredet. Wir redeten kaum, den ganzen langen Sommer über. Ich erinnere mich nur an ihre ersten und ihre letzten Worte.

Ich hatte nie wieder eine Freundin wie Hope, meine allereinzige echte Freundin. Nach und nach wurde ich ein Teil der Haddad-Familie. Ich glaube, ohne sie wäre ich nicht nur zu einer neurotischen, alkoholkranken und unsicheren Erwachsenen geworden, sondern ernsthaft gestört. Gaga.

Die sechs Kinder und der Vater redeten englisch. Die Mutter, die Großmutter und fünf oder sechs andere alte Frauen sprachen ausschließlich arabisch. Im Rückblick scheint es, als hätte ich eine Art Lehrzeit durchlaufen. Die Kinder sahen zu, als ich rennen lernte, richtig zu rennen, sodass ich über den Zaun springen konnte, anstatt zu klettern. Ich wurde geschickt im Messerwerfen, mit den Drehkreiseln und den Murmeln. Ich lernte englische, spanische und arabische Schimpfwörter und Gesten. Für die Großmutter wusch ich das Geschirr ab, goss die Pflanzen, harkte den Sand auf dem Hof, klopfte Teppiche mit einem geflochtenen Rohrklopfer, half den alten Frauen beim Ausrollen von Brotteig auf der Tischtennisplatte im Keller. Träge Nachmittage, an denen ich mit Hope und ihrer älteren Schwester Shahala in einer Badewanne auf dem Hof Menstruationsblut aus Stofflappen wusch. Das kam mir nicht eklig, sondern magisch vor, wie ein geheimnisvoller Ritus. Morgens stand ich in einer Reihe mit den anderen Mädchen, um mir die Ohren waschen und die Haare flechten zu lassen und Kibbeh auf warmem, frisch gebackenem Brot zu bekommen. Die Frauen riefen mir zu: »*Hjaddadinah!*« Sie küssten mich und gaben mir Klapse, als gehörte ich dazu. Mr. Haddad ließ mich und Hope auf der Ladefläche seines Haddads-Schöne-Möbel-Lastwagens auf Sofas sitzen und durch die Stadt fahren.

Ich lernte zu stehlen. Granatäpfel und Feigen aus dem Garten des blinden alten Guca, Blue-Waltz-Parfüm, Tangee-Lippenstift von Kress, Lakritze und Brause aus dem Sunshine-Lebensmittelladen. Damals lieferten die Läden noch ins Haus, und eines Tages brachte der Sunshine-Junge gerade in dem Moment eine Lieferung zu unseren Häusern, als Hope und ich mit Bananeneis am Stiel in der Hand nach Hause kamen. Unsere Mütter standen beide draußen.

»Eure Kinder haben das Eis geklaut!«, sagte er.

Meine Mutter schlug mich, klatsch, klatsch. »Rein mit dir, du Lügnerin, du Betrügerin, du kriminelle Göre!« Aber Mrs. Haddad sagte: »Du mieser Lügner. *Hjaddadinah! Tlajhama!* Was fällt dir ein, schlecht über meine Kinder zu reden? Ich werde nicht mehr in deinen Laden kommen, nie wieder!«

Und das tat sie auch nicht, sie fuhr mit dem Bus die ganze Strecke nach Mesa, um einzukaufen, obwohl sie genau wusste, dass Hope das Eis am Stiel gestohlen hatte. Das leuchtete mir ein. Ich wollte nicht bloß, dass meine Mutter mir glaubte, wenn ich unschuldig war – was sie nie tat –, sondern ich wollte, dass sie hinter mir stand, wenn ich schuldig war.

Als wir Rollschuhe bekamen, fuhren Hope und ich durch El Paso, durchquerten die ganze Stadt. Wir gingen ins Kino, ließen einander durch die Notausgänge ein. *Die Seeteufel von Cartagena, Till the End of Time.* Chopin blutete die Klaviertasten voll. Sechs Mal sahen wir *Solange ein Herz schlägt* und *Die Bestie mit den fünf Fingern* zehn Mal.

Die schönste Zeit hatten wir mit den Karten. Sooft wir konnten, waren wir bei ihrem Bruder Sammy, der siebzehn war. Er und seine Freunde sahen gut aus, tough und wild. Wir verkauften Lose für Spieldosen. Wir brachten ihm das Geld, und er gab uns einen Anteil. So kamen wir an die Rollschuhe.

Wir verkauften die Lose überall. In Hotels und am Bahnhof, im Armeeclub, in Juarez. Auch die Wohnviertel waren magische Orte. Man ging eine Straße hinunter, an Häusern und Gärten vorbei, und abends konnte man manchmal die Leute beim Essen sehen und wie sie zusammensaßen, und bekam einen wunderbaren Eindruck davon, wie andere Menschen lebten. Hope und ich sind in Hunderte von Häusern gegangen. Die Leute waren nett, sie mochten uns, zwei Siebenjährige, die jede auf ihre Weise komisch aussah. »Kommt rein. Wollt ihr eine Limonade?« Wir sahen vier Siamkatzen, die auf eine richtige Toilette gingen und sogar spülten. Wir sahen Papageien und einen fünfhundert Pfund schweren Menschen, der seit zwanzig Jahren das Haus nicht mehr verlassen hatte. Aber noch mehr mochten wir die vielen hübschen Dinge: Gemälde und Schäferinnen aus Porzellan, Spiegel, Kuckucksuhren und Standuhren, Decken und Teppiche in allen Farben. Wir fanden es toll, in mexikanischen Küchen voller Kanarienvögel zu sitzen, echten Orangensaft zu trinken und *pan dulce* zu essen. Hope war klug, sie lernte Spanisch, indem sie es in der Nachbarschaft aufschnappte, und konnte mit den alten Frauen reden.

Wir glühten, wenn Sammy uns lobte, uns umarmte. Er machte uns Fleischwurst-Sandwiches und ließ uns neben seinen Freunden im Gras sitzen. Wir erzählten ihnen alles über die Leute, die wir kennengelernt hatten. Reiche, Arme, Chinesen, Schwarze, bevor der Schaffner uns aus dem Warteraum für Farbige am Bahnhof verscheuchte. Da war nur ein böser Mensch, der Mann mit den Hunden. Er hatte nichts Böses gemacht oder gesagt, er hatte uns nur zu Tode erschreckt mit seinem blassen, grinsenden Gesicht.

Als Sammy das alte Auto kaufte, begriff Hope sofort. Dass niemand eine Spieldose bekommen würde.

Sie sprang mit einem wütenden Satz über den Zaun in unseren Garten, heulend und mit fliegendem Haar wie ein indianischer Krieger im Film. Sie klappte ihr Messer auf und zog scharfe Schnitte in unsere Zeigefinger, hielt die tropfenden Stellen aneinander.

»Ich werde niemals wieder mit Sammy sprechen«, sagte sie. »Sag es!«

»Ich werde niemals wieder mit Sammy sprechen«, sagte ich.

Ich übertreibe oft und verwechsle Fiktion und Realität, aber, ganz ehrlich, ich lüge nie. Ich log nicht, als ich diesen Schwur ablegte. Mir war klar, dass er uns benutzt hatte, uns belogen und diese Menschen betrogen hatte. Ich würde nie wieder mit ihm sprechen.

Einige Wochen darauf stieg ich in der Upson Street nahe dem Krankenhaus den Berg hinauf. Es war heiß. (Sie sehen, ich versuche zu rechtfertigen, was passiert ist. Es war immer heiß.) Sammy kam in seinem alten blauen Cabrio angefahren, dem Auto, das er sich von dem Geld, das Hope und ich erarbeitet hatten, gekauft hatte. Es stimmt: Ich, aus Orten in den Bergen kommend, hatte außer in ein paar Taxis so gut wie nie in einem Auto gesessen.

»Fahr eine Runde mit.«

Manche Worte machen mich verrückt. In letzter Zeit ist in jedem Zeitungsartikel von einem Prüfstein, einem Wendepunkt oder einem Symbol die Rede. Wenigstens eines davon trifft auf diesen Moment meines Lebens zu.

Ich war ein kleines Mädchen; ich glaube nicht, dass es da wirklich einen sexuellen Reiz gab. Aber ich hatte Ehrfurcht vor seiner körperlichen Schönheit, seiner Anziehungskraft. Was auch immer... Na gut, okay, es gibt keine Entschuldigung für das, was ich tat. Ich sprach mit ihm. Ich stieg ins Auto.

Die Fahrt in diesem offenen Wagen war großartig. Der Wind kühlte uns ab, als wir über die Plaza rasten, am Wigwam-Theater vorbei, am Del Norte, am Popular-Dry-Goods-Kaufhaus, dann die Mesa hoch in Richtung Upson. Ich wollte ihn gerade bitten, mich ein paar Straßen vor unserem Haus abzusetzen, als ich Hope in einem Feigenbaum sitzen sah, auf dem leeren Grundstück, wo die Upson auf die Randolph Street traf.

Hope kreischte. Richtete sich im Baum auf und schüttelte die Faust nach mir, fluchte auf Arabisch. Vielleicht ist alles, was mir seither passiert ist, eine Folge dieses Fluchs. Leuchtet ein.

Ich stieg aus dem Auto, todtraurig, zitternd, schleppte mich die Stufen zu unserem Haus hoch wie eine alte Frau, fiel auf die Verandaschaukel.

Ich wusste, dass dies das Ende unserer Freundschaft war und dass ich etwas falsch gemacht hatte.

Jeder Tag war endlos. Hope ging an mir vorbei, als wäre ich unsichtbar, spielte auf der anderen Seite des Zauns, als gäbe es unseren Garten überhaupt nicht. Sie und ihre Schwestern sprachen jetzt nur noch arabisch. Laut, wenn sie draußen waren. Ich verstand viele der schlimmen Sachen, die sie sagten. Hope spielte stundenlang allein auf der Veranda Jacks und sang dabei klagende arabische Lieder, wunderschön; ihre raue schwermütige Stimme brachte mich stundenlang zum Weinen, so sehr vermisste ich sie.

Außer Sammy sprach keiner der Haddads mit mir. Ihre Mutter spuckte mich an und schüttelte die Faust. Sammy rief mir aus dem Auto heraus nach, weitab von unseren Häusern. Sagte, es täte ihm leid. Er versuchte, nett zu sein, indem er sagte, er wisse, dass sie eigentlich immer noch meine Freundin sei, und ich solle bitte nicht traurig sein. Er könne verstehen, warum ich nicht mit ihm reden würde, ich solle ihm bitte verzeihen. Ich drehte mich weg, damit ich ihn beim Sprechen nicht sah.

Ich war noch nie im Leben so einsam gewesen. Prüfsteineinsam. Die Tage waren endlos, das Geräusch ihres Gummiballs erbarmungslos, Stunde um Stunde auf dem Beton, das Sirren ihres Messers ins Gras, Blitzen der Klinge.

Es gab keine anderen Kinder in unserem Viertel. Wochenlang spielten wir allein. Sie perfektionierte die Messertricks auf ihrem Rasen. Ich malte und las in der Verandaschaukel.

Kurz bevor die Schule wieder begann, ging sie für immer weg. Sammy und ihr Vater trugen ihr Bett, ihren Nachttisch und einen Stuhl nach unten zum riesigen Möbelwagen. Hope kletterte auf die Ladefläche, richtete sich auf, damit sie etwas sehen konnte. Sie schaute nicht zu mir. Auf dem großen Lkw sah sie winzig aus. Ich sah ihnen nach, bis sie verschwunden waren. Sammy stand am Zaun und rief nach mir. Er sagte mir, sie würde nach Odessa in Texas fahren, um dort bei Verwandten zu leben. Ich sage Odessa in Texas, weil einmal jemand zu mir sagte: »Das ist Olga; sie ist aus Odessa.« Und ich dachte, na und? Stellte sich heraus, es war in der Ukraine. Ich dachte, das einzige Odessa sei das, wohin Hope gegangen war.

Die Schule begann, und es war nicht so schlimm. Es machte mir nichts aus, immer allein zu sein oder ausgelacht zu werden. Mein Rückenkorsett wurde zu klein, und mein Rücken tat weh. Gut, dachte ich, das habe ich verdient.

Onkel John kam zurück. Fünf Minuten nachdem er zur Tür herein war, sagte er zu meiner Mutter: »Ihr Korsett ist zu klein!«

Ich war so froh, ihn zu sehen. Er machte mir eine Schüssel Puffweizen mit Milch, etwa sechs Löffeln Zucker und wenigstens drei Esslöffeln Vanille. Er saß mir gegenüber am Küchentisch und trank Bourbon, während ich aß. Ich erzählte ihm von meiner Freundin Hope, ich erzählte alles. Ich erzählte ihm sogar von den Problemen in der Schule. Ich hatte sie fast vergessen. Er grunzte oder sagte: »Ach verdammt!«, während ich redete, und er verstand alles, besonders das mit Hope.

Er sagte nie Sachen wie: »Mach dir keine Sorgen, es wird schon gut gehen!« Stattdessen sagte Mamie einmal: »Es könnte schlimmer sein!«

»Schlimmer?«, sagte er. »Es könnte auch verdammt noch mal viel besser sein!« Auch er war Alkoholiker, aber ihn machte das Trinken nur netter, nicht wie bei den anderen. Oder er verschwand, nach Mexiko oder Nacogdoches oder Carlsbad, manchmal in den Knast, wie mir jetzt klar ist.

Er sah gut aus, dunkel wie Großvater, mit nur einem blauen Auge, nachdem Großvater ihm das andere weggeschossen hatte. Sein Glasauge war grün. Ich weiß, dass Großvater wirklich auf ihn geschossen hat, aber es gibt ungefähr zehn verschiedene Versionen davon, wie das passierte. Wenn Onkel John zu Hause war, schlief er im Schuppen hinterm Haus, nicht weit von meinem Zimmer, das er mir auf der hinteren Veranda eingerichtet hatte.

Onkel John trug einen Cowboyhut und Stiefel und war

zeitweise ein mutiger Filmcowboy, zu anderen Zeiten aber nur ein erbärmlich jammernder Penner.

»Schon wieder krank«, seufzte Mamie dann.

»Betrunken, Mamie«, sagte ich.

Ich versuchte mich zu verstecken, wenn Großvater betrunken war, weil er mich fangen und mit mir schaukeln würde. Er hatte das einmal im großen Schaukelstuhl getan, er drückte mich fest an sich, der Stuhl federte vom Boden ab, nur wenige Zentimeter neben dem glühend heißen Herd, und sein Teil stieß mir, stieß mir gegen den Hintern. Er sang: »Alte Blechpfanne mit einem Loch im Boden.« Laut. Keuchend und grunzend. Mamie saß nur wenige Meter entfernt und las die Bibel, als ich schrie: »Mamie! Hilf mir!« Onkel John tauchte auf, betrunken und staubig. Er riss mich von Großvater weg, packte den alten Mann am Kragen. Er sagte, das nächste Mal würde er ihn mit bloßen Händen umbringen. Dann schlug er Mamies Bibel zu.

»Lies noch mal richtig, Mama. Du hast das falsch verstanden mit dem Hinhalten der anderen Wange. Das gilt nicht, wenn jemand einem Kind was tut.«

Sie weinte, sagte, ob es ihm gefallen würde, ihr das Herz zu brechen.

Während ich den Puffweizen aufaß, fragte er mich, ob Großvater mich belästigt hätte. Ich sagte Nein. Ich sagte ihm, dass er es mit Sally gemacht hatte, einmal, dass ich es gesehen hatte.

»Klein Sally? Und was hast du gemacht?«

»Nichts.« Ich hatte nichts gemacht. Ich hatte mit gemischten Gefühlen zugeschaut; Angst, Sex, Eifersucht, Wut. John kam um den Tisch herum, zog einen Stuhl zurück und schüttelte mich, heftig. Er war wütend.

»Das war mies! Hörst du mich? Wo war Mamie?«

»Blumen gießen. Sally hat geschlafen, aber dann ist sie aufgewacht.«

»Wenn ich nicht da bin, bist du die Einzige hier, die noch halbwegs normal ist. Du musst auf sie aufpassen. Hörst du mich?«

Ich nickte, beschämt. Aber ich schämte mich mehr über das, was ich gefühlt hatte, als es passierte. Er kapierte es irgendwie. Er verstand immer die Sachen, die man noch nicht mal im Kopf klarkriegte, geschweige denn aussprechen konnte.

»Du denkst, Sally hat es ziemlich gut, was? Du bist eifersüchtig auf sie, weil Mamie ihr so viel Aufmerksamkeit schenkt. Also, obwohl das etwas Böses war, was er mit ihr gemacht hat, hat das Böse vorher wenigstens dir gehört, stimmt's? Süße, natürlich bist du eifersüchtig auf sie. Ihr geht's bombig. Aber weißt du noch, wie wütend du auf Mamie warst? Wie du sie angefleht hast, dir zu helfen? Antworte mir!«

»Ich weiß.«

»Siehst du, du warst genauso schlimm wie Mamie. Schlimmer! Schweigen kann gemein sein, total gemein. Hast du sonst noch was ausgefressen, außer deine Schwester und deine Freundin zu verraten?«

»Ich habe gestohlen. Süßigkeiten und …«

»Ich meine, jemandem wehgetan.«

»Nein.«

Er sagte, er würde eine Weile dableiben, mich wieder in Ordnung und seine Antiquitätenwerkstatt auf Vordermann bringen, bevor es Winter wurde.

Nach der Schule und an den Wochenenden half ich ihm bei der Arbeit im Schuppen und auf dem Hof. Schliff und polierte Holz mit einem Lappen, der mit Leinöl und Terpentin getränkt war. Seine Freunde Tino und Sam kamen manchmal vorbei, um ihm beim Flechten, Polstern und neu Lackieren zu helfen. Wenn meine Mutter oder mein Großvater nach Hause kamen, verließen die beiden das Grundstück durch die hintere Pforte, weil Tino Mexikaner war und Sam farbig. Aber Mamie mochte sie und brachte ihnen immer Brownies oder Haferkekse, wenn sie da war.

Einmal hatte Tino eine Mexikanerin dabei, Mecha, noch fast ein Mädchen, ziemlich hübsch mit Ringen und Ohrringen, bemalten Augenlidern, langen Fingernägeln und einem leuchtenden grünen Kleid. Sie sprach kein Englisch, fragte stattdessen gestikulierend, ob sie mir beim Streichen eines Küchenstuhls helfen solle. Ich nickte, klar. Onkel John sagte, ich solle mich beeilen und ganz schnell streichen, bevor die Farbe herunterlaufen konnte, und ich nehme an, dass Tino dasselbe zu Mecha auf Spanisch sagte. Wild klatschten wir die Pinsel um die Rahmen und an den Beinen hoch, so schnell wir konnten, während sich die drei Männer die Seiten hielten vor Lachen. Im selben Moment hatten wir beide es dann auch kapiert und fingen ebenfalls an zu lachen. Mamie kam raus, um zu sehen, was die ganze Aufregung sollte. Sie rief Onkel John zu sich. Sie war sehr wütend über die Frau, sagte, es sei eine Sünde, sie hier zu haben. John nickte und kratzte sich den Kopf. Als Mamie ins Haus ging, kam er zurück, und nach einer Weile sagte er: »Machen wir Schluss für heute.«

Während wir die Pinsel sauber machten, erklärte er mir, dass die Frau eine Hure war und Mamie das an der Art, wie sie sich kleidete und schminkte, erkannt hatte. Er erklärte mir schließlich viele Sachen, die mich beunruhigt hatten. Ich verstand meine Eltern und meinen Großvater, Filme und Hunde auf einmal besser. Er vergaß mir zu sagen, dass Huren Geld verlangten, sodass mich das mit den Huren immer noch verwirrte.

»Mecha war nett. Ich hasse Mamie«, sagte ich.

»Sag dieses Wort nicht! Wie auch immer, du hasst sie nicht. Du bist wütend, weil sie dich nicht leiden kann. Sie sieht dich durch die Straßen streunen, mit Syrern und Onkel John rumhängen. Sie denkt, du bist ein hoffnungsloser Fall, eine geborene Moynihan. Du willst, dass sie dich liebt, das ist alles. Jedes Mal, wenn du glaubst, jemanden zu hassen, dann bete für sie. Versuch's. Du wirst schon sehen. Und während du damit beschäftigt bist, für sie zu beten, könntest du ihr hin und wieder helfen. Gib ihr irgendeinen Grund, so eine mürrische Göre wie dich zu lieben.«

An den Wochenenden nahm er mich manchmal mit zu Hunderennen nach Juarez oder zum Spielen in die Stadt. Ich liebte die Rennen und war gut darin, die Gewinner auszumachen. Nur ein einziges Mal gefiel es mir beim Kartenspielen, das war, als er mit Eisenbahnern in einem Dienstwaggon im Zugdepot spielte. Ich kletterte die Leiter zum Dach hinauf und sah den vielen Zügen zu, wie sie hinein- und hinausfuhren, die Gleise wechselten, verkoppelt wurden. Aber die meisten Kartenspiele fanden in den Hinterzimmern von chinesischen Wäschereien statt. Ich saß stundenlang vorn und las, während er irgendwo hinten Poker spielte. Von der Hitze und dem Geruch nach Waschlauge, vermischt mit angesengter Wolle und Schweiß, wurde mir übel. Einige Male ging er durch die Hintertür weg und vergaß mich, sodass mich der Waschsalonbesitzer, als er zum Abschließen kam, schlafend auf einem der Stühle fand. Ich musste im Dunkeln nach Hause laufen, es war weit, und meistens war niemand da. Mamie war mit Sally zum Chor gegangen, ins Eastern Star Hotel oder zum Herstellen von Verbandszeug für Soldaten.

Etwa einmal im Monat gingen wir in einen Friseurladen. Jedes Mal in einen anderen. Er verlangte eine Rasur und einen

Haarschnitt. Ich saß auf einem Stuhl und las die *Argosy*-Zeitung, während der Friseur ihm die Haare schnitt, und wartete darauf, dass das Rasieren losging. Onkel John wurde auf dem Stuhl nach hinten gekippt, und sobald der Friseur mit dem Rasieren fertig war, fragte er: »Sagen Sie mal, haben Sie Augentropfen?«, was immer der Fall war. Der Friseur stand über ihm und tat ihm die Tropfen in die Augen. Das grüne Glasauge begann sich zu drehen, und der Friseur schrie Zeter und Mordio. Dann lachten alle.

Wenn ich ihn nur halb so gut verstanden hätte, wie er mich immer verstand, hätte ich begreifen können, wie er litt und warum er sich so anstrengte, die Leute zum Lachen zu bringen. Er brachte jeden zum Lachen. In ganz Juarez und El Paso gingen wir zum Essen in viele Cafés, die wie private Wohnzimmer aussahen. Nichts als ein Haufen Tische in einem einzigen Zimmer in einem normalen Haus und gutes Essen. Alle kannten ihn, und die Kellnerinnen lachten immer, wenn er fragte, ob es aufgewärmter Kaffee sei.

»O nein!«

»Und wie kriegen Sie ihn dann so heiß?«

Ich wusste gewöhnlich, wie betrunken er war, und wenn es sehr schlimm wurde, erfand ich eine Ausrede und ging zu Fuß nach Hause oder nahm die Straßenbahn. Eines Tages war ich im Führerhaus des Lastwagens eingeschlafen und wachte erst auf, als er schon eingestiegen und losgefahren war. Wir waren auf der Rim Road und fuhren immer schneller. Er hielt eine Flasche zwischen den Schenkeln und lenkte mit den Ellbogen, während er das Geld zählte, das er vor den Ventilator über dem Lenkrad hielt.

»Fahr langsamer!«

»Ich bin gut bei Kasse, Herzchen!«

»Fahr langsamer! Halt das Lenkrad fest!«

Der Lkw rumste, bäumte sich auf, rumste noch mal. Scheine flogen durchs Führerhaus. Ich sah aus dem Rückfenster. Ein kleiner Junge stand auf der Straße, sein Arm blutete. Ein Collie lag neben ihm, blutüberströmt, versuchte aufzustehen.

»Halt an. Halt das Auto an. Wir müssen zurück. Onkel John!«

»Ich kann nicht!«

»Fahr langsamer. Du musst umdrehen!« Ich schluchzte hysterisch.

Zu Hause griff er über mich hinweg und öffnete mir die Tür. »Geh schon mal rein.«

Ich weiß nicht, ob ich aufhörte, mit ihm zu sprechen. Er kam nicht nach Hause. Nicht in dieser Nacht, tagelang nicht, wochenlang, monatelang nicht. Ich betete für ihn.

Der Krieg war zu Ende, und mein Vater kam nach Hause. Wir zogen nach Südamerika.

Onkel John landete in Los Angeles auf der Straße, ein völlig hoffnungsloser Alki. Dann traf er Dora, die in der Heilsarmee Trompete spielte. Sie brachte ihn ins Obdachlosenheim, gab ihm Suppe zu essen und unterhielt sich mit ihm. Später sagte sie, dass er sie zum Lachen brachte. Sie verliebten sich ineinander und heirateten, und er hörte auf zu trinken. Als ich älter war, besuchte ich sie in Los Angeles. Sie arbeitete als Nieterin bei Lockheed, und er hatte eine Antiquitätenwerkstatt in seiner Garage. Ich glaube, sie waren die zwei liebevollsten Menschen, die ich je gekannt habe, liebevoll miteinander, meine ich. Wir gingen in den Forest-Lawn-Park, zu den berühmten Teergruben von La Brea und ins Grotto-Restaurant. Meistens half ich Onkel John in der Werkstatt, schliff Möbel ab, polierte sie mit dem mit Leinöl und Terpentin getränkten Lappen. Wir sprachen über das Leben, erzählten uns Witze.

Keiner von uns erwähnte je El Paso. Mittlerweile war mir natürlich klar, weshalb er den Lastwagen nicht hatte anhalten können, denn mittlerweile war ich selbst eine Alkoholikerin.

Gut und schlecht

Nonnen haben sich sehr darum bemüht, mir beizubringen, gut zu sein. In der High School war es Miss Dawson. Santiago College, 1952. Sechs von uns Schülerinnen würden später auf amerikanische Colleges gehen; also wurden wir von der neuen Lehrerin Ethel Dawson in amerikanischer Geschichte und Gesellschaftskunde unterrichtet. Sie war die einzige amerikanische Lehrerin, die anderen waren Chilenen oder Europäer.

Wir behandelten sie alle schlecht. Ich war die Schlimmste. Wenn es einen Test gab, und keine von uns hatte gelernt, lenkte ich sie die ganze Zeit mit Fragen zum Gadsden-Kauf, der Gebietsabtretung von Mexiko an die USA, ab oder brachte sie dazu, über die Rassentrennung oder den amerikanischen Imperialismus zu reden, wenn es wirklich knapp für uns wurde.

Wir verspotteten sie, imitierten ihren nasal jammernden Boston-Tonfall. Wegen einer Polioerkrankung hatte sie an einem Schuh eine höhere Sohle, und sie trug eine dicke Brille mit Drahtgestell. Große Lücken zwischen den Zähnen, eine schreckliche Stimme. Es schien, als würde sie sich mit Absicht noch hässlicher machen, indem sie Männerfarben trug, die nicht zueinanderpassten, zerknitterte Hosen voller Suppenflecken und knallbunte Tücher im schlecht geschnittenen Haar. Sie wurde sehr rot im Gesicht, wenn sie dozierte, und roch nach Schweiß. Es war nicht so, als hätte sie Armut einfach zur Schau gestellt… Madame Tournier trug Tag für Tag denselben schäbigen schwarzen Rock mit Bluse, aber der Rock war schräg geschnitten, die schwarze Bluse, vom Alter grün und ausgefranst, war aus feiner Seide. Stil und Qualität waren für uns damals äußerst wichtig.

Sie zeigte uns Filme und Dias über die Lebensumstände der chilenischen Bergleute und Hafenarbeiter, alles die Schuld der USA. Die Tochter des Botschafters war in der Klasse, einige Töchter von Admirälen. Mein Vater war Bergbauingenieur, arbeitete für die CIA. Ich wusste, er war überzeugt davon, dass Chile die Vereinigten Staaten brauchte. Miss Dawson glaubte, sie würde beeinflussbare junge Gemüter erreichen, sprach aber eigentlich zu verwöhnten amerikanischen Gören. Jede von uns hatte einen reichen, gut aussehenden, mächtigen amerikanischen Daddy. Mädchen haben in diesem Alter zu ihren Vätern die gleiche Einstellung wie zu Pferden. Es ist eine Leidenschaft. Miss Dawson deutete an, die Väter wären Bösewichte.

Weil ich am meisten redete, war ich es, die sie sich vorknöpfte. Sie behielt mich nach dem Unterricht da, ging mit mir eines Tages sogar im Rosengarten spazieren und beschwerte sich über diese elitäre Schule. Ich verlor die Geduld mit ihr.

»Was machen Sie dann hier? Warum unterrichten Sie nicht die Armen, wenn Sie sich solche Sorgen um sie machen? Warum wollen Sie mit uns Snobs überhaupt etwas zu tun haben?«

Sie erzählte mir, dass sie hier eine Stelle bekommen habe, weil sie amerikanische Geschichte unterrichtete. Sie sprach noch kein Spanisch, aber sie verbrachte ihre gesamte Freizeit damit, sich um die Armen zu kümmern und sich ehrenamtlich in revolutionären Gruppen zu engagieren. Sie sagte, es sei keine Zeitverschwendung, mit uns zu arbeiten ... wenn sie die Ansichten nur einer Menschenseele ändern könnte, hätte es sich gelohnt.

»Vielleicht bist du diese eine Menschenseele«, sagte sie. Wir saßen auf einer Steinbank. Die Pause war fast vorbei. Der Duft von Rosen und der Modergeruch ihres Pullis.

»Was machst du an deinen Wochenenden?«, sagte sie.

Es war nicht schwer, komplett frivol zu klingen, und trotzdem übertrieb ich noch. Friseur, Maniküre, Damenschneider. Mittagessen im Charles. Polo, Rugby oder Kricket, Tanztees, Dinner-Einladungen, Partys bis in den frühen Morgen. Die Messe in der El-Bosque-Kirche am Sonntagmorgen um sieben, immer noch in Abendgarderobe. Frühstück im Country Club, Golf oder Schwimmen oder vielleicht ein Tag in Algarrobo am Meer, Skifahren im Winter. Kino natürlich, aber meistens tanzten wir die ganze Nacht.

»Und mit diesem Leben bist du zufrieden?«, fragte sie.

»Ja, bin ich.«

»Was, wenn ich dich darum bitten würde, mir deine Samstage zu überlassen, nur für einen Monat, würdest du das tun? Einen Teil von Santiago sehen, den du nicht kennst.«

»Wieso ich?«

»Weil ich denke, dass du im Grunde ein guter Mensch bist. Ich denke, du könntest daraus etwas lernen.« Sie umschloss meine Hände. »Versuch's.«

Ein guter Mensch. Aber sie hatte mich schon vorher herumgekriegt mit dem Wort *revolutionär*. Ich wollte Revolutionäre kennenlernen, weil sie schlechte Menschen waren. Über meine Samstage mit Miss Dawson schien jeder weitaus mehr als nötig verärgert zu sein, weshalb ich es erst recht tun wollte. Ich sagte meiner Mutter, ich würde den Armen helfen. Sie war angewidert, fürchtete sich vor Krankheiten, Toilettenbrillen.

Ich wusste sogar schon, dass die Armen in Chile keine Toiletenbrillen hatten. Meine Freunde waren schockiert, dass ich überhaupt etwas mit Miss Dawson machte. Sie sagten, sie sei eine Irre, eine Fanatikerin und eine Lesbe, war ich verrückt oder was?

Der erste Tag, den ich mit ihr verbrachte, war entsetzlich, aber aus lauter Draufgängertum blieb ich dabei. Samstagmorgens fuhren wir in einem Lieferwagen, der mit riesigen Töpfen voll Essen beladen war, zur städtischen Müllkippe. Bohnen, Haferbrei, Gebäck, Milch. Wir stellten einen großen Tisch in einem Feld auf, an das meilenweit Hütten aus platt gedrückten Blechdosen grenzten. Ein verbogener Wasserhahn drei Blöcke weiter wurde von der gesamten Hüttengemeinschaft benutzt. Vor den verkommenen Anbauten brannten Holzreste, Pappkartons, Schuhe; Feuer, auf denen gekocht wurde.

Zuerst schien der Ort verlassen zu sein, kilometerweit nur Dünen. Dünen aus stinkendem, schwelendem Abfall. Nach einer Weile war durch den Staub und den Rauch zu sehen, dass überall in den Dünen Menschen waren. Aber sie hatten die Farbe von Dung, ihre Lumpen genau wie der Müll, in dem sie herumkrochen. Niemand ging aufrecht, sie wuselten auf allen vieren umher wie nasse Ratten, warfen Dinge in Jutesäcke, die ihnen bucklige Tierrücken verpassten, kreisten, flitzten herum, trafen einander, wobei sich die Nasen berührten, sie schlitterten von dannen und verschwanden wie Leguane über die Dünenkämme. Aber als das Essen aufgebaut war, tauchte eine große Anzahl Frauen und Kinder auf, rußig und nass, die nach Abfall und verfaultem Essen rochen. Sie waren froh über das Frühstück, hockten sich hin, aßen auf den Müllhaufen, die knochigen Ellbogen ausgestellt wie Gottesanbeterinnen. Nachdem sie gegessen hatten, drängten sich die Kinder um mich herum, immer noch im Dreck kriechend oder liegend, sie betatschten meine Schuhe, ließen ihre Hände an meinen Strümpfen auf und ab gleiten.

»Siehst du, sie mögen dich«, sagte Miss Dawson. »Gibt dir das nicht ein gutes Gefühl?«

Ich wusste, dass sie meine Schuhe und Strümpfe mochten, meine rote Jacke von Chanel.

Miss Dawson und ihre Freunde waren beschwingt, als wir wegfuhren, sie schwatzten fröhlich. Mir war übel, und ich war deprimiert.

»Was bringt das, sie einmal in der Woche zu füttern? Es hinterlässt keine Spur in ihrem Leben. Sie brauchen mehr als einmal die Woche ein paar Kekse, verdammt noch mal.«

Richtig. Aber bevor die Revolution da sei und alles geteilt würde, musste man tun, was man konnte, um überhaupt zu helfen.

»Sie sollen wissen, dass jemand um sie da draußen weiß. Wir sagen ihnen, dass sich die Lage bald verändern wird. Hoffnung. Es geht um Hoffnung«, sagte Miss Dawson.

Wir aßen in einer Mietwohnung im Süden der Stadt zu Mittag, im sechsten Stockwerk. Ein Fenster ging auf einen Luftschacht hinaus. Eine Kochplatte, kein fließendes Wasser. Wenn sie Wasser brauchten, mussten sie es sämtliche Stufen hinauftragen. Der Tisch war mit vier Schüsseln und vier Löffeln gedeckt, ein Haufen Brot in der Mitte. Es waren viele Leute da, die in kleinen Grüppchen miteinander redeten. Ich konnte Spanisch, aber sie sprachen einen schweren *caló*-Akzent, fast ohne Konsonanten, und ich verstand sie kaum. Sie ignorierten uns, tolerierten uns amüsiert oder sahen uns mit tiefer Verachtung an. Ich hörte nichts Revolutionäres, aber Gerede über Arbeit und Geld, schmutzige Witze. Wir wechselten uns ab mit dem Linsenessen, dem Trinken von *chicha*, einem jungen Wein, benutzten dieselben Schüsseln und Gläser wie die Vorgänger.

»Schön, dass dich der Schmutz nicht stört«, sagte Miss Dawson und strahlte.

»Ich bin in Bergarbeiterstädten aufgewachsen. Jede Menge Schmutz.« Aber die Hütten finnischer und baskischer Bergarbeiter waren hübsch, voller Blumen und Kerzen, Marienfiguren mit lieblichen Gesichtern. Das hier war eine hässliche, versiffte Wohnung mit falsch geschriebenen Slogans an der Wand, kommunistischen Pamphleten, die mit Kaugummi befestigt waren. Es gab ein Zeitungsfoto von meinem Vater und dem Bergbauminister, blutbespritzt.

»Hey«, sagte ich. Miss Dawson nahm meine Hand, streichelte sie. »Scht«, sagte sie auf Englisch. »Wir kennen uns hier alle nur mit Vornamen. Sag um Gottes willen bloß nicht, wer du bist. Du musst dich jetzt nicht unwohl fühlen, Adele. Wenn du erwachsen werden willst, musst du allen Facetten der Persönlichkeit deines Vaters ins Gesicht sehen.«

»Nicht, wenn Blut drauf ist.«

»Doch, ganz genau so. Es ist eine große Chance, und du solltest dir das bewusst machen.« Dann drückte sie meine Hände.

Nach dem Mittagessen nahm sie mich zum »El Niño Perdido« mit, einem Waisenhaus in einem alten, mit Efeu überwucherten Gebäude am Fuße der Anden. Es wurde von französischen Nonnen geleitet, reizenden alten Nonnen mit *fleur-de-lis*-Hauben und blaugrauen Habitaten. Sie schwebten durch die dunklen Räume, über die Steinböden, flatterten die überdachten Gänge am blumenübersäten Innenhof entlang, stießen hölzerne Jalousien auf, riefen in vogelhellen Stimmen nach draußen. Sie schoben geisteskranke Kinder weg, die ihnen in die Beine beißen wollten, zogen sie an ihren kleinen Füßen hinter sich her. Sie wuschen der Reihe nach zehn Ge-

sichter, alle mit blinden Augen. Sie fütterten sechs mongoloi-
de Riesen, reichten ihnen Löffel mit Haferbrei hinauf.

Mit jedem dieser Waisenkinder stimmte etwas nicht. Einige waren geisteskrank, andere hatten keine Beine oder waren
stumm, manche hatten Verbrennungen am ganzen Körper.
Keine Nasen oder Ohren. Syphilitische Babys und Teenager
mit Downsyndrom. All die verschiedenen Leiden stoben zusammen von Raum zu Raum, hinaus in den Hof, in den reizend verwilderten Garten.

»Es gibt vieles, worum man sich kümmern muss«, sagte
Miss Dawson. »Ich füttere am liebsten die Babys, wechsele die
Windeln. Du könntest den blinden Kindern vorlesen … sie
scheinen alle ziemlich intelligent und gelangweilt.«

Es gab ein paar Bücher. La Fontaine auf Spanisch. Sie saßen
im Kreis, starrten mich an, vollkommen ausdruckslos. Nervös
begann ich ein Spiel, eine Art Klatsch- und Stampfspiel wie
Stuhltanz. Sie mochten das und einige andere Kinder auch.

Ich hasste die Müllkippe an Samstagen, aber ich ging gern
ins Waisenhaus. Sobald wir da waren, mochte ich sogar Miss
Dawson. Sie verbrachte die Zeit damit, Babys zu baden, zu
wiegen und ihnen vorzusingen, während ich mir für die anderen Kinder Spiele ausdachte. Einiges funktionierte, anderes
nicht. Staffellauf funktionierte nicht, weil niemand den Staf-
felstab aus der Hand gab. Seilspringen war großartig, weil die
beiden Jungen mit Downsyndrom das Seil stundenlang ohne
Unterbrechung schwangen, während die anderen, besonders
die blinden Mädchen, sich mit Springen abwechselten. Sogar
Nonnen sprangen mit, hüpf, hüpf hingen sie blau in der Luft.
Häschen in der Grube. Ringlein, Ringlein. Versteckspielen
funktionierte nicht, weil niemand gefunden wurde. Die Wai-
sen freuten sich, wenn ich kam, ich ging gern dorthin, nicht,
weil ich ein guter Mensch war, sondern weil ich gern spielte.

Samstagabends gingen wir in revolutionäre Theaterstücke oder zu Lyriklesungen. Wir hörten die größten lateinamerikanischen Dichter dieses Jahrhunderts. Das waren die Dichter, deren Werke ich später lieben würde, die ich studieren und lehren würde. Aber damals hörte ich nicht zu, gepeinigt von Unsicherheit und Verwirrung. Wir waren die einzigen Amerikaner dort, und alles, was ich hörte, drehte sich um die Angriffe gegen die Vereinigten Staaten. Viele Leute stellten Fragen zur amerikanischen Strategie, die ich nicht beantworten konnte, ich verwies sie an Miss Dawson und übersetzte ihre Antworten, beschämt und betroffen von dem, was ich ihnen sagte, über Rassentrennung, Anaconda. Sie begriff nicht, wie sehr die Leute uns verachteten, wie sehr sie sich lustig machten über die banalen kommunistischen Klischees, die Miss Dawson über sie im Kopf hatte. Sie lachten über mich mit meiner Stalin-Frisur, den lackierten Nägeln, meinen lässigen teuren Klamotten. In einer Theatergruppe wurde ich auf die Bühne gestellt, und der Regisseur brüllte: »Okay, *gringa*, erklär mir, was du in meinem Land machst!« Ich erstarrte und setzte mich unter Gejohle und Gelächter hin. Schließlich sagte ich Miss Dawson, dass ich an Samstagabenden nicht mehr ausgehen könne.

Abendessen und Tanz im Marcelo Errazuriz. Martini Consommé in kleinen Schälchen auf der Terrasse, unter uns duftende Gärten. Ein Sechs-Gänge-Menü, das um elf Uhr abends begann. Alle neckten mich wegen der Zeit, die ich mit Miss Dawson verbracht hatte, wollten unbedingt wissen, wo ich hingegangen war. Ich konnte nicht darüber reden, weder mit meinen Freunden noch mit meinen Eltern. Ich erinnere mich daran, dass jemand einen Witz über mich und meine *rotos* machte, als »kaputt« bezeichnete man damals Arme. Ich schämte mich im Bewusstsein, dass beinahe ebenso viele Bedienstete wie Gäste im Raum waren.

Ich begleitete Miss Dawson auf eine Arbeiterdemonstration vor der amerikanischen Botschaft. Ich war nur eine Seitenstraße weit mitgegangen, als Frank Wise, ein Freund meines Vaters, mich aus der Menge zog und ins Crillon-Hotel brachte.

Er war wütend. »Was zum Teufel machst du da?« Er begriff schnell, was Miss Dawson nicht begriff ... dass ich nicht die leiseste Ahnung von Politik hatte oder davon, worum es hier überhaupt ging. Er sagte mir, es wäre schrecklich für meinen Vater, wenn die Presse mitbekäme, was ich hier tat. Das verstand ich.

An einem anderen Samstagnachmittag erklärte ich mich damit einverstanden, im Stadtzentrum zu stehen und Geld für das Waisenhaus zu sammeln. Ich stand an einer Ecke und Miss Dawson an der anderen. In nur wenigen Minuten war ich von einem Dutzend Menschen beleidigt und verflucht worden. Ich verstand das nicht, nahm mein Schild, auf dem stand: »Helft El Niño Perdido«, in die andere Hand und klapperte mit dem Becher. Tito und Pepe, zwei Freunde, waren auf dem Weg ins Waldorf zum Kaffeetrinken. Sie schnappten mich, zwangen mich, mit ihnen Kaffee trinken zu gehen.

»Das *geht* hier nicht. Arme Leute betteln. Du beleidigst die Armen. Es ist anstößig, als Frau um irgendetwas zu bitten. Du wirst deinen Ruf ruinieren. Außerdem wird dir keiner glauben, dass du das Geld nicht behältst. Ein Mädchen kann einfach nicht ohne Begleitung auf der Straße stehen. Du kannst auf Wohltätigkeitsbälle oder Spenden-Mittagessen gehen, aber der physische Kontakt zu anderen Klassen ist vulgär, außerdem bevormundet es sie. Und du kannst es dir absolut nicht leisten, mit jemandem ihrer sexuellen Einstellung in der Öffentlichkeit gesehen zu werden. Meine Liebe, du bist zu jung, du verstehst das nicht...«

Wir tranken jamaikanischen Kaffee, und ich hörte ihnen

zu. Ich erklärte ihnen, dass ich einsah, was sie sagten, aber ich könne Miss Dawson nicht einfach allein an der Ecke stehen lassen. Sie sagten, sie würden mit ihr reden. Zu dritt gingen wir die Ahumada Street hinunter bis dorthin, wo sie stand, stolz, während Passanten ihr »*Gringa loca*« oder »*puta coja*«, verkrüppelte Nutte, zumurmelten.

»In Santiago ziemt es sich für ein junges Mädchen nicht, so etwas zu machen, und wir nehmen sie mit nach Hause«, war alles, was Tito zu ihr sagte. Sie sah ihn voller Verachtung an, und später, in derselben Woche, sagte sie mir auf dem Schulflur, dass es falsch sei, mir mein Handeln von Männern vorschreiben zu lassen. Ich erwiderte, ich hätte den Eindruck, alle würden mir mein Handeln vorschreiben, und dass ich sie ohnehin schon einen Monat länger als versprochen an den Samstagen begleitet hätte. Dass ich nicht mehr mitkommen würde.

»Es ist falsch von dir, in ein völlig eigennütziges Dasein zurückzukehren. Für eine bessere Welt zu kämpfen, ist der einzige Grund zu leben. Hast du nichts gelernt?«

»Ich habe viel gelernt. Ich sehe, dass sich viele Dinge ändern müssen. Aber es ist ihr Kampf, nicht meiner.«

»Ich kann nicht glauben, dass du so etwas sagst. Siehst du denn nicht, dass genau darin, in so einer Haltung, das Problem dieser Welt liegt?«

Sie humpelte weinend zur Toilette, kam zu spät in den Unterricht, wo sie uns sagte, wir seien für heute entschuldigt. Wir sechs gingen nach draußen und legten uns im Garten ins Gras, abseits der Fenster, damit niemand sah, dass wir nicht im Unterricht waren. Die Mädchen zogen mich auf, sagten, ich würde Miss Dawson das Herz brechen. Sie war offensichtlich in mich verliebt. Hatte sie versucht, mich zu küssen? Das brachte mich völlig durcheinander und machte mich wütend.

Trotz allem hatte ich angefangen, sie zu mögen, ihre verbissene naive Hingabe, ihre Hoffnung. Sie war wie ein kleines Kind, wie eines der blinden Kinder, die vor Vergnügen jauchzten, wenn sie im Wassersprenger spielten. Miss Dawson flirtete nie mit mir, und sie versuchte auch nicht, mich anzufassen wie die Jungs. Aber sie wollte, dass ich Dinge tat, die ich nicht tun wollte, und ich kam mir vor wie ein schlechter Mensch, weil ich es nicht wollte, mich nicht stärker für die Ungerechtigkeit in der Welt interessierte. Die Mädchen wurden wütend auf mich, weil ich nicht über Miss Dawson reden wollte. Sie nannten mich Miss Dawsons Geliebte. Es gab niemanden, mit dem ich über die ganze Sache reden konnte, niemanden, den ich hätte fragen können, was richtig oder falsch sei, also kam ich mir falsch vor. An meinem letzten Tag auf der Müllkippe war es windig. Sand sickerte in glitzernden Wellen in den Haferbrei. Wenn die Gestalten in den Hügeln sich aufrichteten, umgaben sie Wirbel von Dreck, die sie wie silberne Geister aussehen ließen, wie Derwische. Keiner von ihnen hatte Schuhe, und ihre Füße schlichen geräuschlos über die durchweichten Haufen. Sie sprachen nicht, sie riefen einander nichts zu, wie es Menschen, die gemeinsam arbeiten, gewöhnlich tun, und sie redeten nie mit uns. Jenseits der dampfenden Dunghügel lag die Stadt und über uns allen die weißen Anden. Sie aßen. Miss Dawson sagte kein Wort, sammelte im Seufzen des Windes Töpfe und Besteck ein.

Wir hatten abgemacht, am Nachmittag auf eine Kundgebung von Landarbeitern außerhalb der Stadt zu fahren. Wir aßen *churrascos* auf der Straße, schauten in ihrer Wohnung vorbei, damit sie sich umziehen konnte.

Ihre Wohnung war schmuddelig und stickig. Beim Anblick ihrer Kochplatte auf dem Toilettenspülkasten wurde mir schlecht, auch vom Geruch nach alter Wolle, Schweiß und

Haaren. Sie zog sich vor meinen Augen um, was ich scho-
ckierend und beängstigend fand, ihr nackter, deformierter
bläulich weißer Körper. Sie zog ein ärmelloses Sommerkleid
ohne Büstenhalter an.

»Miss Dawson, das wäre am Abend kein Problem, wenn
Sie jemanden besuchen oder am Strand sind, aber in Chile
können Sie nicht einfach so unverhüllt herumlaufen.«

»Du tust mir leid. Dein ganzes Leben lang wird dich dieses
Wie-es-gemacht-wird lähmen, Leute, die dir sagen, wie du zu
denken oder was du zu tun hast. Ich ziehe mich nicht an, um
anderen zu gefallen. Es ist ein sehr heißer Tag, und ich fühle
mich in diesem Kleid wohl.«

»Also ... ich fühle mich damit nicht wohl. Die Leute werden unanständige Sachen zu uns sagen. Es ist hier anders als
in den Vereinigten Staaten...«

»Das Beste, was dir passieren könnte, wäre, dich hin und
wieder mal nicht wohlzufühlen.«

Wir mussten mehrere überfüllte Busse nehmen, um zu der
fundo zu kommen, wo die Kundgebung stattfand, warten in
der heißen Sonne, stehen im Bus. Wir stiegen aus und liefen
eine schöne Allee hinunter, die mit Eukalyptusbäumen ge-
säumt war, machten eine kurze Pause, um uns im Bach neben
der Allee zu erfrischen. Für die Reden waren wir zu spät gekommen. Die Plattform war leer, ein Banner mit der Aufschrift »Gebt das Land dem Volk zurück« hing schief hinter
dem Mikrofon. Eine kleine Gruppe von Männern in Anzügen
war da, offenbar die Veranstalter, aber die meisten Menschen
waren Landarbeiter. Es wurde Gitarre gespielt, und ein Paar,
das halbherzig den Volkstanz *La Cueca* tanzte und träge mit
Taschentüchern winkte, während es einander umkreiste, war
von einer Menge umringt. Die Menschen schenkten sich aus
großen Fässern Wein ein oder standen Schlange vor gebra-

tenen Rinderspießen und Bohnen. Miss Dawson sagte mir, ich solle uns an einem der Tische einen Sitzplatz suchen, sie würde das Essen bringen.

Ich quetschte mich in eine Lücke am Ende eines Tisches, an dem sich Familien drängten. Niemand sprach über Politik, es schienen einfach Leute vom Land zu sein, die zu einem kostenlosen Grillfest gekommen waren. Alle waren sehr betrunken. Ich konnte Miss Dawson sehen, wie sie schwatzend in der Schlange stand. Auch sie trank Wein, gestikulierte und redete sehr laut, damit sie von den Leuten auch verstanden wurde.

»Ist es nicht großartig?«, fragte sie, als sie zwei riesige Teller voll Essen brachte. »Wir sollten uns vorstellen. Versuch, mehr mit den Menschen zu reden, so lernst du was und kannst helfen.«

Die beiden Landarbeiter, neben denen wir saßen, beschlossen unter schallendem Gelächter, dass wir von einem anderen Stern waren. Wie ich befürchtet hatte, waren sie von Miss Dawsons nackten Schultern und den sichtbaren Brustwarzen übermannt, konnten sich aber keinen Reim auf sie machen. Mir wurde klar, dass sie nicht nur kein Spanisch sprach, sondern auch noch fast blind war. Sie blinzelte durch ihre zentimeterdicke Brille, lächelte, konnte aber nicht erkennen, dass diese Männer über uns lachten, uns nicht mochten, was immer wir waren. Was wollten wir hier? Sie versuchte zu erklären, dass sie in der kommunistischen Partei war, aber anstelle von *partido* stieß sie auf »*fiesta*« an, was eine festliche Party ist, also stießen sie ihrerseits mit ihr auf »*La Fiesta!*« an.

»Wir sollten gehen«, sagte ich, aber sie sah mich nur an, mit hängendem Unterkiefer und betrunken. Der Mann neben mir flirtete halbherzig mit mir, aber mehr Sorgen machte mir der große betrunkene Mann neben Miss Dawson. Mit einer Hand streichelte er ihre Schultern, während er mit der anderen Rippchen aß. Sie tat es lachend ab, bis er anfing, sie zu begrapschen und zu küssen, da begann sie zu schreien.

Am Ende lag Miss Dawson auf dem Boden, unbändig schluchzend. Zuerst kamen alle angerannt, gingen aber bald wieder, murmelten: »Nur eine besoffene *gringa*.« Die Männer, bei denen wir gesessen hatten, ignorierten uns jetzt völlig. Sie stand auf und lief Richtung Straße; ich folgte ihr. Als sie zum Bach kam, versuchte sie sich zu waschen, ihren Mund, ihre Brust. Aber davon wurde nur ihr Kleid nass und schlammbespritzt. Sie setzte sich ans Ufer, weinte, ihre Nase lief. Ich gab ihr mein Taschentuch.

»Die perfekte Dame! Ein gebügeltes Leinentaschentuch!«, höhnte sie.

»Ja«, sagte ich. Ich hatte die Nase voll von ihr und wollte nur noch nach Hause. Noch immer weinend torkelte sie den Weg zur Hauptstraße hinunter, wo sie Autos anhalten wollte. Ich zog sie von der Straße weg zwischen die Bäume.

»Hören Sie, Miss Dawson, Sie können hier nicht trampen. Die verstehen das nicht … es könnte uns in Schwierigkeiten bringen, zwei Frauen, die trampen. Hören Sie auf mich!«

Aber ein Bauer in einem alten Lastwagen hatte angehalten, der Motor tuckerte auf der staubigen Straße. Ich bot ihm Geld dafür an, dass er uns bis zum Stadtrand brachte. Er war auf dem Weg ins Zentrum und konnte uns leicht für zwanzig Pesos bis zu ihrer Wohnung bringen. Wir kletterten auf die Ladefläche.

Im Wind legte sie die Arme um mich. Ich spürte ihr nasses Kleid, ihr verklebtes Achselhaar, als sie sich an mich klammerte.

»Du kannst nicht in dein leichtsinniges Leben zurückkehren! Geh nicht weg! Verlass mich nicht!«, sagte sie immer wieder, bis wir endlich vor ihrem Haus ankamen.

»Auf Wiedersehen!«, sagte ich. »Und danke für alles«, oder etwas ähnlich Blödes. Ich ließ sie am Straßenrand stehen, wo sie meinem Taxi hinterherblinzelte, bis es um die Ecke gebogen war.

Die Hausangestellten lehnten am Tor und redeten mit dem *carabinero* des Viertels, und so nahm ich an, dass niemand zu Hause war. Aber mein Vater war da, zog sich gerade fürs Golfspielen um.

»Du bist zeitig zurück. Wo warst du?«, fragte er.

»Bei einem Picknick mit meiner Geschichtslehrerin.«

»Ach ja? Und wie ist sie?«

»Ganz okay. Sie ist Kommunistin.«

Das war mir einfach so herausgerutscht. Es war ein schrecklicher Tag gewesen. Ich hatte genug von Miss Dawson. Aber mehr brauchte es nicht. Drei Worte zu meinem Vater. Irgendwann an diesem Wochenende wurde sie entlassen, und wir sahen sie nie wieder.

Niemand sonst wusste, was passiert war. Die anderen Mädchen waren froh, dass sie weg war. Wir hatten jetzt unterrichtsfrei, obwohl wir amerikanische Geschichte würden nachholen müssen, wenn wir aufs College kamen. Es war niemand da, mit dem ich hätte reden können. Dem ich hätte sagen können, dass es mir leidtat.

Tigerbisse

Vor El Paso wurde der Zug langsamer. Ich weckte Ben, mein Baby, nicht auf, nahm ihn aber mit nach draußen auf die Plattform, um hinaussehen zu können. Sie riechen zu können, die Wüste. Kalk, Salbei, Schwefel aus der Schmelzerei, Holzfeuer aus den Hütten der Mexikaner am Rio Grande. Das Heilige Land. Während des Krieges war ich zum ersten Mal hierhergekommen, ich verbrachte diese Zeit bei Mamie und Großvater. Da hörte ich zum ersten Mal von Jesus und Maria, von der Bibel und der Sünde, und Jerusalem verschmolz ganz und gar mit El Pasos zerklüfteten Bergen und seinen Wüsten. Schilf am Fluss und überall riesige Kreuze. Feigen und Granatäpfel. Frauen in dunklen Tüchern mit Kleinkindern und arme ausgemergelte Männer mit leidenden Augen, Erlöseraugen. Und die Sterne waren nachts so groß und hell wie in den Liedern, sie strahlten so beharrlich, dass man begriff, weshalb weise Männer, wenn sie nur einem von ihnen folgten, den Weg fanden.

Mein Onkel Tyler hatte sich für Weihnachten ein Familientreffen ausgedacht. Zum einen hoffte er, dass meine Leute und ich uns wieder vertragen würden. Mir grauste davor, meine Eltern wiederzusehen ... sie waren wütend, weil Joe, mein Ehemann, mich verlassen hatte. Sie waren fast gestorben, als ich mit siebzehn geheiratet hatte, und meine Scheidung brachte das Fass zum Überlaufen. Aber ich konnte es nicht erwarten, meine Cousine Bella Lynn wiederzusehen, und Onkel John, der aus L. A. anreiste.

Und da war sie, Bella Lynn! Auf dem Parkplatz des Betriebsbahnhofs. Stand aufrecht winkend in einem taubenblauen Cadillac-Cabrio, in fransenbesetzten, wildledernen Cowgirl-Klamotten. Sie war bestimmt die schönste Frau in West-Texas und hatte tausend Schönheitswettbewerbe gewonnen. Langes hellblondes Haar und goldbraune Augen. Ihr Lächeln, nein, es war ihr Lachen, ein dunkles, tiefes, wasserfallartiges Lachen, das Freude verströmte, das vom Schmerz in jeder Freude wusste und sich darüber lustig machte.

Sie warf unsere Taschen und Bens kleines Bett auf den Rücksitz. Wir Moynihans sind alle stark, in körperlicher Hinsicht sowieso. Sie küsste und umarmte uns wieder und wieder. Wir stiegen ein und fuhren zu einem der A&W-Restaurants ans andere Ende der Stadt. Es war kalt, aber die Luft war sauber und trocken. Sie ließ das Dach offen und die Heizung laufen und redete ununterbrochen, während sie fuhr, nur eine Hand am Lenkrad, weil sie mit der anderen so gut wie jedem zuwinkte, an dem wir vorüberkamen.

»Erst mal solltest du wissen, dass bei uns da draußen keinerlei Weihnachtsstimmung herrscht. Übermorgen, am Weihnachtsabend, kommt Onkel John, Gott sei Dank. Mary, deine Mama und meine Mama haben sofort angefangen zu trinken, und prompt gab es Streit. Mama ist aufs Garagendach geklettert und will nicht mehr runterkommen. Deine Mama hat sich die Pulsadern aufgeschnitten.«

»O Gott.«

»Na ja, nicht schlimm oder so. Sie hat einen Abschiedsbrief geschrieben, in dem steht, dass du ihr Leben ruiniert hast. Unterschrieben mit Bloody Mary! Sie wurde für drei

Tage in die Psychiatrische am Saint Joseph eingeliefert. Immerhin wird dein Vater nicht kommen, er ist wütend über deine S.C.H.E.I.D.U.N.G. Meine durchgeknallte Grandma ist da. Diese verrückte Nudel! Und ein Haufen schrecklicher Verwandter aus Lubbock und Sweetwater. Papa hat sie alle in ein Motel gesteckt, und sie kommen rübergefahren, um den ganzen Tag zu essen und Fernsehen zu gucken. Das sind alles Wiedergeborene, also mach dir klar, dass wir, du und ich, einfach bis auf die Knochen verdorben sind. Rex Kipp ist da! Er und Papa kaufen die ganze Zeit Geschenke und Sachen für die Armen und hängen in Papas Werkstatt rum. Mensch, bin ich froh, dich zu sehen…«

Am Drive-in bestellten wir Papa-Burger, Pommes und Malzbier, wie immer. Ich sagte, dass Ben bei mir mitessen könne. Er war erst zehn Monate alt. Aber sie bestellte ihm einen Papa-Burger und einen Bananensplit. Unsere ganze Familie ist extravagant. Oder nein, mein Vater ist ganz und gar nicht so. Er kommt aus New England, ist sparsam und vernünftig. Ich komme nach den Moynihans.

Nachdem Bella mich auf den neuesten Stand gebracht hatte, was das Familientreffen anging, erzählte sie mir von Cletis, seit zwei Monaten ihr Ehemann. Ihre Leute waren über die Heirat genauso wütend gewesen wie meine auf mich. Cletis war Bauarbeiter, Rodeo-Reiter, Raufbold. Tränen rannen über Bellas schöne Wangen, als sie erzählte, was passiert war.

»Lou, wir waren glücklich wie die Schneekönige. Ich schwör's dir, niemand hat je so süß und zärtlich geliebt. Warum, um Himmels willen, sind Schneekönige glücklich? Wir hatten einen schicken kleinen Trailer im Südtal, direkt am Fluss. Unser kleines blaues Paradies. Ich machte sauber und wusch ab! Ich kochte, machte gestürzten Ananaskuchen und Makkaroni, alles Mögliche, und er war stolz auf mich und ich auf ihn. Das Erste, was schiefging, war, dass Papa mir die Hochzeit verzieh und uns ein Haus kaufte. An der Rim Road, weißt du, eine Villa, mit Säulen auf der Veranda, aber wir wollten sein Haus nicht, und Cletis und Papa hatten einen heftigen Streit. Ich versuchte, Papa zu erklären, dass wir sein olles Haus nicht bräuchten, wie glücklich ich wäre, mit Cletis in einem umgebauten Pritschenwagen wohnen zu können. Auch Cletis musste ich das immer wieder erklären, denn obwohl ich mich weigerte, umzuziehen, war er sauer auf mich. Eines Tages ging ich zu Popular Dry Goods und kaufte ein paar Klamotten und Handtücher, nur ein paar Sachen mit ein bisschen Geld von meinem alten Konto, das ich schon mein ganzes Leben lang habe. Cletis bekam einen Anfall, sagte, ich hätte in zwei Stunden mehr Geld ausgegeben, als er in sechs Monaten verdienen würde. Also schaffte ich alles raus, goss Benzin drüber und zündete es an, und wir küssten uns und vertrugen uns wieder. Oh, kleine Lou, ich liebe ihn so sehr, so sehr! Die nächste völlig bescheuerte Sache, die ich machte – aber warum, keine Ahnung, ich werd's wohl nie wissen. Mama war zu Besuch gekommen, und wahrscheinlich fühlte ich mich einfach nur wie eine verheiratete Frau, verstehst du? Erwachsen. Ich machte Kaffee und servierte Schokoladenkekse auf einem kleinen Teller. Konnte aber meine große Klappe nicht halten und plapperte über S.E.X. Ich hab wohl gedacht, ich sei jetzt groß genug, um mit ihr über S.E.X. zu reden. O Gott, na ja, und irgendwie *wusste* ich es ja auch nicht, also fragte ich sie, ob ich schwanger werden könnte, wenn ich sein Zeug schluckte, wenn er kam. Sie raste aus dem Wohnwagen und rannte nach Hause zu Papa. Der Teufel war los. In derselben Nacht kamen Papa und Rex vorbei und schlugen Cletis grün und blau. Brachten ihn mit einem gebrochenen Schlüsselbein und zwei gebrochenen Rippen ins Krankenhaus. Redeten davon, wie pervers er sei und dass sie ihn ins Gefängnis bringen würden wegen Sodomie und dass sie die Ehe annullieren lassen würden. Kannst du dir vorstellen, dass es gegen das GESETZ verstößt, deinem eigenen, rechtmäßig angetrauten Ehemann einen zu blasen? Jedenfalls weigerte ich mich, mit Papa nach Hause zu fahren, und blieb an Cletis' Bett, bis ich ihn mit nach Hause nehmen konnte. Und es ging uns gut, wir waren wieder glücklich wie diese alten Schneekönige, obwohl Cletis angefangen hatte, ziemlich viel zu trinken wegen der Tatsache, dass er für eine Weile nicht zur Arbeit gehen konnte. Und letzte Woche sehe ich aus dem Fenster, und da steht dieser brandneue Cadillac in unserer Einfahrt, rundum geschmückt mit Seidenbändern, und drin sitzt ein riesiger ausgestopfter Weihnachtsmann. Ich habe gelacht, weißt du, weil es witzig war, aber Cletis sagte: ›Da freuste dich, was? Klar, ich werd dich nie so glücklich machen wie dein geschätzter Vater.‹ Und er ging. Ich dachte, er müsste sich abreagieren und würde dann wiederkommen. Oh, Lou. Er kommt nicht wieder. Er ist *weg*! Er hat Arbeit auf einer Ölbohrinsel vor Louisiana gefunden. Er hat nicht mal angerufen. Seine schlampige Mutter hat's mir erzählt, als sie kam, um seine Kleidung und den Sattel abzuholen.«

Klein Ben hatte tatsächlich seinen ganzen Hamburger und den Großteil des Bananensplits gegessen. Er kotzte sich und Bella Lynns Jacke voll. Sie warf die Jacke auf den Rücksitz und machte Ben mit Servietten sauber, die sie ins Wasser tauchte, während ich frische Kleidung und eine neue Windel für ihn heraussuchte. Er weinte kein einziges Mal. Er mochte den Rock and Roll und die Countrymusik und Bella Lynns Stimme oder ihre Haare, sah sie die ganze Zeit an.

Ich beneidete Bella und Cletis dafür, dass sie so ineinander verliebt waren. Ich hatte für Joe geschwärmt, aber ich hatte immer Angst vor ihm gehabt und mich bemüht, ihm zu gefallen. Ich glaube, er hat mich nicht einmal wirklich gemocht. Mir ging es schlecht, nicht, weil ich ihn so vermisste, sondern weil alles schiefgegangen war und es so aussah, als sei das meine Schuld.

Ich erzählte ihr meine kurze, traurige Geschichte. Davon, dass Joe ein wunderbarer Bildhauer war. Er war mit dem Guggenheim ausgezeichnet worden, hatte einen Mäzen, eine Villa und eine Gießerei in Italien, und hatte mich verlassen. »Kunst ist sein Leben.« (Ich hatte mir angewöhnt, das zu sagen, zu jedem, wie dramatisch.) Nein, keine Unterhaltszahlungen für das Kind. Ich wusste nicht einmal seine Adresse.

Bella Lynn und ich weinten und umarmten uns eine Weile, dann seufzte sie. »Wenigstens hast du sein Baby.«

»Babys.«

»Was?«

»Ich bin fast im vierten Monat. Das brachte für Joe das Fass zum Überlaufen, noch ein Kind.«

»Das bringt dein verdammtes Fass zum Überlaufen, kleines Dummchen! Was wirst du machen? Deine Leute werden dir garantiert nicht helfen. Deine Mama wird sich gleich noch mal umbringen, wenn sie *diese* Neuigkeit erfährt.«

»Keine Ahnung, was ich machen soll. Und da gibt's noch so ein blödes Problem… Ich wollte unbedingt herkommen, aber bei dieser Treuhandfirma wollten sie mir nicht mal zu Weihnachten freigeben. Also habe ich gekündigt und bin losgefahren. Jetzt muss ich mir schwanger einen neuen Job suchen.«

»Du brauchst eine Abtreibung, Lou. Mehr gibt's dazu nicht zu sagen.«

»Und wo soll das passieren? Wie auch immer … es wird genauso einfach sein, zwei Babys alleine zu versorgen wie eins.«

»Genauso schwer. Außerdem stimmt das nicht. Ben ist so

süß, weil du dich um ihn gekümmert hast, als er ein Baby war. Jetzt ist er alt genug, dass du ihn jemandem geben kannst, während du arbeitest, auch wenn es eine Affenschande ist, ihn allein zu lassen. Ein Neugeborenes kannst du nicht weggeben.«

»Na ja, so sieht's aus.«

»Du redest wie dein Vater. Du bist neunzehn und schwanger, so sieht's aus. Du musst einen guten, starken, anständigen Mann finden, der sich bereit erklärt, Klein Ben zu lieben wie seinen eigenen Sohn. Aber es wird verdammt schwer sein, jemanden zu finden, der sich gleich um zwei kümmert. Er müsste schon eine Art Retter-Gutmensch-Heiliger sein, den du aus Dankbarkeit heiratest, und dann würdest du dich schuldig fühlen und ihn hassen und dich schrecklich in irgend so einen windigen Saxofonspieler verlieben ... oh, es wäre tragisch, tragisch, Lou. Lass uns mal nachdenken. Das ist eine ernste Sache. Du hörst mir jetzt einfach mal zu und lässt mich machen. Hast du nicht immer gemacht, was ich dir gesagt habe, weil es das Beste war?«

Na ja, eigentlich nicht, ganz im Gegenteil, aber ich war so durcheinander, dass ich schwieg. Ich wünschte, ich hätte ihr nichts erzählt. Ich hatte einfach nur zum Familientreffen kommen und glücklich sein und alle meine Probleme vergessen wollen. Jetzt waren sie noch schlimmer geworden, meine Mutter würde sich noch einmal umbringen, und mein Vater tauchte gar nicht erst auf.

»Du wartest hier. Bestell uns einen Kaffee, während ich ein paar Anrufe erledige.« Sie lächelte und winkte den Leuten zu, meistens Männern, die ihr aus ihren Autos am Drive-in hinterherriefen, als sie zur Telefonzelle ging. Sie blieb lange dort, kam zweimal heraus, einmal, um sich einen Pulli zu borgen und den Kaffee zu holen, und später brauchte sie mehr Zehncentstücke. Ben spielte eine Weile an den Knöpfen des

Radios herum und schaltete die Scheibenwischer ein und aus. Die Kellnerin wärmte eine Flasche für mich an; Ben trank und schlief in meinem Schoß ein.

Als Bella zurückkam, schloss sie das Autodach, schenkte mir ein Lächeln und fuhr los, die Mesa hinunter in Richtung Plaza. »South of the border ... down Mexico way!«, sang sie.

»Okay, Lou. Alles ist geregelt. Ich habe das auch schon mal durchgemacht. Es ist schrecklich, aber es ist sicher und sauber dort. Heute Nachmittag um vier nehmen sie dich auf, und morgen früh um zehn bist du wieder draußen. Sie geben dir Antibiotika und Schmerztabletten zum Mitnehmen, aber so schlimm tut es gar nicht weh, es ist, als ob du deine Tage hast. Ich habe zu Hause angerufen und ihnen gesagt, wir fahren nach Juarez zum Einkaufen und werden die Nacht im Camino Real verbringen. Dort werden Klein Ben und ich sein und uns ein bisschen kennenlernen, und wenn es vorbei ist, kommst du uns dort abholen.«

»Wart mal kurz, Bella. Ich habe das noch gar nicht richtig durchdacht.«

»Ich weiß. Deswegen übernehme ich ja das Denken.«

»Was, wenn es schiefgeht?«

»Dann werden wir dich hier zum Arzt bringen. In Texas können sie dir das Leben retten und alles. Nur Abtreibung können sie nicht.«

»Was ist, wenn ich sterbe? Wer kümmert sich dann um Ben?«

»Na, ich! Und ich werde auch eine verdammt gute Mutter sein.«

Da musste ich lachen. Was sie sagte, leuchtete mir ein. Genau genommen fiel eine große Last von mir ab. Dass ich mich neben Ben nicht auch noch um ein Neugeborenes würde kümmern müssen. Gott, was für eine Erleichterung. Sie hatte recht. Eine Abtreibung war das Beste, was ich tun konnte. Ich schloss die Augen und lehnte mich in den Ledersitz zurück.

»Ich habe kein Geld. Was kostet das?«

»Fünfhundert. Bar. Was ich zufällig in meiner kleinen heißen Hand halte. Ich hab Geld wie Heu. Jedes Mal, wenn ich mich Mama und Papa auch nur nähere ... manchmal will ich einfach nur umarmt werden oder ihnen sagen, dass ich Cletis vermisse, oder sie fragen, ob ich vielleicht auf die Sekretärinnenschule gehen soll ... stecken sie mir Geld zu: Geh und kauf dir was Schönes.«

»Ich weiß«, sagte ich. Ich wusste, wie das war. Oder hatte es gewusst, bevor meine Leute mich enterbt hatten. »Ich dachte immer, wenn mir ein großer alter Tiger die Hand abbeißt und ich zu meiner Mama renne, dann würde sie einfach ein paar Geldscheine auf den Stumpf klatschen. Oder einen Witz reißen... ›Was ist das für ein Geräusch; ist das einhändiges Klatschen?‹«

Wir kamen an die Brücke, und es roch nach Mexiko. Rauch, Chili und Bier. Nelken, Kerzen und Petroleum. Orangen, Delicados-Zigarren und Urin. Ich kurbelte das Fenster herunter und steckte den Kopf raus, froh, zu Hause zu sein. Kirchenglocken, Ranchera-Musik, Bebop Jazz, Mambo. Weihnachtslieder aus den Touristenläden. Klappernde Auspuffrohre, Hupen, betrunkene amerikanische Soldaten aus Fort Bliss. El-Paso-Matronen, Leute, die schwer eingekauft hatten und Pinatas und Kannen voll Rum wegschleppten. Es gab neue Einkaufszentren und ein luxuriöses neues Hotel, wo ein liebenswürdiger junger Mann das Auto entgegennahm, ein anderer die Taschen, und wieder ein anderer nahm Ben auf den Arm, ohne ihn aufzuwecken. Unser Zimmer war elegant, voll mit feinen Websachen, Teppichen, guten falschen Antiquitäten und fröhlicher Volkskunst. Die mit Rollläden verschlossenen Fenster gingen auf einen Patio hinaus, in dem es einen gekachelten Springbrunnen gab, einen üppigen Garten und dahinter einen dampfenden Swimmingpool. Bella gab allen Trinkgeld und rief den Zimmerservice an. Eine Kanne Kaffee, Rum, Cola, Gebäck, Obst. Ich hatte Milchnahrung, Müsli und jede Menge saubere Flaschen für Ben dabei und bat sie, ihm keine Süßigkeiten oder Eis zu geben.

»Karamellcreme?«, fragte sie. Ich nickte. »Karamellcreme«, sagte sie ins Telefon. Bella rief den Souvenirladen des Hotels an und bestellte sich einen Badeanzug in Größe 8, Buntstifte, alles Spielzeug, was sie hatten, und Modemagazine. »Vielleicht sollten wir die ganze Zeit hierbleiben! Und Weihnachten einfach sausen lassen!«, sagte sie.

Wir spazierten durch die Hotelanlagen, Ben zwischen uns. Ich war so entspannt und glücklich, dass ich ganz überrascht war, als Bella Lynn sagte: »Okay, Süße, es wird Zeit, dass du gehst.«

Sie gab mir die fünfhundert Dollar. Sagte mir, ich solle mir für die Rückfahrt zum Hotel ein Taxi nehmen, sie würde dann herunterkommen und es bezahlen. »Du darfst sonst kein Geld mitnehmen und auch keinen Ausweis. Du gibst ihnen meinen Namen und diese Nummer.«

Sie und Ben winkten zum Abschied, nachdem sie mich in ein Taxi gesetzt, es bezahlt und dem Taxifahrer gesagt hatte, wo er hinfahren sollte.

Das Taxi brachte mich zum Restaurant Nueva Poblana, zum Hintereingang auf dem Parkplatz, wo ich auf zwei schwarz gekleidete Männer mit dunklen Brillen warten sollte.

Ich war erst zwei oder drei Minuten dort, als sie hinter mir auftauchten. Schnell und geräuschlos kam ein alter Sedan vorgefahren. Einer der Männer öffnete die Tür und bedeutete mir, einzusteigen, der andere rannte um das Auto herum auf die andere Seite. Der Fahrer, ein Junge, sah sich um, nickte und fuhr los. Die Rückfenster waren verhängt, der Sitz so niedrig, dass ich nicht hinaussehen konnte; es war zunächst so, als würden wir im Kreis fahren, dann das Flappflappflapp eines Stücks Autobahn, noch mal im Kreis, Halt. Das Quietschen schwerer Holztore. Wir fuhren ein paar Meter und hielten, hinter uns schloss sich das Tor. Eine alte, schwarz gekleidete Frau führte mich ins Haus, und ich erhaschte einen Blick auf den Hof. Die Frau sah mich nicht offen verachtungsvoll an, sprach aber nicht mit mir und begrüßte mich auch nicht, was der gewohnten mexikanischen Wärme und Liebenswürdigkeit so sehr widersprach, dass es sich wie eine Beleidigung anfühlte.

Das Gebäude war aus gelben Ziegelsteinen, vielleicht eine ehemalige Fabrik, der Fußboden blanker Zement, aber immerhin gab es Kanarienvögel, Töpfe mit Wunderblumen und Portulak. Bolero-Musik, Gelächter und das Klappern von Geschirr kamen von der anderen Seite des Hofs. Huhn wurde gekocht, der Geruch nach Zwiebel und Knoblauch, mexikanisches Bohnenkraut.

Eine geschäftig aussehende Frau nickte mir von ihrem Schreibtisch aus zu, und als ich mich hinsetzte, schüttelte sie mir die Hand, nannte aber ihren Namen nicht. Sie fragte mich nach meinem Namen und nach den fünfhundert Dollar, bitte. Name und Nummer von jemandem, den wir im Notfall anrufen können. Das war alles, was sie wissen wollte, und ich unterschrieb nichts. Sie sprach nur schlecht Englisch, aber ich redete trotzdem nicht auf Spanisch mit ihr, auch nicht mit irgendjemandem sonst; es wäre zu intim gewesen.

»Um fünf kommt Arzt. Sie werden untersucht, Katheter kommt in Utero. Verursacht Wehen in der Nacht, aber Schlafmedizin, Sie werden nicht krank fühlen. Nicht essen, nach Abendbrot nur Wasser. Morgen früh Abtreibung von selbst, normalerweise. Um sechs Sie in OP-Raum, schlafen, dann Sie bekommen Dilatation und Ausschabung. Aufwachen im Bett. Wir geben Ampicillin gegen Entzündung, Codein gegen Schmerz. Um zehn bringt Auto Sie nach Juarez oder El-Paso-Flughafen oder zum Bus.«

Die alte Frau führte mich zu meinem Bett, das mit sechs weiteren Betten in einem dunklen Raum stand. Sie hob ihre Hand, um mir fünf Uhr zu bedeuten, zeigte dann auf das Bett und schließlich auf einen Warteraum auf der anderen Seite des Flurs.

Es war so still, dass ich erstaunt war, als ich zwanzig Frauen in dem Warteraum bemerkte, alles Amerikanerinnen. Drei von ihnen waren Mädchen, fast noch Kinder, mit ihren Müttern. Die anderen waren eindeutig allein hier, lasen in Zeitschriften oder saßen einfach nur da. Vier der Frauen waren in ihren Vierzigern, vielleicht auch schon Fünfzigern… Klimakteriumsschwangerschaften, vermutete ich, was sich als richtig erwies. Die übrigen Frauen schienen in den letzten Teenagerjahren oder ihren frühen Zwanzigern zu sein. Jede von ihnen wirkte ängstlich, verlegen, vor allem aber äußerst beschämt. Sie hatten etwas Schreckliches getan. Schande. Allerdings schien es keinerlei Sympathie, keine Verbundenheit zwischen ihnen zu geben; mein Erscheinen wurde kaum wahrgenommen. Eine schwangere Mexikanerin wirbelte einen schmutzigen feuchten Mopp umher und starrte uns alle mit unverhohlener Neugier und Verachtung an. Ich verspürte eine unsinnige Wut auf sie. Was erzählst du deinem Beichtvater, du Miststück? Dass du keinen Mann und sieben Kinder hast … dass du an diesem sündhaften Ort arbeiten oder verhungern musst? O Gott, wahrscheinlich stimmte das. Müdigkeit überkam mich, und eine gewaltige Traurigkeit, wegen ihr, wegen uns allen in diesem Zimmer.

Wir waren, jede von uns, allein. Die jungen Mädchen vielleicht am meisten, denn obwohl zwei von ihnen weinten, schienen ihre Mütter weit entfernt, sie starrten vor sich hin, isoliert in ihrer eigenen Scham und ihrem Ärger. Allein. Tränen traten mir in die Augen, weil Joe mich verlassen hatte, weil meine Mutter nicht da war, nie.

Ich wollte keine Abtreibung. Ich brauchte keine Abtreibung. Die Szenarien, die ich mir für die anderen Frauen im Zimmer vorstellte, waren furchtbar, schmerzhafte Geschichten, unmögliche Situationen. Vergewaltigung, Inzest, alle möglichen ernsten Sachen. Ich konnte für dieses Baby sorgen. Wir würden eine Familie sein. Es, Ben und ich. Eine richtige Familie. Vielleicht bin ich verrückt. Aber wenigstens ist es meine eigene Entscheidung. Immer sagt mir Bella Lynn, was ich tun soll.

Ich ging hinaus auf den Flur. Ich wollte Bella Lynn anrufen, wollte gehen. Die Türen zu den anderen Zimmern waren verschlossen, außer der Tür zur Küche, aus der mich die Köche verscheuchten.

Eine Tür schlug zu. Der Arzt war gekommen. Es stand außer Zweifel, dass er der Arzt war, obwohl er wie ein argentinischer Filmstar aussah oder wie der Sänger aus einem Nachtclub in Las Vegas. Die alte Frau half ihm aus seinem Kamelhaarmantel und dem Schal. Ein teurer Seidenanzug, eine Rolex. Es waren seine Arroganz und Autorität, die ihn als Arzt auswiesen. Er war dunkel, von fließender Erotik, seine Schritte waren weich, wie die eines Diebes.

Der Arzt fasste mich am Arm. »Zurück zu den anderen Mädchen, meine Liebe, die Untersuchung geht los.«

»Ich hab's mir anders überlegt. Ich möchte gehen.«

»Geh zurück ins Zimmer, Schätzchen. Manche überlegen sich's tausendmal pro Stunde anders. Wir unterhalten uns später… Jetzt geh. *Andale!*«

Ich fand zurück zu meinem Bett. Die anderen Frauen saßen auf dem Bettrand. Auch zwei der Mädchen. Die alte Frau wies uns an, uns auszuziehen und Nachthemden anzuziehen. Das jüngste Mädchen zitterte, war fast hysterisch vor Angst. Er fing mit ihr an, und ich muss sagen, er war geduldig mit ihr und versuchte, sie zu beruhigen, aber sie schlug nach ihm und stieß ihre Mutter weg. Er gab ihr eine Spritze, deckte sie zu.

»Ich komme wieder. Entspannen Sie sich«, sagte er der Mutter.

Das andere junge Mädchen bekam ebenfalls ein Beruhigungsmittel, bevor er sie routinemäßig untersuchte. Er fragte kurz nach der Vorgeschichte, hörte ihr Herz mit einem Stethoskop ab, maß Temperatur und Blutdruck. Man nahm uns weder eine Urinprobe noch Blut ab. Jede Frau unterzog er einer gynäkologischen Untersuchung, nickte, und dann begann die alte Frau, den Unterleib der Patientinnen mit einem drei Meter langen intravenösen Schlauch zu tamponieren, schob ihn rein, langsam, als würde sie einen Truthahn stopfen. Sie trug keine Handschuhe, ging von einer Patientin zur nächsten. Einige von ihnen schrien auf, als hätten sie furchtbare Schmerzen.

»Das wird ein paar Beschwerden verursachen«, sagte uns der Arzt. »Es wird Wehen hervorrufen und eine gesunde, natürliche Abstoßung des Fötus.«

Er untersuchte die ältere Frau neben mir. Als er sie nach ihrer letzten Blutung fragte, sagte sie, das wisse sie nicht … sie hatte aufgehört zu menstruieren. Er nahm sich viel Zeit für sie.

»Tut mir leid«, sagte er. »Sie sind schon weit über den fünften Monat hinaus. Das Risiko kann ich nicht eingehen.«

Auch ihr gab er ein Beruhigungsmittel. Sie starrte an die Decke, elend. Oje. O Gott.

»Na, wen haben wir denn da, unsere kleine Ausreißerin.«
Er steckte mir das Thermometer in den Mund und legte mir
die Manschette um den Arm, hielt den anderen Arm fest. Als
er losließ, um mein Herz abzuhören, nahm ich das Thermometer heraus.

»Ich möchte gehen. Ich hab's mir anders überlegt.«

Er hörte mich nicht, das Stethoskop steckte in seinen
Ohren. Mit den Händen umschloss er meine Brüste, lächelte
mich unverschämt an, während er meine Lungen abhörte.
Ich fuhr zurück, wütend. Auf Spanisch sagte er zu der alten
Frau: »Die kleine Nutte tut ja so, als hätte noch nie jemand
ihre Titten angefasst.« Da redete ich spanisch, grob übersetzt
sagte ich: »Nimm deine Pfoten weg, du dreckiges Arschloch.«

Er lachte. »Wie unhöflich von Ihnen, mich auf Englisch
herumstammeln zu lassen!« Dann entschuldigte er sich und
ließ sich darüber aus, wie zynisch und bitter man wurde bei
fünfzehn, sechzehn Fällen täglich. Ein katastrophaler, aber
notwendiger Beruf. Und so weiter. Als er endlich fertig war, tat
er mir leid, und, Gott, vergib mir, ich starrte in seine großen
braunen feuchten Augen, während er meinen Arm streichelte.

Zurück zum Geschäftlichen. »Also, Herr Doktor, ich
möchte das nicht machen, und ich würde jetzt gern gehen.«

»Ihnen ist klar, dass das Geld, das Sie gezahlt haben, nicht
zurückerstattet werden kann?«

»Das ist okay. Ich möchte es trotzdem nicht machen.«

»*Muy bien.* Ich fürchte, es wird dennoch nötig sein, dass
Sie die Nacht hier verbringen. Wir sind ziemlich weit draußen
vor der Stadt, und unsere Fahrer werden vor morgen früh
nicht zurückkommen. Ich werde Ihnen ein Beruhigungsmittel geben, damit Sie schlafen können. Bis zehn werden Sie
morgen hier raus sein. Sind Sie sicher, *m'ija*, dass Sie das wirklich nicht wollen? Letzte Chance.«

Ich nickte. Er hielt meine Hand. Es fühlte sich an wie Trost, ich hätte gern geweint, wollte gehalten werden. Oh, was tun wir nicht alles für ein bisschen Trost.

»Sie könnten mir behilflich sein«, sagte er. »Das Kind dort in der Ecke ist ziemlich traumatisiert. Ihre Mutter ist in einer schlimmen Verfassung und keine Hilfe. Ich vermute, es war der Vater oder irgendeine besonders schlimme Situation. Sie sollte wirklich diese Abtreibung haben. Würden Sie mir helfen mit ihr? Sie heute Nacht ein bisschen besänftigen?«

Ich ging mit ihm zum Bett des Mädchens und stellte mich vor. Er wollte, dass ich ihr erklärte, was er vorhatte, was sie erwartete, dass es sicher sei und nicht schwierig und dass alles gut werden würde. Und jetzt wird er dein Herz und deine Lungen abhören... Und jetzt muss der Arzt dich von innen abtasten... (Er sagte, es würde nicht wehtun. Ich sagte ihr, es würde wehtun.) Er muss das machen, um sicher zu sein, dass alles gut gehen wird.

Sie widersetzte sich trotzdem. »A fuerzas!«, sagte er. Mit Gewalt. Die alte Frau und ich hielten sie fest. Der Arzt und ich hielten sie danach, redeten auf sie ein, versuchten sie zu beruhigen, während die alte Frau den winzigen Körper des Mädchens mit den Schläuchen tamponierte, Meter um Meter. Ich umarmte sie, als es vorbei war; sie hielt sich an mir fest, schluchzend. Ihre Mutter saß mit steinernem Gesicht auf dem Stuhl am Bettende.

»Steht sie unter Schock?«, fragte ich den Arzt. »Nein. Sie ist sturzbetrunken.« Wie auf ein Stichwort hin stürzte sie zu Boden; wir hoben sie auf ein Bett neben ihrer Tochter.

Er und die alte Frau gingen, um sich um die Frauen in den anderen beiden Zimmern zu kümmern. Zwei junge indianische Frauen kamen herein und brachten Tabletts mit Abendessen.

»Willst du, dass ich hier bei dir bleibe zum Essen?«, fragte ich das Mädchen. Sie nickte. Sie hieß Sally; sie kam aus Missouri. Das war ungefähr alles, was sie sagte, aber sie aß mit Heißhunger. Sie hatte nie zuvor Tortillas gehabt, wollte simples Brot. Was ist das für Zeug? Avocado. Schmeckt gut. Tu etwas davon auf das Fleisch in deiner Tortilla. Dann roll sie zusammen, so.

»Wird deine Mutter zurechtkommen?«, fragte ich sie.

»Morgen früh wird's ihr schlecht gehen.« Sally hob die Matratze an. Da steckte eine halbe Flasche Jim Beam. »Das ist für sie, falls ich nicht hier sein sollte, aber du. Sie braucht das, damit es ihr nicht schlecht geht.«

»Ja. Meine Mutter trinkt auch«, sagte ich.

Sie holten die Tabletts wieder ab, und die alte Frau kam zurück und brachte uns große Secobarbitaltabletten. Die jungen Mädchen bekamen eine Injektion. Am Bett von Sallys Mutter zögerte die alte Frau, dann gab sie der Schlafenden ebenfalls eine Barbituratspritze.

Ich lag im Bett. Die Laken waren grob und rochen gut, wie in der Sonne getrocknet, und die raue mexikanische Bettdecke roch nach Rohwolle. Ich erinnerte mich an Sommer in Nacogdoches.

Der Arzt hatte sich nicht einmal verabschiedet. Vielleicht würde Joe wieder nach Hause kommen. Oh, ich war überhaupt nicht vernünftig. Vielleicht hätte ich die Abtreibung doch machen lassen sollen. Untauglich, ein Kind aufzuziehen, schon gar nicht zwei. Lieber Gott, was soll ich...? Ich schlief ein.

Von irgendwoher kam ein entsetzliches Schluchzen. Das Zimmer war dunkel, aber im dämmrigen Flurlicht konnte ich sehen, dass Sallys Bett leer war. Ich rannte hinaus auf den Flur. Ich bekam die Tür zur Toilette nicht gleich auf. Das Mädchen lehnte von innen dagegen, bewusstlos, totenbleich. Überall war Blut. Sie hatte schlimme Blutungen, lag in sich schlängelnden Schläuchen verheddert da wie ein rasender Laokoon. An den Schläuchen klebten blutige Klumpen. Die Schläuche wölbten und krümmten sich glitschig um sie herum, als wären sie lebendig. Ihr Puls war noch spürbar, aber ich konnte sie nicht hochheben.

Ich rannte den Flur hinunter, hämmerte an Türen, bis die alte Frau aufwachte. Sie trug noch immer ihre weiße Uniform, sie zog ihre Schuhe an und rannte zu den Toiletten. Sie warf nur einen kurzen Blick hinein, rannte ins Büro zum Telefon. Ich wartete draußen, lauschte. Sie stieß die Tür zu.

Ich ging zurück zu Sally, wusch ihr das Gesicht, die Arme.

»Arzt kommt. Geh auf dein Zimmer«, sagte die alte Frau. Die indianischen Mädchen standen hinter ihr. Sie nahmen mich und brachten mich ins Bett, die Frau gab mir eine Spritze.

Ich erwachte in einem sonnendurchfluteten Zimmer. Die sechs Betten waren leer, ordentlich gemacht, mit leuchtenden rosa Bezügen. Kanarienvögel und Finken zwitscherten draußen, und violette Bougainvillea raschelte vor den geöffneten Jalousien in der Brise. Meine Kleidung lag am Bettende. Ich nahm sie mit in die Toiletten, die jetzt sauber waren. Ich wusch mich und zog mich an, kämmte mir die Haare. Ich schwankte, das Beruhigungsmittel wirkte noch nach. Als ich ins Zimmer zurückkam, wurden die anderen Frauen auf Krankentragen hereingeschoben und zu ihren Betten gebracht. Die Frau, bei der keine Abtreibung gemacht worden war, saß auf ihrem Stuhl und sah aus dem Fenster. Die indianischen Mädchen kamen mit Tabletts voller *Café con Leche*, Pfannkuchen, Apfelsinenscheiben und Wassermelonen herein. Einige Frauen frühstückten, andere übergaben sich in eine Schüssel oder stolperten zu den Toiletten. Alle bewegten sich wie in Zeit-lupe.

»*Buenos días.*« Der Arzt trug einen langen grünen Kit-tel, der Mundschutz hing ihm unter dem Kinn, sein langes schwarzes Haar war zerzaust. Er lächelte.

»Ich hoffe, Sie haben gut geschlafen«, sagte er. »Sie werden mit dem ersten Auto abgeholt, in ein paar Minuten.«

»Wo ist Sally? Wo ist ihre Mutter?« Meine Zunge war ge-schwollen. Es war mühsam, die Worte hervorzustoßen.

»Sally brauchte eine Bluttransfusion.«

»Ist sie hier?« Lebt sie? Das Wort wollte mir nicht über die Lippen kommen.

Er griff nach meinem Handgelenk. »Sally geht es gut. Ha-ben Sie alles? Das Auto fährt ab.«

Fünf von uns wurden eilig den Flur hinuntergeschickt, hin-aus und ins Auto. Wir fuhren los und hörten, wie sich hin-ter uns die Tore schlossen. »Wer will zum Flughafen von El Paso?« Die anderen Frauen wollten alle zum Flughafen.

»Lassen Sie mich an der Brücke raus, auf der Juarez-Seite«, sagte ich. Wir fuhren weiter. Niemand sprach. Ich hätte gern was Blödes gesagt, etwa: »Ist es nicht ein schöner Tag?« Es war tatsächlich ein schöner Tag, frisch und klar, der Himmel ein knalliges mexikanisches Blau.

Aber die Stille im Auto war undurchdringlich, aufgeladen mit Scham und Schmerz. Nur die Angst war verschwunden.

Der Lärm und die Gerüche im Stadtzentrum von Juarez waren noch genauso, wie ich sie als Mädchen erlebt hatte. Ich fühlte mich klein und wäre am liebsten einfach herumspaziert, aber ich winkte einem Taxi. Das Hotel, stellte sich heraus, war nur ein paar Seitenstraßen entfernt. Der Portier bezahlte das Taxi. Bella Lynn hatte sich darum gekümmert. Sie seien auf dem Zimmer, sagte er. Im Zimmer herrschte ein einziges

Chaos. Ben und Bella saßen mitten auf dem Bett, lachten, rissen Seiten aus den Zeitschriften und warfen sie in die Luft.

»Das ist sein Lieblingsspiel. Er wird Kritiker, wenn er groß ist, meinst du nicht?«

Sie stand auf und umarmte mich, sah mir in die Augen.

»Beim heiligen Judas. Du hast es nicht gemacht. Du kleine Idiotin! Du Dummkopf!«

»Nein, hab ich nicht!« Ich drückte Ben an mich, oh, ich liebte seinen Geruch, sein knochiges kleines Wesen. Er plapperte drauflos. Es war offensichtlich, dass sie Spaß gehabt hatten.

»Nein, ich hab es nicht gemacht. Bezahlen musste ich trotzdem, aber ich geb dir das Geld wieder. Fang jetzt bloß nicht an, mich zu belehren. Bella, da war dieses Mädchen, Sally…«

Die Leute sagen, Bella Lynn sei verwöhnt und leichtsinnig. Würde sich um nichts Sorgen machen. Aber niemand versteht die Dinge so wie sie… Sie wusste einfach Bescheid. Ich musste ihr nichts erklären, auch wenn ich es trotzdem tat, später. Ich weinte, und sie und Ben auch.

Wir Moynihans weinen zwar oder werden wütend, aber dann ist es auch gut. Ben hatte als Erster genug davon und fing an, auf dem Bett herumzuturnen.

»Hör zu, Lou, ich werde dich auf keinen Fall belehren. Was immer du machst, ist für mich in Ordnung. Alles, was ich wissen will, ist, was wir jetzt machen. Tequila Sunrise? Mittagessen? Einkaufen? Ich habe echt Hunger.«

»Ich auch. Lass uns essen gehen. Und ich will ein Geschenk für deine Großmutter und für Rex Kipp kaufen.«

»Na also, damit wäre das auch geklärt, was, Ben? Kannst du schon ›einkaufen‹ sagen? Wir müssen diesem Kind Werte beibringen. Einkaufen!«

Der Zimmerservice brachte ihre Fransenjacke. Wir zogen

uns beide um, trugen Make-up auf, zogen Ben an. Die Flecken in seinem Gesicht hatte ich für Ausschlag gehalten, aber wie sich herausstellte, war es nur der Lippenstift von Bellas Küssen.

In einem wunderschönen Speisesaal aßen wir zu Mittag. Wir waren vergnügt, nichts in der Welt kümmerte uns. Jung, hübsch und frei, die Zukunft lag uns offen. Wir quatschten und lachten und dachten uns zu jedem Gast im Speisesaal die gesamte Lebensgeschichte aus.

»Also, vielleicht sollten wir langsam nach Hause fahren zu diesem Familientreffen«, sagte ich schließlich, als wir beim dritten Kaffee und Kahlua waren.

Wir kauften Geschenke und einen geflochtenen Korb, in den wir alles hineintaten, auch das ganze Spielzeug aus dem Hotelzimmer. Bella Lynn seufzte, als wir gingen. »Hotels sind so gemütlich, ich hasse es jedes Mal, sie zu verlassen.«

Hinter den massiven Türen in Onkel Tylers Landhaus schmetterten Roy Rogers und Dale Evans Weihnachtslieder. Hinter der Tür war auch eine Seifenblasenmaschine aufgestellt, sodass der erste Blick auf den Weihnachtsbaum durch seifig verschwommene Prismen fiel.

»Heiliger Judas, das ist ja hier wie in einer Autowaschanlage. Und guck dir den Teppich an.« Bella Lynn zog den Stecker aus der Maschine, stellte die Musik ab.

Wir gingen die gefliese Treppe hinunter ins riesige Wohnzimmer. Holzstämme, ganze Bäume brannten im Kamin. Verwandte von Tante Tiny lümmelten auf den Ledersofas und den Barcalounger-Sesseln herum und sahen sich ein Footballspiel im Fernsehen an. Ben setzte sich sofort davor, er hatte noch nie einen Fernseher gesehen. Süßes, kleines Baby, das noch nie von zu Hause weg gewesen war; er steckte alles gut weg.

Bella Lynn stellte uns vor, aber die meisten nickten bloß und wandten kaum den Blick von ihren Tellern oder vom Bildschirm ab. Sie hatten sich alle fein angezogen, wie für eine Beerdigung oder eine Hochzeit, sahen aber trotzdem aus wie ein Haufen dahergelaufener Bauern oder Wirbelsturmopfer.

Wir stiegen die Treppe wieder hinauf. »Ich kann's gar nicht erwarten, sie morgen auf Papas Fest zu sehen. Morgen früh holen wir Onkel John ab, dann gehen wir deine Mutter befreien. Es wird eine riesige Gesellschaft. Die meisten sind heiratsfähige Junggesellen, also nicht ganz das, was uns gefällt. Aber auch jede Menge alter Freunde, die dich und das Baby sehen wollen.«

»Herr Jesus, unser Erlöser voller Gnade!« Das war die alte Mrs. Veeder, Tinys Mutter. Sie schnappte sich Ben, nahm ihn in die Arme, wobei ihr Krückstock herunterfiel, tatterte mit ihm durchs Wohnzimmer. Er lachte, hielt es für ein Spiel, wie sie zusammen gegen Anrichten und chinesische Wandschränke stießen und Kristall zu Bruch ging. Eine der liebsten Redensarten meiner Mutter lautet: »Das Leben ist voller Gefahren«. Mrs. Veeder torkelte mit ihm in ihr Zimmer, in dem es einen weiteren Fernseher gab, wo gerade Soap-Operas liefen. Auf dem Bett lag genug Ramsch, um ihn monatelang zu unterhalten, Salzstreuer in Form von Klohäuschen von Texarkana, Pudel als Toilettenpapierhüllen, Filz-Duftkissen, Armbänder, in denen Steine fehlten. Alles war schmuddelig und sollte als Weihnachtsgeschenk wiederverwertet werden. Mrs. Veeder und Ben fielen gemeinsam aufs Bett. Ben blieb stundenlang bei ihr im Zimmer, kaute auf Jesusfiguren herum, die im Dunkeln leuchteten, während sie Geschenke mit zerknitterten Papierresten und verfilzten Schleifen umwickelte. Dabei sang sie vor sich hin: »Jesus loves me, yes I know! Cuz the Bible tells me so!«

Der Esstisch im Wohnzimmer ähnelte der Werbung für Smörgåsbord auf Kreuzfahrtschiffen. Ich stand da und starrte auf das Aufgebot an Fleischplatten, Salaten, gegrillten Rippchen, Sülze, Krabben, Käse, Kuchen, Torten und fragte mich gerade, wer das alles essen sollte, als es bereits vor meinen Augen zu verschwinden begann. Tinys Verwandte kamen herbeigeflitzt, einer nach dem anderen auf verstohlenem Raubzug, und sausten wieder nach unten zu ihrem Footballspiel.

Esther war in der Küche, sie trug eine schwarze Uniform und stand gebückt über einer riesigen Waschwanne voll Tamalesteig. Hackfleischpasteten buken im Ofen. Bella Lynn umarmte Esther, als wäre sie monatelang weg gewesen.

»Hat er angerufen?«

»Natürlich nicht, Liebes. Er ruft nicht an.« Esther hielt sie im Arm, wiegte sie. Sie hatte sich um Bella Lynn gekümmert, seit sie ein Baby war. Hatte sie aber nicht verzogen wie alle anderen. Ich hatte immer angenommen, sie wäre gemein. Na ja, im Grunde ist sie das auch. Sie begrüßte mich mit: »Wen haben wir denn da ... noch so eine mit nichts als Flausen im Kopf!« Auch mich nahm sie in den Arm. Eine zierliche, kleine Frau, die einen trotzdem ganz und gar einhüllte.

»Wo ist dieses arme Kind?« Sie ging, um sich Ben anzuschauen, kam wieder und umarmte mich erneut. »Gesegnete Liebe. Er ist ein gesegnetes Kind. Bist du dankbar, Mädchen?« Ich nickte, lächelte.

»Wir können dir helfen mit den Tamales«, sagte ich. »Ich will nur Tyler und Rex schnell Hallo sagen. Und Tante Tiny. Ist sie...?«

»Sie kommt nicht runter. Sie hat eine Heizdecke, ein Radio und Schnaps. Nein, sie wird eine Weile dort oben bleiben.«

»Gelobt sei Gott!«, sagte Bella.

»Geh und hol was zu essen für diese kindischen Männer da drüben in der Werkstatt. Jede Menge Krabben für Rex.«

Tylers »Werkstatt« war eigentlich ein altes Lehmhaus mit einem großen Hobbyraum und einem Gästezimmer, ein riesiger Raum voller Gewehre, neue und altertümliche. Der Hobbyraum hatte einen großen Kamin, überall an den Wänden hingen Tiertrophäen, und Bärenfelle lagen auf dem gekachelten Boden. Das Bad war ein einziger Teppich aus Busen, Gummibrüsten in jeder Farbe und Größe. Diesen Teppich hatte Tyler von Barry Goldwater geschenkt bekommen, dem ehemaligen Präsidentschaftskandidaten der USA.

Mittlerweile war es dunkel geworden, es war kalt und klar. Ich ging hinter Bella Lynn den Weg hinunter.

»Flittchen! Weißer Abschaum!«

Ich erschrak, schnappte nach Luft. Bella lachte.

»Das ist bloß Mama, dort auf dem Dach.«

Rex und Onkel Tyler freuten sich, mich zu sehen. Sie sagten, falls Joe noch einmal einen Fuß auf amerikanischen Boden setzen würde, sollte ich ihnen Bescheid geben, sie würden ihm jedes Bein einzeln ausreißen. Sie tranken Bourbon und machten Listen. Einkaufstüten stapelten sich im Zimmer. Jedes Jahr brachten sie Geschenke in Altersheime, Kinderkrankenhäuser und Waisenhäuser. Tausende gaben sie dafür aus. Allerdings schrieben sie nicht einfach Schecks. Der Spaß bestand darin, alles selbst auszusuchen und dann mit Essen und Weihnachtsmännern selbst in die Häuser zu gehen.

Dieses Jahr hatten sie einen neuen Plan, denn Rex besaß jetzt ein Flugzeug. Eine einmotorige Piper Cub, die er auf Tylers südlich gelegener Weide geparkt hatte. Am Weihnachtsabend würden sie Tüten voller Spielzeug und Lebensmittel aus der Luft über dem Armenviertel von Juarez abwerfen. Die beiden Männer lachten und spannen weiter ihre Pläne.

»Aber Papa«, sagte Bella. »Was machen wir denn mit Mama? Und Tante Mary? Und was ist mit Lou und mir? Da waren Tiger, die haben ihr eine Bombe ins Nest gelegt und sind mit meinem Ehemann durchgebrannt.«

»Will hoffen, ihr zwei habt bombige Outfits für die Party morgen. Wir haben Catering bestellt, aber Esther ist sicher trotzdem dankbar für ein bisschen Hilfe. Rex, wie viele Zuckerstangen, meinst du, brauchen wir für die kleinen Krüppel?«

Phantomschmerz

Ich war fünf damals, bei der Deuces-Wild-Mine in Montana. In den Monaten, bevor es schneite, gingen mein Vater und ich in die Berge, folgten den Spuren des Feuers, das der alte Hancock in den 1890er-Jahren gelegt hatte. Mein Vater trug einen Campingbeutel mit Kaffee, Hafermehl, Rauchfleisch und solche Sachen. Ich trug einen Stapel mit Ausgaben der *Saturday Evening Post*, die meiste Zeit jedenfalls. Hancocks Hütte stand am Rand einer wie ein Krater geformten Wiese ganz oben auf dem Berg. Blauer Himmel darüber, ringsum. Sein Hund hieß Blau. Gras wuchs auf dem Dach, fiel in lockeren Fransen über die Veranda, wo sie Kaffee tranken und sich unterhielten, Erzbrocken hin- und herreichten und durch Zigarettenrauch blinzelten. Ich spielte mit Blau und den Ziegen oder klebte Seiten aus der *Post* an die Hüttenwände, die bereits dick mit alten Ausgaben beschichtet waren. Gleichmäßig, in ordentlichen Rechtecken, ein Blatt über dem anderen, rund um das ganze kleine Zimmer. War Hancock im langen Winter eingeschneit, las er seine Wände, Seite für Seite. Erwischte er das Ende einer Geschichte, dachte er sich aus, was vorher passiert war, oder versuchte, es aus anderen Seiten in der Hütte zusammenzustückeln. Sobald er den gesamten Raum durchgelesen hatte, lief er tagelang hin und her und fing dann wieder von vorn an. Ich war nicht dabei, als mein Vater dann im Frühjahr zum ersten Mal hochging und den alten Mann tot auffand. Auch die Ziegen und der Hund waren tot, alle in seinem Bett. »Wenn mir kalt wird, hol ich mir einfach noch eine Ziege dazu«, hatte Hancock immer gesagt.

»Komm schon, Lu, bring mich einfach dort hinauf und lass mich allein.« Das war es, worum mich mein Vater anfangs bat, worum er bettelte, nachdem ich ihn ins Altersheim gebracht hatte. Er redete von nichts anderem, die verschiedenen Minen, die verschiedenen Berge. Idaho, Arizona, Colorado, Bolivien, Chile. Sein Verstand ließ langsam nach. Es war nicht nur so, dass er sich an die verschiedenen Orte erinnerte, er glaubte wirklich, dort zu sein zu jener Zeit. Er hielt mich für ein Kind, und er redete mit mir, als wäre ich wieder so alt, wie ich damals an all diesen Orten gewesen war. Zu den Krankenschwestern sagte er Dinge wie »Klein Lu hat das Kinderbuch *Unsere freundlichen Helfer* schon ganz durchgelesen und ist erst vier Jahre alt«. Oder: »Hilf der Frau, das Geschirr rauszunehmen. Braves Mädchen.«

Jeden Morgen brachte ich ihm *Café con Leche*. Ich rasierte und kämmte ihn, lief mit ihm den ranzig riechenden Flur auf und ab, auf und ab. Die meisten der anderen Patienten lagen noch im Bett, riefen, rüttelten an ihren Stäben, klingelten. Senile alte Frauen, die an sich selbst herumspielten. Nachdem ich mit ihm umhergelaufen war, schnallte ich ihn in seinem Rollstuhl fest, damit er nicht weglaufen konnte und vielleicht stürzte. Und ich machte mit. Ich meine nicht, dass ich so tat oder mich lustig machte – sondern ich folgte ihm an einen dieser Orte. In die Trench-Mine in den Bergen über Patagonia in Arizona: Ich war acht Jahre alt, rotblau vom Kristallviolett gegen die Ringelflechte. Abends gingen wir alle hinaus auf die Klippe, um Büchsen wegzuwerfen und den Müll zu verbrennen. Rehe und Antilopen kamen sehr nah heran, manchmal

Pumas, ohne Angst vor unseren Hunden. Unter uns huschten Nachtfalken an den blanken Felswänden vorbei, die im Sonnenuntergang in ein noch tieferes Rot getaucht waren.

Ein einziges Mal hatte mein Vater gesagt, dass er mich liebte; kurz bevor ich zurückkehrte in die Staaten, um das College zu besuchen. Wir waren am Strand von Tierra del Fuego. Antarktische Kälte. »Wir haben zusammen diesen ganzen Kontinent durchstreift ... dieselben Berge, dasselbe Meer, von oben nach unten.« Ich wurde in Alaska geboren, aber ich erinnere mich nicht daran. Im Altersheim war er ständig der Meinung, ich müsste mich daran erinnern, also tat ich schließlich so, als würde ich Gabe Carter kennen und mich an Nome erinnern, den Bären im Camp.

Anfangs fragte er nach meiner Mutter, wo war sie, wann kam sie her. Oder er glaubte, sie wäre da, redete mit ihr, verlangte, dass ich ihr beim Füttern einen Bissen gab für jeden Bissen, den er aß. Ich hielt ihn hin. Sie packte gerade, sie würde bald kommen. Wenn es ihm besser ging, würden wir alle in einem großen Haus in Berkeley leben. Er nickte, beruhigt, außer an jenem Tag, als er sagte: »Du lügst wie gedruckt.« Und dann redete er über etwas anderes.

Eines Tages ließ er sie einfach sterben. Als ich ankam, lag er im Bett, weinend, zusammengerollt wie ein Baby. Er erzählte die Geschichte wie unter Schock, mit unwichtigen Einzelheiten, wie jemand, der einen schrecklichen Unfall mit angesehen hat. Sie waren auf einem Mississippi-Dampfer, meine Mutter saß unter Deck beim Pokern. Farbige durften jetzt an Bord, und Florida (seine Krankenschwester) hatte ihnen ihr gesamtes Geld abgenommen. Meine Mutter hatte alles, die Ersparnisse ihres ganzen Lebens, auf das Abschlussblatt eines Five Card Draw gesetzt. Pik- und Herz-Bube waren die Joker. »Ich hätte es wissen müssen«, sagte er, »als ich dieses Flittchen mit ihren Goldzähnen beim Zählen des ganzen Geldes in sich hineinlachen sah. Sie hat John hier mindestens viertausend gegeben.«

»Schnauze, du Snob«, sagte John im Nachbarbett zu meinem Vater. Er zog einen Hershey's-Riegel aus dem Rücken seiner Bibel. Er durfte keine Süßigkeiten essen, es war der Riegel, den ich meinem Vater am Tag zuvor mitgebracht hatte. Die Lesebrille meines Vaters ragte unter Johns Kopfkissen hervor. Ich holte sie. John fing an zu stöhnen und schrie: »Meine Beine! Meine Beine tun weh!« Er hatte keine Beine. Er war Diabetiker, seine Beine waren oberhalb der Knie amputiert worden.

Auf dem Dampfer war mein Vater mit Bruce Sasse (ein Diamantenschürfer aus Bisbee) in der Bar gewesen. Sie hatten den Schuss gehört und viel später dann das Platschen. »Ich hatte keine Münzen fürs Trinkgeld und wollte keinen Dollar hinlegen.« »Geiziger Snob! Typisch! Typisch!«, sagte John im Nachbarbett. Mein Vater und Bruce Sasse rannten nach Steuerbord, gerade in dem Moment, als meine Mutter davontrieb. Blut im Kielwasser des Boots.

Er trauerte nur diesen einen Tag um sie, redete aber wochenlang von ihrer Beerdigung. Tausende Menschen waren gekommen. Keiner meiner Söhne hatte einen Anzug getragen, ich aber sah reizend aus und war liebenswürdig. Ed Titmann war gekommen, der Botschafter von Peru, der Butler Domingo, sogar Charlie Bloom, der alte Schwede aus Mullan in Idaho. Charlie hatte mir einmal erzählt, dass er immer Zucker auf seine Haferflocken tat. Was, wenn du keinen hast?, fragte ich ihn neunmalklug. Ich werde leggen drauf trotzdem.

Der Tag, an dem mein Vater meine Mutter sterben ließ, war der Tag, an dem er mich nicht mehr erkannte. Danach behandelte er mich wie eine Sekretärin oder eine Haushälterin.

Eines Tages fragte ich ihn schließlich, wo ich denn sei. Ich war weggelaufen. Schlechtes Blut, eine Moynihan, genau wie meine Mutter und Onkel John. Eines Nachmittags war ich einfach abgehauen, vom Altersheim aus, war die Ashby Avenue hoch davongefahren mit einem nichtsnutzigen Mexikaner in einem Buick, der vier Bullaugen hatte. Der Mann, den er beschrieb, war tatsächlich so ein dunkler, verlotterter Typ, den ich attraktiv finde.

Von da an war er die meiste Zeit im Delirium. Papierkörbe verwandelten sich in Hunde, die reden konnten, Blätterschatten an der Wand wurden zu marschierenden Soldaten, die kräftigen Krankenschwestern zu Transvestiten, die Spione waren. Er redete unaufhörlich von Eddie und Little Joe, keiner von ihnen ähnelte jemandem, den er gekannt hatte. Jede Nacht erlebten sie wilde, unbekümmerte Abenteuer auf einem Munitionsschiff, das vor Nagasaki lag, oder in Hubschraubern über Bolivien. Mein Vater lachte, fröhlich und leicht, wie ich ihn nie erlebt hatte.

Ich betete darum, er möge weiterhin so sein, aber er wurde immer vernünftiger, »orientiert an Zeit und Ort«. Er redete von Geld. Geld, das er verdient hatte, Geld, das er verloren hatte, Geld, das er verdienen würde. Offenbar sah er in mir einen Broker, plapperte endlos über Optionsscheine und Prozentsätze und bekritzelte die Kleenex-Schachtel mit Zahlen. Gewinnmargen und Optionsrechte, T-Notes, Aktien und Anleihen und Fusionen. Er verurteilte seine Tochter (mich) bitterlich dafür, dass sie seine Frau ermordet und ihn eingesperrt hatte, nur, um an sein Geld zu kommen. Florida war die einzige schwarze Krankenschwester im ganzen Krankenhaus, die sich um ihn kümmerte. Er beschuldigte sie alle des Diebstahls, nannte sie Niggerbabys oder Huren. Mit der Urinflasche rief er die Polizei an. Florida und John hatten sein ganzes

Geld gestohlen. John ignorierte ihn und las in der Bibel oder lag einfach im Bett, krümmte sich und schrie. »Meine Beine! Guter Gott, mach, dass die Schmerzen in meinen Beinen weggehen!«

»Sei still, John«, sagte Florida. »Das sind Phantomschmerzen.«

»Sind sie echt?«, fragte ich sie.

Sie zuckte die Schultern. »Schmerzen sind immer echt.«

Er redete mit Florida über mich. Sie lachte, zwinkerte mir zu, während sie ihm recht gab. »Sie ist von Grund auf *verdorben*.« Er zählte uns jede Art und Weise auf, in der ich ihn enttäuscht hatte, vom Buchstabierwettbewerb bis hin zu meinen missglückten Ehen.

»Es greift Sie an«, sagte Florida. »Sie haben aufgehört, seine Hemden zu bügeln – bald werden Sie gar nicht mehr kommen.«

Aber ich spürte eine neue Verbindung zu ihm. Ich hatte ihn nie bitter oder engstirnig oder mit Geldsorgen erlebt. Das war der Mann, dessen Idole Thoreau, Jefferson und Thomas Paine waren. Ich war nicht enttäuscht. Die Mischung aus Furcht und Ehrfurcht, die ich ihm gegenüber immer verspürt hatte, verschwand allmählich.

Es gefiel mir auch, dass ich ihn jetzt berühren konnte. Ihn umarmen und baden, ihm die Zehennägel schneiden und seine Hand halten. Ich hörte nicht wirklich auf das, was er sagte. Ich hielt ihn im Arm, während ich Florida und die anderen Krankenschwestern singen und lachen hörte, »Days of Our Lives« plärrte aus dem Tageszimmer. Ich fütterte ihn mit Wackelpudding und hörte John zu, wie er aus dem fünften Buch Mose vorlas. Ich habe noch nie verstanden, warum so viele unbelesene Leute so häufig in der Bibel lesen. Es ist schwierig. Genauso wundert es mich, dass nicht ausgebildete Näherinnen auf der ganzen Welt wissen, wie man Ärmel und Reißverschlüsse einsetzt.

Mein Vater aß in seinem Zimmer und gesellte sich nie zu den anderen Patienten. Ich schon, einfach um eine Pause zu haben oder nicht weinen zu müssen. Auf dem Schwarzen Brett gab es ein großes Schild mit der Aufschrift Heute ist –. Das Wetter ist –. Die nächste Mahlzeit ist –. Der nächste Feiertag ist –. Zwei Monate lang war ein verregneter Donnerstag vor dem Mittagessen und Ostern, aber danach wurden die Lücken nicht mehr gefüllt.

Eine Ehrenamtliche namens Ada las jeden Morgen die Zeitung vor. Sie blätterte und blätterte und ließ Verbrechen und Gewalt aus. Meistens blieben dann nur Busunglücke in Pakistan, Dennis, die Nervensäge, und das Horoskop übrig. Orkane in Galveston. (Ich begreife nicht, wie Menschen nach all diesen Jahren noch in Galveston leben können.) Auch an den anderen Patienten hatte ich Freude. Die meisten waren noch seniler als mein Vater, aber sie freuten sich, mich zu sehen, krallten sich an mir fest mit winzigen Fingern. Alle erkannten mich wieder, gaben mir die verschiedensten Namen.

Ich besuchte ihn weiterhin. Vielleicht aus Schuldgefühl, wie Florida sagte, aber vielleicht hatte ich auch Hoffnung. Ich wartete darauf, dass er mich lobte, mir verzieh. Bitte, erkenn mich, Papa, sag mir, dass du mich liebst. Das sagte er nie, und jetzt gehe ich nur noch zu ihm, um ihm Rasierzeug zu bringen oder einen neuen Schlafanzug oder Süßigkeiten. Er kann nicht mehr sprechen. Er wird gewalttätig, weshalb er Tag und Nacht in einem Sicherheitsbett liegt. Beim Picknick-Ausflug zum Merritt-See war ich zum letzten Mal wirklich mit ihm zusammen. Zehn Patienten fuhren mit. Ada, Florida, Sam und ich. Sam ist der Hausmeister. (Mein Vater nannte ihn

Schimpanse.) Es dauerte eine Stunde, alle in den Kleinbus zu
laden, die Rollstühle auf einer quietschenden Hebebühne. Es
war sehr heiß, der Tag nach Memorial Day. Die meisten der
Patienten hatten eingenässt, bevor wir überhaupt losgefahren
waren; die Fenster beschlugen. Die Alten lachten und waren
aufgeregt, aber auch ängstlich, sie zuckten zusammen, wenn
Busse an uns vorbeifuhren, bei Sirenen und Motorrädern.
Mein Vater sah gut aus in seinem Leinenanzug, aber dann
färbte sich die Vorderseite blau vom Parkinsongesabber, das
ganze eine Bein wurde dunkelblau.

Ich hatte mir vorgestellt, wir würden unter Bäumen sitzen,
am Wasser, aber Ada ließ uns die Rollstühle in einem Halbkreis so am Ententeich aufstellen, dass sie zur Straße zeigten.
Ich hatte mir auch vorgestellt, dass die Alkis verschwinden
würden, aber sie blieben einfach auf den Bänken vor den
alten Leuten sitzen. Einige der Patienten rochen den Zigarettenrauch und baten um eine Zigarette. Einer der Alkis gab
John eine, aber Ada nahm sie ihm weg und trat sie aus. Ab-
gase, Radiomusik aus großen Schlitten, Lowrider und Motorräder. Der Boden vibrierte von Joggern, die sich stauten,
sobald sie uns erreichten, und auf der Stelle rannten, während sie versuchten, vorbeizukommen. Wir verteilten Essen,
fütterten diejenigen, bei denen das nötig war. Kartoffelsalat
und gebratenes Huhn. Eingelegte Rote Beete und aus Geträn-
kepulver angerührter Saft. Florida und ich brachten den vier
Alkis auf der Bank ein paar gefüllte Teller, und Ada wurde
wütend. Dabei hatten wir viel zu viel Essen. Neapolitanische
Eiscreme tropfte auf Lätzchen und schmolz. Lula und Mae
zermatschten ihre Schokoriegel, spielten mit ihnen im Schoß.
Mein Vater war während des Essens sehr ordentlich, er war
immer sorgfältig gewesen. Ich wusch jeden seiner Finger.
Er hat wunderschöne Hände. Ich weiß nicht, warum die Pa-

tienten an ihrer Kleidung und den Decken herumzupfen. Es nennt sich »Flockenlesen«.

Nach dem Essen brachte eine große Frau in der Uniform einer Parkaufseherin ein Waschbärbaby und reichte es herum. Es war weich und roch süß, alle mochten es, liebten es, sie hielten und streichelten es, nur Lula drückte den Waschbär so fest, dass er ihr Gesicht zerkratzte. »Tollwut«, sagte mein Vater. »Meine Beine«, schrie John. Der Mann gab John noch eine Zigarette. Ada bemerkte es nicht, sie räumte das Geschirr in den Kleinbus. Die Parkaufseherin brachte den Waschbären zu den Alkis. Das kleine Tier kannte sie offenbar schon, rollte sich ruhig um ihre Nacken. Ada sagte, wir hätten zwanzig Minuten, um mit den Patienten einmal um den Ententeich und zu den Vogelkäfigen zu spazieren oder den Berg hinauf, wo man eine Aussicht auf den See hatte.

Mein Vater hatte Vögel immer geliebt. Ich stellte mich mit ihm vor die schäbig aussehenden Uhus und erzählte ihm von den verschiedenen Vogelarten, die wir gesehen hatten. Das Stachelschwein mit grünem Haar. Den Helmspecht vor den weißen Espen. Einen Fregattvogel vor Antofagasta. Majestätisch balzende Wegekuckucks. Mein Vater saß einfach nur da, mit trüben Augen. Die Uhus schliefen oder waren satt. Ich schob den Rollstuhl weiter. Die anderen Patienten waren fröhlich, riefen und winkten uns zu. John hatte richtig Spaß. Florida hatte sich mit einem Jogger angefreundet, der ihr seinen Kassettenrecorder lieh. Lula hielt ihn im Schoß und sang, während sie die Enten fütterten.

Den Rollstuhl den Berg hinaufzuschieben war schwer. Es war heiß und laut wegen der Autos und der Radios und des endlosen Tapptapp der Jogger. Die Luft war so voller Smog, dass wir kaum das andere Ufer sehen konnten. Müll und Abfall vom Memorial Day. Papierbecher trieben im schaumigen braunen Wasser, ruhig wie Schwäne. Oben auf dem Berg stellte ich die Bremsen fest und zündete eine Zigarette an. Er lachte, ein hässliches Lachen.

»Es ist schrecklich, oder, Papa?«

»Absolut, Lu.«

Er löste die Bremsen, und der Stuhl begann, den Ziegelsteinweg hinunterzurollen. Ich zögerte, stand einfach da und sah zu, aber dann warf ich die Zigarette weg und fing den Stuhl gerade in dem Moment ab, als er an Geschwindigkeit gewann.

Notaufnahme-Notizbuch, 1977

Man hört nie die Sirenen in der Notaufnahme – die Fahrer schalten sie auf der Webster Street aus. Im Augenwinkel sehe ich die roten Rücklichter der ACE-Rettungswagen oder der United Ambulance. Normalerweise wissen wir, wann sie kommen, vorgewarnt über MED NET-Funk, wie im Fernsehen. »Eins Stadt: Hier ist ACE, Code Zwei. 42-jähriger Mann, Kopfverletzung, RR 190 zu 110. Bei Bewusstsein. Voraussichtliche Ankunft in drei Minuten.« »Eins Stadt… /6542. Verstanden!«

Wenn es sich um Code Drei handelt, bei dem Leben in Gefahr ist, warten Ärzte und Krankenschwestern draußen, plaudern erwartungsvoll. Drinnen, in Raum sechs, dem Schockraum, ist das Code-Blau-Team für den Herzalarm. EKG, Röntgenspezialisten, Atemwegsspezialisten, Schwestern, die auf Herzkrankheiten spezialisiert sind. Bei den meisten Code-Blau-Fällen sind die Rettungssanitäter und Feuerwehrleute zu sehr in Eile, um einen Funkspruch abzusetzen. Die Piedmont-Feuerwehr macht das nie, und sie haben die schlimmsten Fälle. Schwere, massive Koronarinfarkte, Hausfrauenselbstmordversuche mit Phenobarbital, Kinder in Swimmingpools.

Den ganzen Tag fahren die schweren, Bestattungswagen ähnelnden Cadillacs der Pflegeambulanzen rückwärts gleich links neben der Parkbucht der Notaufnahme vor. Den ganzen

Tag segeln die Tragbahren vor meinem Fenster vorbei zur Kobalt-Kanone, Strahlentherapie. Die Krankenwagen sind grau, die Fahrer tragen Grau, die Decken sind grau, die Patienten sind gelb-grau außer an den Stellen auf Schädel oder Hals, die Ärzte mit knallrotem Filzstift durch ein X gekennzeichnet haben.

Zuerst sollte ich dort arbeiten. Nein danke. Ich hasse Abschiede, die sich hinziehen. Warum mache ich immer noch geschmacklose Witze über den Tod? Ich nehme ihn jetzt sehr ernst. Beobachte ihn. Nicht offen, schnüffle nur ein bisschen herum. Ich sehe den Tod als Person vor mir … manchmal sind es viele, die mich begrüßen. Die blinde Mrs. Diane Adderly, Mr. Gionotti, Madame Y, meine Großmutter.

Madame Y ist die schönste Frau, die ich je gesehen habe. Eigentlich sieht sie tot aus, die Haut durchscheinend bläulich weiß, ihr auserlesen orientalisches Gesicht heiter und alterslos. Sie trägt schwarze Hosen und Stiefel, Jacken mit chinesischen Kragen, geschneidert in Asien? Frankreich? Im Vatikan vielleicht – sie haben die Schwere eines Bischofsgewands. Oder eines Röntgenumhangs. Die Paspelierung ist handgemacht und in sattem Fuchsia, Violett, Orange.

Ihr Bentley kommt um neun Uhr vorgefahren, gesteuert von einem flapsigen Filipino, der auf dem Parkplatz Sherman-Zigaretten auf Kette raucht. Ihre beiden Söhne, groß gewachsen und in Anzügen, die in Hongkong geschneidert wurden, begleiten sie vom Auto bis zum Eingang der Strahlentherapiestation. Von dort ist es ein langer Weg den Flur hinunter. Sie ist die Einzige, die ihn allein geht. Am Eingang dreht sie sich zu ihren Söhnen um, lächelt und verneigt sich. Die Söhne verneigen sich wiederum vor ihr und sehen ihr nach, bis sie das Ende des Flurs erreicht hat. Wenn sie verschwunden ist, holen sie sich einen Kaffee und telefonieren.

Anderthalb Stunden später tauchen alle gleichzeitig wieder auf. Sie mit zwei mauvefarbenen Flecken auf den Wangen, ihre Söhne, der Bentley mit dem Filipino, und gemeinsam gleiten sie davon. Das Glänzen und Schimmern des silbernen Autos, ihr schwarzes Haar, ihre Seidenjacke. Das ganze Ritual still und fließend wie Blut.

Mittlerweile ist sie tot. Ich bin nicht sicher, wann es passierte, an einem meiner arbeitsfreien Tage. Sie schien sowieso schon tot zu sein, aber auf eine schöne Weise, wie in einer Zeichnung, einer Reklame.

Ich mag meine Arbeit in der Notaufnahme. Blut, Knochen und Sehnen kommen mir vor wie eine Bejahung. Der menschliche Körper und sein Durchhaltevermögen flößen mir Ehrfurcht ein. Gott sei Dank – denn bis zur Röntgenbestrahlung oder dem Schmerzmittel Demerol ist es noch lange hin. Vielleicht bin ich morbide. Zwei Finger in der Plastiktüte faszinieren mich, ein glänzendes Schnappmesser, das weit aus dem schlanken Rücken eines Zuhälters ragt. Ich mag die Tatsache, dass in der Notaufnahme alles reparabel ist – oder nichts.

Code Blau. Ehrlich gesagt, alle lieben Code Blau. Jemand stirbt – das Herz hört auf zu schlagen, die Atmung setzt aus –, aber das Notfallteam kann ihn wieder zum Leben erwecken und tut es oft auch. Selbst, wenn der Patient ein erschöpfter Achtzigjähriger ist, ist man unweigerlich gefangen vom Schauspiel der Wiederbelebung, wenn auch nur vorübergehend. Leben werden gerettet, viele junge, erfolgreiche.

Der Rhythmus und die Aufregung von zehn oder fünfzehn Leuten, Darstellern ... das ist wie eine Premiere am Theater. Solange die Patienten bei Bewusstsein sind, sind sie ebenfalls daran beteiligt, auch, wenn sie nur interessiert zuschauen, was um sie herum geschieht. Sie sehen nie aus, als hätten sie Angst. Wenn die Familie den Patienten begleitet, ist es meine Aufgabe, Informationen von ihnen zu bekommen und sie darüber zu informieren, was geschieht. Sie zu beruhigen, hauptsächlich.

Während es für die Mitarbeiter um gute oder schlechte Codes geht – wie gut jeder erfüllt, was von ihm erwartet wird, ob der Patient reagiert hat oder nicht –, geht es für mich um gute oder schlechte Todesfälle.

Ein Tod ist schlecht, wenn der nächste Angehörige ein Hotelmanager ist oder wenn die Putzfrau das Schlaganfallopfer zwei Wochen später findet, an Austrocknung gestorben. Ein Tod ist richtig schlecht, wenn es mehrere, überall verstreut lebende Kinder und Schwiegerkinder gibt, denen mein Anruf ungelegen kommt und die sich weder besonders gut untereinander zu kennen scheinen noch den sterbenden Elternteil kannten. Sie haben sich nichts zu sagen. Also reden sie die ganze Zeit davon, Vorkehrungen zu treffen, Vorkehrungen treffen zu müssen, wer die Vorkehrungen zu treffen hat. Roma, das sind gute Todesfälle. Das sehe ich so … die Krankenschwestern und die Sicherheitsleute nicht. Es sind immer mehrere Dutzend von ihnen da und sie verlangen, beim Sterbenden zu sein, ihn zu küssen und zu umarmen, sie reißen die Stecker aus Fernsehgeräten und Monitoren und bringen die ganzen Geräte durcheinander. Das Beste an den Todesfällen der Roma sind die Kinder, denen nicht befohlen wird, still zu sein. Die Erwachsenen jammern, weinen und schluchzen, aber die Kinder rennen weiter umher, spielen und lachen, ohne dass ihnen gesagt würde, sie sollten traurig sein oder respektvoll.

Ein guter Tod scheint zufällig auch ein guter Code zu sein – der Patient spricht wunderbarerweise stark auf die lebensrettenden Maßnahmen an und scheidet dann still dahin.

Mr. Gionottis Tod war gut… Die Familie respektierte die Aufforderung des Personals, draußen zu warten. Aber einzeln kamen sie nacheinander alle ins Zimmer, ließen Mr. Gionotti von ihrer Anwesenheit wissen und versicherten den anderen, als sie wieder draußen waren, es würde das Bestmögliche getan. Die Familie war groß, und sie saßen oder standen herum, hielten einander im Arm, rauchten, lachten manchmal. Ich kam mir vor, als wäre ich Teil eines Festes, eines Familientreffens.

Eines weiß ich über den Tod. Je »besser« der Mensch ist, je liebevoller, glücklicher und fürsorglicher, desto kleiner ist die Lücke, die sein Tod reißt.

Als Mr. Gionotti starb, war er zwar tot, und Mrs. Gionotti weinte, alle weinten, aber weinend gingen sie gemeinsam weg und eigentlich auch zusammen mit ihm.

Neulich traf ich den blinden Mr. Adderly abends im 51er-Bus. Seine Frau Diane Adderly war einige Monate zuvor bereits in totem Zustand eingeliefert worden. Er hatte ihren Körper am Ende der Treppe gefunden, war mit seinem Blindenstock dagegengestoßen. McCoy, die bescheuerte Schwester, sagte ihm andauernd, er solle aufhören zu weinen.

»Es macht die Lage nicht besser, Mr. Adderly.«

»Nichts macht es besser. Das ist alles, was mir bleibt. Lassen Sie mich in Ruhe.«

Als er hörte, dass McCoy ging, um Vorkehrungen zu treffen, sagte er mir, dass er noch nie zuvor geweint hatte. Es machte ihm Angst wegen seiner Augen.

Ich schob ihren Ehering auf seinen kleinen Finger. Mehr als tausend Dollar in schmuddeligen Scheinen hatte sie in ihrem BH stecken, die ich in sein Portemonnaie tat. Ich sagte ihm, dass es Fünfziger-, Zwanziger- und Hunderterscheine waren und er jemanden brauchen würde, der sie ihm sortierte.

Als ich ihn später im Bus wiedersah, musste er sich an meinen Gang oder Geruch erinnert haben. Ich hatte ihn gar nicht bemerkt – war in den Bus gestiegen und hatte mich auf den nächstbesten Sitz fallen lassen. Er stand sogar vom vordersten Sitz neben dem Fahrer auf, um sich neben mich zu setzen.

»Hallo, Lucia«, sagte er.

Er war sehr witzig, als er seinen neuen, unordentlichen Zimmergenossen im Hilltop-Haus für Blinde beschrieb. Es war mir unvorstellbar, wie er wissen konnte, dass sein Mitbewohner unordentlich war, aber dann war es nicht mehr unvorstellbar, und ich erzählte ihm meine Marx-Brothers-Idee von zwei blinden Zimmergenossen – Rasierschaum auf den Spaghetti, verschüttete Cannelloni, auf denen sie ausrutschten, und so weiter. Wir lachten, wurden dann still und hielten uns von Pleasant Valley bis zur Alcatraz Avenue an den Händen. Er weinte leise. Meine Tränen galten meiner eigenen Einsamkeit, meiner eigenen Blindheit.

Während meiner ersten Nacht in der Notaufnahme brachte ein ACE-Rettungswagen eine Namenlose. In dieser Nacht war wenig Personal da, also wurde sie von mir und den Rettungssanitätern entkleidet. Wir zogen ihr die zerrissene Strumpfhose von den Krampfadern, ihre Zehennägel waren eingerollt wie die von Papageien. Wir lösten die Papiere von ihr ab, nicht vom grau gewordenen fleischfarbenen BH, sondern von ihren klammen Brüsten. Das Foto eines jungen Mannes in Marineuniform: George 1944. Drei nasse Gutscheine für die Purina-Katzenshow und eine verwaschene rot-weiß-blaue Krankenversicherungskarte. Sie hieß Jane. Jane Daugherty. Wir versuchten es mit dem Telefonbuch. Keine Jane, kein George.

Wenn ihre Handtaschen nicht längst gestohlen sind, dann scheinen alte Frauen nichts weiter darin zu haben als Unterkiefergebisse, den Fahrplan des 51er-Busses und ein Adressbuch, in dem keine Nachnamen stehen.

Die Sanitäter und ich arbeiteten gemeinsam mit den wenigen Informationen, die wir hatten, riefen das California Hotel an und fragten nach Annie, im Adressbuch unterstrichen, telefonierten mit der Five-Spot-Wäscherei. Manchmal müssen wir einfach nur warten, bis sich ein Angehöriger meldet, der nach ihnen sucht. Den ganzen Tag klingeln die Notfalltelefone. »Wissen Sie etwas über…?« Alte Menschen. Alte Menschen bringen mich durcheinander. Es ist eine Schande, eine Hüfte oder einen Herzschrittmacher bei einem Fünfundneunzigjährigen einzusetzen, der flüstert: »Bitte, lasst mich gehen.«

Alte Menschen sollten nicht so oft hinfallen, so oft baden. Aber wahrscheinlich ist es wichtig für sie, alleine zu laufen, auf beiden Füßen sicher zu stehen. Manchmal fallen sie wohl mit Absicht hin, wie die Frau, die all die Abführmittel geschluckt hatte, nur um dem Pflegeheim zu entkommen.

Zwischen Schwestern und Rettungswagenmannschaft gibt es viel kokettes Geplänkel. »Bis dann – und nimm's mit Tumor.« Es schockierte mich zunächst, dass sie Witze rissen, während sie einen Luftröhrenschnitt setzten oder einen Patienten fürs Monitoring rasierten. Eine achtzigjährige Frau mit Beckenbruch schluchzte: »Halten Sie meine Hand! Bitte halten Sie meine Hand!« Die Rettungssanitäter quatschten weiter über ein Fußballspiel der Oakland Stompers.

»Mann, jetzt halt verdammt noch mal ihre Hand!« Er sah mich an, als wäre ich verrückt geworden. Inzwischen halte ich nicht mehr viele Hände und mache jetzt ebenfalls oft Witze, wenn auch nicht im Beisein der Patienten. Die Anspannung und der Druck sind groß. Es schlaucht, die ganze Zeit in Situationen zu stecken, in denen es um Leben und Tod geht.

Noch erschöpfender, und der wirkliche Grund für Anspannung und Zynismus, ist die Tatsache, dass so viele der Patienten, die in die Notaufnahme kommen, nicht nur keine Notfälle sind, sondern dass ihnen überhaupt nichts fehlt. Man fängt an, sich nach einer guten, handfesten Messerstecherei oder nach einer Schusswunde zu sehnen. Die Leute kommen den ganzen Tag und die ganze Nacht lang her, weil sie sich appetitlos fühlen, unregelmäßigen Stuhlgang haben oder einen steifen Nacken, roten oder grünen Urin (was ausnahmslos heißt, dass sie Rote Beete oder Spinat zu Mittag gegessen haben).

Hören Sie die vielen Sirenen im Hintergrund, mitten in der Nacht? Mehr als eine ist zu einem Alten unterwegs, dem der Süßwein ausgegangen ist.

Aufnahmebogen um Aufnahmebogen. Panikattacke. Spannungskopfschmerz. Hyperventilation. Trunkenheit. Depression. (Das sind die Diagnosen – die Klagen der Patienten lauten Krebs, Herzinfarkt, Blutgerinnung, Ersticken.) Jeder dieser Patienten kostet Hunderte von Dollar für Krankenwagen, Röntgen, Labor, EKG. Die Krankenwagen bekommen einen Sticker von Medi-Cal, der staatlichen Fürsorge, wir bekommen einen Sticker von Medi-Cal, die Ärzte bekommen einen Sticker von Medi-Cal, und der Patient dämmert ein bisschen weg, bis das Taxi kommt, das ihn nach Hause bringt, bezahlt mit einem Gutschein.

Gott, bin ich schon so unmenschlich geworden wie Schwester McCoy? Angst, Armut, Alkoholismus und Einsamkeit sind tödliche Krankheiten. Also Notfälle.

Natürlich bekommen wir schwere Verletzungen oder Herzpatienten, und sie werden innerhalb von Minuten mit erstklassiger Kompetenz und Effizienz untersucht und stabilisiert und schnellstmöglich in den OP oder auf eine Intensivstation gebracht.

Trinker und Selbstmörder beschlagnahmen stundenlang dringend benötigte Räume und Schwestern. Vier oder fünf Leute warten vor meinem Schreibtisch auf die Aufnahme.

Gelenkbrüche, Halsentzündung, Schleudertrauma und so weiter.

Maude, bierselig und übernächtigt, liegt ausgestreckt auf der Trage vor mir, knetet meinen Arm wie eine neurotische Katze.

»Sie sind so freundlich, so lieb … mir ist immer so schwindlig, meine Liebe.«

»Wie lautet Ihr Nachname, Ihre Adresse? Was ist mit Ihrer Medi-Cal-Karte?«

»Weg, alles weg… Mir geht's nicht gut, und ich bin ganz allein. Werden Sie mich hierbehalten? Irgendwas stimmt mit meinem Innenohr nicht. Willie, mein Sohn, ruft nie an. Ich weiß ja, es ist Daly City und ein Ferngespräch. Haben Sie Kinder?«

»Unterschreiben Sie hier.«

Ich habe ein Minimum an Informationen im Durcheinander in ihrer Handtasche gefunden. Sie benutzt Zig-Zag-Zigarettenpapier, um ihren Lippenstift abzutupfen. Große, schmierige Küsse quellen wie Popcorn aus ihrer Handtasche.

»Wie lauten Willies Nachname und Telefonnummer?«

Sie fängt an zu weinen, sie streckt beide Arme nach meinem Hals aus.

»Rufen Sie ihn nicht an. Er sagt, ich bin scheußlich. Finden Sie, dass ich scheußlich bin? Halten Sie mich.«

»Ich komm später wieder, Maude. Lassen Sie meinen Hals los und unterschreiben Sie das Formular. Lassen Sie los.«

Trinker sind immer allein. Selbstmörder werden von mindestens einer Person begleitet, oft von vielen. Was vermutlich Sinn und Zweck der Sache ist. Auf jeden Fall von zwei Polizeibeamten aus Oakland. Endlich habe ich verstanden, warum Selbstmord als Verbrechen gilt.

Überdosen sind das Schlimmste. Immer wieder. Die

Schwestern sind gewöhnlich zu beschäftigt. Sie verabreichen Medikamente, aber dann muss der Patient zehn Gläser Wasser trinken. (Das sind nicht die schweren Überdosen mit Magenauspumpen.) Ich bin versucht, ihnen meinen Finger in den Hals zu stecken. Schluckauf und Tränen. »Hier, noch eine Tasse.«

Es gibt »gute« Selbstmorde. Oft »gute Gründe«, wie eine tödliche Krankheit, Schmerzen. Aber mich fasziniert eine gute Methode mehr. Kugel in den Kopf, ordnungsgemäß aufgeschnittene Pulsadern, anständige Schlafmittel. Selbst, wenn sie scheitern, scheint von diesen Menschen ein Friede, eine Stärke auszugehen, die von einer wohlüberlegten Entscheidung herrührt.

Es sind die Wiederholungen, die mir zusetzen – die vierzig Penicillintabletten, die zwanzig Valium und eine Flasche Hustensaft. Ja, mir ist klar, statistisch gesehen haben Menschen, die damit drohen, sich umzubringen, irgendwann Erfolg. Ich bin überzeugt, dass es dann immer ein Unfall ist. John, der normalerweise um fünf Uhr nachmittags nach Hause kommt, hat einen Platten und kann seine Frau nicht mehr rechtzeitig retten. Ich habe auch den Verdacht, dass in einigen Fällen Totschlag vorliegt, der Ehemann oder ein anderer Dauerretter sind es schließlich leid geworden, schuldbewusst im allerletzten Moment noch aufzutauchen.

»Wo ist Marvin? Er muss krank sein vor Sorge.«

»Er ist am Telefon.«

Es fällt mir schwer, ihr zu sagen, dass er in der Cafeteria ist, weil ihm die Reuben-Sandwiches so gut schmecken.

Prüfungswoche an der Universität. Viele Selbstmordversuche, einige erfolgreich, die meisten davon Asiaten. Den dümmsten Versuch der Woche machte Otis.

Otis' Frau Lou-Bertha hatte ihn wegen eines anderen Mannes verlassen. Otis trank zwei Flaschen Sominex-Schlafmittel, war aber hellwach. Sogar aufgedreht.

»Holen Sie Lou-Bertha, bevor es zu spät ist!«

Er brüllte mir aus dem Schockraum Anweisungen zu. »Meine Mutter... Mary Brochard 849-0917... Versuchen Sie es in der Adam-und-Eva-Bar, vielleicht ist Lou-Bertha dort.«

Lou-Bertha hatte die Adam-und-Eva-Bar gerade verlassen, um ins Shalimar zu fahren. Dort war ständig besetzt, dann antwortete jemand, und Steve Wonder sang einmal das ganze »Dontcha Worry Bout a Thing« durch.

»Sag das noch mal, Süße ... er hat *was* zu viel geschluckt?«

Ich sagte es ihr.

»Scheiße. Sag diesem zahnlosen nichtsnutzigen Nigger, dass er schon viel mehr von was viel Besserem schlucken muss, um mich *hier* rauszukriegen.«

Ich ging wieder hinein, um ihm zu sagen ... was? Sie war froh, dass es ihm gut ging, vielleicht. Aber er telefonierte in Raum sechs. Hatte seine Hosen an, trug aber immer noch den gepunkteten Umhang darüber. Er hatte die Viertelliterflasche Royal Gate Wodka in seiner Jackentasche gefunden, sich in Managermanier hingefläzt.

»Johnnie? Ja, Otis hier. Ich bin in der Notaufnahme. Du weißt schon, hinterm Broadway. Wie geht's? Gut, gut. Lou-Bertha, diese Schlampe, macht mit Darryl rum...« (Stille) »Ohne Scheiß.«

Die Stationsschwester kam herein. »Ist der immer noch da? *Raus* mit ihm! Wir haben vier Notfälle, die reinkommen. Autounfall, alles Code Drei, Ankunft in zehn Minuten.«

Ich versuche, so viele Patienten wie möglich aufzunehmen, ehe der Rettungswagen kommt. Die Leute werden einfach warten müssen, etwa die Hälfte wird gehen, aber bis dahin sind alle unruhig und verärgert.

Oh, was soll's … drei waren noch vor ihr da, aber ich nehme sie besser gleich auf. Marlene, die Migräne, ein Stammgast in der Notaufnahme. Sie ist so schön und jung. Sie unterbricht ihr Gespräch mit zwei Basketballspielern vom Laney College, der eine mit einer Verletzung am rechten Knie, und stolpert auf meinen Schreibtisch zu, um mit ihrer Show loszulegen.

Ihr Geheul klingt so jazzig wie Ornette Coleman zu Zeiten von »Lonely Woman«. Zuerst schlägt sie gewöhnlich ihren Kopf gegen die Wand neben meinem Schreibtisch, dann fegt sie alles mit einem Schwung vom Tisch.

Daraufhin fängt sie mit ihrem Geschrei an. Keuchendes, gequältes Gejaule, das an mexikanische Stierkämpfe erinnert oder an texanische Liebeslieder, »Ajieh, wieie, jiiih!«

»Aha, San Antone.«

Sie ist zu Boden gesackt, und alles, was ich sehe, ist eine elegant manikürte Hand, die mit einer Medi-Cal-Karte über dem Schreibtisch auftaucht.

»Sehen Sie nicht, dass ich sterbe? Um Himmels willen, ich erblinde!«

»Komm schon, Marlene – wie hast du's dann geschafft, dir diese falschen Wimpern anzukleben?«

»Du gemeine Nutte.«

»Marlene, setz dich hin und unterschreib. Wir erwarten mehrere Notfälle, also wirst du warten müssen. Setz dich hin!« Sie setzt sich, will eine Kool anzünden. »Lass das, unterschreib hier«, sage ich. Sie unterschreibt, und Zeff kommt, um sie in ein Zimmer zu bringen.

»Sieh an, sieh an, wenn das nicht unsere zornige alte Freundin Marlene ist.«

»Verarsch mich nicht, du blöde Schwester.«

Die Rettungswagen treffen ein, und in der Tat handelt es sich um Notfälle. Zwei sterben. Eine Stunde lang sind alle

Schwestern, Ärzte, Bereitschaftsärzte, Chirurgen, ist einfach jeder in Zimmer sechs mit den beiden überlebenden jungen Patienten beschäftigt.

Marlene kämpft sich mit einem Arm in den Ärmel ihres Samtmantels, mit der anderen Hand trägt sie knallroten Lippenstift auf.

»Verflucht noch mal – soll ich etwa die ganze Nacht in dieser Bude hier abhängen? Wir sehn uns, Süße!«

»Wir sehn uns, Marlene.«

Temps Perdu

Nach so vielen Jahren Arbeit in Krankenhäusern habe ich eines gelernt: Je schwerer die Krankheit der Patienten ist, umso weniger Lärm machen sie. Deshalb überhöre ich die Patientensprechanlage. Ich bin Stationsangestellte, meine Hauptaufgaben bestehen darin, Medikamente und IV-Schläuche zu bestellen und Patienten zur OP oder zum Röntgen zu bringen. Irgendwann reagiere ich natürlich auf die Rufe, gewöhnlich sage ich: »Die Schwester kommt gleich.« Weil sie früher oder später eben kommt. Meine Einstellung zu Krankenschwestern hat sich sehr verändert. Anfangs hielt ich sie für unzugänglich und herzlos. Aber es ist die Krankheit, das ist das Problem. Mittlerweile verstehe ich, dass die Gleichgültigkeit der Schwestern eine Waffe gegen das Leiden ist. Bekämpfe es, merze es aus. Ignoriere es, wenn es sein muss. Wenn du dich um jede Laune des Patienten kümmerst, ermutigst du ihn nur, sein Kranksein zu mögen, und das ist die Wahrheit.

Wenn eine Stimme in der Sprechanlage »Schwester! Schnell!« gesagt hat, habe ich anfangs gefragt: »Was ist los?« Das hat zu viel Zeit gekostet, außerdem ist in neun von zehn Fällen nur die Farbe am Fernseher ausgefallen.

Die Einzigen, denen ich Beachtung schenke, sind die, die nicht sprechen können. Das Licht geht an, und ich drücke den Knopf. Stille. Aber sie wollen offensichtlich etwas sagen. Etwas stimmt nicht, beispielsweise ist der Kolostomiebeutel voll. Das ist eines der wenigen anderen Dinge, die ich mit Sicherheit weiß. Menschen sind von ihren Kolostomiebeuteln fasziniert. Nicht nur die dementen oder senilen Patienten, die auch noch damit spielen, nein, jeder, der einen hat, ist unvermeidlich gefangen genommen von der Sichtbarkeit des Vorgangs. Was, wenn unsere Körper durchsichtig wären, ausgestattet mit einem Fenster wie Waschmaschinen. Wie sonderbar, sich selbst zuzuschauen. Jogger würden noch schneller laufen, Blut, das durch den Körper pumpt. Liebende würden sich heftiger lieben. Verdammt, guck dir den ollen Samen an, wie der abgeht! Wir würden uns besser ernähren – Kiwis und Erdbeeren, Borschtsch mit Sauerrahm.

Als das Licht von 4420, Bett zwei, aufleuchtete, ging ich jedenfalls in sein Zimmer. Mr. Brugger, ein alter Diabetiker, der einen massiven Schlaganfall erlitten hatte. Ich sah sofort den vollen Beutel, wie ich es mir gedacht hatte. »Ich gebe Ihrer Schwester Bescheid«, sagte ich und lächelte ihn an. Mein Gott! Der Schock, der mich traf, wie der Sturz auf einen Fahrradlenker, eine Proust'sche Vinteuil-Sonate direkt hier, auf der Station vier Ost. Kleine schwarze, glänzende Augen, die mich aus grau-weißen Epikanthus-Falten anlächelten. Augen, fast wie Buddha-Augen … versunkene, trunkene Mongolenaugen. Kentshereves Augen, die mich anlachten… Ich versank in der Erinnerung an die Liebe, nein, in der Liebe selbst. Mr. Brugger muss das zweifellos gefühlt haben, seine liebestolle Klingel betätigt er jetzt die ganze Nacht.

Er schüttelte den Kopf, spöttisch amüsiert darüber, dass ich angenommen hatte, es ginge um seinen Kolostomiebeutel. Ich sah mich um. Ein seltsames Paar hüpfte wie wild oben auf dem Bildschirm. Ich stellte den Fernseher richtig ein und ging, eilte an meinen Schreibtisch zurück, in die weichen Wogen der Erinnerung.

Mullan, Idaho, 1940, die Morning-Glory-Mine. Ich war fünf Jahre alt und machte in der ersten Frühlingssonne einen Schatten mit meinem großen Zeh. Ich war es, die ihn zuerst hörte. Das Geräusch von Äpfeln. Sellerie? Nein, es war Kentshereve, der unter meinem Fenster Hyazinthenzwiebeln aß. Schmutz in den Mundwinkeln, lila Leberlippen, nass wie die von Mr. Brugger.

Ich flog ihm zu (Kentshereve), ohne zurückzublicken, ohne zu zögern. Jedenfalls erinnere ich mich, dass ich als Nächstes ebenfalls in die knackige, kalte, platzende Zwiebel biss. Er grinste mich an, Rosinenaugen, die durch teigige Schlitze funkelten und mich ermutigten zu kosten. Er benutzte dieses Wort nicht – mein erster Ehemann tat das, als er mir die Zartheit von Lauch und Schalotten nahebrachte (in unserer hoch gelegenen Küche in Santa Fe, Balken und mexikanische Fliesen). Später mussten wir kotzen (Kentshereve und ich).

Mechanisch erledigte ich die Schreibtischarbeit, nahm Telefonanrufe entgegen, Anfragen nach Sauerstoff und Laboranten, während ich davongespült wurde, hinein in warme Wellen aus Kätzchenweiden, Wicken und Forellenteichen. Die Flaschenzüge und die Hängung der Gewichte an der Mine, nachts, nach dem ersten Schnee. Queen-Anne-Spitze vor dem sternenklaren Himmel.

»Er kannte jeden Winkel meines Körpers.« Habe ich das irgendwo gelesen? Ganz gewiss hätte das niemand so gesagt. Später in diesem Frühling, nackt im Wald, zählten wir jeden einzelnen Leberfleck an unseren Körpern und markierten jeden Tag mit Tusche die Stelle, an der wir aufgehört hatten. Kentshereve wies darauf hin, dass der Tuschetupfer genauso aussah wie ein Katzenpimmel.

Kentshereve konnte lesen. Sein Name lautete Kent Shreve, aber als er mir das sagte, dachte ich, es sei sein Vorname, und die ganze Nacht über sagte ich ihn wieder und wieder, sang ihn ununterbrochen vor mich hin, wie ich es seitdem mit Jeremys und Christophers Namen mache. Kentshereve Kentshereve. Er konnte sogar die *Wanted*-Poster lesen, die im Postamt hingen. Er sagte, dass er, wenn wir groß seien, bestimmt ein *Wanted*-Poster über mich lesen würde. Ich hätte natürlich einen Decknamen, aber er wüsste trotzdem, dass ich es sei, weil dort stehen würde, großer Leberfleck am linken Fußballen, weiße Narbe am rechten Knie, Leberfleck an der Arschfalte. Vielleicht wird das hier jemand lesen, der einmal mein Geliebter gewesen ist. Ich wette, du würdest dich an diese Merkmale nicht mehr erinnern. Aber Kentshereve schon. Mein dritter Sohn wurde mit dem gleichen Leberfleck geboren, direkt über der Pofalte. Am Tag, als er geboren wurde, küsste ich ihn dort und freute mich, dass ihn eines Tages vielleicht eine andere Frau dort küssen oder den Leberfleck zählen würde. Bei Kentshereve dauerte das Zählen länger, weil er auch noch Sommersprossen hatte, und das war ein schmaler Grat. Er traute mir nicht, als ich bei seinem Rücken war, warf mir vor zu übertreiben.

Ich war verärgert, als wir zwei frisch Operierte bekamen – seitenweise Anordnungen ausgerechnet in dem Moment, als ich diese Einsichten hatte. Die Liebeswelle, die mich aus Zimmer 4420, Bett zwei, überspülte, war von all denen, die später kamen, nicht zu unterscheiden. Kentshereve, mein Palimpsest. Ein etwas älterer Intellektueller mit sarkastischem Humor, besessen von Essen und Sex. Er bestritt sein Leben durch Außer-Haus-Koch-Events zwischen Zihuatanejo bis in den Norden des Staates New York. Hamburger auf einem

Grab der Zuni mit Harrison, diesem Heuchler. Nie wieder waren sie so lecker und furchterregend. Da er lesen konnte, wusste er, dass das Feuer, das wir machten, tausend Dollar Strafe oder Gefängnis bedeuten konnte. Nicht für uns, sondern für unsere Eltern, er kicherte und warf weiter Kienäpfel in die Flammen. Massenweise Creme zur Pflege wunder Brustwarzen, Heizlampen aufs Perineum, Americaine-Spray gegen Hämorriden, 3-mal täglich Sitzbäder. Ich überflog die Anordnungen, um in den Duft der Kiefern zurückzukehren, um sein Rindergeschnetzeltes auf Weißbrot zu probieren. Die Soße kam aus einer Flasche Jergens-Handlotion – Honig und Mandel –, und keine süßsaure Soße konnte jemals damit konkurrieren. Er konnte Eierkuchen machen, die die Form von Texas, Idaho oder Kalifornien hatten. Seine Zähne waren bis Mittwoch schwarz von der Lakritze am Samstag und den ganzen Sommer blaubeerblau.

Wir versuchten den Geschlechtsakt zu imitieren, gaben aber auf und konzentrierten uns darauf, beim Pinkeln Ziele zu treffen. Natürlich war er besser, aber für ein Mädchen ist das Zielen eine echte Leistung. Er zollte mir die nötige Anerkennung mit einem Nicken, einem Funkeln aus den Augenschlitzen.

Er nahm mich zu meinem ersten Forellenteich mit. Nur Teich. Leerer Teich, meine ich, am Laichplatz. Nur ein paarmal im Jahr ließen sie das Wasser aus diesen flachen Pools ab, aber er wusste, wann man dort hingehen musste. Er sah alles, obwohl seine Augen aussahen, als wären sie geschlossen, wie eine hölzerne Eskimosonnenbrille. Das Kunststück bestand darin, an einem warmen Tag dorthin zu gehen, bevor sie den leeren Pool sauber machten. Acht Zentimeter hoch säumte gallertartiger, schlieriger Forellenbegattungsschleim die Pools. Ich gab ihm den ersten Schubs, sodass er losschoss ans andere Ende, wo er zurückprallte und in mich hineinraste wie eine düsengetriebene Kröte, und ab ging's, wir schlitterten von Wand zu Wand wie gefettete Druckluftbomben, von Forellenschuppen schimmernd.

Um den Geruch loszuwerden, wuschen wir unsere Haare mit Tomatensaft, aber es klappte nicht. Tage später, wenn er in der Schule war und ich herumlag und mit dem großen Zeh Schatten an die Wand machte, roch ich manchmal einen Hauch von totem Fisch und sehnte mich nach ihm, nach dem Moment, in dem ich ihn den Hügel hinaufkommen hörte mit seiner Brotbüchse, die gegen sein Bein schlug.

Wir versteckten uns im Verschlag von J. R.s Küche und sahen zu, wie er und seine dünne Frau es trieben, ein Akt, der von einer so monumentalen Komik war, dass seither nicht wenige wonnige Momente meines Lebens durch einen Kicheranfall ruiniert wurden. Sie saßen mürrisch auf dem Wachstuchtisch, rauchten und tranken ohne Ende, rauchten und tranken und schwiegen, und dann stieß er an die Lampe, die ihm den Bergarbeiterhut vom Kopf riss, brüllte »Doggystyle!« und warf sie über den Küchenstuhl.

Die meisten der Minenarbeiter waren Finnen, und nach der Arbeit duschten sie und gingen in die Sauna. Vor der Sauna gab es ein Holzgehege, und im Winter rannten sie hinaus und sprangen in den Schnee. Große Männer, kleine Männer, dicke Männer, dünne Männer, lauter rosige Männer, die im Schnee herumrollten. Anfangs, als wir sie durch das Loch im Zaun beobachteten, kicherten wir über ihre blauen Pimmel und Säcke, aber irgendwann lachten auch wir vor lauter Freude, so wie sie, über den Schnee und den blauen, blauen Himmel.

Im Laufe der Nacht wurde es ruhiger auf der Station. Wendy, die diensthabende Schwester, und ihre beste Freundin Sandy kritzelten am Schreibtisch neben mir herum. Wirklich, sie kritzelten, übten 1982 und ihre Namen zu schreiben, falls sie heiraten würden, mit wem sie auch immer gerade zusammen waren. Erwachsene Frauen, in diesen Zeiten. Ich bemitleidete sie, diese hübschen jungen Schwestern, die noch keinerlei romantische Erfahrungen hatten.

»Was träumst *du* denn vor dich hin?«, fragte Wendy.

»Eine alte Liebe«, seufzte ich.

»Ist ja irre, dass du in deinem Alter noch an Liebe denkst.«

Ich machte mir nicht die Mühe zu reagieren. Das arme Dummchen hatte keine Ahnung von der Leidenschaft, die gerade zwischen mir und 4420, Bett zwei, ausgebrochen war.

Eigentlich hatte seine Klingel die ganze Zeit geläutet. Ich ging ran. »Ihre Schwester kommt gleich.« Ich sagte Sandy, dass er zurück ins Bett wolle. Denn mittlerweile kannte ich ihn, allein deshalb, weil ich diese Kentshereve-Augen an mich herangelassen hatte. Sandy ließ mich den Krankenwärter anpiepsen, der ihr helfen sollte. Totes Gewicht.

Ich war schon immer eine gute Zuhörerin. So ist es, meine beste Eigenschaft. Kentshereve mochte vielleicht all diese Ideen gehabt haben, aber ich war es, die sie hörte. Wir waren ein klassisches Paar, wie Zelda und Scott, Paul und Virginie. Wir schafften es drei Mal in die *Wallace*, die Wochenzeitung Idahos. Ein Mal, als wir uns verlaufen hatten. Eigentlich hatten wir uns gar nicht verlaufen, wir waren nur nach der Sperrstunde noch im Wald, aber sie hatten die Pools sowieso schon trockengelegt. Das andere Mal hatten wir den toten Penner im Wald gefunden. Hörten seinen Tod zuerst, schon von weit unten auf der Lichtung, das Summen der Fliegen. Und das dritte Mal war, als die Leiter auf Sextus stürzte. Die Zeitung wusste es wenigstens zu schätzen, unsere Leute überhaupt nicht. Kentshereve sollte auf Sextus aufpassen (das sechste Kind, nur einen Monat alt). Nichts als ein feuchtes kleines Bündel, und weil er die ganze Zeit schlief, machte es keinen Unterschied, dass wir ihn mitnahmen in den Stall. Wir beschlossen, an den Dachsparren zu schaukeln, ließen das kleine Bündel auf dem Boden liegen und kletterten die Leiter hoch. Kentshereve machte es mir nie zum Vorwurf, dass ich die Leiter umgeworfen hatte. Er nahm solche Dinge, wie sie kamen. Was kam, war, dass die Leiter auf das Baby fiel. Die Sprossen trafen an allen vier Seiten nur knapp daneben, und er wachte nicht mal auf. Ein Wunder, aber ich glaube nicht, dass wir das Wort damals schon kannten. Vier Stunden lang blieben wir auf den schmalen Kanthölzern, hoch über dem Boden, hingen an den Kniekehlen daran herab, weil wir zu viel Angst hatten, uns aufzusetzen. Mit knallroten Gesichtern machten wir kopfüber Witze. Niemand hörte uns rufen. Unsere beiden Familien waren nach Spokane gefahren, und es gab keine weiteren Hütten in der Nähe. Es wurde immer dunkler. Wir fanden heraus, wie wir uns aufsetzen konnten, rutschten Zentimeter für Zentimeter an den Rand und wechselten uns damit ab, uns an die Wand zu lehnen. Wir spielten Eule und spuckten, machten Zielübungen. Ich pinkelte mir in die Hose. Sextus wachte auf und fing an zu weinen und hörte nicht auf. Wir übertönten das Geschrei, indem wir laut auflisteten, was wir essen wollten. Butterbrot mit Zucker. Kentshereve aß das den ganzen Tag. Ich weiß, dass er mittlerweile Diabetiker ist, heimlich die Jergens-Lotion isst und Schockzustände erleidet. Beim Essen atmete er immer aus, in der Sonne glitzerten seine Karohemden vor Zucker.

Er musste pinkeln und kam auf die Idee, dass es Sexus aufmuntern und wärmen würde, wenn er direkt neben das Baby zielte. Und das machte er gerade, als mein Vater hereinkam und losbrüllte. Ich erschrak mich dermaßen, dass ich vom Kantholz fiel. So brach ich mir zum ersten Mal den Arm. Dann kam Red herein, Kentshereves Vater, und hob das Baby auf. Niemand half Kentshereve herunter oder bemerkte das Wunder, dass die Leiter das Baby an allen vier Seiten verfehlt hatte. Aus dem Auto heraus, wo mich der Schmerz schüttelte, sah ich, wie Kentshereve von Red verprügelt wurde. Er weinte nicht. Er nickte mir über den Hof hinweg zu, und seine Augen sagten mir, dass es das wert gewesen war.

Eine Nacht habe ich mit ihm verbracht, das war, als meine kleine Schwester an den Mandeln operiert wurde. Red schickte mich mit meinen Decken die Leiter zum Dachboden hinauf, wo die anderen fünf Kinder auf Stroh schliefen. Es gab kein Fenster, nur eine Öffnung im Sims, die mit schwarzem Öltuch abgehängt war. Kentshereve stach mit einem Eispickel ein Loch hinein, und ein Luftstrahl pfiff hindurch wie im Flugzeug, allerdings eisig kalt. Wenn man das Ohr dagegenlegte, konnte man die Eiszapfen in den Kiefern hören, Kronleuchter, das Knarren des Minenschachts, Erzwaggons. Es roch nach Kälte und Holzfeuer. Als ich ein Auge an das winzige Loch legte, sah ich die Sterne wie zum ersten Mal, vergrößert, der Himmel überwältigend und unermesslich. Blinzelte ich auch nur ein einziges Mal, verschwand alles.

Wir blieben wach, um zu hören, wie seine Eltern es trieben, aber sie machten es nie. Ich fragte ihn, was er glaubte, wie es sich anfühlte. Er hielt seine Hand an meine, sodass sich alle unsere Finger berührten, und ließ mich mit Daumen und Zeigefinger darüberstreichen. Du weißt nicht, wem welcher gehört. Irgend so was muss es sein.

In der Pause ging ich nicht in die Cafeteria, sondern hinaus auf die Terrasse im vierten Stock. Kalte Januarnacht, aber die japanischen Pflaumen blühten schon im Licht der Straßenlaternen. Kalifornier verteidigen ihre Jahreszeiten, indem sie sagen, sie seien subtil. Wer will einen subtilen Frühling? Gebt mir ein x-beliebiges Idaho-Tauwetter, in dem Kentshereve und ich auf einem platt gedrückten Pappkarton matschige Hügel hinunterrutschen. Gebt mir eine exorbitante Explosion von Flieder, von einer Hyazinthe, die überlebt hat. Ich rauchte auf der Terrasse, der Metallstuhl drückte kalte Streifen in meine Oberschenkel. Ich verzehrte mich nach Liebe, nach Geflüster in einer klaren Winternacht.

Wir stritten nur im Kino, an Samstagen in Wallace. Er konnte die Untertitel lesen, sagte mir aber nicht, was dort stand. Ich war neidisch, so wie ich später auf die Musik eines meiner Ehemänner neidisch war, auf die Drogen eines anderen. Die Tote im See. Als der erste Untertitel eingeblendet wurde, flüsterte er: »Jetzt! Ruhe!« Der Text glitt über die Leinwand nach oben, während er die Augen zusammenkniff, nickend. Manchmal schüttelte er den Kopf oder kicherte und sagte: »Hm!« Ich weiß mittlerweile, dass das Schwerste, was in den Untertiteln steht, kinematografisch ist, aber ich bin trotzdem immer noch überzeugt davon, dass ich etwas verpasse. Ich wand mich verzweifelt und rüttelte an seinem Arm. Komm schon. Was steht da? Pst! Er stieß meinen Arm weg und lehnte sich im Sitz nach vorn, hielt sich die Ohren zu, und während er las, bewegten sich seine Lippen. Ich sehnte mich danach, zur Schule zu gehen, endlich in der zweiten Klasse zu sein. (Die erste, sagte er, sei Zeitverschwendung.) Damals gab es nichts, was wir nicht teilten.

Die Klingel von 4420, Bett zwei, läutete. Ich ging in sein Zimmer. Der Besuch seines Bettnachbarn hatte beim Gehen aus Versehen die Gardine über den Fernseher gezogen. Ich zog sie zurück, und er nickte mir zu. Sonst noch was?, fragte ich, und er schüttelte den Kopf. Der Abspann von »Dallas« lief über den Bildschirm.

»Übrigens habe ich endlich lesen gelernt, du gemeiner Hund«, sagte ich, und seine *BB-Eyes*-Augen funkelten, als er lachte. Das war nicht wirklich klar – denn was sein Klappbett erschüttern ließ, klang mehr wie das Keuchen eines rostigen Rohrs, aber ich hätte dieses Lachen überall wiedererkannt.

Mijito

Ich möchte nach Hause. Wenn *mijito* Jesus einschläft, denke ich an zu Hause, an meine *mamacita* und an meine Brüder und Schwestern. Ich versuche, mich an alle Bäume und Menschen im Dorf zu erinnern. Ich versuche, mich an mich selbst zu erinnern, denn damals war ich eine andere, bevor *tantas cosas que han passado.* Ich hatte keine Ahnung. Ich kannte keine Fernseher, keine *drogas*, keine Angst. Ich hatte erst ab der Minute Angst, als die Fahrt zu Ende war und ich von dem Lkw und den Männern wegging, rannte, und als Manolo mich dann abholte, hatte ich sogar noch mehr Angst, weil er nicht mehr derselbe war. Ich wusste, dass er mich liebte, und als er mich im Arm hielt, war es so wie am Fluss, aber er war anders, in seinen zärtlichen Augen war Angst. Als wir nach Oakland kamen, machte mir alles in den USA Angst. Autos vor uns, hinter uns, Autos, die in die andere Richtung fuhren, Autos, Autos, Autos zum Verkauf und Läden, Läden und noch mehr Autos. Sogar in unserem kleinen Zimmer in Oakland, wo ich auf ihn wartete, war überall Lärm, nicht nur vom Fernseher, sondern von den Autos, Bussen, Sirenen und Hubschraubern, Männer bekämpften sich und schossen und Menschen schrien. Die *mayates*, die Schwarzen, machen mir Angst, sie stehen in Gruppen zusammen, die ganze Straße hinunter, sodass ich mich zuerst davor fürchtete, hinauszugehen. Manolo war so seltsam, dass ich Angst hatte, er würde mich nicht mehr heiraten, aber er sagte: »Bist du verrückt, ich liebe dich, *mi vida*.« Ich war glücklich, aber dann sagte er: »Und außerdem musst du legal hier sein, damit du Sozialhilfe und Lebensmittelmarken bekommst.« Wir haben sofort geheiratet, und am selben Tag brachte er mich zum Sozialamt. Ich war traurig. Ich wäre gern in einen Park gegangen oder hätte vielleicht ein bisschen Wein getrunken auf einem kleinen *luna de miel*-Hochzeitsfest.

Wir wohnten im Flamingo-Motel an der MacArthur. Ich war einsam. Er war die meiste Zeit weg. Er wurde wütend auf mich, weil ich solche Angst hatte, aber er wusste nicht mehr, dass hier alles ganz anders war. Zu Hause hatten wir kein Bad in der Wohnung gehabt oder elektrisches Licht. Sogar der Fernseher machte mir Angst; alles kam mir so wirklich vor. Ich hätte gern ein kleines Haus für uns gehabt oder ein Zimmer, das ich für uns schön eingerichtet hätte und wo ich für ihn hätte kochen können. Er würde etwas von Kentucky Fry oder Taco Bell mitbringen oder Hamburger. Jeden Morgen frühstückten wir zusammen in einem kleinen Café, und das war so schön wie in Mexiko.

Eines Tages hämmerte es an der Tür. Ich wollte nicht aufmachen. Der Mann sagte, er sei Ramón, Manolos Onkel. Er sagte, Manolo sei im Gefängnis. Er wollte mich zu ihm hinbringen, damit ich mit ihm reden konnte. Er ließ mich alle meine Sachen zusammenpacken und ins Auto steigen. Ich fragte ihn immer wieder: »Warum? Was ist passiert? Was hat er denn gemacht?«

»*No me jodes! Callate*«, sagte er. »*Mira*, ich weiß es nicht. Er wird's dir sagen. Ich weiß nur, dass du bei uns bleiben wirst, bis er vor Gericht kommt.«

Wir gingen in ein großes Gebäude, und dann fuhren wir

im Fahrstuhl in die oberste Etage. Ich war noch nie in einem Fahrstuhl gewesen. Er redete mit einem Polizisten, und einer nahm mich mit durch eine Tür zu einem Stuhl vor einem Fenster. Er zeigte auf ein Telefon. Manolo kam und setzte sich auf die andere Seite. Er war dünn und unrasiert, und seine Augen waren voller Angst. Er zitterte und war blass. Er trug nichts weiter als einen orangefarbenen Schlafanzug. Wir saßen dort und schauten uns an. Er hob den Telefonhörer ab und zeigte mir, dass ich meinen abheben sollte. Es war mein erstes Telefonat. Die Stimme klang nicht wie seine, aber ich konnte sehen, dass er sprach. Ich hatte solche Angst. Ich kann mich nicht an alles erinnern, nur dass er sagte, er liebe mich und es täte ihm leid. Er sagte, er würde Ramón Bescheid geben, wenn er vor Gericht kam. Er hoffte, dass er dann zu mir nach Hause zurückkommen könnte. Und wenn nicht, sollte ich auf ihn, meinen Mann, warten. Ramón und Lupe seien *buena gente*, sie würden sich um mich kümmern, bis er wieder draußen war. Sie sollten mich zum Sozialamt bringen, damit ich meine Adresse ändern konnte. »Vergiss nicht. Es tut mir leid«, sagte er auf Englisch. Ich musste daran denken, wie man das auf Spanisch sagte. *Lo siento.* Ich spüre es.

Wenn ich es nur gewusst hätte. Ich hätte ihm sagen sollen, dass ich ihn liebe und immer auf ihn warten werde, dass ich ihn von ganzem Herzen liebe. Ich hätte ihm sagen sollen, dass wir ein Baby bekamen. Aber ich machte mir solche Sorgen und hatte solche Angst, ins Telefon zu sprechen, dass ich ihn einfach nur ansah, bis die beiden Polizisten ihn wegführten.

Im Auto fragte ich Ramón, was passiert war, wo sie ihn geschnappt hatten. Ich fragte ihn, bis er schließlich anhielt und sagte, dass er es nicht wüsste, und jetzt halt die Klappe. Meinen Scheck und die Lebensmittelkarten müssten sie jetzt bekommen, weil sie sich ja um mich kümmern würden, und dass ich auf ihre Kinder aufpassen sollte. So bald wie möglich sollte ich mir eine eigene Wohnung suchen und ausziehen. Ich sagte ihm, dass ich im dritten Monat schwanger sei, und er sagte: »*Fuck a duck.*« Schöne Scheiße. Das waren die ersten englischen Wörter, die ich laut aussprach: »*Fuck a duck.*«

Dr. Fritz muss sich beeilen, damit ich wenigstens einige der Patienten auf die Zimmer verteilen kann. Er hätte schon vor zwei Stunden hier sein sollen, aber wie immer hat er sich noch eine weitere OP aufgehalst. Er weiß, dass er mittwochs Sprechstunde hat. Das Wartezimmer ist überfüllt, Babys schreien, Kinder zanken. Wenn wir bis sieben hier rauskommen, haben wir Glück, Karma und ich. Sie ist die Büroleiterin, was für ein Job. Die Räume sind heiß und feucht, es stinkt nach schmutzigen Windeln, Schweiß und nassen Sachen. Natürlich regnet es wieder, und die meisten Mütter haben lange Busfahrten auf sich genommen, um hierherzukommen.

Wenn ich hinausgehe, stelle ich meine Augen gewissermaßen unscharf, und wenn ich die Namen der Patienten aufrufe, lächele ich der Mutter, Großmutter oder Pflegemutter zu, schaue aber auf ein drittes Auge in ihrer Stirn. Das habe ich in der Notaufnahme gelernt. Es ist die einzige Möglichkeit, wie man hier arbeiten kann, bei den vielen Crack-Babys und Aids- und krebskranken Säuglingen. Babys, die nur wenige Jahre vor sich haben. Wenn du den Eltern in die Augen siehst, dann wirst du ihre ganze Angst, ihre Erschöpfung und den Schmerz mit ihnen teilen, sie darin bestätigen. Andererseits, wenn du sie erst einmal kennengelernt hast, kannst du manchmal nichts weiter tun, als ihnen in die Augen zu sehen mit all der Hoffnung und der Traurigkeit, die sich anders nicht ausdrücken lassen.

Die ersten beiden sind frisch Operierte. Ich bereite Handschuhe und die Instrumente zum Fädenziehen vor, Verbandszeug und Pflaster und sage den Müttern, sie sollen die Babys ausziehen. Es wird nicht lange dauern. Im Wartezimmer rufe ich Jesus Romero auf.

Eine Teenie-Mutter kommt auf mich zu, ihren Säugling in einen Rebozo gewickelt, wie man es in Mexiko macht. Das Mädchen sieht eingeschüchtert aus, verängstigt. »No englisch«, sagt sie.

Ich erkläre ihr auf Spanisch, dass sie das Baby bis auf die Windeln ausziehen soll, und frage sie, was ihm fehlt.

Sie sagt: »Pobre mijito, er weint und weint die ganze Zeit, er hört nicht auf.«

Ich wiege ihn, frage sie nach seinem Geburtsgewicht. Sieben Pfund. Er ist drei Monate alt, sollte mittlerweile größer sein.

»Haben Sie ihn impfen lassen?«

Ja, sie war vor ein paar Tagen in La Clinica. Sie sagten, er habe eine Hernie. Sie hat nicht gewusst, dass Babys geimpft werden müssen. Sie haben ihm eine Impfung gegeben und ihr gesagt, sie solle im nächsten Monat noch einmal kommen, aber sofort hierher gehen.

Das Mädchen heißt Amelia. Sie ist siebzehn, war aus Michoacan gekommen, um ihren Liebsten zu heiraten, aber jetzt ist er im Soledad-Gefängnis. Sie lebt bei Onkel und Tante. Sie hat kein Geld, um nach Hause zurückzugehen. Sie wollen sie nicht und mögen das Baby nicht, weil es die ganze Zeit schreit.

»Stillen Sie ihn?«

»Ja, aber ich glaube, meine Milch ist nicht gut. Er wacht auf und weint und weint.«

Sie hält ihn wie einen Sack Kartoffeln. Der Ausdruck auf ihrem Gesicht sagt: »Wo soll ich mit diesem Sack hin?« Wie es aussieht, hat sie niemanden, der ihr irgendetwas erklärt.

»Wissen Sie, dass Sie die Brüste beim Stillen abwechseln müssen? Fangen Sie jedes Mal mit einer anderen Brust an und lassen Sie ihn lange trinken, dann legen Sie ihn für eine Weile an die andere Brust. Aber achten Sie darauf, zu wechseln. Auf diese Weise bekommt er mehr Milch, und Ihre Brüste geben mehr Milch. Es kann sein, dass er einschläft, weil er müde ist, nicht, weil er satt ist. Wahrscheinlich weint er auch wegen dieser Hernie, ein Leistenbruch. Der Arzt hier ist sehr gut. Er wird Ihr Baby gesund machen.«

Es scheint ihr besser zu gehen. Schwer zu sagen, denn sie hat das, was Ärzte einen »flachen Affekt« nennen.

»Ich muss mich um die anderen Patienten kümmern. Ich bin zurück, sobald der Arzt da ist.« Sie nickt, resigniert. Sie hat diesen hoffnungslosen Blick, den misshandelte Frauen haben. Gott, vergib mir, auch ich bin eine Frau, aber wenn ich eine mit einem solchen Blick sehe, will ich sie schlagen.

Dr. Fritz ist da, er ist im ersten Behandlungszimmer. Egal, wie lange er die Mütter auch warten lässt, wie wütend Karma und ich auch werden, sobald er bei einem Kind ist, vergeben wir ihm alle. Er ist ein Heiler. Der beste Chirurg, er operiert häufiger als alle anderen zusammen. Natürlich sagen sie, er sei besessen und egoman. Aber sie können nicht behaupten, dass er kein ausgezeichneter Chirurg sei. Eigentlich ist er berühmt, er war es, der sein Leben riskierte, um diesen Jungen nach dem großen Erdbeben zu retten. Bei den ersten beiden Patienten geht es schnell. Ich sage ihm, dass in Raum 3 eine OP-Vorbereitung ohne Englischkenntnisse warte und ich gleich da sein würde. Ich reinige die Zimmer und rufe weitere Patienten auf. Als ich in Raum 3 komme, hält er das Baby im Arm und zeigt Amelia, wie sie die Hernie hineindrücken kann. Das Baby lächelt ihn an.

»Pat soll ihn in den OP-Kalender eintragen. Erklär ihr die

OP-Vorbereitung sorgfältig und sag ihr, dass das Baby nüchtern sein muss. Sag ihr, sie soll anrufen, falls sie wieder raus-
kommt und es ihr nicht gelingt, sie reinzudrücken.« Er gibt
ihr das Baby zurück. »*Muy bonito*«, sagt er.

»Frag sie, woher Jesus die Blutergüsse an den Armen hat.
Die hättest du notieren sollen.« Er zeigt auf die Flecken an den
Unterarmen des Babys.

»Tut mir leid«, sage ich. Als ich sie frage, wirkt sie ängstlich
und überrascht. »*No sé.*«

»Sie weiß es nicht.«

»Was glaubst du?«

»Scheint mir, als ob sie…«

»Ich kann nicht glauben, dass du sagen willst, was ich denke, dass du sagen willst. Ich habe Patienten, die ich zurück-
rufen muss. In zehn Minuten bin ich in Raum 1. Ich brauche
Dilatatoren, eine 8 und eine 10.«

Er hatte recht. Ich hatte sagen wollen, dass sie selbst wie
ein Opfer wirkte, und ja, ich weiß, was Opfer häufig tun. Ich
erkläre ihr, wie wichtig die Operation und die vorbereitenden
Maßnahmen am Tag vorher sind. Dass sie anrufen solle, wenn
das Baby krank würde oder einen schlimmen Windelaus-
schlag bekäme. Drei Stunden vor der Operation nicht mehr
stillen. Ich hole Pat, damit sie einen Termin mit ihr ausmacht
und noch einmal die Anweisungen durchgeht.

Wenigstens einen Monat lang habe ich sie vergessen, als
mir aus irgendeinem Grund auf einmal einfällt, dass sie das
Baby nie zur Nachsorge gebracht hat. Ich frage Pat nach dem
Operationstermin.

»Jesus Romero? Die Mama ist ein Trottel. Nicht aufgetaucht
zur ersten OP. Hat nicht mal angerufen. Ich ruf sie an, und
sie sagt, sie hat keine Mitfahrgelegenheit bekommen. Oh-kay.
Also sag ich ihr, wir würden die OP-Vorbereitungen gleich am

selben Tag machen, sie soll ganz früh zur Untersuchung und Blutabnahme da sein, aber sie muss unbedingt kommen. Und halleluja, sie kommt. Aber was passiert?«

»Sie stillt das Baby eine halbe Stunde vor der OP.«

»Du sagst es. Fritz geht auf Reisen, also ist der nächste freie Termin erst in einem Monat.«

Es war schlimm, bei ihnen zu wohnen. Ich konnte es nicht erwarten, bis Manolo und ich wieder zusammen waren. Ich gab ihnen meinen Scheck und die Lebensmittelmarken. Sie gaben mir nur ein bisschen Geld, damit ich mir Sachen kaufen konnte. Ich kümmerte mich um Tina und Willie, aber die beiden sprachen kein Spanisch, nahmen mich gar nicht wahr. Lupe war sauer, dass ich da war, und Ramón war nett, außer wenn er betrunken war, dann fasste er mich dauernd an oder stieß von hinten gegen mich. Ich hatte mehr Angst vor Lupe als vor ihm und blieb deshalb in meiner kleinen Ecke in der Küche, wenn es im Haus nichts zu tun gab.

»Was machst du da stundenlang?«, fragte Lupe mich.

»Nachdenken. Über Manolo. Über meinen *pueblo*.«

»Fang lieber an, drüber nachzudenken, wann du hier ausziehst.«

Am Tag der Gerichtsverhandlung musste Ramón arbeiten, also fuhr Lupe mich hin. Manchmal konnte sie nett sein. Im Gericht setzten wir uns in die erste Reihe. Ich erkannte ihn fast nicht, als er hereinkam, in Handschellen und Ketten, die seine Beine fesselten. Wie können sie Manolo, der ein guter Mann ist, so etwas Grausames antun. Er stand vor dem Richter, und der Richter sagte etwas, und zwei Polizisten schafften ihn weg. Er sah sich nach mir um, aber ich hatte ihn noch nie mit einem so bösen Gesicht gesehen. Mein Manolo. Auf dem Nachhauseweg sagte Lupe, es sähe nicht gut aus. Sie hatte das Urteil auch nicht verstanden, aber es ging nicht nur um Drogenbesitz, sonst hätten sie ihn nach Santa Rita geschickt. Acht Jahre im Soledad-Gefängnis sind schlimm.

»Acht Jahre? *Còmo que* acht Jahre!«

»Dreh jetzt bloß nicht durch. Sonst setz ich dich gleich hier auf die Straße. Ich mein's ernst.«

Lupe sagte mir, ich müsste in die *Clinica* gehen, weil ich schwanger sei. Ich wusste nicht, dass sie damit meinte, ich sollte eine *aborto* machen lassen. »Nein«, sagte ich der Ärztin, »nein, ich möchte mein Baby, *mijito*. Sein Papa ist weg, mein Baby ist alles, was ich habe.« Zuerst war sie nett, aber dann wurde sie böse und sagte, ich sei nur ein Kind, ich würde nicht arbeiten, wie wollte ich denn für ihn sorgen? Dass ich selbstsüchtig sei, *porfiada*. »Es ist eine Sünde«, sagte ich ihr. »Ich werde es nicht tun. Ich möchte mein Baby.« Sie warf ihr Notizbuch auf den Tisch.

»*Válgame diós*. Komm wenigstens zu den Kontrolluntersuchungen, bevor das Baby zur Welt kommt.«

Sie gab mir eine Karte, auf der Tag und Uhrzeit des nächsten Termins notiert waren, aber ich ging nie wieder hin. Die Monate vergingen langsam. Ich wartete auf Nachricht von Manolo. Willie und Tina saßen vor dem Fernseher und machten keine Probleme. Ich bekam das Baby in Lupes Wohnung. Sie half, aber Ramón schlug sie, als er nach Hause kam, und mich auch. Er sagte, es sei schon schlimm genug, dass ich da war. Und jetzt noch ein Kind.

Ich versuche, ihnen aus dem Weg zu gehen. Wir haben unsere kleine Ecke in der Küche. Klein Jesus ist schön und sieht aus wie Manolo. Ich habe ihm hübsche Sachen bei Goodwill und Payless gekauft. Ich weiß immer noch nicht, was Manolo gemacht hat, weshalb sie ihn ins Gefängnis gesteckt haben oder wann wir etwas von ihm hören werden. Als ich Ramón fragte, sagte er: »Vergiss ihn. Und versuch, Arbeit zu finden.«

Ich passe auf Lupes Kinder auf, wenn sie arbeitet, und putze ihr Haus. Ich mache die ganze Wäsche, unten im Waschsalon. Aber ich werde so müde. Jesus weint und weint, *no importa*, was ich mache. Lupe hat mir gesagt, ich solle ihn in die *Clinica* bringen. Busfahren macht mir Angst. Die *mayates* grapschen nach mir mit ihren schwarzen Händen und machen mir Angst. Ich fürchte, sie wollen ihn mir wegnehmen.

In der *Clinica* waren sie wieder wütend auf mich, sagten, ich hätte zu den geburtsvorbereitenden Maßnahmen kommen sollen, dass er Impfungen brauche und zu klein sei. Er wog sieben Pfund, sagte ich, mein Onkel hat ihn gewogen.

»Na ja, jetzt sind es nur acht.« Sie impften ihn und sagten, ich solle wiederkommen. Der Arzt sagte, Jesus hätte einen Leistenbruch, was gefährlich sein könnte. Ein Chirurg müsste sich ihn anschauen. Eine Frau dort gab mir einen Stadtplan und notierte den Bus und den Vorortzug zur Praxis des Chirurgen, sie erklärte mir sogar, wo ich mich zur Rückfahrt mit Bus und Bahn hinstellen sollte. Sie rief dort an und vereinbarte einen Termin für mich.

Lupe brachte mich hin, sie wartete mit den Kindern draußen im Auto, als ich hineinging. Ich sagte ihr, was sie gesagt hatten, und dann fing ich an zu weinen. Sie hielt an und schüttelte mich.

»Du bist jetzt eine Frau! Kapier's endlich! Wir geben dir Zeit, bis Jesus gesund ist, dann musst du dein Leben selbst auf die Reihe kriegen. Die Wohnung ist zu klein. Ramón und ich sind todmüde, und dein Kind weint Tag und Nacht oder du weinst, noch schlimmer. Wir haben es satt.«

»Ich versuche doch, euch zu helfen«, sagte ich.

»Klar, vielen Dank.«

Am Tag der Operation standen wir alle früh auf. Lupe musste die Kinder in den Kindergarten bringen. Das kostet nichts, und es gefällt ihnen besser, als mit mir allein zu Hause zu bleiben, also freuten sie sich. Aber Lupe war wütend, weil die Fahrt zum Kindergarten so lang war und weil Ramón jetzt die U-Bahn nehmen musste. Es war unheimlich, der Bus und dann der Zug und dann noch ein Bus. Ich war zu nervös, um etwas zu essen, und mir war schwindlig vor Angst. Aber dann sah ich das große Schild, wie sie es mir erklärt hatten, und ich wusste, ich war richtig. Wir mussten sehr lange warten. Um sechs Uhr morgens war ich von zu Hause weggegangen, und erst um drei schaute sich der Arzt Jesus an. Ich hatte solchen Hunger. Sie erklärten mir alles sehr gut, und die Krankenschwester sagte mir, wie ich ihn anders stillen könnte, damit er mehr Milch bekam. Der Arzt war nett zu Jesus und sagte, er sei *bonito*, aber er glaubte, ich würde ihm wehtun, und zeigte der Schwester die blauen Flecken an den Armen. Ich hatte die Flecken vorher gar nicht gesehen. Es stimmt. Ich habe meinem Baby weh getan, *mijito*. Ich hatte sie letzte Nacht gemacht, als er immer nur weinte und weinte. Ich hatte ihn mit mir unter der Decke. Ich hielt ihn an mich gedrückt, »Pst, pst, hör auf zu weinen, hör auf, hör auf.« Ich hatte ihn noch nie so angefasst. Er weinte nicht weniger und auch nicht mehr.

Zwei Wochen vergingen. Ich strich die Tage auf dem Kalender an. Ich sagte Lupe, dass ich an einem Tag zur OP-Vorbereitung gehen musste und am nächsten Tag zur OP.

»Kommt nicht infrage«, sagte Lupe. Das Auto war in der Werkstatt. Sie konnte Willie und Tina nicht in den Kindergarten bringen. Also ging ich nicht hin.

Ramón blieb zu Hause. Er trank Bier und sah sich ein Baseballspiel der Oakland Athletics an. Die Kinder machten einen

Mittagsschlaf, und ich stillte Jesus in der Küche. »Komm und guck dir das Spiel an, *prima*«, sagte er, also ging ich hinüber. Jesus trank noch, aber ich hatte ihn mit einer Decke bedeckt. Ramón stand auf, um mehr Bier zu holen. Er hatte nicht betrunken gewirkt, aber als er aufstand, torkelte er herum, fiel vor dem Sofa auf den Boden. Er zog die Decke weg und schob mein T-Shirt hoch. »Gib mir was davon, *chichi*«, sagte er und saugte an meiner anderen Brust. Ich stieß ihn weg, und er schlug gegen den Tisch, aber Jesus fiel auch herunter, und seine Schulter stieß an den Tisch. Blut lief über seinen kleinen Arm. Ich wischte es mit einem Papiertuch ab, als das Telefon klingelte.

Es war Pat, die Dame von der Chirurgie, richtig wütend, weil ich nicht angerufen hatte und nicht gekommen war. »Tut mir leid«, sagte ich auf Englisch zu ihr.

Sie sagte, am nächsten Tag hätte jemand einen Termin abgesagt. Ich könnte die OP-Vorbereitungen am selben Tag machen, wenn ich ihn auch ganz sicher früh bringen würde. Sieben Uhr morgens. Sie war wütend auf mich. Sie sagte, er könnte sehr krank werden und sterben, und wenn ich weiterhin die Arzttermine verpassen würde, könnte der Staat ihn mir wegnehmen. »Verstehen Sie das?«

Ich sagte, ja, aber ich glaubte nicht, dass sie mir mein Baby wegnehmen könnten.

»Kommen Sie morgen?«, fragte sie.

»Ja«, sagte ich. Ich erklärte Ramón, dass ich Jesus am nächsten Tag zur Operation bringen musste, ob er auf Willie und Tina aufpassen könnte.

»Weil ich an deiner Titte sauge, denkst du, du kriegst was dafür? Ja, ich bin hier. Ich hab sowieso keine Arbeit. Aber denk nicht, du könntest Lupe davon irgendwas sagen. Dein Arsch würde sich in fünf Minuten auf der Straße wiederfinden. Wäre für mich völlig in Ordnung, aber solange er da ist, hätte ich gern was davon.«

Er schob mich ins Bad, während Jesus im Wohnzimmer auf dem Fußboden lag und weinte und die Kinder an die Tür hämmerten. Er beugte mich übers Waschbecken und stieß und stieß in mich rein, aber er war so betrunken, dass es nicht lange dauerte. Er rutschte zu Boden und verlor das Bewusstsein. Ich ging hinaus. Ich sagte den Kindern, er sei krank. Ich zitterte so stark, dass ich mich hinsetzen musste, wiegte *mijito* Jesus und sah mit den Kindern Zeichentrickfilme an. Ich wusste nicht, was ich tun sollte. Ich sprach ein Ave-Maria, aber es war so laut überall, wie sollte ein Gebet da jemals erhört werden?

Als Lupe nach Hause kam, schlich er aus dem Bad. So, wie er mich ansah, war mir klar, dass er wusste, er hatte etwas Schlimmes getan, sich aber nicht mehr erinnerte, was. Er sagte, er würde ausgehen. Sie sagte, großartig.

Sie öffnete den Kühlschrank. »Das Arschloch hat das ganze Bier weggesoffen. Geh zum 7-Eleven, Amelia, ja? O verdammt, du kannst ja noch nicht mal Bier kaufen. Wozu bist du überhaupt gut? Hast du dich wenigstens mal nach einem Job oder einer Wohnung umgesehen?«

Ich sagte ihr, ich hätte auf die Kinder aufgepasst, wie sollte ich da irgendwohin gehen? Ich sagte, morgen würde Jesus operiert.

»Sobald du kannst, fängst du damit an. In Supermärkten und der Apotheke gibt's Werbetafeln mit Anzeigen für Jobs und Wohnungen.«

»Ich kann nicht lesen.«

»Da gibt's auch Anzeigen auf Spanisch.«

»Ich kann kein Spanisch lesen, *tampoco*.«

»*Fuck a duck.*«

Ich sagte es auch. »*Fuck a duck.*« Das brachte sie wenigstens zum Lachen. Oh, ich vermisse meinen *pueblo*, wo das Lachen weich wie eine Brise ist.

»Okay, Amelia. Morgen gehe ich für dich auf die Suche. Telefonier ein bisschen rum. Jetzt tu mir den Gefallen und pass auf die Kinder auf. Ich brauch was zu trinken. Ich bin im Jalisco.«

Offenbar hatte sie Ramón getroffen, denn sie kamen sehr spät gemeinsam zurück. Für die Kinder und mich gab es nur Bohnen und Kool-Aid-Getränkepulver zu essen. Kein Brot, kein Mehl für Tortillas. Jesus schlief fest in unserer Ecke in der Küche, aber als ich mich hinlegte, fing er an zu weinen. Ich stillte ihn. Ich merkte, dass er jetzt mehr bekam, aber nachdem er eine Weile geschlafen hatte, weinte er wieder. Ich versuchte, ihm ein Beruhigungsmittel zu geben, aber er spuckte es aus. Ich machte es noch einmal, hielt ihn ganz fest und flüsterte »Pst, pst«, aber ich hörte auf, als mir klar wurde, dass ich ihm wehtat, und ich wollte auch nicht, dass der Arzt die blauen Flecken sah. Die Schulter war schlimm genug, ganz aufgeschrammt und blutunterlaufen, *pobrecito*. Ich betete noch einmal zu unserer Mutter Maria und bat sie darum, mir zu helfen, mir bitte zu sagen, was ich tun sollte.

Es war noch dunkel, als ich am nächsten Morgen losging. Ich traf Leute, die mir halfen, den richtigen Bus, Zug und wieder Bus zu finden. Im Krankenhaus zeigten sie mir, wohin ich gehen musste. Jesus nahmen sie Blut am Arm ab. Ein Arzt untersuchte ihn, aber er sprach kein Spanisch. Ich weiß nicht, was er notierte. Ich weiß, dass er etwas über die Schulter schrieb, weil er sie mit dem Daumen abgemessen hat und dann etwas notierte. Er sah mich fragend an. »Kinder schubsen«, sagte ich auf Englisch, und er nickte. Sie sagten mir, die OP sei um elf, also hatte ich ihn um acht gestillt. Aber Stunde um Stunde verging, bis es schließlich eins war. Jesus schrie. Wir waren in einem Raum mit einem Bett und einem Stuhl. Ich saß auf dem Stuhl, aber das Bett sah so gut aus, dass ich mich daraufsetzte und ihn anlegte. Aus meinen Brüsten tropfte die Milch. Offenbar hatten sie ihn weinen gehört. Ich hielt es nicht aus und dachte, ein paar Tropfen würden nicht schaden.

Dr. Fritz brüllte mich an. Ich nahm Jesus von der Brust, aber er schüttelte den Kopf und bedeutete mir, ihn weiter zu stillen. Eine Latina-Krankenschwester kam herein, um mir zu sagen, dass sie jetzt nicht operieren könnten. Sie sagte, sie hätten eine lange Warteliste, und ich hätte sie schon zweimal reingelegt. »Ruf Pat an und mach einen neuen Termin. Und jetzt geh, geh nach Hause. Ruf sie morgen an. Dieses Kind braucht die OP, hast du mich gehört?«

Zu Hause ist mein ganzes Leben lang nie jemand böse auf mich geworden.

Als ich aufstand, bin ich wohl umgefallen. Die Krankenschwester saß neben mir, als ich aufwachte.

»Ich habe dir ein großes Mittagessen bestellt. Du hast sicher Hunger. Hast du heute schon etwas gegessen?«

»Nein«, sagte ich. Sie arrangierte Kissen in meinem Rücken und stellte mir ein Tablett auf den Schoß. Während ich aß, hielt sie Jesus im Arm. Ich aß wie ein Tier. Alles, Suppe, Cracker, Salat, Saft, Milch, Fleisch, Kartoffeln, Möhren, Brot, Salat, Kuchen; es war gut.

»Solange du das Baby stillst, musst du jeden Tag ordentlich essen«, sagte sie. »Kommst du zurecht, wenn du jetzt nach Hause gehst?«

Ich nickte. Ja. Ich fühlte mich so gut, das Essen war so gut.

»Also dann komm. Mach dich fertig. Hier sind ein paar Windeln für ihn. Meine Schicht war schon vor einer Stunde zu Ende, und ich muss noch abschließen.«

Pat hat einen schweren Job. Unsere Praxis mit sechs Chirurgen befindet sich im Kinderkrankenhaus von Oakland. Jeder Chirurg hat täglich einen vollgepackten Terminplan. Außerdem werden täglich Termine abgesagt, andere eingetragen, hinzu kommen die verschiedensten Notfälle. Jeden Tag hat einer der Ärzte Bereitschaft für die Notaufnahme. Alle Arten von Trauma, abgeschnittene Finger, Erdnüsse in der Luftröhre, Schusswunden, Blinddarmentzündungen, Verbrennungen, täglich gibt es sechs bis acht ungeplante Operationen.

Fast alle Patienten nehmen Medi-Cal in Anspruch, die staatliche Fürsorge, und viele davon sind illegale Ausländer und haben nicht einmal das, weshalb keiner unserer Ärzte wegen des Geldes dabei ist. Die Arbeit ist anstrengend, auch für das Personal. Ich arbeite oft bis zu zehn Stunden am Tag. Die Chirurgen sind alle ganz unterschiedlich, und aus unterschiedlichen Gründen gehen sie einem manchmal auf die Nerven. Aber auch wenn wir uns beschweren, respektieren wir sie, wir sind stolz auf sie, und wir haben das Gefühl, helfen zu können. Es ist eine lohnende Arbeit, anders als in einem normalen Büro. Sie hat auf jeden Fall meine Wahrnehmung der Dinge verändert.

Ich war schon immer eine Zynikerin. Als ich anfing, hier zu arbeiten, dachte ich, es sei eine riesige Verschwendung von Steuergeldern, zehn, zwölf OPs an Crack-Babys durchzuführen, die merkwürdige Anomalien hatten, nur um sie mit ihren Behinderungen am Leben zu halten und nach einem Jahr im Krankenhaus von einem Heim ins nächste zu schieben. So viele waren ohne Mütter, noch mehr ohne Väter. Die meisten Adoptiveltern sind großartig, aber manche machen einem Angst. So viele Kinder mit Einschränkungen oder Gehirnschäden, Patienten, die nie älter werden als ein paar Jahre.

Viele Patienten mit Downsyndrom. Ich glaubte, dass ich nie ein solches Kind haben könnte.

Jetzt mache ich die Tür zum Wartezimmer auf, und Toby, der entstellt ist und zittert, Toby, der nicht reden kann, ist da. Toby, der in Beutel pinkelt und scheißt, der durch ein Loch im Bauch ernährt wird. Toby kommt und umarmt mich, lachend, mit offenen Armen. Es scheint, als wären diese Kinder das Ergebnis einer Panne, die Gott unterlief, als er die Gebete erhörte. Alle diese Mütter, die nicht wollen, dass ihr Kind erwachsen wird, die dafür beten, dass ihr Kind sie für immer lieben möge. Diese Gebete kamen von oben als Tobys zurück.

Natürlich kann wegen Toby eine Ehe zerbrechen oder eine Familie, aber wenn nicht, dann scheint der gegenteilige Effekt einzutreten. Ein solches Kind fördert die tiefsten Gefühle zutage, gute und schlechte, und eine Stärke, eine Würde, die ein Mann und eine Frau sonst nie in sich oder dem anderen entdecken würden. Es ist, als ob jede Freude stärker genossen wird und Verbundenheit eine noch tiefere Dimension erlangt. Ich glaube nicht, dass ich das verkläre. Ich beobachte die Menschen eingehend, weil ich diese Qualitäten an ihnen bemerkte und sie mich überraschten. Ich habe einige Paare gesehen, die sich getrennt haben. Das schien unausweichlich. Einer der Eltern übernahm die Märtyrer-Rolle, einer die Aufgeber-Rolle, die Rolle des Schuldzuweisers, des Warum-ich oder des Schuldigen, einer trank und einer weinte. Ich habe Geschwister gesehen, die ihren Ärger wütend ausagierten und dabei noch mehr Chaos, Wut und Schuldgefühle verursachten. Aber viel häufiger habe ich gesehen, wie Ehepaare und Familien zusammenwuchsen, besser wurden. Jeder lernt, damit umzugehen, muss helfen, muss ehrlich sein, zugeben, dass es nervt. Jeder kann lachen, jeder ist dankbar, wenn das

Kind, das so vieles nicht kann, doch die Hand küsst, die ihm die Haare kämmt.

Ich mag Diane Arbus nicht. Als ich Kind war, gab es in Texas Freak-Shows, und schon damals hasste ich die Leute, die mit Fingern auf die Missgebildeten zeigten und über sie lachten. Aber ich war auch fasziniert. Ich liebte den Mann, der keine Arme hatte und mit seinen Zehen tippte. Aber es waren nicht die fehlenden Arme, weshalb ich ihn mochte. Ich mochte ihn, weil er wirklich schrieb, den ganzen Tag. Er schrieb ernsthaft an etwas und mochte, was er schrieb.

Ich muss zugeben, dass es mich fasziniert, wenn Jay von den beiden Frauen zur OP-Vorbereitung zu Dr. Rook gebracht wird. Alles daran ist bizarr. Die Frauen sind Kleinwüchsige. Sie sehen aus wie Schwestern, vielleicht sind sie es auch, sie sind sehr klein und plump mit rosigen Wangen und lockigem Haar, Stupsnasen und breitem Lachen. Sie lieben sich, streicheln einander, küssen und schmusen ohne Scham. Sie haben Jay adoptiert, ein kleinwüchsiges Baby mit verschiedensten, ernsthaften Problemen. Ihr Sozialarbeiter, der, nun ja, ein Riese ist, begleitet sie, um Jay, seinen kleinen Sauerstofftank und das Windelpaket zu tragen. Die Mütter tragen jeweils einen Stuhl, eine Art Melkschemel, auf dem sie im Untersuchungszimmer sitzen und über Jay sprechen und wie viel besser es ihm geht, er kann jetzt fokussieren, er erkennt sie. Dr. Rook wird eine Gastrostomie an ihm vornehmen, damit er mithilfe eines Schlauches durch eine Magenöffnung ernährt werden kann.

Er ist ein aufmerksames, aber stilles Baby, nicht besonders klein, aber mit einem riesigen entstellten Kopf. Die Frauen reden gern über ihn, sie erzählen uns bereitwillig, wie sie ihn zwischen sich tragen, wie sie ihn baden und ihn umsorgen. Schon bald würde er einen Helm brauchen, um herumzukrabbeln, weil ihre Möbel nur etwa dreißig Zentimeter hoch sind. Sie haben ihm den Namen Jay gegeben, weil es beinahe so klingt wie *joy*, Freude, und er ihnen so viel davon bringt.

Ich gehe aus dem Zimmer, um Papierbinden zu holen. Er reagiert allergisch auf normales Verbandszeug. Als ich mich umdrehe, sehe ich die beiden Mütter auf Zehenspitzen zu Jay hinaufblicken, der bäuchlings auf der Untersuchungsliege liegt. Er lächelt sie an und sie ihn. Der Sozialarbeiter und Dr. Rook lächeln einander an.

»So was Liebes habe ich noch nie gesehen«, sage ich zu Karma.

»Arme Dinger. Jetzt sind sie glücklich. Aber er wird nur noch ein paar Jahre haben, wenn überhaupt«, sagt sie.

»Lohnt sich. Auch wenn sie nur heute und keinen Tag mehr hätten. Trotzdem lohnt sich der ganze spätere Schmerz. Karma, ihre Tränen werden süß sein.« Es überraschte mich selbst, dass ich das sagte, aber ich meinte es so. Ich lernte die Arbeit der Liebe.

Dr. Rooks Ehemann nennt ihre Patienten Flussbabys, was sie wütend macht. Er sagt, so haben sie solche Babys damals in Mississippi genannt. Er ist auch Chirurg auf unserer Station. Ihm gelingt es irgendwie, immer solche OP-Patienten zu bekommen, die eine richtige Versicherung haben, zum Beispiel Blue Cross. Dr. Rook bekommt die meisten der behinderten oder völlig lebensunfähigen Kinder, aber nicht nur, weil sie eine gute Chirurgin ist. Sie hört den Familien zu, sorgt sich um sie, weshalb sie oft weiterempfohlen wird.

Heute geht es Schlag auf Schlag. Die Kinder sind oft älter und schwer. Totes Gewicht. Ich muss sie hochheben, dann festhalten, während Dr. Rook die alte Halteplatte entfernt und eine neue einsetzt. Die meisten können nicht weinen.

Man sieht, dass es wirklich wehtun muss, aber da sind nur Tränen, die seitlich in die Ohren tropfen, und dieses schreckliche Knarren, wie von einem rostigen Tor, das tief aus ihrem Inneren kommt und nicht von dieser Welt zu sein scheint.

Die letzte Patientin ist wirklich großartig. Nicht die Patientin, sondern das, was Dr. Rook macht. Es ist ein ziemlich rotgesichtiges, neugeborenes Mädchen mit sechs Fingern an jeder Hand. Wenn ein Kind geboren wird, machen die Leute immer Witze darüber, ob es auch wirklich fünf Finger und fünf Zehen hat. So etwas ist verbreiteter, als ich dachte. Normalerweise werden solche Babys für kleine OPs ohne stationären Aufenthalt eingeplant. Dieses Baby ist nur ein paar Tage alt. Dr. Rook bittet mich um Xylocain, eine Nadel und etwas Catgut-Nahtmaterial. Sie betäubt die Stellen rund um den Finger und macht einen festen Knoten um den Ansatz jeden zusätzlichen kleinen Fingers. Sie gibt den Eltern ein paar Tropfen Tylenol mit für den Fall, dass das Baby später Schmerzen hat, sagt ihnen, dass sie die Finger nicht anfassen sollen, dass sie ziemlich bald schwarz werden und abfallen wie ein Nabel. Sie erzählte, dass ihr Vater Arzt in einer Kleinstadt in Alabama gewesen sei und dass sie ihm dabei zugesehen habe, wie er es immer genauso gemacht habe.

Einmal war ein kleiner Junge mit sechs Fingern an jeder Hand bei Dr. Kelly zur Behandlung. Seine Eltern wollten die Operation unbedingt, aber das Kind nicht. Er war sechs oder sieben Jahre alt, ein niedlicher Junge.

»Nein! Ich will sie! Sie gehören mir! Ich will sie behalten!«

Ich dachte, Dr. Kelly würde mit dem Jungen diskutieren, stattdessen erklärte er den Eltern, dass das Kind seiner Ansicht nach dieses Unterscheidungsmerkmal behalten wollte.

»Warum nicht?«, sagte er. Die Eltern konnten nicht glauben, dass er so etwas sagte. Er erklärte ihnen, dass sie ihn operieren lassen könnten, sobald der Junge seine Meinung geändert habe. Je jünger, selbstverständlich, desto besser.

»Es gefällt mir, wie er für sein Recht eintritt. Gib sie mir, mein Sohn«, und er schüttelte die Hand des Jungen. Sie gingen, die Eltern wütend, ihn verwünschend, das Kind grinsend.

Wird er immer so denken? Was, wenn er Klavier spielen will? Wird es zu spät sein, falls oder wenn er seine Meinung ändert? Warum nicht sechs Finger? Finger sind sowieso komisch und Zehen auch, Haare, Ohren. Ich wünschte, wir hätten Schwänze, auch ich.

Ich tagträume davon, einen Schwanz zu haben oder Blätter anstelle von Haaren, während ich die Untersuchungszimmer sauber mache und neu auffülle für die Nacht. Dann klopft es. Dr. Rook ist schon gegangen, und ich bin die Einzige, die noch da ist. Ich schließe die Tür auf und lasse Amelia und Jesus ein. Sie weint, zittert beim Sprechen vor Kälte. Seine Hernie steht wieder vor, und sie kann sie nicht zurückdrücken.

Ich hole meinen Mantel, schalte die Alarmanlage ein und schließe die Tür ab. Ich bringe sie ein Haus weiter zur Notaufnahme. Ich gehe mit ihr hinein, um sicherzugehen, dass sie aufgenommen wird. Dr. McGee hat Dienst. Gut.

»Dr. McGee ist ein lieber alter Arzt. Er wird sich um Jesus kümmern. Sie werden ihn bestimmt heute Nacht operieren. Vergessen Sie nicht anzurufen und das Baby in die Praxis zu bringen. In etwa einer Woche. Rufen Sie an. Oje, und um Gottes willen, stillen Sie ihn nicht.«

Es war voll in der U-Bahn und im Bus, aber ich hatte keine Angst. Jesus schlief. Anscheinend hatte die Mutter Maria mich erhört. Sie sagte mir, ich solle meinen nächsten Scheck von der Sozialhilfe nehmen und nach Mexiko zurückkehren. Die *curandera*, die Heilerin, würde sich um mein Baby kümmern, und meine *mamacita* würde wissen, wie man ihn dazu bringt, nicht mehr zu weinen. Ich würde ihn mit Bananen und Papayas füttern. Nicht mit Mangos, weil Babys von Mangos manchmal Bauchschmerzen bekommen. Ich fragte mich, wann Babys Zähne kriegten.

Lupe sah sich eine Telenovela an, als ich nach Hause kam. Ihre Kinder schliefen im Schlafzimmer.

»Wurde er operiert?«

»Nein. Es ist was passiert.«

»Klar, darauf wett ich. Was hast du Blödes gemacht, hm?«

Ich legte ihn in unsere Ecke, ohne ihn aufzuwecken. Lupe kam in die Küche.

»Ich habe eine Unterkunft für dich gefunden. Dort kannst du so lange bleiben, bis du eine eigene Wohnung findest. Du kannst deinen nächsten Scheck noch auf die Adresse hier ausstellen lassen und dann dem Sozialamt deine neue Adresse mitteilen. Hörst du mich?«

»Ja. Ich möchte das Geld von meinem Scheck. Ich gehe nach Hause.«

»Du bist verrückt. Erstens ist das Geld für diesen Monat schon ausgegeben. Was immer du noch hast, ist der Rest. *Estas loca?* Es würde nicht mal für die halbe Strecke nach Michoacan reichen. Pass auf, Mädchen, du bist jetzt hier. Such dir einen Job im Restaurant, irgendwo, wo sie dich hinten arbeiten lassen. Triff ein paar Jungs, geh aus, hab Spaß. Du bist jung, du bist hübsch oder wärst es, wenn du dich zurechtmachen würdest. Du bist praktisch eine alleinstehende Frau. Du lernst schnell Englisch. Du kannst nicht einfach so aufgeben.«

»Ich möchte nach Hause.«

»*Fuck a duck*«, sagte sie und ging zurück zum Fernseher.

Ich saß noch immer dort, als Ramón zur Hintertür hereinkam. Wahrscheinlich sah er sie auf dem Sofa nicht. Er fing an, meine Brüste zu betatschen und meinen Nacken zu küssen. »Zucker, ich will ein bisschen Zucker.«

»*Ya estuvo*«, sagte sie. Zu Ramón sagte sie: »Halt deinen Kopf unter Wasser, du stinkender Fettsack«, und schob ihn aus dem Zimmer. Zu mir sagte sie nur: »Du verschwindest. Pack deinen Scheiß. Hier ist eine Plastiktüte.«

Ich tat alles in meine *bolsa* und die Tüte und nahm Jesus hoch.

»Na los, nimm ihn und ab ins Auto. Ich hole die Sachen.«

Auf den ersten Blick war es ein verbarrikadierter alter Laden, aber es gab ein Schild, und ein Kreuz hing über der Tür. Es war dunkel, aber sie hämmerte an die Tür. Ein alter *Anglo* kam heraus. Er schüttelte den Kopf und sagte etwas auf Englisch, aber sie redete lauter, schob mich und Jesus durch die Tür, und fuhr ab.

Er machte eine Taschenlampe an. Er versuchte, mit mir zu sprechen, aber ich schüttelte den Kopf. Kein Englisch. Wahrscheinlich sagte er, dass sie nicht genug Betten hatten. Der Raum war voller Liegen mit Frauen darauf, ein paar Kinder. Es roch schlecht, nach Wein, Kotze und Pisse. Schlecht, schmutzig. Er brachte mir ein paar Decken und deutete in eine Ecke, so groß wie meine Küchenecke.

»Danke«, sagte ich.

Es war schrecklich. Kaum hatte ich mich hingelegt, wachte Jesus auf. Er hörte nicht auf zu weinen. Ich baute eine Art Zelt, um das Geräusch zu dämpfen, aber einige der Frauen fluchten und sagten »Halt's Maul, halt's Maul«. Vor allem die alten weißen Säuferinnen stießen und schubsten mich, ein paar junge schwarze waren auch darunter. Eine Kleine schlug auf mich ein mit winzigen Händen, wie schnelle Hornissen.

»Hör auf«, schrie ich. »Hör auf, hör auf!«

Der Mann kam mit der Taschenlampe zurück und führte mich durch ein Zimmer in die Küche und in eine weitere Ecke. »Mis bolsas!«, sagte ich. Er verstand und ging zurück, um meine Taschen zu holen. »Tut mir leid«, sagte ich auf Englisch. Jesus trank und schlief ein, ich aber lehnte mich an die Wand und wartete darauf, dass es Morgen wurde. Ich lerne Englisch, dachte ich. Ich ging das Englisch durch, das ich kannte. Gericht, Kentucky Fry, Hamburger, Auf Wiedersehen, Mexikaner, Nigger, Arschloch, Nutte, Windel, Wie viel? *Fuck a duck*, Kinder, Krankenhaus, hör auf, Halt's Maul, Hallo, tut mir leid, »General Hospital«, »All My Children«, Leistenbruch, OP-Vorsorge, OP-Nachsorge, »Geraldo«, Lebensmittelmarken, Geld, Auto, Crack, Polizei, »Miami Vice«, José Canseco, Obdachlos, Wirklich hübsch, Kommt nicht infrage, Entschuldigung, Tut mir leid, Bitte, Bitte, hör auf, Halt's Maul, Halt's Maul, Tut mir leid. Heilige Maria Mutter Gottes bete für uns.

Kurz bevor es zu dämmern begann, kamen der Mann und eine alte Frau herein und fingen an, Wasser für Haferbrei zu kochen. Ich durfte der Frau helfen, sie zeigte auf den Zucker und die Servietten, die ich in die Mitte der aufgereihten Tische stellen sollte.

Wir aßen Haferbrei und Milch zum Frühstück. Die Frauen sahen richtig schlecht aus, einige von ihnen waren verrückt oder betrunken. Obdachlos und schmutzig. Wir warteten in einer Schlange, um zu duschen. Als Jesus und ich an der Reihe waren, war das Wasser kalt, und es gab nur ein kleines Handtuch. Dann waren Jesus und ich auch obdachlos. Tagsüber war das Haus eine Kinderkrippe. Wir konnten abends wiederkommen für Suppe und Bett. Der Mann war nett. Ich durfte meine *bolsa* dort lassen, und so nahm ich nur ein paar Windeln mit. Ich verbrachte den Tag damit, in der Eastmont

Mall herumzulaufen. Ich ging in einen Park, aber dann bekam ich Angst, weil ein paar Männer auf mich zu kamen. Ich lief und lief, und das Baby war schwer. Am zweiten Tag zeigte mir die Kleine, die auf mich eingeschlagen hatte, dass man den ganzen Tag mit Busfahren verbringen konnte, mit Umsteigen, sie zeigte es mir, oder ich verstand sie irgendwie. Und das machte ich, denn das Baby war zu schwer, und auf diese Weise konnte ich mich hinsetzen und mir die Gegend anschauen oder schlafen, wenn Jesus schlief, denn nachts schlief er nicht. Eines Tages entdeckte ich *La Clinica*. Ich beschloss, am nächsten Tag dorthin zu gehen und jemanden zu finden, der mir helfen würde. Es ging mir besser.

Am nächsten Tag weinte Jesus aber auf einmal anders, es klang wie ein Bellen. Ich schaute mir die Hernie an, sie trat weit und hart hervor. Sofort nahm ich den Bus, aber es dauerte trotzdem noch lange, erst der Bus, dann der Zug, dann noch ein Bus. Ich dachte, die Praxis sei geschlossen, aber die Krankenschwester war da, sie brachte uns ins Krankenhaus. Wir warteten lange, aber endlich brachten sie ihn in den OP. Sie sagten, sie würden ihn über Nacht behalten, und brachten mich zu einer Liege, die neben seinem kleinen Körbchen stand. Sie gaben mir eine Marke, mit der ich mir in der Cafeteria etwas zu essen holen konnte. Ich nahm ein Sandwich und eine Cola und ein Eis, ein paar Kekse und Obst für später, aber ich schlief ein, weil es so schön war, nicht auf dem Boden zu liegen. Als ich aufwachte, war die Krankenschwester da. Jesus war ganz sauber und in eine blaue Decke gewickelt.

»Er hat Hunger!« Sie lächelte. »Wir haben Sie nicht geweckt, als er aus dem OP kam. Alles ist gut gegangen.«

»Danke.« Oh, Gott sei Dank! Ihm ging es gut! Während ich ihn stillte, weinte ich und betete.

»Kein Grund, jetzt zu weinen«, sagte sie. Sie hatte mir ein Tablett mit Kaffee, Saft und Cornflakes gebracht.

Dr. Fritz kam herein, nicht der Arzt, der operiert hatte, sondern der erste Arzt. Er sah sich Jesus an und nickte, lächelte mir zu, sah auf sein Krankenblatt. Er schob das Hemdchen des Babys hoch. Immer noch waren die Schramme und der Bluterguss an der Schulter zu sehen. Die Krankenschwester fragte mich danach. Ich sagte ihr, es wären die Kinder der Leute gewesen, bei denen ich gewohnt hatte, dass ich dort aber nicht mehr lebte.

»Er möchte, dass Sie wissen, wenn er noch einmal solche Verletzungen findet, ruft er das Jugendamt an. Die können Ihnen Ihr Baby wegnehmen, vielleicht wollen sie aber auch nur, dass Sie mit jemandem sprechen.«

Ich nickte. Ich wollte ihr sagen, dass ich mit jemanden sprechen musste.

Wir hatten einige hektische Tage. Sowohl Dr. Adeiko als auch Dr. McGee hatten Urlaub, sodass die anderen Ärzte sehr beschäftigt waren. Mehrere Roma-Patienten. Und das heißt, dass immer die ganze Familie da ist, Cousins, Onkel, jeder kommt mit. Es bringt mich zum Lachen (nicht richtig zum Lachen, Späße oder unprofessionelles Verhalten kann er nicht leiden), denn wenn Dr. Fritz ins Zimmer kommt, vergisst er nie, die Mutter höflich zu begrüßen: »Guten Morgen.« Oder wenn beide Eltern da sind, nickt er jedem zu und sagt »Guten Morgen. Guten Morgen«. Und bei Roma-Familien sterbe ich fast vor unterdrücktem Lachen, wenn er sich in den Raum hineinzwängt und sagt »Guten Morgen. Guten Morgen. Guten Morgen. Guten Morgen. Guten Morgen«. Und so weiter. Ihm und Dr. Wilson werden eine Menge Babys mit Hypospadien gebracht, das heißt männliche Babys mit einem Loch an der Penisseite, manchmal sind es sogar mehrere, sodass es beim Pullern wie ein Springbrunnen aussieht. Wie auch immer, ein Roma-Baby namens Rocky Stereo hatte eine Hypospadie, und Dr. Fritz behandelte sie. Die ganze Familie, etwa ein Dutzend Erwachsene und ein paar Kinder, waren zur OP-Nachsorge erschienen, und alle schüttelten ihm die Hand. »Danke. Danke. Danke. Danke.« Schlimmer als die vielen Guten Morgen! Es war reizend und witzig, und ich wollte ihm das später sagen, aber er starrte ins Leere. Er redete nie über Patienten. Im Grunde tut das keiner von ihnen. Außer Dr. Rook, aber auch sie nur selten.

Ich weiß nicht einmal, wie die ursprüngliche Diagnose bei Reina lautete. Sie ist jetzt vierzehn. Sie kommt mit ihrer Mutter, zwei Schwestern und einem Bruder. Sie schieben sie in einem riesigen Kinder-Rollstuhl herein, den ihr Vater gebaut hat. Die Schwestern sind zwölf und fünfzehn, der Junge ist acht, alles hübsche Kinder, lebendig und lustig. Wenn ich ins Zimmer komme, liegt Reina schon auf dem Untersuchungstisch. Sie ist nackt. Außer der Halteplatte für die künstliche Ernährung ist ihr Körper makellos, seidenglatt. Ihre Brüste sind gewachsen. Die klauenartige Wucherung, die sie anstelle von Zähnen hat, ist nicht sichtbar, ihre schönen Lippen sind leicht geöffnet und leuchtend rot. Smaragdgrüne Augen mit langen schwarzen Wimpern. Ihre Schwestern haben ihr einen verwirbelten Punkhaarschnitt gemacht, einen rubinroten Stein in die Nase gesteckt und ein Schmetterlingstattoo auf den Schenkel gemalt. Elena poliert ihre Zehennägel, während Tony ihre Arme hinter ihrem Kopf arrangiert. Er ist der Stärkste, der, der mir hilft, ihren Oberkörper zu halten, während die Schwestern ihre Beine halten. Aber im Moment liegt sie dort wie die Olympia von Manet, atemberaubend rein und schön. Dr. Rook hält inne, so wie ich es tat, um sie anzusehen. »Gott, ist sie schön«, sagt sie.

»Seit wann menstruiert sie?«, fragt sie.

Ich hatte das Tamponbändchen zwischen den seidenen schwarzen Haaren nicht bemerkt. Die Mutter sagt, es sei ihr erstes Mal. Ohne Ironie sagt sie: »Sie ist jetzt eine Frau.«

Sie ist jetzt in Gefahr, denke ich.

»Okay, halten Sie sie fest«, sagt Dr. Rook. Die Mutter hält sie um die Hüfte, die Mädchen ihre Beine, Tony und ich ihre Arme. Sie wehrt sich heftig gegen uns, aber schließlich gelingt es Dr. Rook, die alte Halteplatte abzunehmen und eine neue einzusetzen.

Sie war die letzte Patientin an diesem Tag. Ich reinige das Zimmer, lege neues Papier auf den Tisch, als Dr. Rook noch einmal hereinkommt. Sie sagt: »Ich bin so dankbar für meinen Nicholas.«

Ich lächle und sage: »Und ich für meinen Nicholas.« Sie spricht von ihrem sechs Monate alten Baby, ich von meinem sechsjährigen Enkel.

»Gute Nacht«, sagen wir, und dann geht sie hinüber ins Krankenhaus.

Ich gehe nach Hause und mache mir ein Sandwich, schalte ein Baseballspiel ein. Dave Stewart schlägt auf gegen Nolan Ryan. Das Spiel ist in der zehnten Runde, als das Telefon klingelt. Dr. Fritz. Er ist in der Notaufnahme, möchte, dass ich komme. »Was ist los?«

»Amelia, erinnern Sie sich an sie? Ein paar Leute hier können Spanisch, aber ich möchte, dass Sie mit ihr reden.«

Amelia ist im Behandlungszimmer der Notaufnahme. Sie wurde ruhiggestellt, ihr Blick ist noch leerer als sonst. Und das Baby? Er führt mich zu einem Bett hinter einem Vorhang.

Jesus ist tot. Sein Genick wurde gebrochen. An den Armen sind blaue Flecke. Die Polizei ist unterwegs, aber Dr. Fritz

möchte, dass ich zuerst in Ruhe mit ihr spreche und heraus-
finde, was passiert ist.

»Amelia? Erinnern Sie sich an mich?«

»*Sí. Cómo no?* Wie geht es Ihnen? Kann ich ihn sehen, *mijito* Jesus?«

»Gleich. Erst müssen Sie mir sagen, was passiert ist.«

Es dauerte etwas, bis ich verstand, dass sie tagelang mit
dem Bus herumgefahren ist und die Nächte in einem Obdachlosenheim verbracht hat. Als sie heute Nacht dorthin
kam, hatten zwei von den jüngeren Frauen das ganze Geld aus
ihrer Kleidung genommen, in die sie es eingenäht hatte. Sie
schlugen sie und traten nach ihr, bevor sie gingen. Der Mann,
der das Heim leitet, verstand kein Spanisch und wusste nicht,
was sie sagte. Er sagte ihr immer wieder, sie solle still sein,
legte den Finger an seine Lippen, um ihr zu bedeuten, still
zu sein, dass sie auch das Baby beruhigen solle. Später kamen
die Frauen zurück. Sie waren betrunken, es war dunkel, und
die anderen versuchten zu schlafen, aber Jesus hörte nicht auf
zu weinen. Amelia hatte kein Geld mehr und wusste nicht,
was sie tun sollte. Sie konnte nicht mehr denken. Die beiden
Frauen kamen. Eine schlug ihr ins Gesicht, die andere nahm
Jesus, aber Amelia nahm ihn ihr wieder weg. Der Mann kam,
und die Frauen gingen, um sich hinzulegen. Jesus hörte nicht
auf zu weinen.

»Ich wusste nicht, was ich tun sollte. Ich schüttelte ihn, damit er still wurde und ich darüber nachdenken konnte, was
ich tun sollte.«

Ich halte ihre kleinen Hände in meinen. »Weinte er, als du
ihn geschüttelt hast?«

»Ja.«

»Was ist dann passiert?«

»Dann hörte er auf zu weinen.«

»Amelia. Weißt du, dass Jesus tot ist?«

»Ja, ich weiß. *Lo sé.*« Und dann sagt sie auf Englisch: »*Fuck a duck.* Tut mir leid.«

Eine Liebesaffäre

Allein war es schwer, sich um die vorderen und hinteren Räume gleichzeitig zu kümmern. Ich musste Verbände wechseln, Fieber und Blutdruck messen und dabei immer neue Patienten aufnehmen und Anrufe beantworten. Das war ein echtes Ärgernis, denn während eines EKGs oder wenn ich beim Vernähen einer Wunde oder einem PAP-Abstrich assistierte, musste ich dem Antwortdienst sagen, dass sie die Anrufe entgegennehmen sollten. Das Wartezimmer war voller Menschen, die sich vernachlässigt fühlten, und ich hörte die Telefone klingeln und klingeln.

Die meisten Patientinnen von Dr. B. waren sehr alt. Oft waren die Frauen, bei denen ein PAP-Abstrich gemacht wurde, übergewichtig, der Zugang war schwierig, sodass es noch länger dauerte.

Ich glaube, es gab ein Gesetz, in dem stand, dass ich anwesend sein sollte, wenn er einen weiblichen Patienten behandelte. Ich hielt das zuerst für eine veraltete Vorsichtsmaßnahme. Ganz und gar nicht. Erstaunlich, wie viele dieser alten Ladys in ihn verliebt waren.

Ich gab ihm das Spekulum und später den langen Stab. Nachdem er die Schleimhaut aus dem Gebärmutterhals geschabt hatte, schmierte er sie auf das Glasplättchen, das ich hielt und dann mit einer Schutzschicht besprühte. Ich deckte das Plättchen mit einem anderen ab, legte es in eine Schachtel und beschriftete sie für das Labor.

Meine Hauptaufgabe bestand darin, die Beine der Frauen nach oben in die Steigbügel zu bugsieren und ihre Pobacken an das untere Tischende zu rücken, wo er sie auf Augenhöhe hatte. Dann deckte ich ein Laken über die Knie der Frauen und sollte ihnen dabei helfen, sich zu entspannen. Plaudern und scherzen, bis er hereinkam. Das Plaudern war leicht. Ich kannte die Patientinnen, und sie waren alle ziemlich nett.

Schwierig wurde es, sobald er hereinkam. Er war ein schrecklich schüchterner Mann mit einem schweren Tremor in den Händen, der sich gelegentlich zeigte. Immer dann, wenn er Schecks unterschrieb oder Abstriche machte.

Er hockte sich auf einen Stuhl, die Vagina auf Augenhöhe, eine Lampe an der Stirn. Ich gab ihm das (angewärmte) Spekulum und nach ein paar Minuten, in denen die Patientin keuchte und schwitzte, den langen baumwollgetränkten Stab. Er hielt ihn, wedelte damit herum wie mit einem Taktstock und verschwand dabei unter dem Laken. Schließlich tauchte seine Hand mit dem Stab wieder auf, jetzt ein schwindelerregendes Metronom, das auf mein wartendes Plättchen zielte. Damals trank ich noch, sodass meine Hand, die das Plättchen hielt, sichtbar zitterte, als ich versuchte, seiner Hand entgegenzukommen. Ein nervöses Auf-und-ab-Flattern. Sein Zittern ging hingegen vor und zurück. Endlich der Treffer. Dieser Prozess dauerte so lange, dass er oft wichtige Anrufe verpasste, und natürlich wurden die Leute im Wartezimmer sehr ungeduldig. Einmal klopfte Mr. Larraby sogar an die Tür, und Dr. B. erschrak dermaßen, dass er den Stab fallen ließ. Wir mussten noch einmal von vorn anfangen. Er erklärte sich dann damit einverstanden, eine Teilzeitsprechstundenhilfe einzustellen.

Sollte ich mich jemals nach einem anderen Job umsehen, werde ich ein gewaltiges Honorar verlangen. Wenn jemand für so wenig Geld arbeitet wie Ruth und ich damals, dann ist etwas daran sehr verdächtig.

Ruth hatte nie einen Job gehabt, und sie brauchte auch keinen, was schon verdächtig genug war. Sie machte das zum Vergnügen.

Mich faszinierte das dermaßen, dass ich sie nach dem Einstellungsgespräch zum Mittagessen einlud. Thunfischtoast im Pill-Hill-Café. Ich mochte sie auf Anhieb. Jemand wie sie war mir noch nie begegnet.

Ruth war fünfzig und seit dreißig Jahren mit ihrer Jugendliebe verheiratet, einem Buchhalter. Sie hatten zwei Kinder und drei Katzen. Auf dem Bewerbungsformular hatte sie als Hobby »Katzen« angegeben. Also fragte Dr. B. sie immer, wie es ihren Katzen ginge. Mein Hobby war »Lesen«, also sagte er zu mir »Schrein oder nicht schrein« oder »Nimmermehr sprach der Rabe«.

Bei einer neuen Patientin schrieb er jedes Mal ein paar Sätze auf die Rückseite ihres Krankenblatts. Etwas, was er als Gesprächsgrundlage verwenden konnte, wenn er das Behandlungszimmer betrat. »Glaubt, dass Texas das Land Gottes ist.« »Hat zwei Spielzeugpudel.« »Gibt fünfhundert Dollar pro Tag für Heroin aus.« Wenn er also hereinkam, um sie zu untersuchen, sagte er Sachen wie: »Guten Morgen! Mal wieder im Land Gottes gewesen?«, oder: »Sie haben leider kein Glück, wenn Sie glauben, dass Sie Drogen von mir bekommen.«

Beim Mittagessen erzählte mir Ruth, dass sie angefangen hatte, sich alt zu fühlen, und alles ging immer im selben Trott, also war sie einer Selbsthilfegruppe beigetreten. Die »Krassen Tanten« oder »K. T.«, was eigentlich für Klimak-Terium stand. Ruth sagte das immer so, als wären es zwei Wörter. Die Grup-

173

pe sollte dazu dienen, mehr Schwung ins Leben der Frauen zu bringen. Jedes Mal stand ein anderes Mitglied im Mittelpunkt. Zuletzt war Hannah dran gewesen. Die Gruppe überzeugte sie davon, zu Weight Watchers zu gehen, zur Rancho-del-Sol-Wellness, Bossa-Nova-Kurse zu machen und sich dann das Fett absaugen und das Gesicht liften zu lassen.

Sie sah toll aus, war jetzt aber in zwei weiteren Gruppen. Eine für Frauen, die sich das Gesicht hatten liften lassen und immer noch deprimiert waren, die andere für »Frauen, Die Zu Sehr Lieben«. Ruth seufzte. »Hannah war schon immer der Typ Frau, der sich in Schauermänner verliebt.« Schauermänner! Ruth benutzte manchmal überraschende Wörter, wie »vordem« und »Affenspektakel«. Sagte Sachen wie, sie würde es vermissen, »Diese Monatlichen Tage« zu haben. Es sei immer so eine warme und gemütliche Zeit gewesen.

Die K. T.-Gruppe hatte Ruth geraten, einen Kurs in Floristik zu nehmen und in einer Theatergruppe mitzumachen, einem Trivial-Pursuit-Club beizutreten und sich Arbeit zu suchen. Sie sollte auch eine Affäre beginnen, aber darüber hatte sie sich noch keine Gedanken gemacht. Sie hatte schon genug Schwung in ihr Leben gebracht. Sie liebte es, Blumenarrangements zu gestalten, und im Moment arbeiteten sie daran, Sträuße aus Kraut und Gräsern zu binden. Sie hatte eine kleine Nebenrolle, ohne Gesang, im Musical »Oklahoma!« bekommen.

Ich fand es angenehm, Ruth in der Praxis zu haben. Wir scherzten viel mit den Patienten und redeten über sie, als wären sie unsere Verwandten. Sogar die Ablage machte ihr Spaß, sie sang »Abcdefg hi jk lmnop lmnopqrst uvwxyZ!«, bis ich sagte: »Hör auf, lass mich die Ablage machen.«

Wenn ich mich um Patientinnen kümmern musste, hatte ich es jetzt leichter. Aber im Grunde arbeitete sie wenig. Sie sah sich ihre Trivial-Pursuit-Karten an und telefonierte viel mit ihren Freundinnen, vor allem mit Hannah, die eine Affäre mit dem Tanzlehrer hatte.

In der Mittagspause ging ich mit Ruth Kräutersträuße pflücken. Erhitzt und schwitzend kletterten wir die Böschung des Freeways hinauf auf der Suche nach Wiesenkerbel und Wollblütigem Nachtschatten. Steine in den Schuhen. Sie wirkte wie eine ganz normale hübsche jüdische Frau in mittleren Jahren, aber etwas Wildes und Freies umgab sie. Ihr Schrei, als sie eine rosa Wegrauke in der Allee hinter dem Krankenhaus entdeckte.

Sie und ihr Mann waren zusammen aufgewachsen. Ihre Familien standen sich sehr nah, gehörten zu den wenigen Juden in einer Kleinstadt in Iowa. Sie konnte sich nicht daran erinnern, dass es je eine Zeit gegeben hat, in der nicht jeder von ihr und Ephraim erwartet hatte, sie würden heiraten. Auf der High School hatten sie sich ernsthaft ineinander verliebt. Auf dem College studierte sie Hauswirtschaft und wartete, bis er seinen Abschluss in Wirtschaft und Buchhaltung gemacht hatte. Natürlich hatten sie sich füreinander bis zur Hochzeit aufgespart. Sie zogen zusammen in sein Elternhaus und kümmerten sich um seine gebrechliche Mutter. Sie war dann mit nach Oakland gegangen, lebte immer noch bei ihnen, mittlerweile sechsundachtzig.

Ich hörte Ruth nie klagen, weder über die kranke alte Frau noch über die Kinder oder Ephraim. Ich beklagte mich ständig über meine Kinder oder meinen Exmann oder eine Schwiegertochter und vor allem über Dr. B. Ich musste alle seine Pakete für ihn öffnen, für den Fall, dass eine Bombe darin war. Kam eine Biene oder eine Wespe hereingeflogen, ging er hinaus, bis ich sie getötet hatte. Und das waren nur die Albernheiten. Er war gemein. Besonders zu Ruth, zu der er sagte: »Das habe ich jetzt davon, dass ich eine Behinderte angestellt habe.« Er nannte sie »Legasthenikerin«, weil sie Telefonnummern durcheinanderbrachte. Das passierte ihr oft. Etwa jeden zweiten Tag wollte er, dass ich sie feuerte. Ich sagte ihm, das könnten wir nicht. Es gab keinen Grund. Sie half mir wirklich, und die Patientinnen mochten sie. Sie heiterte die Leute auf.

»Ich kann Heiterkeit nicht ausstehen«, sagte er. »Am liebsten würde ich ihr das Grinsen aus dem Gesicht schlagen.«

Sie blieb weiterhin nett zu ihm. Sie fand, er sei wie Heathcliff oder wie Mr. Rochester aus *Jane Eyre*, nur klein. »O ja, richtig klein«, sagte ich. Aber negative Kommentare hörte Ruth nie. Sie glaubte, dass jemand irgendwann Dr. B.s Herz gebrochen haben musste. Sie brachte ihm Kugelgebäck, Rugelach und Hamantaschen, dachte sich immer wieder Gründe aus, in sein Büro zu gehen. Mir war nicht klar, dass sie ihn für die Liebesaffäre auserwählt hatte, bis er in mein Büro kam und die Tür hinter sich schloss.

»Sie müssen sie feuern! Sie flirtet doch tatsächlich mit mir! Das ist nicht von Vorteil.«

»Na ja, so seltsam es sein mag, aber sie findet Sie offenbar wahnsinnig attraktiv. Ich brauche sie hier noch. Man findet nicht so leicht jemanden, mit dem sich gut zusammenarbeiten lässt. Haben Sie ein bisschen Geduld. Bitte, Sir.« Mit dem »Sir« hatte ich ihn, wie üblich.

»In Ordnung«, seufzte er.

Sie tat mir gut, brachte Schwung in mein Leben. Statt die Mittagspause grübelnd und rauchend in der Allee zu verbringen, machte ich mich schmutzig und hatte Spaß daran, mit ihr zusammen Sträuße zu pflücken. Ich fing sogar an zu kochen, nach ein paar der Hunderte von Rezepten, die sie den ganzen Tag lang kopierte. Machte gebackene Perlzwiebeln mit einer Prise braunen Zuckers. Sie brachte Kleidung aus dem Schmatta-Secondhandladen mit, die ich kaufte. Ein paarmal ging ich mit ihr in die Oper, als Ephraim zu müde war.

Es war wunderbar, mit ihr in die Oper zu gehen, weil sie in den Pausen nicht einfach herumstand, gelangweilt wie alle. Sie führte mich durchs große Foyer, sodass wir die Kleidung und den Schmuck bewundern konnten. Ich weinte mit ihr in »La Traviata«. Unsere Lieblingsszene war die Arie der alten Frau in »Pique Dame«.

Eines Tages bat Ruth Dr. B., sie in die Oper zu begleiten. »Nein! Was für ein unpassendes Ansinnen«, sagte er.

»Dieses Arschloch«, sagte ich, als er zur Tür hinaus war. Sie sagte nur, dass Ärzte einfach zu beschäftigt seien für Liebes-affären, also, schätzte sie, werde es wohl Julius sein müssen.

Julius war ein Zahnarzt im Ruhestand, der in der Beset-zung von »Oklahoma!« war. Er war verwitwet und fett. Sie sagte, fett sei gut, fett sei warm und gemütlich.

Ich fragte sie, ob es daran läge, dass Ephraim kein so großes Interesse mehr an Sex hätte. »*Au contraire!*«, sagte sie. »Es ist das Erste, woran er jeden Morgen denkt, und das Letzte jeden Abend. Und wenn er tagsüber zu Hause ist, jagt er mir auch hinterher. Wirklich…«

Ich sah Julius auf der Beerdigung von Ephraims Mutter in der Kapelle Chapel of the Valley. Die alte Frau war still im Schlaf verschieden.

Ruth und ihre Familie standen auf der Treppe vor dem Beerdigungsinstitut. Zwei liebenswürdige Kinder, gut aus-sehend, freundlich, die ihre Eltern Ruth und Ephraim trös-teten. Ephraim war von dunkler Schönheit. Schlank, grüb-lerisch, gefühlvoll. Eigentlich sah er wie Heathcliff aus. Seine traurigen verträumten Augen lächelten mir zu. »Danke, dass Sie zu meiner Frau so liebenswürdig sind.«

»Da ist er!«, flüsterte Ruth, zeigte auf den rotgesichtigen Julius. Goldketten, ein zu enger, einreihiger blauer Anzug. Er hatte offenbar Clorets-Kaugummis gekaut, seine Zähne waren grün.

»Du bist verrückt!«, flüsterte ich zurück.

Ruth hatte sich für die Chapel of the Valley entschieden, weil uns die Bestatter am besten gefielen. Dr. B.s Patientinnen starben häufig, sodass fast jeden Tag ein Bestatter kam und ihn bat, den Totenschein auszustellen. Mit schwarzer Tinte, so verlangte es das Gesetz, aber Dr. B. beharrte darauf, sie mit einem blauen Stift zu unterschreiben, und die Bestatter mussten dableiben und Kaffee trinken, bis er noch einmal wiederkam und mit Schwarz unterschrieb.

Ich wartete im hinteren Teil der Kapelle, überlegte, wo ich mich hinsetzen sollte. Viele Frauen der Hadassah-Gesellschaft waren gekommen; es war voll. Einer der Bestatter tauchte neben mir auf. »Wie gut Ihnen Grau steht, Lily«, sagte er. Der andere, der eine Ansteckblume trug, kam den Gang entlang und sagte mit gesenkter trauriger Stimme: »Wie gut, dass Sie gekommen sind, meine Liebe. Ich werde Ihnen einen schönen Platz suchen.« Ich folgte den beiden Männern den Gang hinunter, fühlte mich geschmeichelt wie in einem Restaurant, in dem einen die Kellner kennen. Die Trauerfeier war schön. Der Rabbi las die Bibelstelle über die gute Ehefrau, die kostbarer war als Rubinen. Niemand hätte das mit der alten Frau in Zusammenhang gebracht, das glaube ich jedenfalls nicht. Aber ich vermute, die Trauerrede handelte von Ruth, und das dachten auch Ephraim und Julius, so, wie die beiden sie anstarrten.

Am Montag versuchte ich, vernünftig mit ihr zu reden. »Du bist eine Frau, die alles hat. Gesundheit, Aussehen, Humor. Ein Haus in den Hügeln. Eine Putzfrau. Eine Müllpresse.

Wunderbare Kinder. Und Ephraim! Er ist attraktiv, geistreich, reich. Ganz offensichtlich vergöttert er dich!«

Ich sagte ihr, dass die Gruppe sie in die falsche Richtung lenkte. Sie sollte nichts tun, was Ephraim verärgern würde. Ihren Glückssternen danken. Die K. T.s seien bloß eifersüchtig. Wahrscheinlich hatten sie alkoholabhängige Ehemänner, Fußball glotzende, impotente oder untreue Ehemänner. Ihre Kinder trugen Beeper mit sich herum, waren gepierct, bulimisch, drogenabhängig, tätowiert.

»Ich glaube, du schämst dich, dass du so glücklich bist, und machst das nur, damit du bei den K. T.s etwas zu erzählen hast. Ich versteh das. Als ich elf war, bekam ich von einer Tante ein Tagebuch. Alles, was ich hineinschrieb, war: ›Zur Schule gegangen. Hausaufgaben gemacht.‹ Also habe ich angefangen, Unsinn zu machen, nur, damit ich etwas hatte, was ich hineinschreiben konnte.«

»Es wird keine ernsthafte Affäre«, sagte sie. »Nur, um die Dinge ein bisschen aufzupeppen.«

»Wie wär's, wenn ich eine Affäre mit Ephraim hätte? Das würde mich aufpeppen. Du wärst eifersüchtig und würdest dich wieder wahnsinnig in ihn verlieben.«

Sie lächelte. Ein unschuldiges Lächeln, wie das eines Kindes.

»Ephraim würde das nie tun. Er liebt mich.«

Ich dachte, sie hätte die Idee mit der Affäre fallen gelassen, bis sie eines Freitags mit einer Zeitung hereinkam.

»Ich gehe heute Abend mit Julius aus. Aber ich sage Ephraim, dass ich mit dir ausgehe. Hast du irgendeinen dieser Filme gesehen, sodass du mir was dazu sagen kannst?«

Ich erzählte ihr alles über Kurosawas »Ran«, besonders über die Stelle, an der die Frau den Dolch zieht und der Narr weint. Die blauen Fahnen in den Bäumen, die roten Fahnen in den Bäumen, die weißen Fahnen in den Bäumen. Ich kam richtig in Fahrt, aber sie sagte: »Halt!« Und fragte, wohin wir nach dem Film gehen würden. Ich führte uns, sie, ins Café Roma in Berkeley.

Sie und Julius gingen jeden Freitag zusammen aus. Ihre Romanze war gut für mich. Normalerweise kam ich von der Arbeit nach Hause, las einen Roman und trank Absolut-100-Wodka, bis ich einschlief, Tag für Tag. Während der Liebesaffäre fing ich tatsächlich an, in Streichquartette zu gehen, ins Kino, hörte Ishiguro oder Leslie Scalapino, während Ruth und Julius ins Hungry Tiger oder ins Rusty Scupper gingen.

Fast zwei Monaten gingen sie zusammen aus, bevor sie Du-weißt-schon-was machten. Dieses Ereignis würde sich in Big Sur zutragen, auf einem Drei-Tage-Ausflug. Was sollte man Ephraim sagen?

»Oh, das ist leicht«, sagte ich. »Du und ich, wir werden in ein Zen-Kloster gehen. Kein Telefon! Nichts zu erzählen, weil wir einfach nur still sein und meditieren werden. Wir werden in heißen Quellen unter den Sternen sitzen. Im Lotossitz auf Klippen hoch über dem Meer. Endlose Wellen. Endlos.«

Es war ärgerlich, dass ich in diesen Tagen nicht einfach aus dem Haus gehen konnte und meine Telefonanrufe überprüfen musste. Aber es funktionierte. Ephraim ging mit den Kindern essen, fütterte die Katzen, goss die Blumen und vermisste sie. Sehr, sehr stark.

Am Montag nach der Reise standen drei große Rosensträuße im Büro. Auf einer Karte stand: »Meiner verehrten Frau in Liebe«. Eine andere war von »deinem heimlichen Bewunderer«. Und auf der dritten Karte stand: »In ihrer Schönheit wandelt sie«. Ruth gab zu, dass sie sich den letzten Strauß selbst geschickt hatte. Sie liebte Rosen über alles. Sie hatte gegenüber beiden Männern angedeutet, dass sie Rosen liebte, aber nicht im Traum daran gedacht, sie würden wirklich welche schicken.

»Räumen Sie sofort diesen Bestattungsschmuck weg«, sagte Dr. B., der auf dem Weg ins Krankenhaus war. Zuvor hatte er mich erneut gebeten, sie zu feuern, und wieder hatte ich abgelehnt. Warum konnte er sie so wenig leiden?

»Ich habe es Ihnen gesagt. Sie ist zu heiter.«

»Normalerweise geht es mir mit heiteren Menschen auch so. Aber ihre Heiterkeit ist aufrichtig.«

»Herrgott! Das ist echt deprimierend.«

»Bitte, geben Sie ihr eine Chance. Außerdem habe ich das Gefühl, dass sie bald ziemlich unglücklich sein wird.«

»Das hoffe ich.«

Ephraim kam vorbei, um mit Ruth Kaffee trinken zu gehen. Sie hatte den ganzen Morgen über nichts getan, hatte mit Hannah telefoniert. Ich wusste, dass er vor allem deshalb gekommen war, um zu sehen, wie ihr die Rosen gefielen. Er war sehr verärgert über die anderen. Sie sagte ihm, ein Strauß sei von einer Patientin namens Anna Fedaz, kicherte dann aber bloß über den heimlichen Bewunderer.

Armer Junge. Ich sah, wie ihn die Eifersucht direkt ins Gesicht traf, ins Herz. Linker Haken in den Magen.

Er fragte mich, wie mir das Kloster gefallen hätte. Ich hasse es zu lügen, ich kann es wirklich nicht ertragen. Nicht aus moralischen Gründen. Es ist so schwierig, sich was auszudenken. Sich daran zu erinnern, was man gesagt hat.

»Na ja, es war ein schöner Ort. Ruth ist sehr ausgeglichen und schien sich perfekt in die Stimmung dort einzupassen. Ich finde es schwer, zu meditieren. Ich fange bloß an, mir Sorgen zu machen oder mir jeden Fehler ins Gedächtnis zu rufen, der mir je in meinem Leben unterlaufen ist. Aber es war, äh, zentrierend. Ausgleichend. Aber jetzt gehen Sie und Ruth mal los. Ein schönes Mittagessen!«

Später bekam ich den Exklusivbericht. Big Sur war *das*

Abenteuer in Ruths Leben gewesen. Sie wusste, sie würde den K. T.s nicht erzählen können, dass sie Du-weißt-schon-was gemacht hatten. Oralen S. zum ersten Mal! Na gut, ja, sie hatte oralen S. mit Ephraim gemacht, hatte es aber nie mit *sich* machen lassen. Und M A R... ich weiß, da ist irgendwo ein ›H‹ drin.

»Marihuana?«

»Pst! Na ja, vor allem musste ich davon husten und wurde nervös. Ja, das war sehr schön, oraler S. Aber als er immer wieder gefragt hat: ›Bist du soweit?‹, stellte ich mir vor, wir würden irgendwohin fahren, und das hat die Stimmung kaputtgemacht.«

Sie würden in zwei Wochen nach Mendocino fahren. Die Geschichte war, dass sie und ich an einem Schreibworkshop und einer Buchmesse in Petaluma teilnehmen würden. Robert Haas war der *Writer-in-Residence*.

Eines Nachts mitten in der Woche rief sie mich an und fragte, ob sie vorbeikommen könnte. Wie ein Idiot wartete ich auf sie, verstand nicht, dass es eine Tarnung war, dass sie losgegangen war, um Julius zu treffen. Und so klang ich aufrichtig sauer, als Ephraim anrief, weil sie immer noch nicht aufgetaucht war. Noch saurer beim nächsten Mal. »Ich werde ihr sagen, dass sie dich anrufen soll, sobald sie hier ist.« Etwas später rief er wieder an, diesmal wütend, weil sie jetzt zu Hause war und sagte, ich hätte ihn nicht benachrichtigt.

Am nächsten Tag teilte ich ihr mit, dass ich das nicht mehr für sie machen würde. Sie sagte, das sei in Ordnung, weil am Montag die Proben für das Stück beginnen würden.

»Du und ich, wir besuchen freitags einen Floristik-Kurs bei Laney. Das ist alles.«

»Gut, das ist das letzte Mal. Du hast so ein Glück, dass er nicht nach irgendwelchen Details gefragt hat.«

»Natürlich nicht. Er vertraut mir. Aber ich habe jetzt ein reines Gewissen. Julius und ich machen nicht mehr Du-weißt-schon-Was.«

»Was *macht* ihr dann? Wozu die Heimlichtuerei und der Ärger, wenn ihr nicht Du-weißt-schon-was macht?«

»Wir haben herausgefunden, dass keiner von uns beiden ein Swingertyp ist. Mir gefällt Du-weißt-schon-was mit Ephraim viel besser, und Julius hat kein so großes Interesse daran. Ich mag die Heimlichkeiten. Er mag es, mir Geschenke zu kaufen und für mich zu kochen. Am schönsten ist der Moment, wenn ich an die Tür eines Motels in Richmond oder anderswo klopfe, und er öffnet, und ich stürme hinein. Mein Herz schlägt wie verrückt.«

»Und was macht ihr dann?«

»Wir spielen Trivial Pursuit, gucken uns Videos an. Manchmal singen wir. Duette wie ›Bali Hai‹ oder ›Oh, was für ein schöner Morgen‹. Wir machen Spaziergänge im Regen um Mitternacht.«

»Sie gehen jetzt auf Ihre eigenen Kosten im Regen spazieren!«, rief Dr. B. Wir hatten nicht bemerkt, dass er hereingekommen war.

Er meinte es ernst. Er stand da, während sie alle ihre »Bon Appetit«-Ausgaben und Trivial-Pursuit-Karten und ihr Strickzeug zusammenpackte. Er beauftragte mich, ihr einen Scheck über das Gehalt von zwei Wochen auszuschreiben, plus das, was wir ihr schuldeten.

Nachdem Dr. B. gegangen war, rief sie Julius an und sagte ihm, er solle sie sofort bei Denny's treffen.

»Meine Karriere ist ruiniert!«, schluchzte sie.

Sie umarmte mich zum Abschied und ging. Ich lief nach draußen zu ihrem Tresen, wo ich das Wartezimmer einsehen konnte.

Ephraim kam herein. Langsam ging er auf mich zu und schüttelte mir die Hand. »Lily«, sagte er in seiner tiefen, einhüllenden Stimme. Er sagte mir, dass Ruth ihn im Pill-Hill-Café zum Mittagessen hätte treffen sollen, aber nicht gekommen sei. Ich sagte ihm, dass Dr. B. sie gefeuert hatte, grundlos. Sie hatte das Mittagessen wahrscheinlich völlig vergessen und war nach Hause gegangen. Oder vielleicht einkaufen.

Ephraim stand immer noch da.

»Sie kann viel bessere Jobs finden. Ich bin die Praxischefin und werde ihr natürlich eine gute Empfehlung schreiben. Sie wird mir wirklich fehlen.«

Er stand da, sah mich an.

»Und sie wird Sie vermissen.« Er lehnte sich in das kleine Fenster über meinem Schreibtisch.

»Es ist das Beste, meine Liebe. Ich möchte, dass Sie wissen, wie sehr ich es verstehe. Glauben Sie mir, ich fühle mit Ihnen.«

»Was?«

»Es gibt vieles, was ich mit ihr nicht auf die gleiche Weise teile wie Sie. Literatur, Buddhismus, die Oper. Es ist sehr leicht, eine Frau wie Ruth zu lieben.«

»Wovon reden Sie?«

Er hielt meine Hand, sah mir tief in die Augen, während seine weichen braunen Augen sich mit Tränen füllten.

»Ich vermisse meine Frau. Bitte, Lily. Lassen Sie sie gehen.«

Tränen rannen mir über die Wangen. Ich war wirklich traurig. Unsere Hände waren ein kleiner, warmer, nasser Haufen auf dem Sims.

»Machen Sie sich keine Sorgen«, sagte ich. »Ruth liebt nur Sie, Ephraim.«

Mein Jockey

Ich arbeite gern in der Notaufnahme – jedenfalls lernt man dort Männer kennen. Echte Männer, Helden. Feuerwehrmänner und Jockeys. Sie kommen ständig in die Notaufnahme. Von Jockeys gibt es wundervolle Röntgenaufnahmen. Sie brechen sich dauernd die Knochen, flicken sich selbst wieder zusammen und gehen in das nächste Rennen. Ihre Skelette sehen aus wie Bäume, wie rekonstruierte Brontosaurier. Wie der heilige Sebastian.

Ich kriege die Jockeys, weil ich Spanisch spreche und die meisten von ihnen Mexikaner sind. Der erste Jockey, mit dem ich zu tun hatte, war Muñoz. Mein Gott! Ich ziehe ständig Menschen aus, es ist keine große Sache, dauert nur ein paar Sekunden, und Muñoz lag da, bewusstlos, die Miniatur eines Aztekengottes. Seine Kleidung war so kompliziert, dass es schien, als würde ich ein kunstvolles Ritual vollführen. Nervenaufreibend, weil es so lange dauerte wie bei Mishima, bei dem es drei Seiten dauert, der Dame den Kimono auszuziehen. Sein violettes Satinhemd hatte viele Knöpfe entlang der Schulter und an beiden schmalen Handgelenken; seine Hosen wurden von komplizierten Schnüren gehalten, Knoten aus der Zeit vor Kolumbus. Seine Stiefel rochen nach Dung und Schweiß, waren aber so weich und anmutig wie die Dornröschens. Er schlief weiter, ein verzauberter Prinz.

Er fing schon an, nach seiner Mutter zu rufen, bevor er aufwachte. Er hielt nicht einfach nur meine Hand, wie einige der Patienten, sondern umklammerte weinend meinen Hals, *Mamacita! Mamacita!* Dr. Johnson durfte ihn nur untersuchen, wenn ich ihn wiegte wie ein Baby. Er war so klein wie ein Kind, aber kräftig, muskulös. Ein Mann in meinem Schoß. Ein Traummann? Ein Traumbaby?

Dr. Johnson wischte mir die Stirn mit einem Schwamm ab, während ich übersetzte. Auf jeden Fall hatte er ein gebrochenes Schlüsselbein, mindestens drei gebrochene Rippen, wahrscheinlich eine Gehirnerschütterung. Nein, sagte Muñoz. Er müsse an den morgigen Rennen teilnehmen. Bring ihn zum Röntgen, sagte Dr. Johnson. Da er sich nicht auf die Krankenbahre legen wollte, trug ich ihn über den Flur, wie King Kong. Er weinte, hatte Angst, seine Tränen benetzten meine Brust.

Im dunklen Raum warteten wir auf den Röntgenarzt. Ich tröstete ihn, wie ich ein Pferd trösten würde. *Cálmate, lindo, cálmate. Despacio ... despacio.* Ruhig ... ruhig. Er beruhigte sich in meinen Armen, schnaubte und schniefte leise. Ich streichelte seinen feinen Rücken. Er bebte und schimmerte wie der eines prächtigen jungen Fohlens. Es war herrlich.

Toda Luna, Todo Año

Toda luna, todo año
Todo día, todo viento
Camina, y pasa también.
También, toda sangre llega
Al lugar de su quietud.

Aus den Büchern des Chilam-Balam

Unwillkürlich begann Eloise Gore das Gedicht in Gedanken zu übersetzen. *Jeder Mond, jedes Jahr.* Nein. *Jedweder Mond, jedwedes Jahr* hat auch den Frikativlaut. *Camina? Geht.* Mist, das funktioniert im Englischen nicht. Uhren gehen auf Spanisch, sie rennen nicht. *Geht weiter und scheidet dahin.*

Sie klappte das Buch zu. In einem Resort wird nicht gelesen. Sie trank ihre Margarita und zwang sich, den Ausblick von der Restaurantterrasse in sich aufzunehmen. Die korallenfarben gesprenkelten Wolken hatten sich in leuchtendes Zinn verwandelt, silberne Schaumkämme brachen sich unten am grauweißen Strand. Bis nach Zihuatanejo waren winzige grüne Lichter über dem gesamten Strand zu sehen, ein blasses Blinken und Tanzen. Glühwürmchen in Neonlimettengrün. Die Dorfmädchen steckten sie sich ins Haar, wenn sie in der Dämmerung in Zweier- oder Dreiergrüppchen spazieren gingen. Einige verteilten die Insekten überall in den Haaren, andere ordneten sie zu smaragdgrünen Diademen.

Es war ihre erste Nacht hier, und sie war allein im Speisesaal. Kellner in weißen Jacken standen in der Nähe der Treppe, die zum Swimmingpool führte und zu der Bar, wo die meisten der Gäste noch tanzten und tranken. *Mambo! Que rico el Mambo!* Eiswürfel und Rumba-Rasseln. Hilfskellner zündeten flackernde Kerzen an. Es schien kein Mond, es war, als ließen die Sterne das Meer metallisch leuchten.

Die ersten sonnenverbrannten, abenteuerlich gekleideten Leute kamen herein. Texaner oder Kalifornier, dachte sie, lässiger, luftiger als jemand aus Colorado. Sie riefen einander über die Tische hinweg zu: »Ran an die Buletten, Willy!« – »Tolle Sache, das!«

Was mache ich hier? Es war ihre erste Reise seit dem Tod ihres Ehemanns vor drei Jahren. Als Spanischlehrer waren sie beide jeden Sommer nach Mexiko oder Südamerika gereist. Nachdem ihr Mann gestorben war, wollte sie nirgendwohin mehr reisen, nicht ohne ihn, und hatte sich jedes Jahr als Lehrerin für die Sommerschule gemeldet. Dieses Jahr war sie zu erschöpft gewesen, um noch zu unterrichten. Im Reisebüro hatte man sie gefragt, wann sie wieder zurück sein müsse. Sie hatte gezögert, erstarrt. Sie brauchte gar nicht zurück zu sein, brauchte überhaupt nicht mehr zu unterrichten. Sie musste nirgendwo sein, niemandem Rechenschaft leisten.

Sie aß ihr Ceviche und wurde sich schmerzhaft bewusst, dass sie auffiel. Ihr graues Seersuckerkostüm war angemessen, wenn sie vor einer Klasse stand, in Mexiko-Stadt ... hier wirkte es schäbig, lächerlich, grundverkehrt. Die Strumpfhose war altmodisch und viel zu warm. Wahrscheinlich blieb sogar ein nasser Fleck, wenn sie aufstand.

Sie zwang sich zu entspannen und die mit Knoblauch gegrillten Langusten zu genießen. Mariachi-Sänger schlenderten von Tisch zu Tisch, gingen an ihrem vorbei, als sie ihren starren Gesichtsausdruck sahen. *Sabor a ti. The taste of you.* Kann man sich ein amerikanisches Lied vorstellen, das davon handelt, wie jemand schmeckt? Alles in Mexiko hatte einen Geschmack. Stark nach Knoblauch, Koriander, Limette. Die Gerüche waren intensiv. Nicht die Blumen, sie dufteten überhaupt nicht. Aber das Meer, der angenehme Geruch von moderndem Dschungel. Ranziges Odeur von schweinsledernen Stühlen, mit Kerosin eingeriebenen Kacheln, Kerzen.

Am Strand war es dunkel, und Glühwürmchen spielten jetzt allein in den neblig grünen Schaumwirbeln. Draußen in der Bucht gab es rote Leuchtfeuer zum Anlocken der Fische.

»*Pues, cómo estuvo?*«, fragte der Kellner.

»*Esquisito, gracias.*«

Die Hotelboutique hatte noch geöffnet. Sie fand zwei handgewebte Kleider, eines weiß, das andere rosafarben. Die Kleider waren weich und luftig, ganz anders als alles, was sie bisher getragen hatte. Sie kaufte einen Strohbeutel und mehrere Kämme mit Jade-Glühwürmchen darauf, als Preise für ihre Schüler.

Einen Schluck zur Nacht?, schlug der Manager vor, als sie durch die Lobby ging. Warum eigentlich nicht?, dachte sie und betrat die Bar am Swimmingpool, die jetzt leer war. Sie bestellte Madero Brandy mit Kahlua, Mels Lieblingsdrink. Sie vermisste ihn heftig, wollte seine Hand an ihrem Haar. Sie schloss die Augen unter dem Geräusch raschelnder Palmenblätter, klappernder Eiswürfel im Shaker, knarrender Ruder.

Auf ihrem Zimmer sah sie sich noch einmal das Gedicht an. *Und so kehrt alles Leben / an den Ort seines inneren Friedens zurück.* Nein. Und Leben sowieso nicht, das Wort lautet *sangre,* Blut. Alles, was pulsiert und fließt. Die Lampe war zu schwach, Käfer klackerten in den Schirm. Als sie das Licht ausmachte, fing die Musik in der Bar wieder an. Hartnäckiges Wummern des Basses. Ihr Herz schlug, schlug weiter. *Sangre.*

Sie vermisste ihr eigenes, hartes Bett, das einschläfernde Geräusch der Autos auf dem fernen Freeway. Was ich wirklich vermisse, ist mein morgendliches Kreuzworträtsel. O Mel, was soll ich nur machen? Mit dem Unterrichten aufhören? Reisen? Eine Doktorarbeit schreiben? Selbstmord begehen? Wo kam dieser Gedanke her? Aber das Unterrichten ist mein ganzes Leben. Und das ist erbärmlich. Miss Gore hat keinen Humor. Jedes Jahr kam dieser Spruch von irgendeinem hämischen Schüler. Eloise war eine gute Lehrerin, nüchtern, unvoreingenommen, eine von denen, die ihre Schüler erst Jahre später schätzten.

Cuando calienta el sol, acqui en la playa. Sobald die Musik leiser wurde, drangen Geräusche aus den Nebenzimmern durch die Jalousien. Lachen, Liebesspiel.

»Mr. Weltenbummler! Mr. Alleswisser! Weltenbummler!«

»Süße, ich weiß (ischwaiß)«, sagte der Texaner in gedehntem Dialekt. Ein Krachen, dann war Ruhe. Er musste gestürzt sein, ohnmächtig geworden. Die Frau lachte guttural. »Gott sei Dank!«

Eloise hätte jetzt gern einen Kriminalroman gehabt. Sie stand auf und ging ins Bad, Kakerlaken und Landkrabben trappelten davon. Sie duschte mit Kokosseife, trocknete sich mit klammen Handtüchern ab. Sie wischte über den Spiegel, um sich zu betrachten. Reizlos und hart, dachte sie. Nicht ihr Gesicht mit den großen grauen Augen, der feinen Nase und dem schönen Lächeln, das war nicht reizlos, aber es war hart. Ein guter Körper, aber so lange vernachlässigt, dass er auch hart zu sein schien.

Um zwei Uhr dreißig hörte die Band zu spielen auf. Schritte

und Geflüster, ein Glas, das zersprang. *Sag, dass du's kapierst, Baby, sag es!* Ein Stöhnen. Schnarchen.

Eloise wachte um sechs Uhr auf, wie gewöhnlich. Sie öffnete die Jalousien, schaute zu, wie sich der milchig-silbrige Himmel lavendelgrau färbte. Palmenblätter rieben in der Brise aneinander wie Karten, die gemischt wurden. Sie zog ihren Badeanzug und ihr neues rosafarbenes Kleid an. Niemand war auf, nicht einmal in der Küche. Hähne krähten, und Rabengeier umflatterten den Müll. Vier Schweine. Am Ende des Gartens schliefen indianische Hilfskellner und Gärtner zusammengerollt auf den Ziegeln, ohne Decke.

Sie folgte dem Weg, der vom Strand in den Dschungel führte. Dunkle, tropfende Stille. Orchideen. Ein Schwarm grüner Papageien. Ein Leguan, der auf einem Felsen hockte, wartete, dass sie vorbeiging. Zweige schlugen ihr klebrig und warm ins Gesicht.

Als sie einen Hügel erklomm, war die Sonne aufgegangen, sie stieg hinunter zu einer Anhöhe über dem weißen Strand. Von dort aus konnte sie die stille Bucht von Las Gatas sehen. Unter Wasser hatten die Tarasken einen Steinwall errichtet, um die Bucht vor Haien zu schützen. Ein Schwarm Sardinen wirbelte im durchsichtigen Wasser, verschwand wie ein Tornado hinaus ins Meer. Den Strand entlang standen Gruppen von runden Hütten mit Palmdächern. Aus der entferntesten Hütte stieg Rauch auf, aber niemand war zu sehen. Auf einem Schild stand »Bernardos Tauchschule«.

Sie ließ Tasche und Kleid in den Sand fallen, schwamm mit sicheren Kraulzügen weit hinaus bis zum Steinwall und wieder zurück. Dann ließ sie sich treiben, schwamm. Sie trat Wasser und lachte laut heraus, drehte sich schließlich nahe am Ufer auf den Rücken, ließ sich wiegen von den Wellen, der Stille, die Augen zum Himmel, der erschreckend blau war.

Sie ging an der Tauchschule vorbei, den Strand hinunter auf den Rauch zu. Ein offener, schilfgedeckter Raum mit geharktem Sandboden. Ein großer Holztisch, Bänke. Hinter dem Raum schloss sich eine lange Reihe von Nischen aus Bambus an, jede mit einer Hängematte und einem Moskitonetz ausgestattet. In der einfachen Küche wusch ein Kind Geschirr in einem Spülbecken, eine alte Frau fachte das Feuer an. Hühner huschten um sie herum, pickten im Sand.

»Guten Morgen«, sagte Eloise. »Ist es hier immer so still?«

»Die Taucher sind draußen. Möchten Sie Frühstück?«

»Gern.« Eloise streckte ihre Hand aus. »Ich bin Eloise Gore.« Aber die alte Frau nickte nur. »*Siéntese.*«

Eloise aß Bohnen, Fisch, Tortillas und schaute über das Wasser auf die nebligen Hügel. Ihr Hotel sah ungepflegt und schäbig aus, stand schief am Hang. Über seine Mauern hingen Bougainvilleen wie die Schals einer Betrunkenen.

»Könnte ich hier wohnen?«, fragte sie die Frau.

»Wir sind kein Hotel. Hier leben Fischer.«

Aber als die Frau mit heißem Kaffee zurückkehrte, sagte sie: »Es gibt ein Zimmer. Dort wohnen manchmal die ausländischen Taucher.«

Es war eine offene Hütte hinter der Lichtung. Ein Bett und ein Tisch mit einer Kerze. Eine stockfleckige Matratze, saubere Laken, ein Moskitonetz. »Keine Skorpione«, sagte die Frau. Der Preis, den sie für Unterkunft und Verpflegung verlangte, war absurd niedrig. Frühstück und das Abendbrot um vier Uhr nachmittags, wenn die Taucher zurückkehrten.

Es war heiß, als Eloise durch den Dschungel zurückging, aber zu ihrer eigenen Überraschung hüpfte sie ausgelassen wie ein Kind den Weg entlang, redete in Gedanken mit Mel. Sie versuchte sich zu erinnern, wann sie das letzte Mal so glücklich gewesen war. Einmal, kurz nachdem er gestorben war, hatte sie die Marx Brothers im Fernsehen gesehen. *Skandal in der Oper.* Sie musste ausschalten, konnte es nicht ertragen, alleine zu lachen.

Der Hotelmanager fand es amüsant, dass sie nach Las Gatas wollte. *»Muy tipico.«* Lokalkolorit: ein Euphemismus für primitiv oder schmutzig. Er organisierte ihr ein Kanu, das sie mit ihrem Gepäck am Nachmittag auf die andere Seite der Bucht bringen würde.

Sie war bestürzt, als sie sich ihrem friedlichen Strand näherten. Ein großes Holzboot, *La Ida*, ankerte vor der Hütte. Bunte Kanus und motorisierte Panga-Fischerboote aus der Stadt fuhren hin und her, entluden die *La Ida*. Hummer, Fisch, Aal, Tintenfisch, Säcke voller Muscheln. Ein Dutzend Männer standen am Ufer oder trugen Druckluftflaschen und Atemregler vom Boot, lachten und riefen etwas. Ein Junge band eine riesige grüne Schildkröte an der Ankerkette fest.

Eloise brachte ihre Sachen in ihr Zimmer, wollte sich hinlegen, aber es gab keine Privatsphäre. Vom Bett aus konnte sie in die Küche sehen, dahinter die Taucher am Tisch und das blaugrüne Meer.

»Das Essen ist fertig«, rief ihr die Frau zu. Sie und das Kind trugen Geschirr zum Tisch.

»Kann ich Ihnen helfen?«, fragte Eloise.

»Siéntese.«

Am Tisch zögerte Eloise. Einer der Männer stand auf und schüttelte ihr die Hand. Gedrungen und kräftig, wie eine Olmeken-Statue. Seine Haut war tiefbraun, er hatte Augen mit schweren Lidern und einen sinnlichen Mund.

»Soy César. El maestro.«

Er machte ihr Platz, damit sie sich hinsetzen konnte, stellte sie den anderen Tauchern vor, die ihr zunickten und weiteraßen. Drei von ihnen waren alte Männer. Flaco, Ramón und

Raúl. Césars Söhne Luis und Cheyo. Madaleno, der Bootsjunge. Beto, »ein neuer Taucher – der beste«. Betos Frau Carmen saß abseits des Tisches und stillte ihr Baby.

Dampfende Schüsseln voller Muscheln. Die Männer redeten über El Peine. Der alte Flaco hatte endlich einen gesehen, nachdem er schon sein ganzes Leben lang getaucht war. Der Kamm? Später fand sie mithilfe eines Wörterbuchs heraus, dass sie über einen riesigen Sägefisch sprachen.

»*Gigante*. So groß wie ein Wal. Noch größer!«

»*Mentira!* Lüge! Du hast halluziniert. Zu viel Sauerstoff.«

»Wart's ab. Wenn die Italiener mit ihren Kameras kommen, nehm ich sie mit, aber keinen von euch.«

»Wetten, du weißt nicht mehr, wo er war.«

Flaco lachte. »*Pues* ... nicht genau.«

Hummer, gegrillter Roter Schnapper, Tintenfisch. Reis und Bohnen und Tortillas. Das Kind stellte ein Tellerchen mit Honig auf einen weiter weg stehenden Tisch, um die Fliegen abzulenken. Eine lange, laute Mahlzeit. Als sie fertig waren, legten sich alle bis auf César und Eloise in ihre Hängematten und schliefen. Das Zimmer von Beto und Carmen hatte einen Vorhang, die anderen waren offen.

»*Acercate a mi*«, sagte César zu Eloise. Sie rückte näher an ihn heran. Die Frau brachte ihnen Papaya und Kaffee. Sie war Césars Schwester Isabel, Flora war ihre Tochter. Sie waren vor zwei Jahren hergekommen, als Césars Frau gestorben war. Ja, Eloise war auch verwitwet. Seit drei Jahren.

»Was versprichst du dir von Las Gatas?«, fragte er.

Sie wusste es nicht. »Stille«, sagte sie. Er lachte.

»Aber bist du nicht immer still? Du kannst mit uns tauchen gehen, da unten gibt's keinen Lärm. Ruh dich jetzt aus.«

Es wurde schon dunkel, als sie aufwachte. Eine Laterne beleuchtete den Speiseraum. César und die drei alten Männer spielten Domino. Die alten Männer seien Mutter und Vater für ihn, hatte César gesagt. Seine eigenen Eltern waren gestorben, als er fünf war, und sie hatten ihn aufgenommen, gleich am ersten Tag nahmen sie ihn mit unter Wasser. Die drei Männer waren damals die einzigen Taucher hier, Freitaucher, die Austern und Muscheln heraufholten, viele Jahre, bevor es Flaschen und Harpunen gab.

Am anderen Ende der Palmenhütte unterhielten sich Beto und Carmen, die mit ihrem kleinen Fuß die Hängematte schaukelte. Cheyo und Juan schärften Harpunenspitzen. Ein Stück entfernt von den anderen hörte Luis Musik aus einem Transistorradio. Rock and Roll. Du kannst mir Englisch beibringen! Er lud Eloise ein, neben ihm zu sitzen. Die Worte in den Liedern waren überhaupt nicht so, wie er sie sich vorgestellt hatte. Can't get no satisfaction.

Betos Baby lag nackt auf dem Tisch, den Kopf in Césars freie Hand geschmiegt. Das Baby pullerte, und César wischte den Urin vom Tisch, trocknete die Hand im Haar ab.

Nebel. Zwei weiße Kraniche. Kleine Wellen von der Schildkröte, die ans Boot gebunden war. Der Wind ließ das Licht der Laterne flackern, Blitze erleuchteten die blassgrüne See. Die Kraniche flogen weg, und es begann zu regnen.

Ein junger langhaariger Amerikaner kam aus der Nässe hereingestolpert, zitternd, atemlos. O Gott, o Gott. Er hörte nicht auf zu lachen. Niemand rührte sich. Er legte sein Bündel und ein durchnässtes Skizzenbuch auf den Tisch, lachte noch immer.

»Drogas?«, fragte Flaco. César zuckte die Schultern und ging, kam mit Handtüchern und Baumwollkleidung zurück. Der junge Mann hielt fügsam still, während César ihn auszog und abtrocknete und anzog. Madaleno brachte ihm Suppe und Tortillas; als er fertig war, führte César ihn zu einer der

Hängematten und deckte ihn zu. Der junge Mann schlief in der schaukelnden Matte ein.

Der Kompressor für die Druckluftflaschen dröhnte und knatterte lange vor der Morgendämmerung. Hähne krähten, der Papagei am Außenbecken kreischte, Geier flatterten am Rand der Lichtung auf. César und Raúl füllten Flaschen auf, Madaleno harkte den Sandboden. Eloise wusch sich am Becken, kämmte sich das Haar in der Reflexion des Wassers, das jetzt silbern war. Der einzige Spiegel war eine an eine Palme genagelte Scherbe, vor der sich Luis rasierte und in sein Lächeln hineinsang. Guantanamera! Er winkte Eloise zu. »Morgen, Lehrera!«

»Guten Morgen. Lehrer*in*.« Sie lächelte.

»Lehrerin.«

In ihrem Zimmer wollte sie ihr rosafarbenes Hemdkleid über den Badeanzug ziehen.

»Nein, zieh dich nicht an – wir tauchen nach Muscheln.«

César trug die schweren Druckluftflaschen und die Gewichte. Sie hatte die Atemregler und die Schwimmflossen in einem Netz.

»Ich bin noch nie getaucht.«

»Du kannst doch schwimmen, oder?«

»Ich bin eine gute Schwimmerin.«

»Du bist stark«, sagte er mit Blick auf ihren Körper. Sie wurde rot. Ihre Schüler nannten sie gemein und kalt. César schnallte ihr die Gewichte um die Hüfte, die Flasche auf den Rücken. Sie errötete wieder, als er beim Schließen der Halterung ihre Brüste streifte. Er erklärte ihr die Grundregeln, wie man langsam auftauchte, wie man die Reserveflasche öffnete. Er zeigte ihr, wie sie die Tauchermaske mit Spucke reinigte und den Atemregler einstellte. Die Flasche auf ihrem Rücken war unerträglich schwer.

»Warte. Ich schaff das nicht.«

»Doch«, sagte er. Er schob ihr das Mundstück zwischen die Lippen und zog sie unter Wasser.

Das Gewicht war verschwunden. Nicht nur das Gewicht der Druckluftflasche, sondern auch ihr eigenes. Sie war unsichtbar. Sie strampelte und schoss durch das Wasser, hatte zum ersten Mal Schwimmflossen an den Füßen. Wegen des Mundstücks konnte sie nicht laut lachen oder rufen. Mel, das ist großartig! Sie flog dahin, César neben sich.

Durch die beschlagene Glasschicht des Wassers ging die Sonne auf, ein blasses, metallisches Glänzen. Langsam wie unter Bühnenbeleuchtung erwachte die Unterwasserwelt zum Leben. Magentafarbene Anemonen, Schwärme von Prachtkaiserfischen, blauen und roten Neonfischen, ein Stachelrochen. César zeigte ihr, wie man den Druck verminderte, als sie tiefer gingen, weiter hinaus. In der Nähe des taraskischen Walls schwamm er hinunter zum sonnigen Grund, wo er eine Eisenspitze in den Sand stieß, immer wieder, bis eine Blase aufstieg. Er grub eine Muschel aus und tat sie ins Netz. Sie griff nach der Spitze, schwamm weiter und stieß sie immer wieder in den Sandboden, während er Muscheln einsammelte, bis das Netz voll war. Durch Myriaden von Fischen und Pflanzen schwammen sie zurück zum Ufer.

Für Eloise war einfach alles neu, jedes Geschöpf, jeder Eindruck. Ein Sardinenschwarm zerstob an ihrem Körper wie klare Wasserspritzer. Auf einmal bekam sie keine Luft mehr; sie dachte nicht an den Reservetank, wurde panisch, schlug um sich. César fing sie auf, hielt ihren Kopf, zog mit der anderen Hand an ihrem Luftschlauch.

Sie tauchten auf. Das grüne Wasser verriet nichts von dem, was darunter lag. Am Stand der Sonne erkannte sie, dass sie nicht einmal eine Stunde unter Wasser gewesen sein konnten.

So schwerelos verliert man jeden Bezug zu sich selbst, das Gefühl für Ort und Zeit.

»Danke«, sagte sie.

»Danke dir – wir haben jede Menge Muscheln.«

»Was verlangst du für den Unterricht?«

»Ich bin kein Tauchlehrer.«

Sie nickte hinüber zum Schild von Bernardo. »500 Pesos die Stunde.«

»Du bist nicht bei Bernardos Tauchschule. Du bist bei uns gelandet.«

Und das war's, dachte sie später am Frühstückstisch. Sie war aufgenommen worden, und das lag nicht daran, dass sie sie mochten oder dass sie sich einfügte. Sie war einfach aufgetaucht, genau wie der junge Mann, der seither verschwunden blieb. Vielleicht lag es daran, dass die Taucher so viel Zeit unter Wasser verbrachten, in dieser unermesslichen Weite. Man musste mit allem rechnen, und alles war gleichermaßen unwichtig.

Gelbe Druckluftflaschen rollten und schepperten im Laderaum des Bootes. *La Ida.* Kein Name, sondern *Die Fahrt*, das Hinausfahren.

Die Fischer lachten, knoteten die Gummis an ihren Harpunen immer wieder neu und banden sich Messer an die vernarbten braunen Beine. Das Zischen der Druckluftflaschen, wenn César bei jeder die Luft prüfte.

Sie erzählten Geschichten. Der Peine. Der Killerwal. Der italienische Taucher und die Haie. Als Mario ertrank, als Césars Luftschlauch riss. Auch Eloise würde sie wieder und wieder hören, die Litanei vor jedem Tauchgang.

Ein Teufelsrochen spielte mit dem großen Boot. Madaleno drehte scharf bei, blieb knapp außerhalb seiner Bahn. Der Fisch schnellte hoch in die Luft, sein Bauch glitzerte. Parasitenfische spritzten von ihm weg, fielen ins Boot. Draußen im Meer paarten sich zwei dunkelgrüne Schildkröten in den Wellen. Sie blieben ineinander verhakt, schaukelten träumerisch im Wasser, blinkten ab und zu auf im Glast.

Madaleno ging im nördlichen Teil der Bucht vor Anker, weitab von den Felsen. Flossen, Masken, Gewichte, Flaschen anlegen. Sie saßen im Halbkreis auf dem Bootsrand. Flaco und Ramón lehnten sich als Erste nach hinten, fielen rückwärts hinab und verschwanden. Dann Raúl und Cheyo, Beto und Luis. César sah, dass Eloise Angst hatte. Die Wellen waren hoch und von dunklem Blau. Mit einem Grinsen schubste er sie vom Boot. Kalt. Blauer Himmel zuckte auf, und dann ein ganz neuer, durchscheinender Himmel. Die Wirklichkeit des Bootes und der Ankerkette. Tiefer, kälter. Nicht so schnell, bedeutete er ihr.

Die Zeit stand still. Die Zeit vervielfachte sich in den Abstufungen von Licht und Dunkel, Kälte und Wärme. Weiter hinunter durch die verschiedenen Schichten, Strata, jede mit ihrer eigenen Rangfolge im Zusammenleben von Pflanzen und Fischen. Bei Nacht und bei Tag, winters wie sommers. Nahe dem Grund ist es warm, sonnig, eine Wiese in Montana, Jahre her. Muränen entblößten ihre Fangzähne. Flaco zeigte ihr, wonach sie suchen sollte. Der blaue Fühler eines Hummers. Warte – pass auf die Muränen auf. Die Taucher glitten hinein in die Spalten und wieder heraus, wie Tänzer im Traum.

Eloise winkte den Männern, die am nächsten waren, wenn sie einen Hummer entdeckt hatte. Hin und wieder glitt ein riesiger Lora-Fisch vorbei oder eine Brasse, und einer der Taucher erlegte sie. Ein Blutstrahl. Ein silberner Schimmer, wenn der Fisch auf das Seil rutschte.

Den nächsten Tauchgang machten sie draußen im offenen Meer. Eloise wartete mit Madaleno im Boot. Er sang, sie sah den Fregattvögeln zu, lehnte dösend an den schlüpfrigen Fischen. Ihre Träume zerstoben unter sprühender Gischt, dem Schrei eines Tauchers, der mit seinem Fang auftauchte.

Auf dem Rückweg waren die Männer ausgelassen, nur Luis nicht. Es war auf jeden Fall ein guter Fang, aber so einen brauchten sie zwei Mal täglich, wenn sie *La Ida* behalten wollten. Sie waren mit zwei Raten im Rückstand, hatten noch 20 000 Pesos Schulden. Auf ihrem alten Boot war nur für vier Taucher Platz gewesen und für so wenige Druckluftflaschen, dass sie nur einen Tauchgang machen konnten. *La Ida* wäre eine gute Idee, sagte er, wenn sein Vater nicht an den drei alten Männern festhalten würde. Die *viejos* fangen zwei Fische, wenn wir zehn fangen. Mit drei guten Tauchern könnten wir das Boot in wenigen Monaten abbezahlen.

»Luis will eigentlich ein Rennboot kaufen«, sagte César, »um mit den *gringas* Wasserski zu fahren. *Que se vaya a Acapulco.* Ich würde ihnen niemals sagen, dass sie nicht mehr tauchen dürfen. Und wehe, du sagst das jemals zu mir.«

Jeden Morgen tauchte Eloise mit César nach Muscheln und fuhr mit auf den ersten Tauchgang des Tages. Zum zweiten Tauchgang in die Tiefsee nahmen sie sie noch nicht mit, obwohl sie sicherer und stärker wurde und allmählich selbst eine ordentliche Menge an Fischen erlegte. Abends saß sie mit den alten Männern zusammen. Luis und César gingen Abrechnungen durch, diskutierten. Manchmal fuhren die Söhne in die Stadt. Es gab Beratungen zwischen Eloise und Luis, über seine Kleidung. Glaub mir, die weißen Leinenhosen sind schöner als diese grünen aus Kunststoff. Natürlich musst du weiter die Haizähne um den Hals tragen.

Eines Abends kämmte César jedem die Haare. Sogar ihr.

Sie sehnte sich nach einem Spiegel, aber ihr Haar fühlte sich gut an, leicht und lockig.

»Sehr chübsch«, sagte Luis. *Hübsch*, korrigierte sie ihn, wusste aber, dass er den Charme eines Akzents entdeckt hatte.

Wenn die Sonne unterging und die Nacht kam, wurden sie still. Eloise hörte das Klick-Klick der Dominosteine, das Knarren der Ankerkette. Ein paarmal versuchte sie zu lesen oder an dem Gedicht zu arbeiten, gab es aber bald auf. Vielleicht werde ich nie wieder lesen. Was würde sie tun, wenn sie nach Hause kam? Wer weiß – vielleicht stand Denver längst völlig unter Wasser. Sie lachte laut auf bei diesem Gedanken.

»*Estás contenta*«, sagte César.

Am nächsten Tag rief sie ihm über den Generator hinweg zu: »Kann ich in der Tiefsee tauchen, bevor ich gehe?«

»Du brauchst erst einen schlechten Tauchgang.«

»Wie mache ich das?«

»Das wird schon. Vielleicht heute. Die See ist rau. Hat die ganze Nacht geregnet.«

Zuerst tauchten sie an einer felsigen Stelle, wo es viele Seeigel und Muränen gab. Das Wasser war trübe, starke kalte Strömungen erschwerten die Sicht und das Schwimmen. Ein Hornhecht stach sie in den Arm. Ramón und Raúl tauchten mit ihr auf, umwickelten den Schnitt fest mit Stofffetzen, um zu verhindern, dass das Blut Haie anlockte. Wieder unter Wasser verlor sie die beiden aus den Augen; César hatte sie überhaupt noch nicht gesehen. Ich hoffe, das gilt als schlechter Tauchgang, witzelte sie zu sich selbst, aber sie hatte Angst. Sie konnte niemanden sehen, nichts. Sie trat Wasser, fühlte sich, als hätte sie sich im Wald verirrt. Ihr ging die Luft aus. Sie zog am Band der Reserveflasche, aber nichts geschah. Nicht panisch werden. Langsam auftauchen. Langsam. Aber sie war panisch, ihre Lungen drohten zu bersten. Sie tauchte langsam auf, zog wie wild am Band. Keine Luft. César war da, direkt vor ihr. Sie zog ihm das Mundstück weg, steckte es sich in den Mund.

Sie trank die Luft mit einem Schluchzer der Erleichterung. Er wartete, nahm ihr dann ruhig das Mundstück wieder weg, atmete selbst. Er geleitete sie an die Oberfläche, während das Mundstück zwischen ihnen hin- und herwechselte.

Sie durchbrachen die Wasseroberfläche. Luft, Licht. Sie zitterte; Madaleno half ihr ins Boot.

»Ich schäme mich so. Bitte verzeih mir.«

César hielt ihren Kopf in seinen Händen. »Ich hatte deinen Reservetank verschlossen. Du hast genau das gemacht, was du machen solltest.«

Auf dem Rückweg frotzelten die Taucher über sie, aber sie waren sich einig, dass sie am nächsten Tag nach Los Morros mitkommen konnte. »*Pues, es brava*«, sagte Raúl. »*Sí*«, César grinste. »*Ella podría ir sola.*« Sie könnte auch alleine tauchen. Er hielt sie wahrscheinlich für eine dieser aggressiven, tüchtigen amerikanischen Frauen. Ich bin tüchtig, dachte sie, den Kopf nahe am Bootsrand, die hohen Wellen wischten die Tränen weg. Sie schloss die Augen und dachte an das Gedicht, wusste jetzt, wie das Ende lauten musste. *Und so kehrt alles Blut / an den Ort seines inneren Friedens zurück.*

Der nächste Tag war überwältigend klar. Los Morros war ein nackter Monolith weit draußen im Meer, vom Ufer aus beinahe nicht zu sehen. Er war weiß von Guano, Tausende Vögel ließen ihn schwindelerregend pulsieren. *La Ida* ging weit davon entfernt vor Anker, aber auch über den sich brechenden Wellen war noch das Kreischen der Vögel zu hören, das geisterhafte Flappen und Flattern der Flügel. Der Gestank nach Urin und Guano erregte Übelkeit, war benebelnd wie Äther.

Tiefes Absinken. Fünfzehn Meter, zwanzig Meter, dreißig, fünfunddreißig. Als lägen die Berge von Colorado unter Wasser. Klippen und Schluchten, Talsohlen und Senken. Fische und Pflanzen, die Eloise noch nie gesehen hatte; die Fische, die sie kannte, waren hier riesig, fett. Sie zielte auf einen Riesenzackenbarsch, verfehlte ihn, zielte noch einmal und traf ihn genau richtig. Er war so groß, dass Juan ihr dabei half, ihn auf ihren Fish Stringer zu ziehen, das Seil schnitt ihr brennend in die Finger. Wildes Aufziehen und Schießen ringsum. Lora-Fisch, Schnapper, Gelbschwanzmakrelen. *Sangre.* Sie traf einen Sägebarsch und noch einen Riesenzackenbarsch, zufrieden, denn sie hatte César nicht gesehen, war auf sich allein gestellt. Dann bekam sie Angst, entdeckte ihn weit entfernt, flog schnell an den zerklüfteten Felsen entlang auf ihn zu. Er paddelte mit den Flossen, wartete im Dunkel auf sie, zog sie dann an sich. Sie umarmten sich, ihre Atemregler schlugen aneinander. Dann merkte sie, dass sein Penis in ihr war, schlang die Beine um ihn, während sie sich drehten und wiegten in der dunklen See. Als er sich aus ihr zurückzog, trieb sein Sperma zwischen ihnen auf wie helle Tintenfischtinte. Wenn Eloise später daran dachte, dann nicht wie an eine Person oder einen sexuellen Akt, sondern wie an ein Naturereignis, ein leichtes Erdbeben, eine Windböe an einem Sommertag.

Er gab ihr seinen Fish Stringer, als er einen riesigen Pintillo entdeckte, schoss ihn und zog ihn ebenfalls auf den Stringer. Über ihnen war ein Schnapper, weit weg, und sie schnellte Césare nach, auf ihn zu, holte ihn am Eingang zu einer dunklen Höhle ein. Der Schnapper war weg. César bedeutete ihr zu warten, hielt sie in der kalten Dunkelheit zurück. Goldene Staubteilchen flirrten durch das trübe Lila. Ein blauer Papageifisch. Stille. Dann kamen sie. Ein Schwarm Barrakudas.

Da war sonst nichts mehr im Meer. Endlos, lautlos, Hunderte von ihnen. Das schwache Licht verwandelte ihre rasante Geschmeidigkeit in geschmolzenes Silber. César schoss, zersprengte sie in Sturzfluten von Quecksilber, das schnell wieder zusammenfloss und verschwand.

La Ida lag tief im Wasser, gischtgetränkt. Die Taucher verteilten sich erschöpft auf den immer noch pulsierenden Fischkörpern. Beto hatte eine Schildkröte gefangen, und die Männer gruben in ihr nach den Eiern, die sie mit Limetten und Salz aßen. Eloise weigerte sich zuerst, überheblich, denn es war nicht die Jagdsaison für Schildkröten, aß die Eier dann doch, weil sie Hunger hatte. Das Boot umkreiste wieder und wieder Los Morros. Niemand hatte etwas gesagt; anfangs merkte Eloise überhaupt nicht, dass Flaco noch nicht aufgetaucht war. Ihr fiel auch nicht auf, dass die Männer Angst hatten, erst als schon mindestens eine Stunde vergangen war, seit man ihn hätte sehen müssen. Auch als die Sonne unterging, sagte niemand, dass er ertrunken sein musste, tot. Schließlich forderte César Madaleno auf, die Küste anzusteuern.

Sie aßen im Licht der einen Laterne. Niemand sprach. Als sie fertig waren, fuhren César, Raúl und Ramón mit Laternen und einer Flasche Raicilla noch einmal hinaus aufs Meer.

»Aber sie können doch nicht darauf hoffen, ihn im Dunkeln zu finden.«

»Nein«, sagte Luis.

Sie ging in ihre Hütte, um zu packen, hängte ihr Seersuckerkostüm auf. Am nächsten Morgen würde sie abreisen, ein Panga-Boot war bestellt. Sie lag wach im klammen Bett, sah durch das Moskitonetz in die zinnfarbene, mondhelle Nacht. César kam zu ihr, hielt sie im Arm, liebkoste sie mit seinen starken narbigen Händen. Sein Mund und sein Körper schmeckten nach Salz. Ihre Körper waren landschwer, heiß, wogend. Rhythmus der See. Sie lächelten im blassen Licht und schliefen ein, ineinander verschlungen wie Schildkröten.

Als sie aufwachte, saß er auf ihrem Bett, in Badehose und T-Shirt.

»Eloisa, kannst du mir die Zwanzigtausend für das Boot geben?«

Sie zögerte. In Pesos klang es wie viel Geld. Es war viel Geld. »Ja«, sagte sie. »Kannst du einen Scheck nehmen?« Er nickte. Sie schrieb den Scheck aus, und er schob ihn in seine Tasche. *Gracias*, sagte er, küsste sie auf die Augenlider und ging.

Die Sonne war aufgegangen. César war am Generator, schwarzes Öl tropfte ihm über den Arm. Eloise trug vor der Spiegelscherbe Lippenstift auf. Schweine und Hühner durchstöberten den Hof, scheuchten die Rabengeier auf. Madaleno harkte den Sand. Isabel kam aus der Küche.

»*Pues ya se va?*« Eloise nickte, wollte Isabel zum Abschied die Hand schütteln, aber die alte Frau nahm sie in die Arme. Die beiden Frauen schwankten, hielten einander; Isabels seifige Hände waren nass und warm an Eloises Rücken.

Das Motorboot traf genau in dem Moment ein, als *La Ida* den taraskischen Wall passierte, auf dem Weg hinaus aufs Meer. Die Männer winkten Eloise kurz über das Wasser hinweg zu. Sie überprüften die Druckluftanzeigen, schnallten sich Gewichte und Messer um. César kontrollierte die Luft in den Flaschen.

El Tim

In der Tür eines jeden Klassenzimmers stand eine Nonne, schwarze Roben wehten mit dem Wind in den Flur. Die Stimmen der betenden Erstklässler: *Gegrüßet seist Du, Maria, voll der Gnade. Der Herr ist mit Dir.* Auf der anderen Seite des Flurs fing die zweite Klasse an, mit klaren Stimmen: *Gegrüßet seist Du, Maria, voll der Gnade.* Ich blieb in der Mitte des Gebäudes stehen und wartete auf die triumphierenden Stimmen der dritten Klasse, die sich mit denen der ersten vereinten, *Vater unser im Himmel,* dann mit denen der vierten, aus tiefer Kehle: *Gegrüßet seist Du, Maria, voll der Gnade.*

Wenn die Kinder älter wurden, beteten sie schneller, sodass die Stimmen allmählich ineinander übergingen, unvermittelt zu einem freudvollen Gesang verschmolzen… *Im Namen des Vaters und des Sohnes und des Heiligen Geistes. Amen.*

Ich unterrichtete Spanisch im neuen Gebäude der Mittelstufe, das wie ein bemaltes Kinderbauklötzchen am anderen Ende des Spielplatzes lag. Jeden Morgen ging ich vor dem Unterricht durch die Grundschule, um die Gebete zu hören, aber auch einfach, um das Gebäude zu betreten wie eine Kirche. Die Schule war eine Missionsstation gewesen, 1700 von den Spaniern erbaut, um in der Wüste zu überdauern. Sie unterschied sich von anderen alten Schulen, deren Stille und Solidarität die Kinder, die sie durchlaufen, ebenfalls schützend umfängt. Diese Schule hatte den Frieden einer Missionsstation bewahrt, eines geweihten Ortes.

Die Nonnen in der Grundschule lachten, und die Kinder lachten. Die Nonnen waren alt, aber nicht wie müde alte Frauen, die an Bushaltestellen ihre Taschen umklammern, sondern stolz, geliebt von ihrem Gott und ihren Kindern. Auf Liebe reagierten sie mit Zärtlichkeit, mit mildem Lachen, das hinter den schweren Holztüren geborgen und behütet war.

Einige Nonnen der Mittelstufe strichen über den Spielplatz, überprüften ihn nach Zigarettenrauch. Diese Nonnen waren jung und nervös. Sie unterrichteten »unterprivilegierte Kinder«, »psychisch auffällige Delinquenten«, und ihre schmalen Gesichter waren müde, krank vom ausdruckslosen Gestarre. Sie waren nicht in der Lage, sich wie die Nonnen der Grundschule Ehrfurcht oder Liebe zunutze zu machen. Sie behalfen sich mit Unangreifbarkeit und Gleichgültigkeit gegenüber den Schülern, die doch ihre Pflicht und ihr Leben waren.

In der neunten Klasse blitzte die Fensterfront auf, als Schwester Lourdes die Fenster wie immer sieben Minuten vor dem Läuten öffnete. Ich stand draußen vor den orangefarbenen, mit den Kürzeln der Klassen beschrifteten Türen und sah meinen Neuntklässlern zu, wie sie vor dem Drahtzaun hin und her liefen, der Körper locker und geschmeidig, der Hals beim Laufen wippend, Arme und Beine schwingend im Rhythmus einer Trompete, die niemand sonst hören konnte.

Sie lehnten am Zaun, redeten englisch-spanischen Hipsterslang, lachten lautlos. Die Mädchen trugen dunkelblaue Schuluniformen. Wie stumme Vögel flirteten sie mit den Jungen, die ihre gefiederten Köpfe reckten, prächtig in ihren orangefarbenen, gelben oder türkisfarbenen eng sitzenden Hosen. Sie trugen die schwarzen Hemden offen oder die Pullover mit V-Ausschnitt auf der nackten Haut, sodass ihre

Kreuzanhänger auf der glatten, gebräunten Brust schimmer-
ten ... das Kruzifix der Pachucos, das sie auch auf den Hand-
rücken tätowiert hatten.

»Guten Morgen, meine Liebe.«

»Guten Morgen, Schwester.« Schwester Lourdes war her-
ausgekommen, um nachzusehen, ob die siebte Klasse sich in
einer Reihe aufgestellt hatte.

Schwester Lourdes war die Prinzipalin. Sie hatte mich eingestellt, ungehalten darüber, jemanden für das Unterrichten
bezahlen zu müssen, weil keine der Nonnen Spanisch sprach.

»Also«, hatte sie gesagt, »als Aushilfslehrerin, die erste an
San Marco, könnte es Ihnen schwerfallen, die Schüler unter
Kontrolle zu halten, vor allem, weil viele von ihnen nicht viel
jünger sind als Sie. Sie dürfen nicht den Fehler begehen, den
viele meiner jungen Nonnen machen. Versuchen Sie nicht,
eine Freundin zu sein. Diese Schüler denken in Begriffen
von Stärke und Schwäche. Sie müssen sich Ihre Stärke be-
wahren ... mithilfe von Distanz, Disziplin, Bestrafung und
Kontrolle. Spanisch ist ein Wahlfach, Sie dürfen so viele Fs
geben, wie Sie wollen. In den ersten drei Wochen können Sie
jeden Ihrer Schüler auch in meine Lateinklasse versetzen. Ich
hatte keine Freiwilligen«, sie lächelte, »das wird Ihnen eine
große Hilfe sein.«

Der erste Monat war gut gelaufen. Die Drohung mit der Lateinklasse war ein Vorteil; am Ende der zweiten Woche hatte
ich sieben Schüler aus meinem Unterricht ausgeschlossen. Es
war ein Luxus, eine relativ kleine Klasse zu unterrichten, aus
der das schlechtere Drittel entfernt war. Dass Spanisch meine
Muttersprache war, half mir sehr. Es überraschte sie, dass eine
gringa genauso gut sprechen konnte wie ihre Eltern, besser
sogar. Sie waren beeindruckt, weil ich ihre obszönen Worte
kannte, ihre Slangausdrücke für Marihuana und Polizei. Sie

strengten sich an. Spanisch war ihnen nah, es war wichtig für sie. Sie benahmen sich gut, aber ihr mürrischer Gehorsam und ihre gedankenlosen Antworten kränkten mich.

Sie machten sich lustig über Worte und Ausdrücke, die ich benutzte, und fingen an, sie genauso oft zu benutzen wie ich. *La Piña*, die Ananas, nannten sie mich höhnisch wegen meiner Haare, und die Mädchen fingen an, sich das Haar so schneiden zu lassen wie ich. »Die Bekloppte kann nicht schreiben!«, flüsterten sie, wenn ich in Blockbuchstaben an die Tafel schrieb, aber bald verfassten sie ihre Arbeiten ebenfalls in Blockschrift.

Sie waren noch nicht die Pachucos, die Gangster, die sie so gerne gewesen wären, wenn sie ein Schnappmesser in eine Tischplatte schnellen ließen und rot wurden, wenn es abrutschte und hinunterfiel. Sie sagten noch nicht: »Du hast mir gar nix zu sagen.« Sie warteten mit einem Schulterzucken darauf, dass ich ihnen etwas sagte. Was also sollte ich ihnen sagen? Die Welt, die ich kannte, war nicht besser als die, der zu trotzen sie den Mut hatten.

Ich beobachtete Schwester Lourdes, deren Stärke nicht, wie meine, eine bloße Fassade war, sondern der sie Respekt entgegenbrachten. Die Schüler erkannten ihren Glauben an Gott in dem Leben, das sie gewählt hatte, und zeigten Respekt, indem sie Schwester Lourdes niemals wissen ließen, mit welcher Toleranz sie ihre harte Kontrolle ertrugen.

Auch Schwester Lourdes konnte nicht mit ihnen lachen. Sie lachten auch nur aus Spott, wenn jemand sich mit einer Frage, einem Lächeln, einem Fehler, einem Furz bloßstellte. Jedes Mal, wenn ich ihr freudloses Lachen zum Verstummen brachte, dachte ich an das Gekicher, die Rufe, die Freude, die im Gegensatz dazu die Grundschüler zeigten.

Einmal in der Woche lachte ich mit den Neuntklässlern.

Montags, wenn plötzlich an die dünne Metalltür geschlagen wurde und ein herrisches *Bumm, Bumm* ertönte, das die Fenster klappern ließ und im Gebäude widerhallte. Jedes Mal schreckte ich von dem gewaltigen Lärm hoch, und die Klasse lachte mich aus.

»Herein!«, rief ich. Das Wummern hörte auf, und wir lachten, als lediglich ein winziger Erstklässler erschien. Er tapste in Turnschuhen zu meinem Schreibtisch. »Guten Morgen«, flüsterte er. »Könnte ich die Liste für die Mensa haben?« Auf Zehenspitzen schlich er davon und schlug die Tür hinter sich zu, was ebenfalls zum Lachen reizte.

»Mrs. Lawrence, würden Sie für eine Minute hereinkommen?« Ich folgte Schwester Lourdes in ihr Büro und wartete, während sie die Glocke läutete.

»Timothy Sanchez wird an die Schule zurückkehren.« Sie hielt inne, als erwartete sie eine Reaktion von mir. »Er war im Jugendgefängnis, wie schon so oft, wegen Diebstahl und Drogenbesitz. Man ist der Meinung, er sollte die Schule so schnell wie möglich abschließen. Er ist viel älter als die Schüler in seiner Klasse, und den Tests zufolge ist er ein außergewöhnlich kluger Junge. Hier steht, er sollte ›ermutigt und gefordert‹ werden.«

»Gibt es etwas Bestimmtes, was ich Ihrer Meinung nach tun sollte?«

»Nein, im Grunde kann ich Ihnen gar keinen Rat geben … er ist ein ganz eigenes Problem. Ich dachte, ich sollte es erwähnen. Sein Bewährungshelfer wird sich nach seinen Fortschritten erkundigen.«

Am nächsten Tag war Halloween, und die Grundschüler kamen in Verkleidung. Ich ließ mir Zeit, um mir die Hexen anzuschauen und die Hunderte von Teufelchen, die bebend das Morgengebet sprachen. Es hatte schon geläutet, als ich die

Tür zur neunten Klasse erreichte. »Herz Maria, bete für uns«, deklamierten sie. Ich stand an der Tür, während Schwester Lourdes die Anwesenheit prüfte. Als ich den Raum betrat, standen sie auf. »Guten Morgen.« Die Stühle scharrten, als sie sich wieder hinsetzten.

Im Raum wurde es still. »El Tim«, flüsterte jemand.

Er stand in der Tür, wie Schwester Lourdes eine Silhouette vor dem Licht des Dachfensters, das in den Flur fiel. Er war schwarz gekleidet, das Hemd offen bis zur Taille, seine Hosen saßen tief und eng auf den schlanken Hüften. Ein goldenes Kruzifix glitzerte an einer schweren Kette. Er lächelte leicht, sah auf Schwester Lourdes herab, seine Wimpern warfen gezackte Schatten über die hageren Wangen. Sein schwarzes Haar war lang und glatt. Schnell, wie ein Vogel, strich er es mit schlanken Fingern zurück.

Ich sah, wie ehrfürchtig die Klasse war, betrachtete die jungen Mädchen, die hübschen jungen Mädchen, die in den Toiletten nicht von Jungs oder von Liebe flüsterten, sondern von Heirat und Abtreibung. Voller Anspannung blickten sie ihn an, errötend und lebhaft.

Schwester Lourdes trat in den Raum. »Setz dich hier hin, Tim.« Sie zeigte auf einen Stuhl vor meinem Schreibtisch. Er schritt durch das Klassenzimmer, sein breiter Rücken gebeugt, der Kopf vorgestreckt, tsch-tsch, tsch-tsch, im Pachuco-Rhythmus. »Ich steh auf die verrückte Nonne«, er grinste, sah mich an. Die Klasse lachte. »Ruhe!«, sagte Schwester Lourdes. Sie stand neben ihm. »Das ist Mrs. Lawrence. Hier ist dein Spanischbuch.« Er schien sie nicht zu hören. Ihr Rosenkranz klapperte nervös.

»Knöpf dein Hemd zu«, sagte sie. »Knöpf dein Hemd zu!«

Er hob die Hände zur Brust. Mit der einen rückte er den Knopf ins Licht, mit der anderen begann er, das Knopfloch abzutasten. Die Nonne schob seine Hände weg, fummelte an seinem Hemd herum, bis es zugeknöpft war.

»Wie bin ich bloß ohne dich klargekommen, Schwester«, sagte er gedehnt. Sie verließ den Raum.

Es war Dienstag, Diktat. »Nehmt euch Papier und Stift.« Die Klasse gehorchte automatisch. »Du auch, Tim.«

»Papier«, verlangte er ruhig. Weiße Blätter flatterten auf seinen Tisch.

»*Llegó el hijo*«, diktierte ich. Tim stand auf und ging zum Ende des Klassenzimmers. »Spitze abgebrochen«, sagte er. Seine Stimme war tief und rau, wie bei Leuten, die gleich anfangen zu weinen. Langsam spitzte er seinen Bleistift, drehte den Spitzer so, dass es klang wie der Schlagzeugbesen auf einer Trommel.

»*No tenian fé*.« Tim blieb stehen, um seine Hand auf das Haar eines Mädchens zu legen.

»Setz dich hin«, sagte ich.

»Reg dich ab«, murmelte er. Die Klasse lachte.

Er gab ein leeres Blatt ab, der Name »EL TIM« quer über dem oberen Rand.

Von diesem Tag an drehte sich alles um El Tim. Er hatte den Rest der Klasse bald eingeholt, seine Klassenarbeiten und schriftlichen Übungen waren immer ausgezeichnet. Aber die Schüler reagierten nur noch auf seine mürrischen Unverschämtheiten im Unterricht, auf seine schweigsame, nicht zu bestrafende Verweigerungshaltung. Lautes Lesen, Konjugieren an der Tafel, Diskussionen, alles, was beinahe Spaß gemacht hatte, war jetzt unmöglich. Die Jungs gaben flapsige Antworten, sie schämten sich, etwas richtig zu machen; die Mädchen waren verlegen und fühlten sich unbehaglich in seiner Gegenwart.

Ich fing an, nur noch schriftliche Aufgaben zu geben, Still-
arbeit, die ich überprüfen konnte, indem ich von Tisch zu
Tisch ging. Ich ließ sie viele Aufsätze und Essays schreiben,
obwohl das im Spanischunterricht der neunten Klasse gar
nicht vorgesehen war. Es war das Einzige, was Tim gern tat.
Dann arbeitete er konzentriert, strich aus und schrieb neu,
während er immer wieder in einem Spanischwörterbuch auf
seinem Tisch blätterte. Seine Aufsätze waren einfallsreich,
die Grammatik perfekt, sie handelten immer von Unper-
sönlichem ... einer Straße, einem Baum. Ich schrieb Anmer-
kungen und Lob darunter. Manchmal las ich der Klasse seine
Aufsätze vor, in der Hoffnung, sie wären beeindruckt, ließen
sich von seinen Leistungen anspornen. Zu spät begriff ich,
dass es sie nur verwirrte, wenn man ihn lobte, weil er ohnehin
spöttisch grinsend triumphierte. *»Pues, la tengo...«* Ich hab
sie genagelt.

Emiterio Perez wiederholte alles, was Tim sagte. Emiterio
war zurückgeblieben, er würde so lange in der neunten Klasse
bleiben, bis er alt genug war, um die Schule zu verlassen. Er
teilte Arbeiten aus, öffnete die Fenster. Ich ließ ihn alles machen, was auch die anderen Schüler machten. Kichernd füllte
er endlose Seiten mit ordentlichem bedeutungslosen Gekrit-
zel, das ich benotete und zurückgab. Manchmal gab ich ihm
ein B, und er war sehr glücklich. Jetzt machte nicht einmal er
noch mit. *»Para qué, hombre?«*, flüsterte Tim ihm zu. Emiterio
war verstört, sah von Tim zu mir. Manchmal weinte er.

Hilflos musste ich zusehen, wie das Chaos in der Klasse zu-
nahm, ein Chaos, das nicht einmal mehr Schwester Lourdes
unter Kontrolle bekam. Es herrschte keine Stille mehr, wenn
sie den Raum betrat, sondern Unruhe ... eine Hand, die über
ein Gesicht wischte, das Klopfen eines Radiergummis, laut-
starkes Blättern. Die Klasse wartete. Langsam und tief war

dann immer Tims Stimme zu hören: »Es ist kalt hier drin, Schwester, findest du nicht?« – »Schwester, irgendwas stimmt mit meinem Auge nicht, komm mal gucken.« Wir rührten uns nicht, wenn die Nonne jedes Mal, jeden Tag, automatisch Tims Hemd zuknöpfte. »Alles in Ordnung?«, fragte sie mich und verließ den Raum.

Eines Montags blickte ich kurz auf und sah ein kleines Kind auf mich zulaufen. Ich sah auf das Kind und dann, lächelnd, auf Tim.

»Sie werden mit jedem Mal kleiner ... ist dir das aufgefallen?«, sagte er so leise, dass nur ich es hören konnte. Er lächelte mich an. Ich lächelte zurück, vor Freude ganz schwach. Dann schob er mit einem brutalen Scharren seinen Stuhl zurück und ging ans Ende des Klassenzimmers. Auf halbem Weg blieb er vor Dolores stehen, einem hässlichen, schüchternen kleinen Mädchen. Langsam rieb er mit den Händen über ihre Brüste. Sie stöhnte auf und rannte weinend aus dem Zimmer.

»Komm her!«, schrie ich ihn an. Seine Zähne blitzten.

»Versuch's doch«, sagte er. Ich lehnte mich an den Schreibtisch, mir war schwindlig.

»Raus hier, geh nach Hause. Komm nie wieder zu mir in den Unterricht.«

»Aber klar«, er grinste. Er ging an mir vorbei zur Tür, schnippte mit den Fingern zu den Schritten ... tsch-tsch, tsch-tsch, im Pachuco-Rhythmus. In der Klasse war es still.

Als ich hinausging, um Dolores zu suchen, schlug ein Stein durchs Fenster, landete mit Glassplittern auf meinem Schreibtisch.

»Was ist hier los?« Schwester Lourdes stand in der Tür. Ich kam nicht an ihr vorbei.

»Ich habe Tim nach Hause geschickt.«

Sie war bleich, ihre Haube zitterte.

»Mrs. Lawrence, es ist Ihre Pflicht, in der Klasse mit ihm fertigzuwerden.«

»Tut mir leid, ich schaffe es nicht.«

»Ich werde mit der Mutter Oberin sprechen«, sagte sie. »Kommen Sie morgen früh zu mir ins Büro. Setz dich auf deinen Platz«, schrie sie Dolores an, die zur hinteren Tür hereingekommen war. Die Nonne ging.

»Schlagt Seite 93 auf«, sagte ich. »Eddie, lies und übersetze den ersten Absatz.«

Am nächsten Morgen ging ich nicht in die Grundschule. Schwester Lourdes wartete, sie saß hinter ihrem Schreibtisch. Vor den Glastüren des Büros lehnte Tim an der Wand, die Hände in den Gürtel gehakt.

Ich erklärte der Nonne kurz, was am Tag zuvor geschehen war. Während ich redete, hielt sie den Kopf gesenkt.

»Ich hoffe, Sie finden einen Weg, den Respekt dieses Jungen zu gewinnen«, sagte sie.

»Ich will ihn nicht mehr in meinem Unterricht haben«, sagte ich. Ich stand vor ihrem Schreibtisch, hielt mich an der Kante fest.

»Mrs. Lawrence, uns wurde gesagt, dass dieser Junge besondere Aufmerksamkeit benötigt, dass er ›ermutigt und gefordert‹ werden soll.«

»Nicht in der Mittelstufe. Dafür ist er zu alt und zu intelligent.«

»Na, dann müssen Sie eben lernen, mit diesem Problem umzugehen.«

»Schwester Lourdes, wenn Sie Tim in meine Spanischklasse stecken, werde ich zur Mutter Oberin gehen und zu seinem Bewährungshelfer. Ich werde ihnen sagen, was passiert ist. Ich werde ihnen die Arbeiten zeigen, die meine Schüler abgegeben haben, bevor er kam, und die Arbeiten, die sie seither geschrieben haben. Ich werde ihnen Tims Arbeiten zeigen. Auf diesem Niveau gehört er nicht in die Mittelstufe.«

Sie sprach ruhig, trocken. »Mrs. Lawrence, dieser Junge unterliegt unserer Verantwortung. Der Bewährungsausschuss hat ihn an uns übergeben. Er wird in Ihrer Klasse bleiben.« Sie beugte sich zu mir vor, mit blassem Gesicht. »Es ist unsere Pflicht als Lehrer, solche Probleme in den Griff zu bekommen, ihrer ungeachtet unseren Unterricht durchzuführen.«

»Das kann ich nicht.«

»Sie sind schwach«, zischte sie.

»Ja, das bin ich. Er hat gewonnen. Ich halte es nicht aus, was er der Klasse und mir antut. Wenn er zurückkommt, kündige ich.«

Sie sackte in ihren Stuhl zurück. Müde sagte sie: »Geben Sie ihm noch eine Chance. Eine Woche. Dann können Sie machen, was Sie wollen.«

»In Ordnung.«

Sie erhob sich und öffnete die Tür für Tim. Er setzte sich auf die Kante ihres Schreibtischs.

»Tim«, sagte sie sanft, »wirst du mir und Mrs. Lawrence zeigen, dass es dir leidtut?« Er antwortete nicht.

»Ich möchte dich nicht ins Gefängnis zurückschicken.«

»Warum nicht?«

»Weil du ein kluger Junge bist. Ich möchte, dass du hier etwas lernst, dass du San Marco mit einem Abschluss verlässt. Ich möchte, dass du auf die High School gehst und dann…«

»Komm schon, Schwester«, sagte Tim gedehnt. »Du willst mir doch nur das Hemd zuknöpfen.«

»Halt die Klappe!« Ich schlug ihm über den Mund. Mein Handabdruck war weiß auf seiner dunklen Haut. Er rührte sich nicht. Ich hätte mich am liebsten übergeben. Schwester

Lourdes verließ das Zimmer. Tim und ich standen da, sahen uns an, hörten, wie sie das Gebet in der Neunten begann… *Du bist gebenedeit unter den Frauen, und gebenedeit ist die Frucht Deines Leibes, Jesus.*

»Wieso hast du mich geschlagen?«, fragte Tim leise.

Ich wollte ihm antworten, wollte sagen, »weil du so unverschämt und grausam warst«, aber da war sein verächtliches Lächeln, mit dem er darauf wartete, dass ich genau das sagte.

»Ich habe dich geschlagen, weil ich wütend war. Wegen Dolores und dem Stein. Weil ich verletzt bin und mir lächerlich vorkomme.«

Seine dunklen Augen suchten mein Gesicht. Für einen Augenblick war der Schleier verschwunden.

»Ich schätze, dann sind wir quitt«, sagte er.

»Ja«, sagte ich, »lass uns zum Unterricht gehen.«

Ich ging mit Tim den Flur entlang und gab mir Mühe, mich nicht dem Rhythmus seiner Schritte anzupassen.

Ihr erster Entzug

Carlotta erwachte – in der vierten Woche gleichmäßigen Oktoberregens – in der Entzugsklinik des Countys. Ich bin im Krankenhaus, dachte sie und ging wacklig den Flur hinunter. Zwei Männer saßen in einem großen Zimmer, das sonnig gewesen wäre, wenn es nicht geregnet hätte. Die Männer waren hässlich, gekleidet in schwarz-weiße Baumwolle. Sie hatten Prellungen, blutige Bandagen. Diese Männer kommen aus dem Gefängnis, dachte sie, aber dann sah sie, dass auch sie schwarz-weiße Baumwollsachen trug, dass auch sie verletzt und blutig war. Sie erinnerte sich an Handschellen, eine Zwangsjacke.

Es war Halloween. Die ehrenamtliche Lady von den AA brachte ihnen bei, wie man Kürbisse machte. Du bläst den Ballon auf, sie macht den Knoten. Dann beklebst du ihn überall außen herum mit leimgetränkten Papierstreifen. Am nächsten Abend, wenn der Ballon getrocknet ist, malst du ihn orangefarben an. Die Lady schneidet die Augen, die Nase und den Mund aus. Du kannst dir aussuchen, ob du ein Lächeln oder einen finsteren Blick auf deinem Kürbis haben willst. Du bekommst keine Schere.

Es gab viel kindliches Gelächter wegen der rutschigen Ballons, der zitternden Hände. Es war schwierig, die Kürbisse zu basteln. Wenn sie Augen, Nase und Mund selbst ausschneiden dürften, hätte man ihnen eine dumme stumpfe Schere gegeben. Wollten sie etwas schreiben, bekamen sie dicke Bleistifte wie in der ersten Klasse.

Carlotta gefiel es in der Entzugsklinik. Die Männer waren ihr gegenüber verschämt galant. Sie war die einzige Frau, sie war hübsch, sah nicht aus wie ein »Alki«. Ihre grauen Augen waren klar, ihr Lachen mühelos. Sie hatte ihren schwarzweißen Schlafanzug mit einem leuchtend roten Schal veredelt.

Die meisten Männer waren Straßenspritis. Die Polizei lieferte sie ein, oder sie wiesen sich selbst ein, wenn ihnen die Sozialhilfe ausging, wenn sie keinen Süßwein, keinen Unterschlupf mehr hatten. Das County war ein guter Ort, um auszunüchtern, sagten sie ihr. Sie geben dir Valium, Thorazin, Phenytoin, wenn du krampfst. Wespengroße Nembutal am Abend. Das würde aber nicht mehr lange so sein, bald sollten alle Entzugskliniken »soziale Modelleinrichtungen« werden, ganz ohne Tabletten. »Scheiße, wozu dann hingehen?«, fragte Pepe.

Das Essen ist gut, allerdings kalt. Du musst dir das Tablett selbst vom Wagen nehmen und zum Tisch tragen. Die meisten schaffen das zuerst nicht, oder sie lassen es fallen. Manche der Männer haben anfangs so starke Schüttelkrämpfe, dass sie gefüttert werden müssen, oder sie gingen in die Knie und schlecken ihr Essen auf wie Katzen.

Nach dem dritten Tag bekamen die Patienten Antabus. Wenn du innerhalb von zweiundsiebzig Stunden nach Einnahme von Antabus Alkohol trinkst, wirst du todkrank. Krämpfe, Schmerzen in der Brust, Schockzustände, oft der Tod. Jeden Morgen vor der Gruppentherapie sahen die Patienten den Film über Antabus. Später rechneten die Männer im Sonnenzimmer aus, wann sie endlich wieder trinken konnten. Mit dicken Bleistiften schrieben sie es auf Servietten. Nur Carlotta sagte, sie würde nicht mehr trinken.

»Was trinks'n so, Frau?«, fragte Willie.

»Jim Beam.«

»Jim Beam?« Die Männer lachten.

»Scheiiße … du biss kein Spriti, bissu nicht. Wir Spritis tanken süßen Wein.«

»Oh-jo, so süß isser!«

»Was machs'n überhaupt hier, he?«

»Du meinst, was macht ein nettes Mädchen wie ich…« Was machte sie überhaupt hier? Darüber hatte sie noch nicht nachgedacht.

»Jim Beam. Du brauchs kein' Entzug…«

»Und wie se den braucht! Beim Reinbringen hatse wie 'ne Verrückte auf dieses Polizistenschlitzauge eingeschlagen. Wong. Später hatse schlimm gekrampft, is' drei Minuten ausgerastet wie 'n Huhn, dem man den Hals umdreht.«

Carlotta erinnerte sich an nichts. Die Krankenschwester sagte ihr, sie hätte ihr Auto gegen eine Mauer gefahren. Die Polizisten brachten sie hierher und nicht ins Gefängnis, als sie herausfanden, dass sie Lehrerin war, mit vier Kindern und ohne Mann. Keine Vorstrafen, was für welche auch immer.

»Hast du DT?«

»Ja«, log sie. Gott, wie sich das anhört … bitte akzeptiert mich, Jungs, bitte mögt mich, ihr triefäugigen Penner.

Ich weiß nicht, was DT ist. Der Arzt hat mich das auch gefragt. Ich sagte Ja, und er schrieb es auf. Ich glaube, ich hatte das schon mein ganzes Leben, falls es bedeutet, dass man Gespenster sieht.

Alle lachten und klebten weiter leimgetränktes Papier auf ihre Ballons. Wie sie Joe im Adam und Eva kaltgestellt hatten, und er dachte noch, er könnte eine bessere Bar finden.

Kletterte in ein Taxi und brüllte: »Ins Shalimar!«, aber das Taxi war ein Streifenwagen, und der brachte ihn hierher. Der Unterschied zwischen einem Connaisseur und einem Spriti? Der Genießer nimmt die Flasche aus der Papiertüte raus. Mac über die Vorzüge von Thunderbird-Wein: »Da ham die dämlichen Spaghettifresser vagessn, die Socken auszuziehn.«

Abends, nach den Ballons und der letzten Valium, kamen die AA-Leute. Die Hälfte der Patienten nickte die ganze Sitzung über ein, während die AAs davon redeten, dass auch sie einmal ganz unten gewesen waren. Eine AA-Frau erzählte, sie hätte den ganzen Tag Knoblauch gegessen, damit niemand den Alkohol in ihrem Atem roch. Carlotta kaute Nelken. Ihre Mutter hatte fingerspitzenweise Vicks-Salbe eingeatmet. Onkel John hatte Stücke von Sen-Sen-Lakritze zwischen den Zähnen stecken und sah, wenn er lächelte, aus wie einer ihrer Kürbisse.

Der Schluss gefiel Carlotta am besten, wenn sich alle an den Händen hielten und die Frau das Vaterunser sprach. Sie mussten ihre Kumpels aufwecken und zurechtsetzen wie tote Soldaten in *Drei Fremdenlegionäre*. Sie fühlte sich den Männern nah, wenn sie alle um Enthaltsamkeit beteten, für immer und ewig.

Nachdem die AA-Leute gegangen waren, bekamen die Patienten Milch, Kekse und Nembutal. Fast alle gingen ins Bett, auch die Krankenschwestern. Carlotta spielte mit Mac, Joe und Pepe bis drei Uhr morgens Poker. Nichts Aufregendes.

Sie rief jeden Tag zu Hause an. Ihre älteren Söhne, Ben und Keith, kümmerten sich um Joel und Nathan. Alles in Ordnung, sagten sie. Es gab nicht viel, was sie hätte sagen können.

Sie blieb sieben Tage im Krankenhaus. Am Morgen, als sie entlassen wurde, hing ein Schild im regendunklen Tageszimmer: »Viel Glück, Lottie.« Die Polizei hatte ihr Auto auf dem Parkplatz abgestellt. Eine große Beule, ein zerbrochener Seitenspiegel.

Carlotta fuhr zum Redwood Park. Sie drehte das Radio laut, saß im Regen auf der zerbeulten Motorhaube. Weiter unten schimmerte der goldene Tempel der Mormonen. Nebel hing in der Bucht. Es war gut, draußen zu sein, Musik zu hören. Sie rauchte und überlegte sich, was sie in der nächsten Woche in der Klasse durchnehmen wollte, erstellte Unterrichtspläne und notierte sich die Bücher, die sie aus der Bibliothek benötigte.

(In der Schule hatte man sie entschuldigt. Eine Zyste in den Eierstöcken... Gutartig, zum Glück.)

Einkaufsliste. Heute Abend Lasagne – das Lieblingsessen ihrer Söhne. Tomatensoße, Kalbfleisch, Rindfleisch. Salat und Knoblauchbrot. Seife und Toilettenpapier wahrscheinlich. Einen Karottenkuchen zum Dessert besorgen. Ihre Listen beruhigten sie, hielten alles wieder zusammen.

Ihre Söhne und Myra, die Direktorin, waren die Einzigen, die wussten, wo sie gewesen war. Sie hatten sie unterstützt. Mach dir keine Sorgen. Alles wird gut.

Alles war irgendwie immer gut. Sie war eine gute Lehrerin und eine wirklich gute Mutter. Zu Hause quollen die Zimmer über von Schulprojekten, Büchern, Diskussionen, Lachen. Jeder kam seinen Verpflichtungen nach.

Abends, wenn das Geschirr gespült, die Wäsche gemacht und die Schularbeiten korrigiert waren, lief etwas im Fernsehen, oder sie spielten Scrabble oder Karten, besprachen Probleme oder alberten herum. Gute Nacht, Jungs! Dann Stille, die sie feierte, indem sie ihr Glas doppelt so voll machte, jetzt ohne die albernen Eiswürfel.

Wären ihre Söhne aufgewacht, hätten sie diesen Irrsinn mitbekommen, der sich damals nur gelegentlich bis zum

Morgen hinzog. Aber solange sie sich erinnern konnte, hatte sie gehört, wie Keith spätnachts die Aschenbecher und den Kamin kontrollierte, Lichter ausschaltete, die Tür abschloss.

Das war jetzt ihre erste Erfahrung mit der Polizei gewesen, auch wenn sie sich nicht daran erinnerte. Sie war noch nie zuvor betrunken Auto gefahren, hatte nie mehr als einen Tag auf der Arbeit gefehlt, niemals… Sie hatte keine Ahnung, was ihr noch bevorstand.

Mehl. Milch. Ajax. Sie hatte nur Weinessig zu Hause, der wegen des Antabus Krämpfe auslösen würde. Sie schrieb Apfelessig auf die Liste.

Unbeherrschbar

In der tiefen, dunklen Nacht der Seele sind die Spirituosenläden und die Bars geschlossen. Sie griff unter die Matratze; die Viertelliterflasche Wodka war leer. Sie stieg aus dem
Bett, richtete sich auf. Sie zitterte so stark, dass sie sich auf
den Boden setzen musste. Sie hyperventilierte. Ohne einen
Drink würde sie Delirium tremens oder einen Krampfanfall
bekommen.

Der Trick ist, die Atmung und den Puls zu verlangsamen.
Bleib so ruhig du kannst, bis du etwas zu trinken hast. Zucker.
Tee mit Zucker, das haben sie dir beim Entzug gegeben. Aber
sie zitterte zu stark, um aufzustehen. Sie lag auf dem Boden
und atmete tief wie beim Yoga. Denk nicht nach, mein Gott,
denk jetzt bloß nicht drüber nach, in welchem Zustand du
gerade bist, oder du stirbst vor Scham an einem Herzinfarkt.
Ihre Atmung verlangsamte sich. Sie fing an, die Buchrücken
im Regal zu lesen. Konzentrier dich, lies sie laut. Edward
Abbey, Chinua Achebe, Sherwood Anderson, Jane Austen,
Paul Auster, überspring keinen, mach langsamer. Als sie die
ganze Reihe der Bücher durchhatte, ging es ihr besser. Sie zog
sich hoch, kam auf die Beine. An die Wand gestützt, so heftig zitternd, dass sie kaum einen Fuß vor den anderen setzen
konnte, schaffte sie es in die Küche. Kein Vanillearoma. Zitro-
nenextrakt. Er brannte in der Kehle, und ihr drehte sich der

Magen um, sie hielt sich den Mund zu, um ihn wieder runterzuschlucken. Sie machte Tee mit viel Honig, trank ihn langsam, schluckweise, im Dunkeln. Um sechs, in zwei Stunden, würde ihr der Uptown-Spirituosenladen in Oakland Wodka verkaufen. In Berkeley musste man bis sieben warten. O Gott, hatte sie überhaupt Geld? Sie kroch zurück in ihr Zimmer, um in ihrer Handtasche auf dem Schreibtisch nachzusehen. Ihr Sohn Nick musste ihr Portemonnaie und die Autoschlüssel genommen haben. Aber sie konnte nicht im Zimmer ihrer Söhne nachsehen, ohne sie aufzuwecken.

In einer Büchse mit Kleingeld auf ihrem Tisch waren ein Dollar und dreißig Cent. Sie durchsuchte verschiedene Handtaschen in ihrem Schrank, Manteltaschen, eine Schublade in der Küche, bis sie die vier Dollar zusammenhatte, die der Scheißkanake um diese Uhrzeit für einen Viertelliter verlangte. Er verdiente an all den kranken Säufern. Obwohl die meisten von ihnen Süßwein kauften, weil der schneller wirkte.

Es war weit, wenn man zu Fuß gehen musste. Sie würde eine Dreiviertelstunde brauchen, würde sich beeilen müssen, damit sie zurück war, bevor die Kinder aufwachten. Würde sie das schaffen? Sie kam kaum von einem Zimmer ins andere. Und bitte mach, dass keine Polizeistreife vorbeikommt! Sie wünschte sich, sie hätte einen Hund zum Gassiführen. Ich hab's! Sie lachte. Ich frage einfach die Nachbarn, ob ich mir nicht ihren Hund ausleihen könnte. Klar. Keiner der Nachbarn redete noch mit ihr.

Sie behielt das Gleichgewicht, indem sie sich auf die Risse im Gehweg konzentrierte, sie zählte, eins, zwei, drei. Sie zog sich an Büschen und Baumstämmen vorwärts, als müsste sie horizontal einen Berg erklimmen. Sie hatte Angst, die Straßen zu überqueren, sie waren so breit, mit den blinkenden Ampeln, rot rot, gelb gelb. Gelegentlich kam ein *Examiner*-Lieferwagen vorbei, ein leeres Taxi. Ein Polizeiauto raste schnell und ohne Blaulicht vorüber. Sie sahen sie nicht. Kalter Schweiß lief ihr den Rücken hinunter, ihre Zähne klapperten laut im noch dunklen Morgen.

Sie keuchte und war fast ohnmächtig, als sie zum Uptown-Laden in der Shattuck kam. Er hatte noch nicht geöffnet. Sieben Schwarze standen am Straßenrand, lauter alte Männer bis auf einen Jungen. Der Indianer saß drinnen im Laden am Fenster, ohne von ihnen Notiz zu nehmen, und trank Kaffee. Auf dem Gehweg teilten sich zwei Männer eine Flasche Nyquil-Hustensaft. Blauer Tod, den konnte man die ganze Nacht über kaufen.

Ein alter Mann, den sie Champ riefen, lächelte sie an. »Was ist, Mama, ist dir schlecht? Tun dir die Haare weh?« Sie nickte. So fühlte sich das an, die Haare, die Augäpfel, die Knochen.

»Hier«, sagte Champ, »iss ein paar davon.« Er aß Salzcracker, gab ihr zwei. »Musst dich zwingen, was zu essen.« – »Hey, Champ, gib mir auch 'n paar«, sagte der Junge.

Sie ließen ihr im Laden den Vortritt. Sie verlangte Wodka und schüttete ihren Stapel Münzen auf dem Ladentisch aus.

»Ist abgezählt«, sagte sie.

Er lächelte. »Zähl's mir vor.«

»Mach schon. Scheiße«, sagte der Junge, als sie die Münzen mit heftig zitternden Händen abzählte.

Sie schob die Flasche in ihre Handtasche, stolperte zur Tür. Draußen hielt sie sich an einem Telefonmast fest, hatte Angst, die Straße zu überqueren.

Champ trank aus seiner Flasche Night-Train-Wein.

»Eine Dame trinkt wohl nicht auf der Straße?« Sie schüttelte den Kopf. »Ich hab Angst, dass mir die Flasche runterfällt.«

»Na komm«, sagte er, »mach den Mund auf. Du brauchst

was, oder du kommst nie nach Hause.« Er kippte ihr Wein in den Mund, der sie warm durchströmte. »Danke«, sagte sie.

Sie überquerte eilig die Fahrbahn, rannte unbeholfen die Straße hinunter, auf ihr Haus zu, neunzig, einundneunzig, sie zählte die Risse. Es war noch immer stockdunkel, als sie vor ihrer Haustür stand.

Nach Luft schnappen. Ohne das Licht einzuschalten, goss sie etwas Cranberrysaft in ein Glas und ein Drittel der Flasche. Sie setzte sich an den Tisch und trank langsam, der Alkohol floss lindernd durch ihren ganzen Körper. Sie weinte, erleichtert, dass sie nicht gestorben war. Sie goss sich ein weiteres Drittel der Flasche ein und etwas Saft, und zwischen den Schlucken legte sie den Kopf auf die Tischplatte.

Nachdem sie ausgetrunken hatte, fühlte sie sich besser und ging in die Waschküche, um eine Ladung Wäsche in die Maschine zu stecken. Sie nahm die Flasche mit, als sie ins Bad ging. Sie duschte und kämmte sich, zog frische Sachen an. Noch zehn Minuten. Sie sah nach, ob die Tür abgeschlossen war, setzte sich auf die Toilette und trank den Wodka aus.

Nach diesen letzten Schlucken ging es ihr nicht nur besser, sie war auch leicht betrunken.

Sie räumte die Wäsche aus der Waschmaschine in den Trockner. Sie mixte gerade Orangensaft aus Tiefkühlkonzentrat, als Joel in die Küche kam, er rieb sich die Augen. »Keine Socken, kein Hemd.«

»Hallo, Liebling. Iss deine Cornflakes. Wenn du gefrühstückt und geduscht hast, sind deine Sachen trocken.« Sie goss ihm Saft ein und füllte ein zweites Glas für Nicholas, der schweigend im Türrahmen stand.

»Wie zum Teufel bist du an den Alk rangekommen?« Er schob sich an ihr vorbei und schüttete sich Cornflakes in die Schale. Dreizehn. Er war größer als sie.

»Kann ich mein Portemonnaie und die Schlüssel haben?«, fragte sie.

»Du kannst das Portemonnaie haben. Die Schlüssel kriegst du, wenn ich weiß, dass es dir gut geht.«

»Mir geht's gut. Ich gehe morgen wieder zur Arbeit.«

»Du kannst nicht mehr aufhören, wenn du nicht ins Krankenhaus gehst, Mama.«

»Ich komm schon klar. Mach dir bitte keine Sorgen. Ich habe den ganzen Tag, um mich zu erholen.« Sie ging hinaus, um nach den Sachen im Trockner zu sehen.

»Die Hemden sind trocken«, sagte sie zu Joel. »Die Socken brauchen noch etwa zehn Minuten.«

»Keine Zeit. Ich zieh sie nass an.«

Ihre Söhne nahmen ihre Bücher und Rucksäcke, küssten sie zum Abschied und verließen die Wohnung. Sie stand am Fenster und sah ihnen nach, wie sie die Straße hinunter zur Bushaltestelle liefen. Sie wartete, bis der Bus sie eingesammelt hatte und die Telegraph Avenue ansteuerte. Dann ging sie hinaus zum Spirituosenladen an der Ecke. Er hatte jetzt geöffnet.

502

502 war der Hinweis für 1 waagerecht in der Ausgabe der *Times* an diesem Morgen. Leicht. Das ist der Polizeicode für Alkohol am Steuer, also trug ich AaS ein. Falsch. Vermutlich wussten die ganzen Pendler aus Connecticut, dass man römische Zahlen eintragen musste. Für Momente bekam ich Panik, wie immer, wenn Erinnerungen an meine Jahre als Trinkerin hochkamen. Aber seit ich nach Boulder gezogen war, hatte ich Tiefenatmung und Meditation gelernt, die mich jedes Mal beruhigten.

Ich bin froh, dass ich trocken war, bevor ich nach Boulder zog. Zum ersten Mal lebe ich an einem Ort, wo es nicht an jeder Ecke einen Spirituosenladen gibt. Nicht mal im Safeway-Supermarkt verkaufen sie hier Alkohol und natürlich nie am Sonntag. Es gibt nur ein paar Spirituosenläden am Stadtrand, wenn du also so ein armer Alki bist und das Zittern hast und es schneit, dann gnade dir Gott. Die Spirituosenläden sind riesige Albträume in der Größe von Baumärkten. Bis du das Regal mit Jim Beam gefunden hast, bist du schon an einem DT gestorben.

Die beste Stadt ist Albuquerque, wo die Spirituosenläden Drive-through-Fenster haben, sodass man nicht einmal den Pyjama ausziehen muss. Aber auch dort verkaufen sie nichts an Sonntagen. Wenn ich also nicht im Voraus plante, stand ich immer vor dem Problem, bei wem ich auftauchen sollte, ohne dass mir nur ein leerer Weinkühler angeboten wurde.

Obwohl ich schon viele Jahre trocken war, bevor ich hierherzog, hatte ich zunächst Schwierigkeiten. Sobald ich in den Rückspiegel sah, entfuhr mir ein »O nein!«, aber es waren nur die Skiträger, die hier jeder auf dem Dach hat. Dabei habe ich eigentlich noch nie gesehen, wie ein Polizeiwagen jemanden verfolgt hat oder wie einer verhaftet wurde. Ich habe Polizisten in kurzen Hosen gesehen, die im Einkaufszentrum Frozen Joghurt von Ben & Jerry's aßen, und eine SWAT-Einheit in einem Pick-up. Sechs Männer in Tarnanzügen, die mit großen Betäubungsgewehren auf der Mapleton hinter einem Bärenjungen herjagten.

Das muss die gesündeste Stadt im ganzen Land sein. Auf den Partys der Studentenverbindungen oder bei Fußballspielen wird nicht getrunken. Niemand raucht, niemand isst rotes Fleisch oder glasierte Donuts. Nachts kann man allein durch die Straßen laufen und die Türen unverschlossen lassen. Es gibt keine Gangs hier und keinen Rassismus. Es gibt allerdings auch kaum Rassen.

Dieses blöde 502. Jetzt überfluten mich alle diese Erinnerungen, trotz Tiefenatmung. Der erste Arbeitstag an der U…, das Safeway-Problem, der Zwischenfall in San Anselmo, die Szene mit A…

Jetzt ist alles in Ordnung. Ich liebe meinen Job und die Leute, mit denen ich arbeite. Ich habe gute Freunde. Ich habe eine schöne Wohnung direkt unterhalb des Mount Sanitas. Gestern saß eine Kieferntangare auf einem Zweig in meinem Garten. Meine Katze Cosmo hat in der Sonne geschlafen und den Vogel nicht gejagt. Ich bin für mein jetziges Leben zutiefst dankbar.

Gott möge mir vergeben, wenn ich zugeben muss, dass ich

hin und wieder den diabolischen Drang verspüre, na ja, alles zu versauen. Kaum zu glauben, dass ich nach diesen vielen elenden Jahren überhaupt an so etwas denken kann. Officer Wong, der mich entweder in den Knast oder in den Entzug gebracht hat.

Wir nannten Wong den Höflichen. Die anderen nannten wir Bullen, was zu Officer Wong einfach nicht passte, er war wirklich sehr nett. Sorgfältig und zurückhaltend. Mit ihm hatte man nie eine der üblichen körperlichen Auseinandersetzungen wie mit den anderen. Er warf einen nie gegen das Auto oder verdrehte die Handschellen am Gelenk. Man musste stundenlang herumstehen, während er gewissenhaft den Strafzettel ausstellte und einem die Rechte verlas. Wenn er die Handschellen anlegte, sagte er: »Erlauben Sie?« und »Achtung, der Kopf!« beim Einsteigen ins Auto.

Er war gewissenhaft und ehrlich, ein mustergültiges Mitglied der Polizei von Oakland. Wir hatten Glück, dass er für unser Viertel zuständig war. Und dieser eine Zwischenfall tut mir jetzt sehr leid. Einer der Schritte bei den Anonymen Alkoholikern sind die Wiedergutmachungen für Menschen, denen man geschadet hat. Ich denke, ich habe die meisten Wiedergutmachungen, die ich leisten konnte, geleistet. Officer Wong bin ich sie noch schuldig. Ich habe Wong eindeutig geschadet.

Damals lebte ich in Oakland, in einer großen türkisfarbenen Wohnung Ecke Alcatraz und Telegraph. Direkt über dem Alcatel-Spirituosengeschäft, gleich neben dem White Horse, gegenüber vom 7-Eleven. Gute Lage.

Der 7-Eleven war so was wie ein Treffpunkt für alte Spritis. Obwohl ich, im Unterschied zu ihnen, jeden Tag zur Arbeit ging, traf ich sie an den Wochenenden in den Spirituosenläden. Schlangen vor dem Black and White, der um sechs Uhr

morgens aufmachte. Gefeilsche spätnachts mit dem pakista-
nischen Sadisten, der im 7-Eleven arbeitete.

Sie waren alle nett zu mir. »Wie geht's, Miss Lu?« Manchmal baten sie mich um Geld, das ich ihnen immer gab, und
ein paarmal, als ich meine Arbeit verloren hatte, bat ich sie
darum. Die Leute wechselten, sie kamen in den Knast, ins
Krankenhaus, starben. Der harte Kern bestand aus Ace, Mo,
Little Ripple und dem Champ. Diese vier alten Männer verbrachten ihre Vormittage im 7-Eleven und die Nachmittage
dösend oder trinkend in einem ausgebleichten eisblauen
Chevrolet Corvair, der bei Ace im Hof stand. Seine Frau Clara
hatte ihnen verboten, im Haus zu rauchen oder zu trinken.
Ob Winter oder Sommer, Regen oder Sonne, die vier saßen
in diesem Auto. Sie schliefen wie Kinder auf Autofahrten, den
Kopf auf die gefalteten Hände gelegt, oder sahen nach vorn, als
wären sie auf einem Sonntagsausflug, und machten zu jedem,
der vorbeifuhr oder vorbeilief, eine Bemerkung, während sie
eine Flasche Süßwein herumgehen ließen.

Wenn ich die Straße heraufkam, rief ich: »Wie geht's?« –
»Bestens!«, sagte Mo. »Hab mein Weinchen!« Und Ace sagte:
»Ich fühle mich so bella, ich hab mein Muskatella!« Sie fragten
nach meinem Chef Dr. B., diesem Trottel.

»Häng den Job doch an den Nagel! Hol dir Sozialhilfe, das
passt besser zu dir! Komm, setz dich zu uns, Schwester, und
bring die Zeit gemütlich rum, was brauchst du da einen Job!«

Einmal sagte Mo, ich sähe nicht gut aus, ich bräuchte vielleicht einen Entzug.

»Entzug?«, spottete Champ. »Niemals Entzug. Einen guten
Zug! Das ist das Richtige.«

Champ war klein und dick, trug einen glänzenden blauen
Anzug, ein sauberes weißes Hemd und einen flachen Hut mit
Krempe. Er hatte eine goldene Uhr mit Uhrenkette und im-

mer eine Zigarre. Die anderen drei trugen karierte Hemden, Overalls und Baseballkappen von den Oakland Athletics.

An einem Freitag ging ich nicht zur Arbeit. Ich muss wohl die Nacht zuvor getrunken haben. Ich weiß nicht, wo ich am Morgen hingegangen bin, aber ich erinnere mich, dass ich mit einer Flasche Jim Beam zurückkam. Ich parkte mein Auto vor meinem Haus auf der anderen Straßenseite, hinter einem Lieferwagen, ging hinauf in die Wohnung und schlief sofort ein. Ich erwachte von einem lauten Klopfen an meiner Tür.

»Machen Sie die Tür auf, Ms. Moran. Hier ist Officer Wong!«

Ich versteckte die Flasche im Bücherregal und öffnete die Tür. »Hallo, Officer Wong. Was kann ich für Sie tun?«

»Gehört Ihnen ein Mazda 626?«

»Das wissen Sie doch.«

»Wo befindet sich dieses Auto, Ms. Moran?«

»Na ja, hier drin ist es nicht.«

»Wo haben Sie das Fahrzeug geparkt?«

»Gegenüber der Kirche.« Ich konnte mich nicht erinnern.

»Denken Sie noch einmal nach.«

»Ich kann mich nicht erinnern.«

»Sehen Sie mal aus dem Fenster. Was sehen Sie da?«

»Nichts. Den 7-Eleven. Telefonhäuschen. Gastanks.«

»Gibt es Parkplätze?«

»Ja. Erstaunlich. Zwei sogar! Oh. Dort habe ich das Auto geparkt, hinter einem Lieferwagen.«

»Sie haben das Auto stehen lassen, ohne einen Gang einzulegen oder die Handbremse anzuziehen. Als der Lieferwagen wegfuhr, ist ihm Ihr Auto die Alcatraz hinunter gefolgt, mitten in der Hauptverkehrszeit. Es hat seine Fahrt fortgesetzt, indem es auf die Gegenfahrbahn wechselte und entgegenkommende Autos nur knapp verfehlte, und dann raste es den Gehweg hinunter, wobei es beinahe einen Mann, seine Frau und ein Baby im Kinderwagen überfahren hätte.«

»Schön. Und dann?«

»Ich nehme Sie mit, damit Sie sich ansehen können, was dann. Kommen Sie.«

»Ich komme gleich. Ich will mir nur schnell das Gesicht waschen.«

»Ich werde hier auf Sie warten.«

»Bitte, Sir. Ein bisschen Privatsphäre. Warten Sie vor der Tür.«

Ich nahm einen großen Schluck Whisky. Putzte mir die Zähne und kämmte mir die Haare.

Wir gingen schweigend die Straße hinunter. Zwei Häuserblocks. Verdammt.

»Wenn man sich das überlegt, ist es doch eigentlich ein Wunder, dass mein Mazda nicht irgendwo gegengefahren ist oder jemanden verletzt hat. Finden Sie nicht, Officer? Ein Wunder!«

»Nun, es ist gegen etwas gefahren. Es ist eher ein Wunder, dass zu dieser Zeit keiner der Gentlemen im Auto war. Sie waren ausgestiegen, um sich anzusehen, wie Ihr Mazda die Straße heruntergefahren kam.«

Mein Auto hatte sich in den rechten Kotflügel des Chevy Corvair geschmiegt. Die vier Männer standen da, schüttelten den Kopf. Champ paffte seine Zigarre.

»Gott sei Dank warssu nicht drin, Schwester«, sagte Mo. »Ich hab ers'mal die Tür aufgerissen und geguckt: ›Wo isse?‹«

Im Kotflügel und in der Tür des Chevrolets sah man eine große Beule. An meinem Auto waren die Stoßstange und die Scheinwerfer kaputt, das Blinklicht war zerbrochen.

Ace schüttelte immer noch den Kopf. »Hoffentlich bissu

versichert, Miz Lucille. Weil nämlich meines iss ein echt anti-
kes Auto, das jetzt ein' Schaden hat.«

»Keine Sorge, Ace. Ich bin versichert. Gib mir so schnell
wie möglich einen Kostenvoranschlag.«

Der Champ sprach leise mit den anderen. Sie versuchten,
nicht zu grinsen, aber es klappte nicht. Ace sagte: »Wir sitzen
ganss friedlich hier und kümmern uns um unsre eig'nen Angelegenheiten und guck, was passiert. Gelobt sei Gott!«

Officer Wong schrieb mein und Aces Autokennzeichen
auf.

»Hat dieses Auto einen Motor?«, fragte er Ace.

»Mein Auto hier issn Museumsstück. Oldtimer. Braucht
kein' Motor.«

»Schön, dann werde ich mal versuchen, rückwärts hier
rauszukommen, ohne jemanden zu überfahren«, sagte ich.

»Nicht so eilig, Ms. Moran«, sagte Officer Wong. »Ich muss
eine Vorladung ausschreiben.«

»Eine Vorladung? Schämen Sie sich, Officer!«

»Sie können dieser Lady kein' Strafzettel schreiben. Sie hat
geschlafen zum Zeitpunkt des Unfalls!«

Die alten Männer umringten ihn, machten ihn nervös.

»Also«, er verhaspelte sich, »sie hat sich strafbar gemacht
des rücksichtslosen … rücksichtslosen…«

»Kann nich' rücksichtsloses Fahren sein. Sie iss das Auto
nich' gefahren!«

Er versuchte nachzudenken. Sie murrten und tuschelten.
»Schande. Nich' in Ordnung. Unschuldige Steuerzahlerin.
Armes Ding, ganz allein und alles.«

»Ich rieche auf jeden Fall Alkohol«, sagte Officer Wong.

»Das bin ich!«, sagten die vier Männer wie aus einem Mund
und atmeten aus.

»Nein, Sir«, sagte Champ. »Wenn du nicht am Steuer sitzt,

kann man dich auch nicht für Alkohol am Steuer drankriegen.«

»Das iss wahr!«

»Aber sicher doch.«

Officer Wong sah uns mit niedergeschlagener Miene an. Das Polizeifunkgerät krächzte. Flink schob er seinen Block in die Tasche, drehte sich um, eilte zum Streifenwagen und fuhr mit heulender Sirene davon.

Der Scheck von der Versicherung kam ziemlich schnell, an mich adressiert, aber ausgeschrieben auf Horatio Turner. Die vier Männer saßen im Auto, als ich Ace den Scheck gab. Eintausendfünfhundert Dollar.

An diesem Nachmittag saß ich das einzige Mal in dem alten Auto. Ich musste mich hinter Champ hineinzwängen, weil die andere Tür nicht aufging. Little Ripple, der klein war, saß auf der anderen Seite neben mir. Sie tranken alle Gallo-Portwein, aber mir brachten sie ein großes Colt-45-Bier. Sie stießen mit mir an. »Auf unsere Lady Lucille!« Daraufhin wurde ich im ganzen Viertel so genannt.

Traurig war nur, dass es zu Beginn des Frühlings passiert war. Officer Wong hatte noch den ganzen Frühling und Sommer über dieselbe Streife. Jeden Tag musste er an den Jungs im Chevrolet Corvair vorbei, die immer lachten und winkten.

Natürlich hatte ich danach noch andere Zusammenstöße mit Officer Wong, die überhaupt nicht angenehm waren.

Leid

»Was haben diese beiden nur ständig miteinander zu bereden?«, fragte Mrs. Wacher ihren Mann beim Frühstück.

Am anderen Ende des offenen, schilfbedeckten Speisesaals am Meer hatten die Schwestern ihre Papaya und die *huevos rancheros* vergessen und redeten und redeten. Später, als sie am Ufer des Meeres spazieren gingen, hatten sie die Köpfe zusammengesteckt. Redeten und redeten. Wellen überspülten ihre Füße, ohne dass sie es bemerkten, durchnässten sie, und sie lachten. Die Jüngere weinte oft... Wenn sie weinte, wartete die Ältere ab, tröstete sie, gab ihr ein Taschentuch. Kamen keine Tränen mehr, redeten sie weiter. Sie sah nicht streng aus, diese Ältere, aber sie weinte nie.

Die anderen Hotelgäste im Speisesaal und in den Strandkörben im Sand saßen meistens schweigend beisammen, machten nur hin und wieder eine Bemerkung über den herrlichen Tag, das türkisblaue Meer, oder forderten die Kinder auf, gerade zu sitzen. Das Paar, das in den Flitterwochen war, flüsterte und neckte sich, sie fütterten sich gegenseitig mit Melonenstücken, aber die meiste Zeit waren sie still, schauten einander in die Augen, auf die Hände. Die älteren Paare tranken Kaffee und lasen oder machten Kreuzworträtsel. Ihre Gespräche waren kurz, einsilbig. Diejenigen, die miteinander im Einklang waren, sprachen genauso wenig wie diejenigen, die vor Gereiztheit oder Langeweile kochten; es war der Rhythmus ihrer Rede, der sich unterschied: ein Tennisball, der träge hin- und hergeschlagen wird, oder das schnelle Totschlagen einer Fliege.

Am Abend spielten die Wachers, ein deutsches Ehepaar, im Licht der Laterne Bridge mit einem anderen Rentnerehepaar aus Kanada, den Lewis. Sie waren alle ernsthafte Spieler, sodass kaum gesprochen wurde. Das Flapp, Flapp vom Ausgeben der Karten, Mr. Wachers »Hms«. Zweimal kein Trumpf. Das Rollen der Brandung, die Eiswürfel in den Gläsern. Gelegentlich redeten die Frauen über Einkaufspläne für den nächsten Tag, über einen Ausflug nach La Isla, über die rätselhaften, ständig miteinander sprechenden Schwestern. Die Ältere so elegant und kühl. In den Fünfzigern, aber immer noch attraktiv, eitel. Die Jüngere in den Vierzigern war hübsch, aber ungepflegt und zurückhaltend. Da fängt sie schon wieder an, sie weint!

Mrs. Wacher beschloss, sich an die Ältere heranzupirschen, wenn sie morgens schwimmen ging. Mrs. Lewis sollte sich mit der Jüngeren unterhalten, die nie schwamm oder in der Sonne saß, sondern auf die andere wartete, Tee trinkend, ein ungeöffnetes Buch auf dem Schoß.

Am Abend, als Mr. Wacher die Punktetabelle und die Karten holte und Mr. Lewis Getränke und Snacks an der Bar bestellte, tauschten die beiden Frauen ihre Informationen aus.

»Sie reden so viel, weil sie sich seit zwanzig Jahren nicht gesehen haben! Kannst du dir das vorstellen? Schwestern? Meine heißt Sally und lebt in Mexico City, ist mit einem Mexikaner verheiratet und hat drei Kinder. Wir haben spanisch gesprochen, sie kommt mir richtig mexikanisch vor. Sie hatte vor Kurzem eine Mastektomie, was erklärt, warum sie nicht schwimmen geht. Nächsten Monat fängt sie mit der Bestrahlung an. Deswegen weint sie wahrscheinlich die ganze Zeit. Das ist alles, was ich herausfinden konnte, ehe die Schwester aus dem Wasser kam und sie gegangen sind, um sich umzuziehen.«

»Nein! Sie weint nicht deshalb! Ihre Mutter ist gerade gestorben! Vor zwei Wochen! Kannst du dir das vorstellen … dass sie da Urlaub machen?«

»Was hat sie noch gesagt? Wie heißt sie?«

»Dolores. Sie ist eine Krankenschwester aus Kalifornien, hat vier erwachsene Söhne. Sie sagte, ihre Mutter sei vor Kurzem gestorben und dass sie und ihre Schwester einander viel zu erzählen hätten.«

Die Frauen machten sich auf alles einen Reim. Sally, die weiche, hatte wahrscheinlich all die Jahre ihre gebrechliche Mutter gepflegt. Als die alte Mutter schließlich gestorben war, fühlte Dolores sich schuldig, weil ihre Schwester sich um sie gekümmert hatte, während sie selbst nie zu Besuch gekommen war. Und dann der Krebs ihrer Schwester. Dolores war die, die für alles bezahlte, die Taxis, die Kellner. Sie hatten gesehen, wie sie Sally in den Boutiquen im Stadtzentrum Kleidung kaufte. Das musste es sein. Schuldgefühle. Es tat ihr leid, dass sie ihre Mutter vor dem Tod nicht mehr gesehen hatte, und sie wollte gut zu ihrer Schwester sein, bevor auch sie starb.

»Oder bevor sie selbst stirbt«, sagte Mrs. Lewis. »Wenn deine Eltern tot sind, blickst du deinem eigenen Tod ins Auge.«

»Oh, ich weiß, was du meinst … es gibt niemanden mehr, der dich noch vor dem Tod beschützt.«

Die beiden Frauen sagten nichts mehr, zufrieden mit ihrem harmlosen Klatsch, ihrer Analyse. Sie dachten an ihren eigenen Tod. Den Tod ihrer Ehemänner. Aber nur flüchtig.

Obwohl sie in den Siebzigern waren, waren beide Paare gesund, aktiv. Sie hatten ein erfülltes Leben, genossen jeden Tag. Als ihre Männer die Stühle zurückzogen und sich zum Spiel hinsetzten, stiegen sie vergnügt ein und vergaßen die beiden Schwestern völlig, die jetzt Seite an Seite am Strand unter den Sternen saßen.

Sally weinte nicht über den Tod ihrer Mutter oder weil sie Krebs hatte. Sie weinte, weil ihr Mann Alfonso sie nach zwanzig Jahren für eine jüngere Frau verlassen hatte. Das kam ihr brutal vor, so direkt nach ihrer Mastektomie. Sie war verzweifelt, aber nein, sie würde sich nie von ihm scheiden lassen, auch wenn die Frau schwanger war und er sie heiraten wollte.

»Damit können sie warten, bis ich tot bin. Ich werde bald sterben, vielleicht schon nächstes Jahr…« Sally weinte, aber der Ozean erstickte das Geräusch.

»Du stirbst nicht. Sie haben gesagt, der Krebs ist weg. Die Strahlentherapie ist Routine, eine Vorsichtsmaßnahme. Ich habe den Arzt sagen hören, dass sie den Krebs vollständig entfernt haben.«

»Aber er wird wiederkommen. Er kommt immer wieder.«

»Das stimmt nicht. Hör auf damit, Sally.«

»Du bist so kalt. Manchmal bist du genauso grausam wie Mama.«

Dolores sagte nichts. Ihre größte Angst war es, wie ihre Mutter zu sein. Gemein, eine Trinkerin.

»Hör zu, Sally. Gib ihm die Scheidung und fang an, dich um dich selbst zu kümmern.«

»Das verstehst du nicht! Wie willst du denn verstehen, was ich nach zwanzig Jahren Zusammenleben fühle? Du hast fast genauso lange allein gelebt! Für mich gab es immer nur Alfonso, seit ich siebzehn war. Ich liebe ihn!«

»Ich glaube, ich verstehe das ganz gut«, sagte Dolores trocken. »Komm, lass uns reingehen. Es ist kalt.«

In Dolores' Zimmer brannte das Licht im Inneren des weißen Moskitonetzes, sie las vor dem Einschlafen.

»Dolores?«

Sally weinte wieder. Verdammt. Was denn jetzt noch.

»Sally, ich werde verrückt, wenn ich nicht lesen kann, beim Aufwachen und vor dem Einschlafen. Es ist eine blöde Angewohnheit, aber so ist es nun mal. Was ist los?«

»Ich habe mir einen Splitter in den Fuß getreten.«

Dolores stand auf, holte eine Nadel, ein Antiseptikum und ein Pflaster, zog den Splitter aus dem Fuß ihrer Schwester. Sally weinte wieder und umarmte Dolores.

»Lass uns jetzt immer zusammenbleiben. Es ist so gut, eine Schwester zu haben, die auf mich aufpasst!«

Dolores klebte das Pflaster auf Sallys Fuß, wie sie es tausendmal gemacht hatte, als sie Kinder waren. »Viel besser«, sagte sie reflexartig.

»Viel besser!« Sally seufzte. Kurz danach war sie eingeschlafen. Dolores las noch für ein paar Stunden. Schließlich machte sie das Licht aus, sehnte sich nach einem Drink.

Wie sollte sie Sally von ihrem Alkoholismus erzählen? Es war nicht das Gleiche, wie über eine Tote zu reden oder über den Verlust eines Mannes, einer Brust. Es hieß, der Alkoholismus sei eine Krankheit, aber niemand zwang sie, das nächste Glas zu nehmen. Ich habe eine tödliche Krankheit. Ich habe Angst, hätte Dolores gern gesagt, aber sie sagte es nicht.

Die Wachers und die Lewis waren immer die Ersten beim Frühstück, an benachbarten Tischen platziert. Die Männer lasen Zeitung, die Frauen unterhielten sich mit den Kellnern und miteinander. Nach dem Frühstück wollten sie zum Tiefseefischen gehen.

»Ich frage mich, wo die beiden Schwestern heute sind«, sagte Mrs. Lewis.

»Brüllen! Als ich an ihrem Zimmer vorbeiging, haben sie sich gestritten. Hermann hat kein Mitgefühl, er wollte mir nicht erlauben, zu lauschen. Sally sagte: Nein! Sie würde keinen Pfennig vom Blutgeld der alten Hexe haben wollen! Und dass ihre Mutter sie, wenn sie verzweifelt war, abgewiesen hätte. Sie fluchte vor sich hin, das kleine holde Ding. *Puta! Desgraciada!* Dolores brüllte sie an: ›Hast du überhaupt eine Ahnung, was es heißt, verrückt zu sein? *Du* bist hier die Verrückte … weil du dich weigerst, hinzuschauen! Mama war verrückt!‹ Und dann fing sie an zu schreien: ›Zieh das aus! Zieh das aus!‹«

»Scht. Da sind sie.«

Sally machte einen unordentlichen Eindruck, wie immer sah sie so aus, als hätte sie gerade geweint; wie immer war Dolores ruhig und perfekt zurechtgemacht. Sie bestellte Frühstück für sie beide, und als es serviert wurde, konnte man hören, wie sie zu ihrer Schwester sagte: »Iss, dann wird es dir besser gehen. Und trink den Orangensaft aus. Er ist süß, köstlich.«

»Zieh das aus!«

Sally hockte sich hin, hielt ihren mexikanischen *huipil* vor den Körper. Dolores zog ihn weg, hieß sie aufstehen, nackt, die Narben an den Stellen, wo ihre Brüste gewesen waren, dunkelrot und blau.

Sally weinte. »Ich sehe grässlich aus! Ich bin keine Frau mehr! Guck mich nicht an!«

Dolores fasste sie an den Schultern, schüttelte sie. »Willst du, dass ich deine Schwester bin? Lass mich sehen! Ja, es ist grässlich. Die Narben sehen brutal aus, schrecklich. Aber sie gehören jetzt zu dir. Und du bist eine Frau, du Dummchen! Ohne deinen Alfonso, ohne deine Brüste kannst du mehr Frau sein als je zuvor, deine eigene Frau! Für den Anfang wirst du heute schwimmen gehen, mit diesem 150-Dollar-Gummibusen, den ich dir mitgebracht habe, den kannst du in deinem Badeanzug befestigen.«

»Das kann ich nicht.«

»Doch, kannst du. Komm, mach dich fertig fürs Frühstück.«

»Guten Morgen, meine Damen!«, rief Mrs. Lewis den Schwestern zu. »Wieder so ein wunderbarer Tag. Wir gehen fischen. Was sind Ihre Pläne für heute?«

»Wir werden schwimmen gehen und dann einkaufen und zum Friseur.«

»Arme Sally«, sagte Mrs. Lewis. »Sie will sicher nichts davon machen. Sie ist krank und trauert. Diese Schwester da zwingt sie dazu, Urlaub zu machen. Genau wie meine Schwester Iris. Herrisch, herrisch! Hattest du eine große Schwester?«

»Nein.« Mrs. Wacher lachte. »Ich war die große Schwester. Glaub mir, kleine Schwestern haben auch ihre Schattenseiten.«

Dolores breitete ihre Handtücher im Sand aus.

»Zieh ihn aus.«

Sie meinte den Bademantel, den ihre Schwester über dem Badeanzug krampfhaft zuhielt.

»Zieh ihn aus«, beharrte Dolores. »Du siehst schön aus. Deine Brüste sehen echt aus. Deine Taille ist winzig. Du hast großartige Beine. Aber eigentlich hast du noch nie begriffen, wie entzückend du aussiehst.«

»Nein. Du warst die Hübsche. Ich war die Brave.«

»Dieses Label hat mir auch zu schaffen gemacht. Nimm den Hut ab. Wir haben nur noch wenige Tage. Du wirst mit einer schönen Bräune in die Stadt zurückkehren.«

»*Pero*...«

»*Callate*. Halt den Mund, sonst bekommt deine Bräune noch Falten.«

»Die Sonne fühlt sich herrlich an«, sagte Sally nach einer Weile seufzend.

»Fühlt sich nicht auch dein Körper gut an?«

»Ich komme mir so nackt vor. Als ob jeder die Narben sehen könnte.«

»Soll ich dir was sagen? Wenn ich eines gelernt habe, dann, dass die meisten Menschen überhaupt nichts wahrnehmen, oder wenn, dann interessieren sie sich nicht dafür.«

»Du bist so zynisch.«

»Dreh dich um. Lass mich deinen Rücken eincremen.«

Nach einer Weile begann Sally, Dolores von der Bibliothek in ihrem Viertel zu erzählen, in der sie ehrenamtlich arbeitete. Herzerwärmende Geschichten über Kinder und Familien, die in schrecklicher Armut lebten. Sie liebte ihre Arbeit, und man liebte sie.

»Siehst du, Sally, es gibt so viel, was du tun kannst und was dir Spaß macht.«

Dolores fielen keine herzerwärmenden Geschichten über ihre Arbeit in einem Krankenhaus in East Oakland ein, die sie Sally hätte erzählen können. Crack-Babys, missbrauchte Kinder, Kinder mit Gehirnschaden, Downsyndrom, Schussverletzungen, Mangelernährung, Aids. Aber sie machte ihren Job gut und mochte ihn. Oder hatte ihn gemocht – schlussendlich war sie wegen des Trinkens gefeuert worden, erst letzten Monat, noch vor dem Tod ihrer Mutter.

»Ich mag meine Arbeit auch«, war alles, was sie sagte.

»Komm, lass uns schwimmen gehen.«

»Ich kann nicht. Ich werde mir wehtun.«

»Die Wunden sind verheilt, Sally. Das sind nur noch die Narben. Schreckliche Narben.«

»Ich kann nicht.«

»Verdammt noch mal, jetzt geh ins Wasser!«

Dolores führte ihre Schwester in die Brandung und ließ ihre Hand los. Sie sah zu, wie Sally taumelte und fiel, Wasser schluckte, von einer Welle niedergeworfen. Wassertretend sah sie, wie Sally aufstand und unter der anbrandenden Woge hindurchtauchte, weiterschwamm. Dolores schwamm ihr nach. O Gott, sie weint wieder, aber nein, Sally lachte lauthals.

»Es ist warm! Es ist so warm! Ich bin leicht wie ein Baby!«

Lange schwammen sie hinaus ins blaue Wasser. Schließlich kehrten sie zum Ufer zurück. Atemlos, lachend liefen sie aus der Brandung. Sally warf die Arme um ihre Schwester, und die beiden Frauen hielten einander, Schaum wirbelte um ihre Knöchel. »*Mariconas!*«, neckten sie zwei vorbeigehende Strandjungs.

Mrs. Lewis und Mrs. Wacher sahen von ihren Strandkörben aus zu, sichtlich bewegt. »Sie ist gar nicht so gemein, nur entschlossen ... sie wusste, dass es ihrer Schwester gefallen würde, wenn sie erst einmal im Wasser war. Wie glücklich sie aussieht. Armes Ding, sie hat diesen Urlaub wirklich gebraucht.«

»Ja, es wirkt jetzt nicht mehr so anstößig, nicht? Dass sie Urlaub machen, nachdem ihre Mutter gestorben ist.«

»Weißt du, eigentlich ist es schade, dass es nicht so eine Tradition gibt. Ein Beerdigungsurlaub, so wie Flitterwochen oder Babypartys.«

Sie lachten. »Hermann!«, rief Mrs. Wacher ihren Mann. »Versprecht ihr, dass ihr zwei Männer zusammen Urlaub macht, wenn wir zwei Frauen gestorben sind?«

Hermann schüttelte den Kopf. »Nein. Zum Bridge braucht man vier.«

Als Sally und Dolores an diesem Abend zurückkehrten, wurden Sally von allen Seiten Komplimente gemacht, wie gut sie aussehe. Rosig von der Sonne, ihre neue Frisur lockte sich in weichen goldbraunen Kringeln um ihr Gesicht.

Sally schüttelte immer wieder den Kopf, sah in den Spiegel. Ihre grünen Augen leuchteten wie Smaragde. Sie schminkte sie mit Dolores' Make-up.

»Könnte ich mir dein grünes Oberteil ausborgen?«, fragte sie.

»Was? Ich habe dir gerade drei wunderschöne Kleider gekauft. Jetzt willst du mein Oberteil? Und übrigens hast du dein eigenes Make-up und dein eigenes Parfüm!«

»Merkst du, wie du mich ablehnst! Ja, du machst mir Geschenke, aber du bist immer noch egoistisch, egoistisch wie sie!«

»Egoistisch!« Dolores zog ihre Bluse aus. »Hier! Und nimm auch die Ohrringe. Die passen dazu.«

Die Sonne ging unter, während die Gäste ihren Flan aßen. Als der Kaffee kam, griff Dolores nach der Hand ihrer Schwester.

»Dir ist klar, dass wir uns gerade so verhalten haben wie damals als Kinder. Das ist irgendwie schön, wenn man es recht überlegt. Du sagst immer, du möchtest, dass wir jetzt richtige Schwestern sind. Wir benehmen uns ganz genau wie richtige Schwestern! Wir streiten!«

Sally lächelte. »Du hast recht. Wahrscheinlich habe ich nie

gewusst, wie sich richtige Familien benehmen. Wir hatten nie einen Familienurlaub, nicht mal ein Picknick.«

»Ich bin sicher, dass ich deshalb so viele Kinder gekriegt habe und du in diese riesige mexikanische Familie eingeheiratet hast. Wir wollten so dringend ein Zuhause.«

»Und das ist genau der Grund, warum es schlimm ist, dass Alfonso mich verlässt…«

»Rede nicht mehr von ihm.«

»Wovon soll ich dann reden?«

»Wir müssen von ihr reden. Mama. Sie ist tot.«

»Ich hätte sie umbringen können! Ich bin froh, dass sie tot ist«, sagte Sally. »Es war zu schrecklich, als Papa gestorben ist. Ich bin nach L. A. geflogen und habe einen Bus nach San Clemente genommen. Sie wollte mich nicht mal ins Zimmer lassen. Ich hämmerte gegen die Tür und sagte: ›Ich brauche eine Mutter! Ich will mit dir reden!‹, aber sie wollte mich nicht reinlassen. Es war nicht fair. Das Geld ist mir egal, aber das war auch nicht fair.«

Ihre Mutter hatte Sally nie verziehen, dass sie einen Mexikaner geheiratet hatte, sie hatte sich geweigert, Sallys Kinder kennenzulernen, hatte ihr ganzes Geld Dolores hinterlassen. Dolores bestand darauf, das Erbe zu teilen, aber das machte die Kränkung nicht kleiner.

Dolores hielt Sally im Arm, als sie am Strand saßen. Die Sonne war untergegangen.

»Sie ist nicht mehr da, Sally. Sie war krank, hatte Angst. Sie hat um sich geschlagen wie eine verwundete … Hyäne. Du hast Glück gehabt, dass du sie nicht gesehen hast. Ich habe sie gesehen. Ich habe sie angerufen, um ihr zu sagen, dass wir Papa mit einem Rettungswagen ins Krankenhaus bringen würden. Weißt du, was sie gesagt hat? ›Könnt ihr unterwegs anhalten und ein paar Bananen kaufen?‹«

»Heute ist mein letzter Tag!«, sagte Sally zu Mrs. Wacher. »Wir fahren auf die Insel. Waren Sie mal dort?«

»O ja, wir sind vor ein paar Tagen mit den Lewis dort gewesen. Es ist wunderschön. Gehen Sie schnorcheln?«

»Tauchen«, sagte Dolores. »*Vamos*, Sally, das Auto wartet.«

»Ich werde nicht tauchen gehen. So sieht's aus«, sagte Sally auf dem Weg nach Ixtapa.

»Du wirst schon sehen. Warte, bis du César kennenlernst. Ich habe eine Zeit lang mit ihm zusammengelebt, vor fünfundzwanzig, dreißig Jahren. Er war damals nur ein Taucher, ein Fischer.«

Seitdem war er berühmt und reich geworden, der Jacques Costeau von Mexiko, mit Kinofilmen und Fernsehshows. Das konnte sich Dolores nur schwer vorstellen. Sie erinnerte sich an sein altes Holzboot, den Sandboden seiner *palapa*, ihre Hängematte.

»Auch damals war er schon ein Meister«, sagte sie. »Niemand kennt das Meer so wie er. In seinen Pressemeldungen nennt er sich Neptun, das klingt ziemlich schmalzig … aber es stimmt. Er wird sich wahrscheinlich nicht an mich erinnern, aber ich möchte trotzdem, dass du ihn kennenlernst.«

Er war jetzt ein alter Mann mit einem langen weißen Bart, flatterndem weißen Haar. Natürlich erinnerte er sich an Dolores. Süß war sein Kuss auf ihre Augenlider, seine Umarmung. Sie erinnerte sich an seine schwieligen, narbigen Hände auf ihrer Haut… Er führte sie zu einem Tisch auf der Veranda. Zwei Männer aus dem Reisebüro tranken Tequila, wedelten sich mit ihren Strohhüten Luft zu, ihre *guayaberas* feucht und knittrig.

Die weitläufige Veranda zeigte zum Meer, aber die Mango- und Avocadobäume versperrten die Sicht darauf vollständig.

»Wie kann man einen solchen Ausblick aufs Meer verdecken?«, fragte Sally.

César zuckte mit den Schultern. »*Pues*, ich hab es oft genug gesehen.«

Er erzählte ihnen von den Tauchgängen, die er und Dolores vor Jahren gemacht hatten. Die Zeit mit den Haien, der riesige Sägefisch, der Tag, an dem Flaco ertrank. Wie die Taucher sie »La Brava« genannt hatten. Aber sie hörte sein Lob kaum. Sie hörte ihn sagen: »Als sie jung war, war sie eine schöne Frau.«

»Also, bist du hier, um mit mir zu tauchen?«, fragte er und hielt ihre Hände. Sie sehnte sich danach, zu tauchen, aber sie brachte es nicht über sich, ihm zu sagen, dass sie Angst hatte, der Atemregler könnte ihre falschen Zähne zerbrechen.

»Nein. Ich habe Probleme mit dem Rücken. Ich habe meine Schwester mitgebracht, damit sie mit dir tauchen geht.«

»*Lista?*«, fragte er Sally. Sie trank Tequila, aalte sich in den Komplimenten und Flirts der Männer. Die Männer gingen. César, Sally und Dolores brachen in einem Kanu zur La Isla auf. Sally klammerte sich an den Bootsrand, aschfahl vor Angst. Einmal beugte sie sich über den Rand und erbrach sich.

»Bist du sicher, dass sie tauchen sollte?«, fragte César Dolores.

»Ich bin sicher.«

Sie lächelten einander an. Die Jahre waren ausgelöscht, ihre Art, miteinander zu sprechen, noch dieselbe. Einmal hatte sie ironisch gesagt, er sei perfekt. Er konnte weder lesen noch schreiben, und ein Großteil ihrer Liebesgeschichte hatte unter Wasser stattgefunden, wo es keine Worte gab. Es war nie notwendig gewesen, etwas zu erklären.

Ruhig zeigte er Sally die Grundlagen des Tauchens. Draußen im flachen Wasser zitterte Sally zuerst noch vor Angst.

Dolores saß auf den Felsen und sah zu, sah, wie er ihre Tauchermaske mit Spucke säuberte, den Atemregler erklärte. Er schnallte ihr die Flasche auf den Rücken. Dolores sah, wie Sally erstarrte vor Angst, er könnte ihre Brüste bemerken, aber dann sah sie, wie die Schwester sich entspannte, vor ihm im Rhythmus der Wellen schaukelte, als er sie beruhigte, ihre Ausrüstung festzog und sie streichelte, sie sanft ins Wasser hinunterführte.

Sie benötigten vier Versuche. Sally tauchte auf, würgte. Nein, es war unmöglich, sie hatte Platzangst, bekam keine Luft! Aber er sprach weiter leise auf sie ein, verführte sie, besänftigte sie mit seinen Händen. Dolores spürte eine krankhafte Welle von Eifersucht, als er den Kopf ihrer Schwester hielt, ihr durch die Masken hindurch in die Augen lächelte. Sie erinnerte sich an sein Lächeln im Glas.

Das war dein grandioser Einfall, sagte sie zu sich selbst. Sie bemühte sich, ruhig zu bleiben, starrte hinaus in die wogenden grünen Wellen, wo ihre Schwester und César verschwunden waren. Sie versuchte, an das Vergnügen ihrer Schwester zu denken. Denn sie wusste, es war ein Vergnügen. Aber das Einzige, was sie fühlte, waren Bedauern und Reue, das Gefühl eines unsagbaren Verlusts.

Es schienen Stunden zu vergehen, ehe sie wieder auftauchten. Sally lachte; ihr Lachen war das eines jungen Mädchens. Ungestüm küsste und umarmte sie César, während er die Druckluftflaschen abnahm, ihr die Flossen auszog.

In der Hütte der Taucher umarmte sie auch Dolores. »Du wusstest, wie großartig es sein würde! Ich bin geflogen! Das Meer hörte gar nicht mehr auf! Dolores, ich habe mich so lebendig und stark gefühlt! Ich war eine Amazone!«

Dolores wollte darauf hinweisen, dass Amazonen wenigstens eine Brust hatten, aber sie biss sich auf die Zunge. Sie und

César lächelten, während Sally weiter über die Schönheit des Tauchens redete. Sie würde wiederkommen, bald, eine ganze Woche lang tauchen! Oh, die Korallen und Anemonen, die Farben, die glänzenden Schwärme der Fische.

César lud sie zum Mittagessen ein. Es war drei Uhr nachmittags. »Ich fürchte, ich brauche eine Siesta«, sagte Dolores. Sally war enttäuscht.

»Du wirst wiederkommen. Ich habe dir gerade den Weg gezeigt.«

»Danke euch beiden«, sagte Sally. Ihre Freude und Dankbarkeit waren rein, unschuldig. César und ihre Schwester küssten ihr die glühenden Wangen.

Sie standen am Taxistand am Strand. César hielt Dolores' Hand fest in seiner. »Und, *mi vieja*, wirst du je wiederkommen?« Sie schüttelte den Kopf.

»Verbring die Nacht mit mir.«

»*No puedo.*«

César küsste sie auf die Lippen. Sie schmeckte das Verlangen und das Salz ihrer Vergangenheit. In der letzten Nacht, die sie mit ihm verbracht hatte, hatte er ihr alle Fingernägel bis aufs Fleisch abgebissen. »Denk an mich«, hatte er gesagt.

Den ganzen Weg in die Stadt über redete Sally, aufgeregt, eine Stunde lang. Wie lebendig sie sich gefühlt hatte, wie frei.

»Ich wusste, dass es dir gefallen würde. Dein Körper verschwindet, weil du ganz schwerelos bist, aber gleichzeitig wird er dir auf intensive Weise bewusst.«

»César ist wunderbar. Wunderbar. Ich kann mir gut vorstellen, eine Liebesgeschichte mit ihm zu haben. Du hast ein solches Glück!«

»Stell dir vor, Sally, dieser ganze Strandabschnitt, wo der Club Med jetzt ist, war ein einziger leerer Strand. Oben im Dschungel war ein artesischer Brunnen. Es gab Rehe, fast zahm. Wir waren tagelang dort, ohne einer Menschenseele zu begegnen. Und die Insel. Sie war einfach nur eine Insel, wilder Dschungel. Keine Taucherläden oder Restaurants. Kein anderes Boot außer unserem. Kannst du dir das vorstellen?«

Nein. Konnte sie nicht.

»Es ist unheimlich«, sagte Mrs. Wacher, als die Schwestern aus dem Taxi gestiegen waren und herunterkamen. »Als ob sie die Rollen getauscht haben. Jetzt ist die Jüngere ganz und gar umwerfend und strahlend, und die andere wirkt abgespannt und zerzaust. Guck sie dir an … sie, bei der nie auch nur ein Haar nicht an seinem Platz lag!«

Die Nacht war stürmisch. Schwarze Wolken fegten über den Vollmond, sodass der Strand abwechselnd hell und dunkel war wie ein Hotelzimmer, vor dem eine Neonreklame blinkt. Sallys Gesicht glänzte wie das eines Kindes, wenn es vom Mondlicht getroffen wurde.

»Aber hat Mama niemals von mir gesprochen?«

Wenn du die Wahrheit wissen willst, nein. Außer, wenn sie sich über deine liebevolle Art lustig machte und sagte, deine Fügsamkeit beweise nur, was für ein Dummkopf du seist.

»Ja, hat sie, oft«, log Dolores. »Eine ihrer liebsten Erinnerungen war, wie sehr du dieses Dr.-Bunny-Buch mochtest. Du hast so getan, als würdest du darin lesen, hast ganz ernsthaft umgeblättert. Und du hast jedes Wort perfekt wiedergegeben, außer an der Stelle, wo Dr. Bunny sagt: ›Klage abgewiesen!‹, da hast du gesagt: ›Klare Wiesen!‹«

»Ich erinnere mich an das Buch! Die Hasen hatten richtiges Fell!«

»Am Anfang. Aber dann hat sich das Fell abgenutzt, weil

du sie so oft gestreichelt hast. Sie erinnerte sich gern an dich und diesen roten Wagen, da warst du etwa vier. Du hast Billy Jameson in den Wagen gepackt und alle deine Puppen und den Hund Mabel und die beiden Katzen, und dann hast du gesagt: ›Einsteigen bitte!‹, aber die Katzen und der Hund waren schon davongelaufen, und Billy auch, und die Puppen sind herausgefallen. Du hast den ganzen Morgen damit zugebracht, sie hineinzupacken und zu sagen: ›Einsteigen bitte!‹«

»Daran kann ich mich überhaupt nicht erinnern.«

»Oh, ich schon, es war auf dem Weg, bei Papas Hyazinthen und der Kletterrose am Tor. Kannst du dich an den Geruch erinnern?«

»Ja!«

»Sie fragte mich immer, ob ich noch weiß, wie du in Chile mit deinem Fahrrad zur Schule gefahren bist. Jeden Morgen hast du zum Flurfenster hochgesehen und gewinkt, und dein Strohhut flog weg.«

Sally lachte. »Stimmt. Ich erinnere mich. Aber Dolores, das warst du am Flurfenster. Dir habe ich zum Abschied gewinkt.«

Stimmt. »Na ja, ich glaube, sie hat dich von ihrem Bett aus durchs Fenster gesehen.«

»Blöd, wie gut sich das anfühlt. Ich meine, auch wenn sie nicht ein einziges Mal Auf Wiedersehen gesagt hat. Dass sie mir zugesehen hat, wie ich zur Schule gefahren bin. Ich bin froh, dass du mir das gesagt hast.«

»Gut«, flüsterte Dolores zu sich selbst. Der Himmel war jetzt schwarz, und große kalte Regentropfen fielen herab. Die Schwestern rannten miteinander durch den Regen zu ihrem Zimmer.

Sallys Flugzeug ging am nächsten Morgen, Dolores fuhr am Tag darauf ab. Beim Frühstück verabschiedete sich Sally von allen, dankte den Kellnern, dankte Mrs. Lewis und Mrs. Wacher für ihre Freundlichkeit.

»Wir sind froh, dass Sie beide einen so schönen Aufenthalt hatten. Was für ein Trost, eine Schwester zu haben!«, sagte Mrs. Lewis.

»Es ist wirklich ein Trost«, sagte Sally, als sie Dolores zum Abschied am Flughafen küsste.

»Wir fangen gerade erst an, uns kennenzulernen«, sagte Dolores. »Wir werden jetzt immer füreinander da sein.« Ihr Herz sehnte sich nach der Weichheit, dem Vertrauen in den Augen ihrer Schwester.

Auf dem Rückweg zum Hotel ließ sie das Taxi an einem Spirituosenladen halten. Auf ihrem Zimmer trank sie, schlief und bestellte dann eine weitere Flasche. Am nächsten Morgen auf dem Weg zum Flughafen, von wo aus sie nach Kalifornien fliegen würde, kaufte sie eine Flasche Rum, um dem Zittern und dem Kopfschmerz abzuhelfen. Als das Taxi am Flughafen ankam, fühlte sie, wie man so sagt, keinen Schmerz.

Streuner

Kam von Baton Rouge nach Albuquerque. Es war etwa zwei Uhr morgens. Peitschender Wind. So ist der Wind in Albuquerque. Ich hing am Greyhound-Busbahnhof herum, bis ein Taxi kam, mit einem Fahrer, der so viele Tattoos aus dem Knast hatte, dass ich damit rechnete, an Stoff zu kommen und einen Tipp für eine Unterkunft von ihm zu kriegen. Er gab mir was zum Antörnen und brachte mich zu einer Absteige, *noria*, wie sie das hier nennen, im South Valley. Ich hatte echt Schwein, dass ich ihn kennengelernt habe, diesen Noodles. Hätte mir keinen schlimmeren Ort als Albuquerque aussuchen können. Chicanos kontrollierten die Stadt. *Mayates*, Schwarze, kommen gar nicht an Stoff, die können froh sein, wenn sie nicht umgebracht werden. Ein paar weiße Typen, die lange genug im Knast waren und den Test bestanden haben. Weiße Frauen, vergiss es, die halten es nicht lange durch. Einzige Chance, und da hat mir Noodles auch geholfen, ist, sich einen Big Man zu angeln, so einen wie Nacho. Dann kann mir keiner wehtun. Ja, das ist erbärmlich, ich weiß. Nacho war ein Heiliger, kann schon sein, dass das schwer zu glauben ist. Er hat jede Menge für die Brown Berets getan, für die ganze Chicano-Gemeinde, Junge wie Alte. Ich weiß nicht, wo er jetzt ist. Er ist vor der Gerichtsverhandlung abgehauen. Also, das war ein Riesenprozess. Er hat Marquez, einem Drogenbullen, fünf

Mal in den Rücken geschossen. Die Geschworenen fanden nicht, dass er ein Heiliger war, aber vielleicht Robin Hood, weil sie ihm nur Totschlag gaben. Ich wüsste wirklich gern, wo er ist. Ich wurde etwa zur selben Zeit verknackt, wegen Einstichen im Arm.

Das ist alles vor vielen Jahren passiert, sonst könnte ich gar nicht darüber reden. Damals hat man schon mal fünf oder zehn Jahre gekriegt, nur wegen einem Joint oder ein paar Nadelstichen.

Das war, als die ersten Methadon-Programme losgingen. Ich wurde in eines der Pilotprojekte gesteckt. Sechs Monate im La Vida anstatt jahrelang im »la pinta«, dem Staatsgefängnis in Santa Fe. Zwanzig andere Drogies hatten den gleichen Deal. Wir kamen alle zusammen in einem alten gelben Schulbus im La Vida an. Ein Rudel wilder Hunde begrüßte den Bus, sie knurrten und bellten, bis sie endlich davonliefen, hinein in den Staub.

La Vida lag dreißig Meilen außerhalb von Albuquerque. In der Wüste. Da war sonst nichts, kein Baum, kein Strauch. Die Route 66 war zu weit weg, um zu Fuß hinzukommen. La Vida war früher eine Radarstation gewesen, eine militärische Einrichtung im Zweiten Weltkrieg. Seitdem war es verlassen. Und ich meine, richtig verlassen. Wir sollten es wieder auf Vordermann bringen.

Wir standen herum, im Wind und in der brennenden Sonne. Der riesige Radarteller ragte turmhoch über dem Gelände auf, der einzige Schatten. Verfallene Baracken. Kaputte und verrostete Jalousien klapperten im Wind. Pin-ups blätterten von den Wänden. Ein bis anderthalb Meter hohe Sanddünen in jedem Zimmer. Die Dünen hatten Wellen und Muster wie auf Postkarten aus der Painted Desert in Arizona.

Es gab hier eine Menge, was für unsere Rehabilitation förderlich sein würde. Nummer eins: Wir waren dem Milieu der Straße entzogen. Jedes Mal, wenn ein Betreuer das sagte, lachten wir uns schlapp. Wir konnten keine Wege sehen, erst recht keine Straßen, und die Straßen auf dem Gelände waren unter Sand begraben. In den Baracken gab es Tische im Speisesaal und Pritschen, aber auch die waren verschüttet. Die Toiletten waren mit toten Tieren und noch mehr Sand verstopft.

Nur der Wind war zu hören, und das Rudel Hunde, das uns umkreiste. Manchmal war es schön, diese Stille, abgesehen von der leise wimmernden Totenklage, mit der sich der Radarteller Tag und Nacht drehte, Tag und Nacht. Anfangs machte uns das wahnsinnig, aber nach einer Weile wurde es tröstlich, wie ein Windspiel. Sie sagten, der Radar sei benutzt worden, um japanische Kamikaze-Piloten abzuhören, aber sie sagten oft ziemlich seltsames Zeug.

Zum größten Teil sollte unsere Reha natürlich aus ehrlicher Arbeit bestehen. Die Genugtuung darüber, eine Arbeit gut erledigt zu haben. Lernen, sich untereinander abzustimmen. Teamarbeit. Diese Teamarbeit begann um sechs Uhr morgens, wenn wir uns für unser Methadon anstellten. Nach dem Frühstück arbeiteten wir bis zum Mittag. Dann Gruppe von zwei bis fünf, noch mehr Gruppe von sieben bis zehn.

Absicht dieser Gruppen war es, uns zu brechen. Unsere Hauptprobleme waren Wut, Arroganz, Trotz. Wir logen, betrogen und stahlen. Es gab tägliches »Kopfwaschen«, bei dem die Gruppe einem Einzelnen seine Fehler und Schwächen entgegenschrie.

Wir wurden fertiggemacht, bis wir endlich die Segel strichen. Wer, verdammt, streicht Segel? Weißt du, ich bin immer noch wütend und arrogant. Ich kam zehn Minuten zu spät zur Gruppe, und sie rasierten mir die Augenbrauen und schnitten mir die Wimpern ab.

In den Gruppen ging es um Wut. Den ganzen Tag über warfen wir Zettel in eine Schachtel, auf denen stand, auf wen wir wütend waren, und in der Gruppe befassten wir uns dann damit. Meistens brüllten wir nur, was für Verlierer und Scheißtypen die anderen waren. Aber natürlich logen und betrogen wir alle. Die Hälfte der Zeit waren wir nicht mal wütend, wir kramten und wühlten bloß ein bisschen Wut hervor und spielten mit, um im La Vida zu bleiben und nicht in den Knast zu müssen. Auf den meisten Zetteln stand Bobby, der Koch, weil er die wilden Hunde fütterte. Oder so was wie, dass Grenas nicht genug Unkraut jätete, sondern bloß rauchte und mit seiner Harke Steppenroller herumschob.

Die Hunde machten uns verrückt. Wir standen Schlange draußen vor dem Speisesaal um sechs Uhr morgens und um eins und um sechs Uhr abends. Der Sandwind peitschte. Wir waren müde und hungrig. Froren morgens und schwitzten am Nachmittag. Bobby ließ uns warten, kam schließlich den Flur entlanggeschlendert wie ein blasierter Banker, um uns aufzuschließen. Und während wir warteten, warteten auch die Hunde, bloß ein paar Schritte entfernt vor der Küchentür, dass er ihnen Reste hinwarf. Räudige, gescheckte, hässliche Hunde, die Leute auf der Hochebene ausgesetzt hatten. Die Hunde mochten Bobby, aber uns hassten sie, fletschten die Zähne und knurrten, tagein, tagaus, Mahlzeit für Mahlzeit.

Ich wurde von der Wäscherei in die Küche verlegt. Sollte beim Kochen, Abspülen und Bodenwischen helfen. Nach einer Weile kam ich mit Bobby besser klar. Ich kam auch mit den Hunden besser klar. Er hatte ihnen Namen gegeben. Dämliche Namen. Fürst, Pickel, Schwarzer, Krüppel, Kurzer. Und Liza, sein Liebling. Eine alte gelbe Töle, flachköpfig, mit riesigen Fledermausohren und bernsteingelben Augen. Nach ein paar Monaten fraß sie ihm sogar aus der Hand. »Sonnenschein!

Liza, meine gelbäugige Sonne«, lockte er sie. Irgendwann ließ sie sich auch hinter den hässlichen Ohren kraulen und oben über dem langen rattenartigen Schwanz, der zwischen ihren Beinen herunterhing. »Meine süße, süße Sonne«, sagte er.

Staatliches Geld sorgte dafür, dass immer wieder Menschen kamen, die mit uns Workshops machten. Eine Frau machte einen Workshop zum Thema Familie. Als ob irgendeiner von uns je eine Familie gehabt hätte. Und so ein Typ von Synanon, der sagte, unser Problem sei unsere Gleichgültigkeit. Sein Lieblingssatz lautete: »Wenn du glaubst, du siehst gut aus, siehst du schlecht aus.« Jeden Tag ließ er uns »unser Selbstbild zerstören«. Was nur hieß, dass wir uns wie Idioten aufführen mussten.

Wir hatten eine Turnhalle und einen Billardtisch, Gewichte und Sandsäcke. Einen Schwarz-Weiß-Fernseher. Ein Basketballfeld, eine Bowlingbahn und einen Tennisplatz. Gerahmte Bilder von Georgia O'Keeffe. Monets »Wasserlilien«. Bald würde eine Filmproduktionsfirma aus Hollywood kommen, um auf dem Gelände einen Science-Fiction-Film zu drehen. Wir konnten als Statisten arbeiten und ein bisschen zusätzliches Geld verdienen. Der Film drehte sich um den Radarteller und was er mit Angie Dickinson gemacht hatte. Der Radarteller hatte sich in sie verliebt und ihre Seele übernommen, nachdem sie bei einem Autounfall ums Leben gekommen war. Er würde auch die Seelen der ganzen anderen Lebewesen übernehmen, die La Vida bewohnen würden, wir. Ich habe den Film mittlerweile etwa zwanzigmal gesehen, nachts, im Fernsehen.

Alles in allem lief es die ersten drei Monate ziemlich gut. Wir waren clean und gesund, wir arbeiteten schwer. Das Gelände war glänzend in Schuss. Wir kamen einander ziemlich nah und wir wurden wirklich wütend. Aber während dieser ersten drei Monate waren wir vollkommen isoliert. Niemand kam und niemand ging. Keine Anrufe, keine Zeitungen, keine Post, kein Fernsehen. Als das zu Ende war, zerfiel alles nach und nach. Einige bekamen Ausgang und hatten bei der Rückkehr positive Urintests oder kamen überhaupt nicht mehr zurück. Neue Insassen trafen ein, aber sie empfanden nicht denselben Stolz auf den Ort wie wir.

Jeden Tag hatten wir eine Morgensitzung. Teils mosern, teils petzen. Wir sollten alle der Reihe nach reden, auch wenn wir nur einen Witz erzählten oder ein Lied sangen. Aber niemandem fiel irgendwas ein, weshalb der alte Lyle Tanner mindestens zweimal die Woche sang: »I thought I saw the whippoorwill.« »El Sapo« hielt einen Vortrag darüber, wie man Chihuahuas züchtete, was widerlich war. Sexy zitierte endlos aus dem 23. Psalm. Schon die Art, wie sie die Wörter liebkoste, klang anzüglich, und alle lachten, was sie verletzte.

Sexys Name war ein Witz. Sie war eine alte Hure aus Mexiko. Sie war nicht mit unserer ersten Gruppe gekommen, sondern später, nach fünf Tagen in Einzelhaft ohne Essen. Bobby machte ihr Suppe und ein paar Eier mit Speck. Aber sie wollte nur Brot. Sie saß da und aß drei Laibe weiches Weißbrot, ohne zu kauen, schluckte es einfach runter, völlig ausgehungert. Die Suppe und die Eier mit Speck verfütterte Bobby an Liza.

Sexy hörte nicht auf zu essen, bis ich sie schließlich in unser Zimmer brachte, wo sie zusammenklappte. Im Zimmer nebenan waren Lydia und Sherry miteinander im Bett. Sie waren seit Jahren zusammen. An ihrem langsamen Lachen erkannte ich, dass sie von irgendwas high waren, vielleicht Seggies oder Ludes. Ich ging zurück in die Küche, um Bobby beim Saubermachen zu helfen. Gabe, der Sozialarbeiter, kam herein, um die Messer abzuholen und sicher wegzuschließen. Er machte das jede Nacht.

»Ich fahre in die Stadt. Du hast das Kommando, Bobby.«
Nachts waren mittlerweile keine Betreuer mehr da.

Bobby und ich gingen nach draußen, um unter dem Zedrachbaum Kaffee zu trinken. Auf der Hochebene kläfften die
Hunde.

»Ich bin froh, dass Sexy da ist. Sie ist nett.«

»Sie ist okay. Sie wird nicht hierbleiben.«

»Sie erinnert mich an Liza.«

»Liza ist nicht so hässlich. O Mann, Tina, sei still. Er ist
fast da.«

Der Mond. Nirgendwo gibt es einen Mond wie in einer
klaren Nacht in New Mexico. Er steigt über den Sandiabergen
auf und besänftigt Meile um Meile der kargen Wüste mit dem
stillen Weiß des ersten Schnees. Mondlicht in Lizas gelben
Augen und dem Zedrachbaum.

Die Welt dreht sich einfach weiter. Nichts ist besonders
wichtig, weißt du? Ich meine, wirklich wichtig. Aber manchmal, nur sekundenlang, überkommt dich diese Gnade, dieser
Glaube, dass es doch wichtig ist, ungeheuer wichtig.

Er spürte das auch. Ich hörte, wie er schlucken musste.
Manche Menschen würden in so einem Moment ein Gebet
sprechen, niederknien. Sie würden ein Loblied singen. Höh-
lenmenschen hätten vielleicht getanzt. Wir liebten uns. »El
Sapo« erwischte uns. Hinterher, aber wir waren noch nackt.

Und so kam es in der Morgensitzung heraus, und wir
mussten bestraft werden. Drei Wochen lang, nach dem Saubermachen der Küche, sollten wir die Farbe an den Fenster-
rahmen des Speisezimmers abziehen und abschleifen. Bis ein
Uhr morgens, jede Nacht. Das war schon schlimm genug,
aber dann stand Bobby auf und sagte, um seinen Arsch zu
retten: »Ich wollte Tina nicht bumsen. Ich will einfach nur
sauber bleiben, meine Zeit rumkriegen und wieder nach Hau-

se fahren, zu meiner Frau Debbi und meiner kleinen Debbi-Ann.« Ich hätte diese zwei dämlichen Namen echt auf einen der Zettel schreiben können.

Es tat weh. Er hatte mich im Arm gehalten und mit mir geredet. Als er mich liebte, hatte er sich sehr viel mehr Mühe gegeben als die meisten Männer, und ich war glücklich mit ihm gewesen, als der Mond aufging.

Wir mussten so hart arbeiten, dass kaum noch Zeit zum Reden war. Ich hätte ihn sowieso nie wissen lassen, wie weh er mir getan hatte. Wir waren müde, hundemüde, jede Nacht, den ganzen Tag.

Das Wichtigste, worüber wir nicht sprachen, waren die Hunde. Sie waren seit drei Nächten nicht aufgetaucht.

Schließlich sagte ich es. »Was meinst du, wo die Hunde sind?«

Er zuckte mit den Schultern. »Ein Puma. Kinder mit Knarren.«

Wir machten mit Schleifen weiter. Es wurde zu spät, um noch ins Bett zu gehen, also kochten wir frischen Kaffee und setzten uns unter den Baum.

Ich vermisste Sexy. Ich habe vergessen zu sagen, dass sie in die Stadt zum Zahnarzt gegangen war und sich Stoff beschafft hatte. Sie wurde erwischt und zurück in den Knast gebracht.

»Ich vermisse Sexy. Bobby, das war eine Lüge, was du neulich in der Morgensitzung gesagt hast. Du wolltest mich sehr wohl bumsen.«

»Yeah, es war eine Lüge.«

Wir gingen in den Kühlraum und hielten uns wieder im Arm, liebten uns noch einmal, aber nicht lange, weil es eisig kalt war. Wir gingen zurück nach draußen.

Die Hunde kamen. Kurzer, Schwarzer, Pickel, Fürst.

Sie hatten einen Zusammenstoß mit Stachelschweinen gehabt. Musste schon ein paar Tage her sein, weil sie alle stark infizierte Wunden hatten. Sie sahen aus wie Monsternashörner, so verschwollen waren sie, grüner Eiter sickerte hervor. Ihre Augen waren zugeklebt, mit winzigen Pfeilen zusammengestachelt. Das war das Beängstigende daran, dass keiner von ihnen etwas sehen konnte. Sie konnten auch kein richtiges Geräusch von sich geben, denn ihre Kehlen waren ebenfalls geschwollen.

Schwarzer hatte einen Krampfanfall. Mit einem gespenstischen Gurgeln schleuderte es ihn durch die Luft. Er schlug um sich, zuckte, pisste. Fünfzig, sechzig Zentimeter hoch, dann stürzte er, nass und tot, in den Staub. Liza kam als Letzte herein, weil sie nicht laufen konnte, sie kroch Bobby vor die Füße, krümmte sich, ihre Pfote tappte auf seinen Stiefel.

»Hol mir die verdammten Messer.«

»Gabe ist noch nicht da.« Nur die Sozialarbeiter durften den Safe aufschließen.

Liza tätschelte Bobbys Fuß, zärtlich, als bitte sie ihn, sie zu streicheln, mit ihr Ball zu spielen.

Bobby ging zum Kühlraum und holte ein Steak heraus. Der Himmel war lavendelfarben. Es war fast schon Morgen.

Er ließ die Hunde am Fleisch schnüffeln, rief sie, gurrte, um sie über die Straße in die Maschinenwerkstatt zu locken. Ich blieb unter dem Baum.

Als er hineingegangen war, als er sie endlich alle dort drin hatte, schlug er sie mit einem Vorschlaghammer tot. Ich sah es nicht, aber ich hörte es, und von dort, wo ich saß, konnte ich das Blut spritzen und in Streifen an den Wänden hinablaufen sehen. Ich dachte, er würde etwas wie »Liza, meine süße Sonne« sagen, aber er sagte kein Wort. Als er herauskam, war er blutverschmiert, sah mich nicht an und ging zu den Baracken.

Die Krankenschwester fuhr mit dem Methadon vor, und

alle stellten sich zum Frühstück an. Ich schob die Pfanne auf den Herd und begann, Pfannkuchenteig anzurühren. Alle waren wütend, weil ich beim Frühstückmachen so lange brauchte.

Es waren immer noch keine Betreuer da, als die Lastwagen der Filmleute ankamen. Sie fingen sofort mit der Arbeit an, prüften die Locations, casteten Statisten. Leute liefen mit Megafonen und Walkie-Talkies herum. Irgendwie ging niemand in die Maschinenwerkstatt.

Eine Szene drehten sie sofort ... mit einem Stuntman, der Angie Dickinson darstellen sollte, wie sie mit dem Auto von der Turnhalle kam, während ein Hubschrauber um den Radarteller schwebte. Das Auto sollte in den Radarteller krachen und Angies Seele in ihn hineinfliegen, aber das Auto krachte in den Zedrachbaum.

Bobby und ich machten das Mittagessen, wir waren so müde, dass wir uns in Zeitlupe bewegten, genau wie es die Zombie-Statisten tun sollten. Wir redeten nicht. Nur einmal, als ich Thunfischsalat machte, sagte ich laut zu mir selbst: »Saure Gurken.«

»Was hast du gesagt?«

»Ich sagte, ›Saure Gurken‹.«

»Verdammt! Saure Gurken!« Wir lachten, konnten nicht mehr aufhören. Er berührte meine Wange, leicht, der Flügel eines Vogels.

Die Filmleute fanden die Radarstation fantastisch, so weit draußen. Angie Dickinson mochte meinen Lidschatten. Ich sagte ihr, das sei bloß Kreide, wie man sie auf die Spitzen von Billardqueues reibt. »Zum Sterben schön«, erwiderte sie, »dieses Blau.«

Nach dem Mittag kam ein alter Gaffer, was auch immer das ist, zu mir und fragte, wo die nächste Bar sei. Es gab eine Kneipe die Straße rauf, in Richtung Gallup, aber ich sagte ihm, in Albuquerque. Ich erklärte, ich würde alles dafür geben, wenn ich mit ihm in die Stadt fahren könnte.

»Kein Problem. Spring in meinen Laster und los.«

Wumms, rumms, krach.

»Meine Güte, was war das?«, fragte er.

»Ein Viehgitter.«

»Jesus, das ist echt eine gottverlassene Gegend.«

Endlich kamen wir zum Highway. Es war herrlich, das Geräusch der Reifen auf Asphalt, der Wind, der hereinblies. Sattelschlepper, Autoaufkleber, streitende Kinder auf dem Rücksitz. Die Route 66. Wir erreichten die Anhöhe, unter uns das weite Tal und der Rio Grande, die Sandiaberge lieblich darüber.

»Mister, was ich brauche, ist Geld für ein Ticket nach Hause, nach Baton Rouge. Könn' Sie mir das leihen, ungefähr sechzig Dollar?«

»Mal langsam. Du brauchst ein Ticket. Ich brauch ein' Drink. Das wird schon klappen.«

Carmen

Vor jedem Drugstore der Stadt standen Dutzende alter Autos, in denen sich Kinder auf dem Rücksitz balgten. Ihre Mütter begegneten mir in den Läden, bei Payless, Walgreen's und Lee's, aber wir begrüßten uns nicht. Auch Frauen, die ich kannte ... wir taten als wäre das nicht so. Wir standen in der Schlange, während die anderen Hustensaft mit Terpinhydrat und Codein kauften und in einem großen plumpen Kontobuch unterschrieben. Manchmal benutzten wir unsere richtigen Namen, manchmal dachten wir uns welche aus. Ich merkte, dass sie genau wie ich nicht wussten, was schlimmer war. Ich sah dieselben Frauen täglich in vier oder fünf Drugstores. Andere Ehefrauen oder Mütter von Süchtigen. Die Apotheker hatten teil an unserer Komplizenschaft, zeigten niemals, dass sie uns vom letzten Mal kannten. Nur einmal rief mich ein junger Mann im Fourth-Street-Drugstore an die Theke zurück. Ich bekam Angst. Ich dachte, er würde mich anzeigen. Er war sehr schüchtern und wurde rot, als er sich dafür entschuldigte, dass er sich in meine Angelegenheiten einmische. Er sagte, er wisse, dass ich schwanger sei, und mache sich Sorgen, weil ich so viel Hustensaft kaufte. Er hätte einen hohen Alkoholanteil, sagte er, und ich könnte leicht abhängig werden, ohne es zu merken. Ich sagte ihm nicht, dass der Hustensaft nicht für mich war. Ich sagte danke, aber als ich mich umdrehte, fing ich an zu weinen und rannte aus dem Laden, ich weinte, weil ich mir wünschte, dass Noodles clean wäre, wenn das Baby kam. »Wieso weinst du, Mama? Mama weint!« Willie und Vincent tobten auf dem Rücksitz herum. »Setzt euch hin!« Ich langte nach hinten und gab Willie einen Klaps auf den Kopf. »Hinsetzen. Ich weine, weil ich müde bin und ihr nicht still sein wollt.«

In der Stadt hatte es eine große Razzia gegeben und eine noch größere in Culiacón, darum gab es in Albuquerque kein Heroin mehr. Noodles hatte mir anfangs gesagt, er würde langsam mit Hustensaft runterkommen und dann clean bleiben, um clean zu sein, wenn in zwei Monaten das Baby käme. Ich wusste, er würde es nicht schaffen. Er war noch nie so zugedröhnt gewesen und hatte sich jetzt auch noch den Rücken auf dem Bau verletzt. Wenigstens bekam er Erwerbsunfähigkeitsrente.

Er lag auf den Knien, redete, hatte kriechen müssen, um ans Telefon zu kommen. Ich weiß, ich weiß, ich bin bei den Treffen gewesen. Ich bin auch krank, eine Unterstützerin, eine Co-Abhängige. Ich kann nur sagen, ich fühlte Liebe, Mitleid, Zärtlichkeit für ihn. Er war so dünn, so krank. Ich würde alles für ihn tun, um es weniger schlimm zu machen. Ich kniete mich hin und schlang meine Arme um ihn. Er legte auf.

»Verdammt, Mona, sie haben Beto verknackt«, sagte er. Er küsste mich und hielt mich fest, rief nach den Kindern und umarmte sie auch. »He, Jungs, helft eurem alten Mann auf die Beine, seid meine Krücken zum Bad.« Als die Jungen wieder weg waren, ging ich hinein und schloss die Tür hinter mir. Er zitterte so heftig, dass ich ihm den Hustensaft einflößen musste. Bei dem Geruch musste ich würgen. Sein Schweiß, seine Scheiße, der ganze Wohnwagen roch wie der Hustensaft nach verfaulten Apfelsinen.

Ich machte den Jungs Abendbrot, und sie sahen *Solo für O.N.C.E.L.* im Fernsehen. Die anderen Kinder trugen alle Levi's und T-Shirts in der Schule, nur Willie nicht. Er war in der dritten Klasse und trug schwarze Hosen und ein weißes Hemd. Sein Haar hatte er so gekämmt wie der blonde Typ im Fernsehen. Die Jungs schliefen in einem Doppelstockbett in einem winzigen Zimmer, Noodles und ich im anderen Schlafzimmer. Ich hatte schon ein Kinderkörbchen am Fußende unseres Bettes stehen, Windeln und Babysachen in jeder freien Ecke. Uns gehörten zwei Morgen Land in Corrales, in der Nähe des klaren Baches, in einem Pappelwäldchen. Zuerst hatten wir vorgehabt, uns ein Lehmziegelhaus zu bauen und Gemüse anzupflanzen, aber kurz nachdem wir das Land bekommen hatten, dröhnte Noodles sich wieder zu. Die meiste Zeit arbeitete er immer noch auf dem Bau, aber aus dem Haus war nichts geworden, und jetzt wurde es Winter.

Ich machte eine Tasse Schokolade und ging auf die Treppe hinaus. »Noodles, guck dir das an!« Aber er antwortete nicht. Ich hörte das Knacken, als er eine neue Flasche Hustensaft aufdrehte. Es gab einen farbenprächtigen, fantastischen Sonnenuntergang. Die gewaltigen Sandiaberge waren tiefrosa, die Felsen auf den Hügeln rot. Gelbe Pappeln flammten am Flussufer auf. Ein pfirsichfarbener Mond ging bereits auf. Was war bloß los mit mir? Ich weinte schon wieder. Ich hasse es, mir etwas Schönes allein anzusehen. Dann war er da, küsste meinen Hals und legte die Arme um mich.

»Weißt du, dass sie Sandias heißen, weil sie die Form von Wassermelonen haben?« – »Nein«, sagte ich, »es ist wegen der Farbe.« Wir hatten diese Diskussion bei unserem ersten Date, haben sie hundertmal wiederholt. Er lachte und küsste mich liebevoll. Es ging ihm jetzt gut. Das ist das Miese an Drogen,

dachte ich. Sie funktionieren. Wir saßen da und sahen Nachtfalken über die Ebene fegen.

»Noodles, hör auf mit dem Hustensaft. Ich verstecke die
restlichen Flaschen und geb dir nur dann was davon, wenn's
dir schlecht geht. Okay?«

»Okay.« Er hörte mich nicht. »Beto wollte in Juarez Stoff
besorgen, von La Nacha. Mel ist da unten. Er wird ihn ausprobieren. Er kann ihn nicht herbringen, kommt nicht über
die Grenze. Du musst für mich da hinfahren. Du bist am besten dafür geeignet. Du bist weiß, Amerikanerin, schwanger,
hübsch. Du siehst aus wie eine nette Frau.«

Ich bin eine nette Frau, dachte ich.

»Du fliegst nach El Paso, nimmst ein Taxi über die Grenze
und fliegst dann zurück. Kein Problem.«

Ich erinnerte mich, wie ich im Taxi vor dem Haus, in dem
La Nacha wohnte, gewartet hatte. Das Viertel machte mir
Angst.

»Ich bin am wenigsten dafür geeignet. Ich kann die Kinder
nicht allein lassen. Ich kann es mir nicht leisten, in den Knast
zu gehen, Noodles.«

»Wirst du auch nicht. Darum geht's ja. Connie passt auf
die Kinder auf. Sie weiß, dass du Familie in El Paso hast. Es
könnte ein Notfall sein. Den Kindern würde es gefallen, zu
Connie zu gehen.«

»Was, wenn mich die Drogenbullen anhalten und mich
fragen, was ich dort mache?«

»Wir haben immer noch Lauras Personalausweis. Sieht
aus wie du, vielleicht nicht ganz so hübsch, aber ihr seid beide *gueras* mit blauen Augen. Du hast so einen Scheißzettel
dabei, auf den ›Lupe Vega‹ gekritzelt ist und eine Adresse
direkt neben La Nacha. Sag, du suchst deine Putzfrau, sie
ist nicht aufgetaucht, sie schuldet dir Geld, irgend so was.

Spiel einfach die Dumme, lass dir von ihnen bei der Suche helfen.«

Ich willigte schließlich ein. Er sagte, Mel würde da sein, und ich sollte ihn nicht aus den Augen lassen, wenn er den Stoff ausprobierte. »Du wirst sehen, ob's gut ist.« Ja, ich wusste, wie ein gutes High aussah. »Lass Mel auf keinen Fall allein im Zimmer. Aber du verlässt die Wohnung allein, auch nicht zusammen mit Mel. Sag deinem Taxifahrer, er soll in einer Stunde wiederkommen. Lass nicht zu, dass sie ein Taxi für dich rufen.«

Ich bereitete alles für die Reise vor, rief Connie an und sagte ihr, mein Onkel Gabe sei in El Paso verstorben, ob sie die Kinder über Nacht nehmen könne, vielleicht auch noch am nächsten Tag. Noodles gab mir einen dicken Umschlag voll Geld, mit Klebeband verschlossen. Ich packte eine Tasche für die Jungs. Sie freuten sich auf die Übernachtung. Connies sechs Kinder waren wie Cousins und Cousinen. Als ich sie zur Tür brachte, scheuchte Connie sie hinein, kam zurück auf die Veranda und umarmte mich. Ihr schwarzes Haar steckte in Lockenwicklern, wie eine Kabuki-Perücke. Sie trug abgeschnittene Hosen und ein T-Shirt, sah aus wie vierzehn.

»Du brauchst mich nicht anzulügen, Mona«, sagte sie.

»Hast du je so was gemacht?«

»Ja, oft. Nicht mehr, nachdem ich die Kinder hatte. Du wirst es nicht noch einmal machen, darauf wette ich. Pass auf dich auf. Ich werde für dich beten.«

Es war immer noch heiß in El Paso. Ich lief über den weichen Asphalt der Rollbahn, als ich aus dem Flugzeug gestiegen war, roch den Schmutz und den Salbei, wie ich es aus der Kindheit kannte. Ich sagte dem Taxifahrer, er solle mich zur Brücke bringen, aber zuerst um den Krokodilteich herumfahren.

»Krokodile? Diese alten Krokos sind schon vor Jahren weggestorben. Wollen Sie trotzdem die Plaza sehen?«

»Klar«, sagte ich. Ich lehnte mich zurück und ließ die Viertel an mir vorbeiziehen. Einiges hatte sich verändert, aber als Kind war ich so oft mit Rollschuhen durch die ganze Stadt gefahren, dass ich jedes alte Haus und jeden Baum kannte. Das Baby trat und streckte sich. »Gefällt dir meine alte Heimatstadt?«

»Was ist los?«, fragte der Taxifahrer.

»Entschuldigung, ich habe mit meinem Baby geredet.«

Er lachte. »Hat's geantwortet?«

Ich überquerte die Brücke. Ich war immer noch glücklich, einfach wegen der Gerüche nach Holzfeuer und Kalkschlamm, Chili und dem Hauch von Schwefel aus den Schmelzhütten. Meine Freundin Hope und ich gaben immer schlaue Antworten, wenn die Grenzer nach unserer Nationalität fragten. Transsilvanisch. Mosambikanisch.

»USA«, sagte ich. Niemand schien mich zu beachten. Nur um sicherzugehen, nahm ich keines der Taxis an der Grenze, sondern ging noch ein paar Häuser weiter. Ich aß etwas *dulce de membrillo*. Schon als Kind hatte ich es nicht gemocht, mochte aber, dass es in einer kleinen Schachtel aus Balsaholz verpackt war und man den Deckel als Löffel benutzen konnte. Ich sah mir den ganzen Silberschmuck an, die Muschelaschenbecher und die Don-Quijote-Figuren, bis ich mich schließlich entschloss, in ein Taxi zu steigen und dem Fahrer den Zettel mit Lupes Namen und der falschen Adresse zu geben. »*Cuanto?*«

»Zwanzig Dollar.«

»Zehn.«

»*Bueno.*« Dann konnte ich die Angst nicht länger vor mir selbst verbergen. Er fuhr schnell und ziemlich lange. Ich erkannte die verlassene Straße und das Stuckgebäude. Ein paar Hauseingänge weiter hielt er an. In gebrochenem Spanisch bat ich ihn, in einer Stunde wiederzukommen. Für zwanzig Dollar. »Okay. *Una hora.*«

Es fiel mir schwer, die Treppe in den vierten Stock hochzusteigen. Ich hatte einen dicken Bauch wegen des Babys, und meine Beine waren geschwollen und wund. Auf jedem Absatz musste ich keuchend Atem holen. Mir zitterten die Knie und die Hände. Ich klopfte an die Tür von Nummer 43, Mel öffnete, und ich stolperte hinein.

»He, Süße, was ist passiert?«

»Wasser, bitte.« Ich setzte mich auf ein schmutziges Lacksofa. Er brachte mir eine Cola light, wischte mit seinem Shirt über den Deckel, lächelte. Er war verlottert, gut aussehend, bewegte sich wie ein Gepard. Mittlerweile eine Legende, mit seinen Ausbrüchen aus dem Knast und wie er die Freilassung auf Kaution zur Flucht genutzt hatte. Bewaffnet und gefährlich. Er brachte mir einen Stuhl, damit ich meine Füße hochlegen konnte, massierte mir die Knöchel.

»Wo ist La Nacha?« Die Frau wurde nie einfach nur Nacha genannt. »Die Nacha«, was immer das hieß. Sie kam herein, bekleidet mit einem schwarzen Herrenanzug und einem weißen Hemd, setzte sich auf einen Stuhl hinter einem Schreibtisch. Ich wusste nicht, ob sie ein männlicher Transvestit war oder eine Frau, die versuchte, wie ein Mann auszusehen. Sie war dunkel, fast schwarz mit einem Maya-Gesicht, dazu rotschwarzer Lippenstift und Nagellack, dunkle Brille. Ihr Haar war kurz und glatt. Sie hielt Mel eine kleine kräftige Hand hin, ohne mich anzusehen. Ich gab ihm das Geld. Ich sah, wie sie es zählte.

In diesem Moment bekam ich Angst, richtige Angst. Ich hatte geglaubt, ich würde Drogen für Noodles besorgen. Das

Einzige, was mich interessierte, war, dass er nicht mehr krank sein sollte. Ich hatte angenommen, im Umschlag sei vielleicht ein dicker Haufen Zehner und Zwanziger. Aber da waren Tausende von Dollar in La Nachas Händen. Er hatte mich nicht bloß geschickt, um Heroin für ihn selbst zu holen. Ich besorgte eine große, gefährliche Ladung. Wenn sie mich schnappten, dann als Dealerin, nicht nur als User. Wer würde sich um die Jungs kümmern? Ich hasste Noodles.

Mel sah, dass ich zitterte. Ich glaube, ich musste sogar würgen. Er wühlte in seinen Taschen herum, holte eine blaue Pille hervor. Ich schüttelte den Kopf. Das Baby.

»O verdammte Scheiße. Das ist nur 'ne Valium. Du versaust dieses Baby noch viel mehr, wenn du sie nicht nimmst. Nimm sie. Reiß dich zusammen! Hörst du mich?«

Ich nickte. Seine Verachtung rüttelte mich auf. Ich wurde ruhig, noch bevor die Tablette wirkte.

»Noodles hat dir gesagt, dass ich das Zeug ausprobieren werde. Wenn's gut ist, sag ich dir's, und du nimmst einfach die Blase und gehst. Du weißt, wo du sie hintust?« Ich wusste es, würde es aber nie machen. Was, wenn sie riss und es zum Baby gelangte?

Er war ein Teufel, konnte meine Gedanken lesen. »Wenn du's nicht dorthin tust, mach ich das. Es wird nicht reißen. Dein Baby ist fest eingehüllt in einen drogensicheren Beutel, geschützt vor allem Bösen der Welt da draußen. Aber wenn es geboren ist, Süße, hey, das ist eine andere Geschichte.«

Mel sah zu, wie La Nacha die Päckchen abwog, und nickte, als sie sie ihm gab. Sie hatte mich die ganze Zeit nicht angeschaut. Ich sah Mel zu, wie er sich einen Schuss setzte. Watte und Wasser in einen Löffel, eine Fingerspitze braunes Heroin darauf streuen, kochen. Abbinden, eine Vene in seiner Hand treffen Blut das sich staute dann zurückfallen der Gummi löste sich während sein Gesicht sich augenblicklich glättete. Er war in einem Windtunnel. Gespenster flogen ihn in eine andere Welt. Ich musste pinkeln, ich musste kotzen. »Wo ist das Bad?« La Nacha zeigte auf die Tür. Ich erkannte das Bad am Ende des Flurs am Geruch. Als ich zurückkam, fiel mir ein, dass ich Mel nicht hatte allein lassen sollen. Er lächelte. Er gab mir das Kondom, zu einem Ball gerollt.

»Bitte sehr, Schätzchen, und gute Reise. Na los, steck's weg wie ein braves Mädchen.« Ich drehte mich um und tat so, als würde ich es in mich hineinschieben, steckte es aber nur in meine zu engen Unterhosen. Draußen, im Dunkel des Flurs, schob ich es in meinen BH.

Langsam ging ich die Stufen hinunter, wie eine Trinkerin. Es war dunkel, verdreckt.

Auf dem zweiten Absatz hörte ich, wie unten die Haustür aufging, Lärm von der Straße. Zwei Jungen rannten die Treppe hinauf. »*Fijate no más!*« Einer von ihnen drückte mich gegen die Wand, der andere nahm meine Handtasche. Darin war nichts außer ein paar Scheinen, Make-up. Alles andere war in einer Innentasche meiner Jacke. Er schlug mich.

»Ficken wir sie«, sagte der andere.

»Wie denn? Dazu brauchst du einen Schwanz, der einen Meter lang ist.«

»Dreh sie um, *bato*.«

Gerade, als er mich wieder schlug, öffnete sich eine Tür, und ein alter Mann kam mit einem Messer die Treppe heruntergelaufen. Die Jungs drehten sich um und rannten nach draußen. »Alles gut?«, fragte der Mann auf Englisch.

Ich nickte. Ich bat ihn, mit mir nach unten zu gehen. »Ich hoffe, dass mein Taxi draußen steht.«

»Sie warten hier. Wenn es da ist, sage ich ihm, er soll drei Mal hupen.«

Deine Mutter hat dir beigebracht, wie sich eine Dame benimmt, dachte ich, als ich mir über die Etikette Gedanken machte. Sollte ich ihm Geld anbieten? Ich tat es nicht. Sein zahnloses Lächeln war freundlich, als er die Taxitür für mich öffnete.

»*Adiós.*«

Im kleinen zweimotorigen Flieger nach Albuquerque war mir übel. Ich roch den Schweiß und das Sofa und die von Pisse fleckige Wand. Ich bat um ein weiteres Sandwich, Nüsse und Milch.

»Hunger für zwei, was!«, grinste der Texaner, der mir gegenübersaß.

Ich fuhr vom Flughafen nach Hause. Ich wollte erst duschen, bevor ich die Jungs abholte. Als ich die Schotterpiste zu unserem Wohnwagen hinunterfuhr, sah ich Noodles, der in seiner Pilotenjacke draußen hin und her lief und rauchte.

Er sah verzweifelt aus, kam nicht einmal herüber, um mich zu begrüßen. Ich ging hinter ihm her in den Wohnwagen.

Er saß auf der Bettkante. Auf dem Tisch war das Besteck schon vorbereitet. »Lass mich sehen.« Ich gab ihm die Blase. Er öffnete den Schrank über dem Bett und legte sie auf die winzige Waage. Er drehte sich um und schlug mir hart ins Gesicht. Er hatte mich noch nie geschlagen. Ich saß da, betäubt, neben ihm. »Du hast Mel damit allein gelassen. Oder? Oder?«

»Da ist genug drin, um mich für lange Zeit in den Knast zu bringen«, sagte ich.

»Ich habe dir gesagt, du sollst ihn nicht allein lassen. Was soll ich jetzt machen?«

»Ruf die Polizei«, sagte ich, und er schlug mich noch mal. Diesmal spürte ich es nicht einmal. Ich bekam eine heftige Wehe. Braxton-Hicks, dachte ich. Wer immer Braxton-Hicks war. Ich saß da, schwitzte, stank nach Juarez und sah zu, wie er den Inhalt des Gummis in eine Filmdose schüttete. Ein bisschen davon tat er auf die Watte in seinem Löffel. Ich wusste mit krankhafter Gewissheit, dass er, wenn er die Wahl zwischen mir und den Jungs oder den Drogen hatte, sich immer für die Drogen entscheiden würde.

Heißes Wasser rann mir die Beine hinab auf den Teppich. »Noodles! Mein Wasser geht ab! Ich muss ins Krankenhaus.« Aber da hatte er sich schon den Schuss gesetzt. Der Löffel klapperte auf den Tisch, der Gummischlauch fiel vom Arm. Er lehnte sich ins Kissen zurück. »Wenigstens ist es gutes Zeug«, flüsterte er. Ich hatte noch eine Wehe. Heftig. Ich riss mir das schmutzige Kleid vom Leib, wusch mich mit einem Schwamm, zog mir einen weißen *huipil* über. Noch eine Wehe. Ich wählte die Notrufnummer. Noodles war weggenickt. Sollte ich ihm einen Zettel dalassen? Vielleicht rief er das Krankenhaus an, wenn er aufwachte. Nein. Er würde überhaupt nicht an mich denken.

Das Erste, was er tun würde, war, sich den Rest, der noch im Löffel war, zu spritzen, noch eine kleine Kostprobe zu nehmen. Mein Mund schmeckte nach Eisen. Ich schlug ihm ins Gesicht, aber er rührte sich nicht.

Ich öffnete die Dose mit dem Heroin, hielt sie mit einem Taschentuch. Ich schüttete eine große Menge in den Löffel, gab noch ein bisschen Wasser dazu, dann schloss ich seine schöne Hand um die Dose. Eine weitere heftige Wehe kam. Blut und Schleim rannen mir die Beine hinab. Ich zog einen Pullover an, nahm meine Medi-Cal-Karte und ging hinaus, um auf den Krankenwagen zu warten.

Sie brachten mich gleich in den Kreißsaal. »Das Baby kommt!«, sagte ich. Die Schwester nahm meine Medi-Cal-Karte, wollte alles mögliche wissen, meine Telefonnummer, den Namen des Ehemanns, wie viele an Lebendgeburten, wann war der Geburtstermin.

Sie untersuchte mich. »Sie sind völlig geweitet, der Kopf ist schon zu sehen.«

Die Wehen kamen hintereinander. Sie rannte los und machte sich auf die Suche nach einem Arzt. Während sie weg war, wurde das Baby geboren, ein kleines Mädchen. Carmen. Ich beugte mich vor und nahm sie an mich. Ich legte sie, warm und dampfend, auf meinen Bauch. Wir waren allein im stillen Zimmer. Dann kamen sie und rollten uns eilig unter die großen Lichter. Jemand schnitt die Nabelschnur durch, und ich hörte das Baby schreien. Ein noch schlimmerer Schmerz, als die Plazenta herauskam, und dann legten sie mir eine Maske aufs Gesicht. »Was machen Sie? Sie ist doch geboren!«

»Der Arzt kommt. Sie brauchen einen Dammschnitt.« Sie banden mir die Hände fest.

»Wo ist mein Baby? Wo ist sie?« Die Schwester verließ das Zimmer. Ich war an die Seiten des Bettes gefesselt. Ein Arzt kam herein. »Bitte binden Sie mich los.« Er tat es und war so liebevoll, dass ich Angst bekam. »Was ist los?«

»Sie wurde zu früh geboren«, sagte er, »wog nur wenige Pfund. Sie hat nicht gelebt. Es tut mir leid.« Er streichelte meinen Arm, so unbeholfen, als würde er ein Kissen streicheln. Er sah sich mein Krankenblatt an. »Ist das Ihre Telefonnummer? Soll ich Ihren Mann anrufen?«

»Nein«, sagte ich. »Es ist niemand zu Hause.«

Panteón de Dolores

Nicht »Himmlische Ruhe« oder »Heiteres Tal«. Pantheon des Schmerzes lautet der Name des Friedhofs am Chapultepec-Park. Dem entkommt man in Mexiko nicht. Tod. Blut. Schmerz.

Qualen sieht man überall. Bei Ringkämpfen, in den Aztekentempeln, die Folterbänke voller Nägel in den alten Klöstern, blutige Dornen auf Christus' Haupt in allen Kirchen. Mein Gott, und jetzt gibt es Kekse und Süßigkeiten in Form von Schädeln, denn bald wird der Tag der Toten gefeiert.

An diesem Tag starb Mama in Kalifornien. Meine Schwester Sally war hier, in Mexiko-Stadt, wo sie lebt. Sie und ihre Kinder machten eine *ofrenda* für unsere Mutter.

Es macht Spaß, *ofrendas* zu machen. Gaben für die Toten. Man macht sie so schön wie möglich. In wogenden Kaskaden und leuchtend bunt mit Ringelblumen und Gänsefuß – eine Blume, die wie Hirn aussieht – und winzigen lilafarbenen *Sempiternas*. Die Idee dahinter ist, den Tod schön und festlich aussehen zu lassen. Ein sinnlich blutender Christus, die Eleganz und vollendet schöne Tödlichkeit von Stierkämpfen, aufwendig gestaltete Grüfte und Grabsteine.

Die *ofrendas* werden mit allem bestückt, was die Tote sich wünschen könnte. Tabak, Familienbilder, Mangos, Lotteriescheine, Tequila, Ansichtskarten aus Rom. Schwerter und

Kerzen und Kaffee. Schädel mit dem Namen von Freunden darauf. Skelette aus Süßigkeiten.

Auf die *ofrenda* meiner Mutter hatten die Kinder meiner Schwester Dutzende von Ku-Klux-Klan-Figuren gestellt. Sie hat sie dafür gehasst, dass sie die Kinder eines Mexikaners waren. Auf ihrer *ofrenda* waren auch Hershey's-Riegel, Jack Daniel's, Krimis und jede Menge Dollarscheine. Schlaftabletten, Pistolen und Messer, weil sie immer wieder versucht hat, sich umzubringen. Kein Strick, sie sagte, sie bekäme den Dreh nicht raus.

Ich bin jetzt in Mexiko. Dieses Jahr machten wir eine schöne *ofrenda* für meine Schwester Sally, die an Krebs stirbt.

Wir hatten jede Menge Blumen, orange, leuchtend rot, lila. Viele weiße Votivkerzen. Standbilder von Heiligen und Engeln. Winzige Gitarren und Briefbeschwerer aus Paris. Cancún und Portugal. Chile. Alles Orte, an denen sie gewesen ist. Dutzende und Aberdutzende von Schädeln mit Namen und Fotos ihrer Kinder, von uns allen, die sie geliebt haben... Ein Foto von Papa in Idaho, auf dem er sie als Baby im Arm hält. Gedichte von Kindern, die ihre Schüler waren.

Mama, du warst nicht Teil der *ofrenda*. Wir haben dich nicht mit Absicht ausgespart. Wir haben vielmehr sehr liebevoll von dir gesprochen in diesen letzten Monaten.

Jahrelang haben Sally und ich, sobald wir uns trafen, wie besessen Schimpftiraden darüber gehalten, wie verrückt und grausam du warst. Aber diese letzten Monate ... na ja, wenn jemand stirbt, ist es wahrscheinlich normal, dass man gewissermaßen aufrechnet, was wirklich wichtig, was schön war. Wir haben uns an deine Witze erinnert und an deine Art, hinzuschauen, sodass dir nie etwas entging. Das hast du an uns weitergegeben. Dieses Hinschauen.

Zugehört hast du nie. Du hast uns vielleicht fünf Minuten gegeben, wenn wir dir etwas erzählen wollten, und dann hast du gesagt: »Es reicht.«

Ich begreife nicht, warum unsere Mutter Mexikaner so hasste. Ich meine, weit über die üblichen Vorurteile ihrer texanischen Verwandten hinaus. Schmutzig, verlogen, diebisch. Sie hasste Gerüche, jede Art von Gerüchen, und Mexiko riecht, nicht nur nach Abgasqualm. Zwiebeln und Nelken. Koriander, Pisse, Zimt, brennender Gummi, Rum und Tuberosen. Die Männer in Mexiko riechen. Das ganze Land riecht nach Sex und nach Seife. Das ist es, was dir Angst machte, Mama, dir und auch dem alten D. H. Lawrence. Es ist leicht, Sex und Tod hier zu verwechseln, wo beides pulsiert. Jeder Bummel um den Häuserblock ist von Sinnlichkeit umweht und voller Gefahr.

Obwohl man bei der hohen Schadstoffbelastung heutzutage überhaupt nicht mehr ausgehen sollte.

Mein Mann, meine Söhne und ich haben viele Jahre in Mexiko gelebt. In dieser Zeit waren wir sehr glücklich. Aber wir wohnten immer in Dörfern, am Meer oder in den Bergen. Dort gab eine so herzliche Ungezwungenheit, eine widerspruchslose Freundlichkeit. Oder zumindest damals, es ist ja viele Jahre her.

Mexiko-Stadt heute ... fatalistisch, selbstmörderisch, korrupt. Ein verpesteter Sumpf. Oh, aber da gibt es auch Liebenswürdigkeit. Manchmal blitzt eine solche Schönheit, Freundlichkeit und Buntheit auf, dass es dir den Atem raubt.

Vor zwei Wochen bin ich für eine Woche nach Hause gefahren, über Thanksgiving, zurück in die USA, wo Ehre und Rechtschaffenheit herrschten und weiß Gott was sonst noch alles. Mich brachte das alles durcheinander. Präsident Bush und Clarence Thomas und Antiabtreibungsgesetze und Aids und Duke und Crack und Obdachlosigkeit. Und überall, auf MTV, in Cartoons, in der Werbung, in Zeitschriften – Krieg, Sexismus und Gewalt. In Mexiko fällt dir wenigstens nur ein Eimer Zement auf den Kopf, der von einem Gerüst rutscht, keine Uzis, nichts Persönliches.

Was ich meine, ist, dass ich für eine unbestimmte Zeit hier bin. Aber was dann, wo werde ich hingehen?

Mama, du hast überall Hässlichkeit und Schlechtigkeit gesehen, in jedem Menschen, an jedem Ort. Warst du verrückt oder eine Seherin? So oder so, ich finde es unerträglich, zu werden wie du. Ich habe Angst, jedes Gespür zu verlieren für das, was … kostbar ist, wahr.

Jetzt geht es mir wie dir, ich bin kritisch und gemein. Was für ein Kaff. Du hast Orte ebenso leidenschaftlich gehasst wie Menschen… All die Bergarbeitersiedlungen, in denen wir lebten, in den USA, in El Paso, deiner Heimatstadt, in Chile, in Peru.

Mullan in Idaho, in den Coeur-d'Alene-Bergen. Diese Bergarbeitersiedlung hast du am meisten gehasst, weil sie tatsächlich ein kleines Städtchen war. »Ein Klischee von einem Städtchen.« Eine Schule mit nur einem Raum, ein kleiner Imbiss ohne Alkoholausschank, ein Postamt, ein Gefängnis. Ein Puff, eine Kirche. Eine kleine Bibliotheksausleihe im Gemischtwarenladen. Zane Grey und Agatha Christie. Es gab ein Gemeindehaus, wo auf den Versammlungen über Verdunkelung und Luftangriffe gesprochen wurde.

Den ganzen Heimweg lang hast du über die ungehobelten Finnen geschimpft. Wir kauften noch die *Saturday Evening Post* und einen großen Hershey's-Riegel, bevor wir den Berg zur Mine hochstiegen, zusammen mit Papa, der uns an den Händen hielt. Es war dunkel, denn der Krieg hatte gerade begonnen und die Fenster im Städtchen waren verdunkelt, aber die Sterne und der Schnee waren so hell, dass wir den Weg gut sehen konnten. Zu Hause las Papa dir vor, bis du einschliefst. Wenn es eine richtig gute Geschichte war, hast du geweint, nicht, weil sie so traurig war, sondern so schön und alles andere in der Welt so schäbig.

Mein Freund Kentshereve und ich buddelten unter dem Fliederbusch, wenn du montags beim Bridge warst. Die anderen drei Frauen trugen Hauskleider, manchmal kamen sie auch einfach in Socken und Pantoffeln. Es war so kalt in Idaho. Oft hatten sie Lockenwickler und einen Turban auf dem Kopf, um sich schön zu machen für – was? Das ist immer noch eine amerikanische Angewohnheit, überall sieht man Frauen mit rosa Lockenwicklern. Das muss so eine Art philosophisches oder modisches Statement sein. Vielleicht kommt noch etwas Besseres, später.

Du hast dich immer sorgfältig gekleidet. Strumpfhalter. Nahtstrümpfe. Ein pfirsichfarbener Satinunterrock, der mit Absicht ein wenig hervorguckte, nur damit diese Bauern wussten, du trägst einen. Ein Chiffonkleid mit Schulterpolstern, eine Brosche mit winzigen Diamanten. Und dein Mantel. Ich war fünf, aber auch damals wusste ich schon, dass er schäbig und alt war. Weinrot, die Taschen fleckig und ausgefranst, die Bündchen zogen Fäden. Vor zehn Jahren hatte ihn dir dein Bruder Tyler zur Hochzeit geschenkt. Er hatte einen Pelzkragen. Ach, der arme verfilzte Pelz, der einmal silbern war, inzwischen gelb wie die bepinkelten Hintern von Eisbären im Zoo. Kentshereve erzählte mir, dass in Mullan alle darüber lachten, wie du angezogen warst. »Kann schon sein, aber darüber, wie die angezogen sind, lacht sie noch viel lauter!«

Du bist in billigen Pumps den Berg hochgestakst, den Kragen um deinen sorgsam gewellten und ondulierten Bob aufgestellt. Eine behandschuhte Hand klammerte sich am

Geländer des wackligen Holzstegs fest, der hinter der Mine und dem Hüttenwerk nach oben führte. Im Wohnzimmer hast du den Kohleofen angezündet, deine Schuhe von dir geschleudert.

Du hast im Dunkeln gesessen, geraucht, geschluchzt vor Einsamkeit und Langeweile. Meine Mama, Madame Bovary. Du hast Theaterstücke gelesen. Du hast dir gewünscht, du wärst Schauspielerin. Noel Coward. Hamiltons *Gaslight*. Bei allen Stücken, in denen die Lunts mitspielten, hast du die Dialoge auswendig gelernt und beim Abspülen laut vor dich hin gesprochen. *Oh!* Ich dachte, das wären deine Schritte hinter mir, Conrad... Nein. Oh, ich *dachte*, das wären *deine* Schritte hinter mir, Conrad...

Wenn Papa nach Hause kam, verdreckt, in schweren Bergarbeiterstiefeln und einem Helm mit Lampe, duschte er, und du hast Cocktails gemixt auf einem kleinen Tisch, mit einem Eiskübel und einem Soda-Siphon. (Der Soda-Siphon machte jede Menge Ärger. Papa musste auf seinen seltenen Reisen nach Spokane immer daran denken, Patronen dafür zu kaufen. Und die meisten Besucher mochten ihn nicht. »Nein, nichts von diesem lärmigen Wasser. Für mich richtiges Wasser.«) Aber in den Theaterstücken und in den *Der dünne Mann*-Filmen benutzten sie solche Siphons.

In *Solange ein Herz schlägt* hat Joan Crawford eine Tochter namens Sherry, und während der Böse einen Spritzer Soda in seinen Drink gibt, fragt er Joan Crawford, was sie trinken will.

»Ich nehme Sherry. Mit nach Hause«, sagt sie.

»Was für ein toller Satz!«, sagtest du zu mir, als wir aus dem Kino kamen. »Ich glaube, ich werde dich umbenennen in Sherry, damit ich ihn benutzen kann.«

»Wie wär's mit Kaltes Bier?«, fragte ich. Das war meine

erste geistreiche Bemerkung. Jedenfalls war es das erste Mal, dass ich dich zum Lachen brachte.

Das andere Mal war, als Earl, der Ladenjunge, einen Karton voller Lebensmittel heraufgebracht hatte. Ich half, sie wegzuräumen. Unser Haus war im Grunde nur eine mit Teerpappe gedeckte Hütte, genau wie du gesagt hast, und der Küchenboden fiel zum Ende des Raums hin ab in wogenden Wellen aus abgetretenem Linoleum und verzogenen Brettern. Ich nahm drei Dosen Tomatensuppe und wollte sie in den Schrank stellen, ließ sie aber fallen. Sie rollten über den Boden und krachten gegen die Wand. Ich blickte auf, dachte, du würdest mich anschreien oder schlagen, aber du hast gelacht. Du hast noch mehr Dosen aus dem Schrank genommen und sie auch über den Boden rollen lassen.

»Los, lass uns ein Wettrennen machen«, sagtest du. »Mein Dosenmais gegen deine Erbsen!«

Wir hockten da, lachten und ließen Dosen über den Boden sausen und ineinanderkrachen, als Papa nach Hause kam.

»Hört sofort damit auf! Räumt diese Dosen weg!« Es waren jede Menge Dosen. (Weil Krieg war, hast du sie gehortet, was eine schlimme Sache sei, wie er sagte.) Wir brauchten lange, um alle Dosen wieder in den Schrank zu räumen, wir kicherten unterdrückt, sangen »Lobet den Herrn und verteilt die Munition«, während du mir die Dosen vom Boden zugereicht hast. Das waren die schönsten Momente, die ich je mit dir hatte. Wir hatten gerade alles weggeräumt, als er zur Tür hereinkam und sagte: »Geh auf dein Zimmer.« Ich ging. Aber er meinte dich, du solltest auf dein Zimmer gehen! Es dauerte nicht mehr lange, bis ich begriff, dass er dich immer dann auf dein Zimmer schickte, wenn du getrunken hattest.

Danach warst du, solange ich dich erlebt habe, meistens auf deinem Zimmer. In Deerlodge, Montana. In Marion, Kentucky. In Patagonia, Arizona. In Santiago de Chile. In Lima, Peru.

Sally und ich sind in ihrem Schlafzimmer in Mexiko, wir haben in den letzten fünf Monaten die meiste Zeit hier verbracht. Manchmal verlassen wir die Wohnung, um zu Röntgen- oder Laboruntersuchungen ins Krankenhaus zu fahren, das Wasser in ihren Lungen absaugen zu lassen. Zwei Mal waren wir Kaffee trinken im Café Paris und einmal bei ihrer Freundin Elizabeth zum Frühstück. Aber sie wird schnell müde. Sogar die Chemotherapie bekommt sie jetzt in ihrem Zimmer.

Wir unterhalten uns und lesen, ich lese ihr laut vor, Leute kommen zu Besuch. Am Nachmittag bescheint die Sonne kurz die Pflanzen. Für etwa eine halbe Stunde. Sally sagt, im Februar gibt es viel Sonne. Aus keinem der Fenster ist der Himmel zu sehen, sodass das Licht nicht direkt hereinfällt, sondern von der Wand nebenan reflektiert wird. Abends, wenn es dunkel wird, ziehe ich die Vorhänge zu.

Sally und ihre Kinder wohnen seit fünfundzwanzig Jahren hier. Sally hat überhaupt nichts von unserer Mutter, ärgerlicherweise ist sie sogar beinahe das Gegenteil; sie sieht nur Schönheit und Güte, überall, in jedem. Sie liebt ihr Zimmer, die vielen Souvenirs auf den Regalen. Beispielsweise sitzen wir im Wohnzimmer, und sie sagt: »Das ist meine Lieblingsecke, mit dem Farn und dem Spiegel.« Ein andermal sagt sie: »Das ist meine Lieblingsecke, mit der Maske und dem Korb voller Apfelsinen.«

Mich machen all diese Ecken völlig kirre.

Sally vergöttert Mexiko mit dem Eifer einer Konvertitin. Ihr Mann, ihre Kinder, ihr Haus, alles an ihr ist mexikanisch. Außer ihr selbst. Sie ist eine echte Amerikanerin, auf die altmodische Art, mustergültig. In gewisser Weise bin ich mexikanischer, mein Wesen ist dunkel. Ich habe den Tod kennengelernt, Gewalt. An den meisten Tagen bemerke ich nicht einmal den Moment, in dem die Sonne in den Raum fällt.

Als unser Vater in den Krieg zog, war Sally noch ein Baby. Mit dem Zug fuhren wir von Idaho nach Texas, um für die Dauer des Krieges bei unseren Großeltern zu leben. Dauer, bedauern = Mitleid, Schmerz.

Einer der Gründe, warum Mama so war, wie sie war, ist, dass sie als Kind ein sehr leichtes und angenehmes Leben hatte. Ihre Eltern stammten aus bester texanischer Familie. Großvater war ein wohlhabender Zahnarzt; sie hatten ein schönes Haus mit Dienstpersonal, darunter ein Kindermädchen für Mama, von dem sie ebenso verwöhnt wurde wie von ihren drei älteren Brüdern. Doch dann, rumms bumms, wurde sie von einem Western-Union-Jungen angefahren und lag fast ein Jahr im Krankenhaus. Im Laufe dieses Jahres wurde alles schlimmer. Die Wirtschaftskrise, Großvaters Spielsucht, sein Trinken. Als sie aus dem Krankenhaus kam, war ihre Welt eine andere geworden. Ein schäbiges Haus unten neben der Gießerei, kein Auto mehr, keine Dienstboten, kein eigenes Zimmer. Mamie, ihre Mutter, die als Zahnarzthelferin für Großvater gearbeitet hatte, hatte aufgehört, Mah-Jongg und Bridge zu spielen. Alles war schrecklich. Und bestimmt auch beängstigend, wenn Großvater ihr das angetan hat, was er sowohl Sally als auch mir angetan hat. Sie hat nie davon erzählt, aber er muss es getan haben, so, wie sie ihn hasste. Und niemand durfte sie anfassen oder ihr auch nur die Hand schütteln...

Der Zug näherte sich El Paso, als die Sonne aufging. Es sah fantastisch aus, die Weite, die sich aus dichten Nadelwäldern herausschälte. Als würde die Welt aufgedeckt, der Deckel abgenommen. Meile um Meile strahlende Helle und blauer,

blauer Himmel. Ich lief hin und her zwischen den beidseitigen Fenstern des Panoramawagens, der endlich geöffnet hatte, begeistert von diesem völlig neuen Antlitz der Erde.

»Das ist nur die Wüste«, sagte sie. »Wüst. Leer. Öde. Und ziemlich bald werden wir in diesem Höllenloch eintreffen, das einmal mein Zuhause war.«

Sally wollte, dass ich ihr half, ihr Haus an der Calle Amores in Ordnung zu bringen. Fotos, Kleidung und Papiere aussortieren, Duschvorhangstangen befestigen, Fensterscheiben reparieren. Außer der Eingangstür hatte keine der Türen einen Griff zum Öffnen, man musste einen Schraubenzieher benutzen, um die Schränke aufzumachen, und von innen einen Korb gegen die Badtür stellen, damit sie zu blieb. Ich rief ein paar Handwerker an, die Türknäufe einsetzen sollten. Sie kamen auch, und das war gut, außer, dass es Sonntagnachmittag war, als wir gerade ein Familienessen hatten, und sie bis zehn Uhr abends blieben. Sie setzten die Knäufe ein, zogen aber die Schrauben nicht an, sodass uns jeder Knauf, den wir anfassten, in die Hand fiel, und nun bekam man die Schranktüren erst recht nicht mehr auf. Außerdem sollten viele der Schrauben weg und verschwanden. Am nächsten Tag rief ich die Handwerker an, und ein paar Tage später kamen sie morgens, gerade in dem Moment, als meine Schwester nach einer schlimmen Nacht eingeschlafen war. Sie machten zu dritt einen solchen Lärm, dass ich sagte, vergesst es, meine Schwester ist krank, schwer krank, und ihr seid zu laut. Kommt ein andermal wieder. Ich ging zurück in das Zimmer meiner Schwester, hörte aber später ein Schnaufen und Keuchen und gedämpftes Poltern. Sie hatten alle Türen aus den Angeln genommen, um sie aufs Dach zu tragen und dort zu reparieren, ohne Lärm zu machen.

Bin ich wirklich nur wütend, weil Sally stirbt, macht mich

das wütend auf ein ganzes Land? Jetzt ist die Toilette kaputt. Sie müssen den ganzen Boden herausreißen.

Ich vermisse den Mond. Ich vermisse die Einsamkeit.

In Mexiko gibt es nicht einen Moment, in dem nicht auch noch jemand anders da ist. Sobald du in dein Zimmer gehst, um zu lesen, bekommt jemand mit, dass du allein bist, und geht dir nach, um dir Gesellschaft zu leisten. Sally ist nie allein. Nachts bleibe ich bei ihr, bis ich sicher bin, dass sie schläft.

Es gibt keinen Ratgeber für den Tod. Niemand, der dir sagt, was zu tun ist und wie es sein wird.

Als wir klein waren, übernahm es unsere Großmutter Mamie, sich um Sally zu kümmern. Abends aß und trank Mama in ihrem Zimmer und las Krimis. Großvater aß und trank in seinem Zimmer und hörte Radio. Eigentlich war Mama die meisten Abende weg, Bridge spielen in Juarez mit Alice Pomeroy und den Parker-Mädchen. Tagsüber ging sie ins Beaumont-Krankenhaus und gab dort die Schwesternhelferin, den blinden Soldaten las sie vor und mit den verstümmelten spielte sie Bridge.

Alles Groteske faszinierte sie, genau wie Großvater, und wenn sie aus dem Krankenhaus kam, rief sie Alice an und erzählte ihr von den Wunden der Soldaten, ihren Geschichten aus dem Krieg und wie die Ehefrauen sie verlassen hatten, nachdem sie feststellten, dass sie keine Arme oder Beine mehr hatten.

Manchmal gingen sie und Alice zu einem Tanz im Soldatenclub, um sich nach einem Mann für Alice umzusehen. Alice fand nie einen Mann, sie arbeitete bis zu ihrem Tod im Popular-Dry-Goods-Kaufhaus als Saumtrennerin.

Byron Merkel arbeitete auch im Popular Dry, in der Lampenabteilung. Er war Leiter der Lampenabteilung. Nach all den Jahren war er noch immer in Mama verliebt. Auf der High School waren sie zusammen im Theaterclub gewesen und hatten in jeder Inszenierung mitgespielt. Mama war sehr klein, aber in den Liebesszenen mussten sie sich trotzdem hinsetzen, weil er nur eins achtundfünfzig groß war. Sonst wäre er ein berühmter Schauspieler geworden.

Er nahm sie zu Theateraufführungen mit. *Das Wiegenlied. Die Glasmenagerie.* Manchmal kam er abends vorbei, und sie saßen auf der Schaukel der Veranda. Sie lasen Stücke, in denen sie in ihrer Jugend aufgetreten waren. Ich saß immer unter der Veranda in einem kleinen Nest, das ich mir aus einer alten Decke und einer Keksbüchse mit Salzcrackern gebaut hatte. Oscar Wildes *Bunbury, oder Ernst sein ist alles.* Rudolf Besiers *The Barretts of Wimpole Street.*

Er war ein *teetotaller*, ein Abstinenzler. Ich nahm an, dass ein *teetotaller* ausschließlich Tee trank, was er auch tat, während meine Mutter Manhattans trank. Das tranken sie auch, als ich ihn zu ihr sagen hörte, er sei immer noch verknallt in sie, nach all den Jahren. Er sagte, er wisse, er könne Ted (Papa) nicht das Wasser reichen, noch so ein merkwürdiger Ausdruck. Er sagte immer: »Alle Wege führen nach oben«, worauf ich mir auch keinen Reim machen konnte. Als Mama sich wieder einmal über die Mexikaner beklagte, sagte er: »Na ja, du gibst ihnen den kleinen Finger, und sie nehmen den kleinen Finger.« Mein Problem mit dem, was er sagte, war, dass er eine tiefe, raumgreifende Tenorstimme besaß, mit der jedes Wort bedeutungsvoll klang und in meinem Gedächtnis nachhallte. *Teetotaller, teetotaller...*

Eines Nachts, als er nach Hause gegangen war, kam sie zu mir in das Zimmer, in dem wir gemeinsam schliefen. Sie trank weiter und weinte und kritzelte in ihr Tagebuch, buchstäblich.

»Alles okay?«, fragte ich sie schließlich, und sie langte mir eine.

»Ich habe dir gesagt, du sollst aufhören, ›okay‹ zu sagen!« Dann entschuldigte sie sich dafür, dass sie wütend auf mich geworden war.

»Das kommt nur davon, weil ich dieses Leben in der Upson Street hasse. Das Einzige, worüber mir dein Papa schreibt, ist sein Schiff und dass ich nicht Boot dazu sagen soll. Und die einzige Romanze meines Lebens habe ich mit einem Zwerg, der Lampen verkauft!«

Jetzt klingt das witzig, aber damals, als sie schluchzte und schluchzte, als würde ihr Herz brechen, war es das nicht. Ich streichelte sie, und sie wich zurück. Sie hasste es, berührt zu werden. Also sah ich ihr nur zu, im Licht der Straßenlaterne, das durch das Fenstergitter fiel. Sah zu, wie sie weinte. Sie war vollkommen allein, so wie meine Schwester Sally, wenn sie auf dieselbe Art weint.

Mama

»Mama wusste alles«, sagte meine Schwester Sally. »Sie war eine Hexe. Sogar jetzt, wo sie tot ist, habe ich Angst, dass sie mich sehen kann.«

»Ich auch. Wenn ich etwas total Einfallsloses mache, mache ich mir Sorgen. Das Jämmerliche daran ist, dass ich, wenn ich etwas richtig mache, sogar hoffe, dass sie es sieht. ›Hallo, Mama, guck dir das an!‹ Ob die Toten wohl zusammensitzen, uns zugucken und sich schlapplachen? Mein Gott, Sally, das klingt wie etwas, was sie hätte sagen können. Was, wenn ich genauso bin wie sie?«

Unsere Mutter machte sich Gedanken darüber, wie Stühle aussehen würden, wenn man die Knie in die andere Richtung beugen könnte. Was, wenn Jesus auf dem elektrischen Stuhl getötet worden wäre? Statt der Kreuzanhänger würden alle Stühle um den Hals tragen.

»Sie hat zu mir gesagt: ›Was immer du tust, vermehre dich nicht‹«, sagte Sally. »Und wenn ich so dumm sein sollte, zu heiraten, dann nur einen, der reich ist und mich anbetet. ›Heirate niemals aus Liebe. Wenn du einen Mann liebst, willst du bei ihm sein, ihm gefallen, Dinge für ihn tun. Du wirst ihn beispielsweise fragen: »Wo warst du?« oder »Woran denkst du?« oder »Liebst du mich?« Also wird er dich schlagen. Oder Zigaretten kaufen gehen und nie mehr zurückkommen.‹«

»Sie hasste das Wort *Liebe*. Sie sagte es so, wie andere Leute *Nutte* sagen.«

»Sie hasste Kinder. Ich habe sie einmal am Flughafen abgeholt, als meine vier Kinder noch klein waren. Sie schrie, ›Ruf sie zurück!‹, als wären sie ein Rudel Dobermänner.«

»Ich weiß nicht, ob sie mich enterbt hat, weil ich einen Mexikaner geheiratet habe oder weil er katholisch war.«

»Sie gab der katholischen Kirche die Schuld daran, dass die Leute so viele Kinder haben. Sie sagte, die Päpste hätten das Gerücht in die Welt gesetzt, Liebe würde die Menschen glücklich machen.«

»Liebe macht dich unglücklich«, sagte unsere Mama oft. »Dein Kissen wird nass, wenn du dich in den Schlaf weinst, die Fenster von Telefonzellen beschlagen von deinen Tränen, dein Schluchzen lässt den Hund jaulen und du rauchst zwei Zigaretten auf einmal.«

»Hat Papa dich unglücklich gemacht?«, fragte ich sie.

»Wer, er? Er konnte niemanden unglücklich machen.«

Aber ich griff auf Mamas Rat zurück, um die Ehe meines Sohnes zu retten. Coco, seine Frau, rief mich weinend an. Ken wolle für ein paar Monate ausziehen, er brauche Abstand. Coco, die ihn anbetete, war verzweifelt. Ich ertappte mich dabei, wie ich ihr im Tonfall meiner Mutter Ratschläge gab. Ganz genau so, mit ihrem texanischen Näseln, ihrem Spott. »Na, dann gib dem Idioten eine kleine Kostprobe von seiner eignen Medizin.« Ich sagte ihr, sie solle ihn nicht darum bitten, zurückzukommen. »Ruf ihn nicht an. Schick dir selbst Blumen mit geheimnisvollen Karten. Bring seinem grauen afrikanischen Papagei bei, ›Hallo, Joe!‹ zu sagen.« Ich schlug ihr vor, sich eine Sammlung von Männern zuzulegen, attraktive, charmante Männer. Bezal sie, wenn nötig, dafür, dass sie sich in eurer Wohnung aufhalten. Lad sie ins Chez Panisse zum Lunch ein. Stell sicher, dass immer andere Männer in der Wohnung herumsitzen, wenn damit zu rechnen ist, dass Ken auftaucht, um sich Klamotten zu holen oder seinen Vogel zu besuchen. Coco rief mich weiterhin an. Ja, sie tat, was ich ihr gesagt hatte, aber er war immer noch nicht zurückgekommen. Sie klang aber nicht mehr so unglücklich.

Schließlich rief mich Ken an. »Ja, Mama, stell dir vor… Coco ist so eine Schlampe. Ich komme in die Wohnung, um mir ein paar CDs zu holen, weißt du? Und da ist diese Sportskanone. Im lila Fahrradanzug aus Kunststoff, schwitzt wahrscheinlich, liegt auf meinem Bett, guckt sich Oprah im Fernsehen an und füttert meinen Vogel.«

Was soll ich sagen? Ken und Coco lebten glücklich zusammen bis an ihr Lebensende. Erst kürzlich habe ich sie besucht, und das Telefon klingelte. Coco nahm den Hörer ab, redete eine Weile, lachte hin und wieder. Als sie auflegte, fragte Ken: »Wer war das?« Coco lächelte. »Ach, so ein Typ, den ich im Fitnessclub kennengelernt habe.«

»Mama hat mir meinen Lieblingsfilm ruiniert«, sagte ich zu Sally. »*Das Lied von Bernadette.* Ich ging damals in die St. Joseph's-Schule und war entschlossen, Nonne zu werden oder, noch besser, Heilige. Du warst da erst drei Jahre alt. Ich hatte den Film schon drei Mal gesehen. Endlich war sie bereit, mitzukommen. Sie lachte den ganzen Film über. Sie sagte, die schöne Dame sei nicht die Heilige Jungfrau Maria. ›Das ist Dorothy Lamour, Herrgott noch mal.‹ Wochenlang machte sie sich über die jungfräuliche Empfängnis lustig. ›Bring mir eine Tasse Kaffee, ja? Ich kann nicht aufstehen. Ich bin die jungfräuliche Empfängnis.‹ Oder sie sagte am Telefon zu ihrer Freundin Alice Pomeroy: ›Hallo, ich bin's, die verschwitzte Empfängnis.‹ Oder ›Hallo, hier ist die Zwei-Sekunden-Empfängnis‹.«

»Sie hatte Humor. Das musst du schon zugeben. Zum Beispiel, wenn sie Bettlern ein Fünfcentstück gab und sagte: ›Entschuldigen Sie, junger Mann, aber was für Träume und Ziele haben Sie?‹ Oder wenn ein Taxifahrer schlecht gelaunt war, sagte sie: ›Sie scheinen heute aber in einer sehr kontemplativen Stimmung zu sein.‹«

»Schon, aber sogar ihr Humor war beängstigend. Die Abschiedsbriefe, die sie in all den Jahren schrieb, immer an mich, waren meistens Witze. Als sie sich die Pulsadern aufschnitt, unterschrieb sie mit Bloody Mary. Nach einer Überdosis schrieb sie, sie hätte es ja mit einem Strick versucht, aber den Dreh nicht rausbekommen. Ihr letzter Brief an mich war allerdings nicht witzig. Da stand, sie wüsste, ich würde ihr nie vergeben. Und auch sie könne mir nicht vergeben dafür, dass ich aus meinem Leben einen solchen Schrotthaufen gemacht hätte.«

»Mir hat sie nie einen Abschiedsbrief geschrieben.«

»Ich glaub's nicht. Sally, bist du etwa eifersüchtig, weil ich die ganzen Abschiedsbriefe bekommen habe?«

»Also, ja, bin ich.«

Als unser Vater starb, flog Sally von Mexiko-Stadt nach Kalifornien. Sie ging zu Mamas Haus und klopfte. Mama sah sie vom Fenster aus an, ließ sie aber nicht rein. Sie hatte Sally bereits vor vielen Jahren enterbt.

»Ich vermisse Papa!«, rief Sally ihr durch die Fensterscheibe zu. »Ich sterbe an Krebs. Ich brauche dich, Mama!« Unsere Mutter ließ einfach die Jalousien herunter und ignorierte das Hämmern an der Tür.

Schluchzend spielte Sally diese und andere, noch traurigere Szenen wieder und wieder durch. Am Ende war sie sehr krank und bereit zu sterben. Sie hatte aufgehört, sich um ihre Kinder Sorgen zu machen. Sie war ruhig, fast heiter, und so reizend und lieb. Trotzdem packte sie noch manchmal die Wut, ließ sie nicht gehen, verwehrte ihr den Frieden.

Also fing ich an, Sally jede Nacht Geschichten zu erzählen, wie Märchen.

Ich erzählte ihr komische Geschichten über unsere Mutter. Wie sie einmal vergeblich eine Tüte Kartoffelchips aufreißen wollte, es wieder und wieder versuchte und dann aufgab. »Das Leben ist einfach zu hart, verdammt«, sagte sie und schleuderte die Tüte weg.

Ich erzählte ihr davon, wie Mama mehr als dreißig Jahre lang nicht mit ihrem Bruder Fortunatus gesprochen hatte. Schließlich lud er sie zum Lunch ins Top of the Mark in San Francisco ein, um das Kriegsbeil zu begraben. »So hatte er sich das jedenfalls in seinen wichtigtuerischen alten Kopf gesetzt!«, sagte Mama. Sie hat's ihm aber gegeben. Er zwang sie, gebratenen Fasan zu nehmen, und als der Fasan unter einer Glashaube serviert wurde, sagte sie zum Kellner: »Hey, Kleiner, habt ihr auch Ketchup?«

Meistens erzählte ich Sally Geschichten darüber, wie unsere Mutter früher einmal gewesen war. Bevor sie trank, bevor sie uns wehtat. Es war einmal vor sehr langer Zeit.

»Mama steht an der Reling auf dem Schiff nach Juneau. Sie wird Ed treffen, ihren frisch angetrauten Ehemann. Sie ist auf dem Weg in ein neues Leben. Es ist das Jahr 1930. Sie hat die große Depression hinter sich gelassen, Großvater hinter sich gelassen. Die ganze elende Armut und der Schmerz von Texas sind weg. Das Schiff gleitet dahin, nah am Ufer, an einem klaren Tag. Sie sieht ins dunkelblaue Wasser und auf die grünen Nadelbäume am Ufer dieses wilden, sauberen, neuen Landes. Es gibt Eisberge und Möwen.«

»Wir dürfen nicht vergessen, wie klein sie war, nur eins fünfundfünfzig. Sie *erschien* uns nur riesig. So jung, neun-

zehn. Sie war wunderschön, dunkel, schlank. Auf dem Schiffs-
deck schwankt sie im Wind. Sie ist zart. Sie fröstelt vor Kälte
und Aufregung. Raucht. Der Pelzkragen um ihr herzförmiges
Gesicht aufgestellt, ihr pechschwarzes Haar.«

»Onkel Guyler und Onkel John hatten Mama diesen Mantel zur Hochzeit geschenkt. Sie trug ihn sechs Jahre später
immer noch, deshalb kenne ich ihn. Ich habe mein Gesicht
in dem verfilzten Nikotinfell vergraben. Nicht, wenn sie den
Mantel anhatte. Sie ertrug es nicht, angefasst zu werden. Kam
man ihr zu nah, streckte sie die Hand aus, als wollte sie einen
Schlag abwehren.«

»An Deck des Schiffs fühlt sie sich hübsch und erwachsen.
Sie hat auf der Reise Freunde gefunden. Sie ist witzig gewesen,
charmant. Der Kapitän flirtete mit ihr. Er schenkte ihr Gin
nach, von dem ihr schwindlig wurde, und brachte sie dazu,
laut zu lachen, als er flüsterte: ›Du brichst mir das Herz, du
dunkle Schöne!‹«

»Als das Schiff in den Hafen von Juneau einfährt, füllen
sich ihre Augen mit Tränen. Nein, ich habe sie auch kein einziges Mal weinen sehen. Es war ungefähr so wie bei Scarlett in
Vom Winde verweht. Sie hat sich geschworen: Niemand wird
mir jemals wieder wehtun.«

»Sie wusste, dass Ed ein guter Mann war, zuverlässig und
freundlich. Als sie ihm das erste Mal erlaubte, sie nach Hause,
in die Upson Avenue zu bringen, schämte sie sich. Das Haus
sah schäbig aus, Onkel John und Großvater waren betrunken.
Sie hatte Angst, Ed würde sie nicht mehr ausführen wollen.
Aber er hielt sie im Arm und sagte: ›Ich werde dich beschüt-
zen.‹«

»Alaska war so herrlich, wie sie es sich erträumt hatte. Sie
flogen mit Kufenflugzeugen in die Wildnis und landeten auf
zugefrorenen Seen, liefen auf Skiern durch die Stille und sa-

hen Elche und Eisbären und Wölfe. Im Sommer zelteten sie im Wald und angelten Lachse, sahen Grizzlys und Bergziegen! Sie schlossen Freundschaften; sie war in einer Theatergruppe und spielte das Medium in *Fröhliche Geister*. Es gab Ensemblefeiern und Partys, bei denen jeder etwas zu essen mitbrachte, und dann sagte Ed, sie solle am Theater aufhören, weil sie zu viel trinke und sich auf eine Weise benehme, die unter ihrer Würde sei. Dann wurde ich geboren. Er musste für ein paar Monate nach Nome, und sie war mit dem Baby allein. Als er zurückkam, war sie betrunken, torkelte mit mir im Arm herum. ›Er hat dich von meiner Brust weggerissen‹, sagte sie mir. Von da an übernahm er es, sich um mich zu kümmern, fütterte mich mit der Flasche. Eine Eskimofrau passte auf mich auf, wenn er bei der Arbeit war. Er sagte zu Mama, sie sei schwach und schlecht, wie alle Moynihans. Von da an beschützte er sie vor sich selbst, ließ sie nicht Auto fahren, gab ihr kein Geld. Sie konnte nichts weiter tun, als in die Bibliothek zu gehen und Theaterstücke und Krimis zu lesen und Wildwestromane von Zane Grey.«

»Als der Krieg ausbrach, wurdest du geboren, und wir zogen nach Texas. Papa war Leutnant auf einem Munitionsschiff vor Japan. Mama hasste es, wieder in ihrem Elternhaus leben zu müssen. Sie war meistens weg, trank immer mehr. Mamie hörte auf, in Großvaters Praxis zu arbeiten, damit sie sich um dich kümmern konnte. Sie räumte dein Kinderbett in ihr Zimmer; sie spielte mit dir und sang für dich und wiegte dich in den Schlaf. Sie ließ niemanden in deine Nähe, nicht einmal mich.«

»Es war schrecklich für mich, mit Mama und mit Großvater. Oder alleine, die meiste Zeit. Ich bekam Ärger in der Schule, rannte aus einer Schule weg, wurde aus zwei anderen rausgeworfen. Einmal hörte ich für sechs Monate zu sprechen auf. Mama nannte mich das schwarze Schaf. Ihre ganze Wut richtete sich auf mich. Erst als ich erwachsen wurde, begriff ich, dass sie und Großvater sich wahrscheinlich nicht einmal daran erinnerten, was sie getan hatten. Gott schickt Alkoholikern Blackouts, weil sie vor Scham sterben würden, wenn sie wüssten, was sie getan haben.«

»Nachdem Papa aus dem Krieg zurückgekommen war, lebten wir in Arizona, und sie waren glücklich miteinander. Sie pflanzten Rosen und schenkten dir einen Welpen, der Sam hieß, und sie war trocken. Aber sie wusste schon nicht mehr, wie sie mit dir und mir umgehen sollte. Wir dachten, sie würde uns hassen, aber sie hatte nur Angst vor uns. Es kam ihr so vor, als hätten wir sie verlassen, als würden wir sie ebenfalls hassen. Sie schützte sich, indem sie sich über uns lustig machte und uns verspottete, tat uns weh, damit wir ihr nicht zuerst wehtun konnten.«

»Es schien, als sei mit dem Umzug nach Chile für Mama ein Traum wahr geworden. Sie liebte Eleganz und schöne Dinge, wünschte sich immer, sie würden ›die richtigen Leute‹ kennen. Papa hatte einen angesehenen Beruf. Wir waren jetzt wohlhabend, mit einem hübschen Haus und vielen Bediensteten, und es gab Abendessen und Partys mit all diesen richtigen Leuten. Zuerst ging sie noch manchmal aus, aber sie hatte einfach zu viel Angst. Sie trug die falsche Frisur, die falsche Kleidung. Sie kaufte teure Kopien antiker Möbel und schlechte Gemälde. Auch vor den Dienstboten hatte sie Angst. Es gab ein paar Freunde, denen sie vertraute, ironischerweise spielte sie Poker mit Jesuitenpatern, aber meistens blieb sie in ihrem Zimmer. Und Papa achtete darauf, dass sie nicht herauskam.«

»›Zuerst war er mein Beschützer, dann wurde er mein Gefängniswärter‹, sagte sie. Er dachte, er würde ihr helfen, Jahr um Jahr rationierte er ihr den Alkohol und hielt sie versteckt, aber er hat ihr niemals Hilfe geholt. Wir gingen nie in ihre Nähe, niemand machte das. Sie bekam Wutanfälle, grausam, grundlos. Wir dachten, dass nichts, was wir taten, für sie je gut genug war. Und sie verabscheute es tatsächlich, mit ansehen zu müssen, dass es uns gut ging, dass wir älter wurden und etwas erreichten. Wir waren jung und hübsch und hatten eine Zukunft. Begreifst du das, Sally? Wie schwer es für sie war?«

»Ja. So war es. Arme, bemitleidenswerte Mama. Weißt du, ich bin jetzt wie sie. Ich werde auf alle wütend, weil sie arbeiten, leben. Manchmal hasse ich dich, weil du nicht stirbst. Ist das nicht schrecklich?«

»Nein, weil du mir das sagen kannst. Und ich kann dir sagen, wie froh ich bin, nicht diejenige zu sein, die sterben muss. Aber Mama hatte nie auch nur eine Menschenseele, der sie etwas sagen konnte. An diesem Tag, als das Schiff in den Hafen fuhr, da dachte sie, sie hätte jemanden. Mama glaubte, Ed würde immer für sie da sein. Sie dachte, sie käme nach Hause.«

»Erzähl mir noch mal von ihr. Auf dem Schiff. Als sie Tränen in den Augen hatte.«

»Okay. Sie wirft ihre Zigarette ins Wasser. Man kann es zischen hören, weil die Wellen am Ufer nicht so stark sind. Die Schiffsmaschinen schalten sich mit einem Schütteln ab. Still, begleitet vom Geräusch der Bojen und Möwen und vom schwermütigen langen Tuten des Schiffs, gleiten sie auf den Liegeplatz im Hafen zu, stoßen weich an die Reifen am Dock. Mama streicht ihren Kragen und ihr Haar glatt. Lächelnd blickt sie in die Menge, auf der Suche nach ihrem Mann. Nie zuvor war sie so glücklich.«

Sally weint leise. »*Pobrecita. Pobrecita*«, sagt sie. »Wenn es mir nur gelungen wäre, mit ihr zu reden. Wenn ich ihr nur hätte sagen können, wie sehr ich sie geliebt habe.«

Was mich betrifft … ich habe kein Erbarmen.

Angels Waschsalon

Ein großer, alter Indianer in ausgeblichenen Levi's mit edlem Zuni-Gürtel. Sein Haar weiß und lang, im Nacken mit erdbeerfarbenem Garn zusammengebunden. Das Seltsame war, dass wir etwa ein Jahr lang immer zur selben Zeit zu Angel kamen. Aber nie gleichzeitig. Ich meine, manchmal kam ich montags um sieben Uhr abends, oder um halb sieben an einem Freitagabend, und er war schon da.

Mit Mrs. Armitage war das anders gewesen, obwohl auch sie alt war. Das war in New York im San-Juan-Waschsalon in der 15th Street. Puerto Ricaner. Waschlauge, die auf den Boden schäumte. Ich war damals eine junge Mutter und kam jeden Donnerstagmorgen, um die Windeln zu waschen. Mrs. Armitage wohnte eine Etage über mir, in 4C. Eines Morgens im Waschsalon gab sie mir einen Schlüssel. Sie sagte, wenn ich sie donnerstags nicht hier antreffen würde, sei sie tot, und ich sollte mich bitte um ihren Leichnam kümmern. Es ist schrecklich, so etwas von jemandem zu verlangen, und ich musste ja damals auch meine Wäsche am Donnerstag machen.

Sie starb an einem Montag, und ich ging nie wieder in den San-Juan-Waschsalon. Der Hausmeister hat sie gefunden. Wie, weiß ich nicht.

Monatelang sprachen der Indianer und ich in Angels Waschsalon nicht miteinander, aber wir saßen nebeneinander auf zusammengeschraubten gelben Plastikstühlen, wie auf dem Flughafen. Die Stühle rutschten über das rissige Linoleum, und das Geräusch tat an den Zähnen weh.

Der Indianer saß da, trank Jim Beam und sah auf meine Hände. Nicht direkt, er sah sie im Spiegel, der uns gegenüber hing, über den Speed-Queen-Waschmaschinen. Anfangs störte mich das nicht. Ein alter Indianer, der in einem dreckigen Spiegel auf meine Hände starrte, zwischen vergilbendem BÜGELN $ 1,50 DAS DUTZEND und Gelassenheitsgebeten in Neonorange: GOTT, GIB MIR DIE GELASSENHEIT, ZU AKZEPTIEREN, WAS ICH NICHT ÄNDERN KANN. Aber dann begann ich mich zu fragen, ob er ein Faible für Hände hatte. Es machte mich nervös, wie er mir beim Rauchen, beim Naseputzen oder beim Blättern in uralten Magazinen zusah. Präsidentengattin Lady Bird Johnson beim Rafting.

Schließlich brachte er mich dazu, dass ich mir selbst auf die Hände schaute. Beinahe hätte er gegrinst, weil er mich dabei erwischte, wie ich meine eigenen Hände anstarrte, das sah ich. Zum ersten Mal trafen sich unsere Augen im Spiegel, unter DIE MASCHINEN NICHT ÜBERLADEN!

In meinen Augen stand Panik. Ich sah mir in die Augen und wieder nach unten auf meine Hände. Scheußliche Altersflecken, zwei Narben. Unindianische, nervöse, einsame Hände. Hände, an denen ich Kinder, Männer und Gärten sehen konnte.

Seine Hände lagen an diesem Tag (dem Tag, an dem ich meine eigenen wahrnahm) links und rechts auf den kräftigen blauen Oberschenkeln. Die meiste Zeit zitterten sie heftig, und er ließ sie einfach in seinem Schoß zittern, aber an diesem Tag hielt er sie still. Von der Anstrengung, das Zittern zu unterdrücken, wurden seine lehmfarbenen Fingerknöchel weiß.

Mit Mrs. Armitage hatte ich außerhalb des Waschsalons nur ein einziges Mal gesprochen, als ihre Toilette übergelaufen und durch den Kronleuchter in meine Etage hinabgeströmt war. Die Lichter brannten noch, während das Wasser in sprühenden Regenbögen herausspritzte. Sie griff mit ihrer sterbenskalten Hand nach meinem Arm und sagte: »Ist das nicht ein Wunder?«

Der Indianer hieß Tony. Er war ein Jicarilla-Apache aus dem Norden. Eines Tages war ich in den Waschsalon gekommen, ohne ihn zu bemerken, wusste aber sofort, dass es seine schöne Hand war, die sich auf meine Schulter legte. Er gab mir drei Zehncentstücke. Ich verstand ihn erst nicht und wollte schon Danke sagen, aber dann sah ich, dass er schlotterte und die Trockner nicht bedienen konnte. Schon wenn man nüchtern ist, ist das schwierig. Man muss mit einer Hand den Pfeil drehen, mit der anderen die Münze einwerfen, den Ventilknopf herunterdrücken, dann den Pfeil für die nächste Münze wieder zurückdrehen.

Später kam er wieder, betrunken, als seine Wäsche soeben fluffig und trocken geworden war. Er bekam die Tür des Trockners nicht auf, sackte bewusstlos auf dem gelben Stuhl zusammen. Meine Wäsche war trocken, ich faltete sie.

Angel und ich schleppten Tony hinüber auf den Boden des Bügelzimmers. Heiß. Die Gebete der AA und die Motti stammten von Angel. NICHT DENKEN UND NICHT TRINKEN. Er machte aus einer vergessenen Socke einen nassen, kalten Umschlag, legte sie Tony auf die Stirn und kniete sich neben ihn.

»Bruder, glaub mir... Da war ich auch schon ... ganz tief im Dreck, wo du gerade bist. Ich weiß genau, wie's dir geht.«

Tony machte die Augen nicht auf. Jeder, der sagt, er weiß genau, wie es einem anderen geht, ist ein Idiot.

Angels Waschsalon befindet sich in Albuquerque, New Mexico. 4th Street. Heruntergekommene Läden und Schrottplätze, Secondhandläden mit Armeebetten, Kartons voll mit einzelnen Socken, Ausgaben der *Good Hygiene*-Zeitschrift von 1940. Getreidespeicher, Motels für Verliebte, Trinker und alte Frauen mit hennagefärbtem Haar, die ihre Wäsche bei Angel machen. Jugendliche Chicana-Bräute gehen auch zu Angel. Handtücher, kurze rosa Flatterhemdchen, Unterhosen, auf denen *Donnerstag* steht. Ihre Ehemänner tragen Blaumänner mit Namensschriftzug auf den Taschen. Ich sitze gern hier und warte darauf, dass die Namen im Spiegelbild der Trockner auftauchen. *Tina, Corky, Junior.*

Leute, die unterwegs sind, gehen zu Angel. Schmutzige Matratzen, rostige Stühle, festgebunden auf den Dächern verbeulter alter Buicks. Undichte Ölhosen, undichte Wasserbehälter aus Stoff. Undichte Waschmaschinen. Die Männer sitzen mit freiem Oberkörper in den Autos, zerdrücken leere Hamm's-Bierbüchsen, sobald sie leer sind.

Aber es sind die Indianer, die man am häufigsten bei Angel sieht. Pueblo-Indianer aus San Felipe und Laguna und Sandia. Tony war der einzige Apache, dem ich je begegnet bin, im Waschsalon oder sonst wo. Ich mag es, die Augen gewissermaßen unscharf zu stellen und zuzusehen, wie in den Trocknern voller Indianersachen das leuchtend wirbelnde Violett und Orange und Rot und Pink verschwimmt.

Ich gehe zu Angel. Warum, weiß ich nicht genau, es ist nicht nur wegen der Indianer. Der Laden liegt auf der anderen Seite der Stadt. Nur eine Seitenstraße von mir entfernt gibt es den Campus-Waschsalon mit Klimaanlage und Kuschelrock aus Muzak-Boxen. *New Yorker, Ms., Cosmopolitan.* Die Ehefrauen von Doktoranden gehen dorthin und kaufen ihren Kindern Zero-Riegel und Cola. Der Campus-Waschsalon hat wie fast alle Waschsalons ein Schild, auf dem steht: FÄRBEN STRENGSTENS VERBOTEN. Ich bin mit einem grünen Laken durch die ganze Stadt gefahren, zu Angel, wo ein gelbes Schild hängt: SIE KÖNNEN HIER JEDERZEIT FÄRBEN. Sterben, reimte ich.

Ich sah gleich, dass das Laken nicht tiefviolett, sondern nur dunkler, schlammig grün wurde, aber ich wollte trotzdem wiederkommen. Ich mochte die Indianer und ihre Wäsche. Der kaputte Cola-Automat und der überschwemmte Boden erinnerten mich an New York. Puerto Ricaner, die wischten und wischten. Ihr Münztelefon funktionierte nie, genau wie das von Angel. Wäre ich an einem Donnerstag nach oben gegangen, um mich um Mrs. Armitages Leichnam zu kümmern?

»Ich bin der Häuptling meines Stammes«, sagte der Indianer. Er saß nur da, trank Süßwein und sah auf meine Hände.

Er erzählte mir, dass seine Frau als Putzfrau arbeitete. Sie hatten vier Söhne gehabt. Der jüngste hatte Selbstmord begangen, der älteste war in Vietnam gefallen. Die beiden anderen waren Schulbusfahrer.

»Weißt du, warum ich dich mag?«, fragte er.

»Nein, warum?«

»Weil du eine Rothaut bist.« Mit dem Finger zeigte er auf mein Gesicht im Spiegel. Ich habe wirklich rote Haut, und nein, ich habe noch nie einen rothäutigen Indianer gesehen.

Ihm gefiel mein Name, er sprach ihn italienisch aus. *Lutchie-ja.* Er war im Zweiten Weltkrieg in Italien gewesen. Und tatsächlich hing eine Erkennungsmarke zwischen seinen schönen silbernen und türkisen Halsketten. Sie hatte eine große Delle. »Eine Kugel?« Nein, er kaute darauf herum, wenn er Angst hatte oder geil war.

Einmal schlug er vor, dass wir uns in seinen Wohnwagen legen und miteinander ausruhen sollten.

»Eskimo nennen das miteinander lachen.« Ich zeige auf das Schild, wo in zitronengrüner Leuchtfarbe stand: NIEMALS DIE MASCHINEN UNBEAUFSICHTIGT LASSEN. Wir kicherten beide, lachten miteinander auf unseren aneinandergeschraubten Plastikstühlen. Dann saßen wir still da. Kein Geräusch, außer dem Wasserklatschen, rhythmisch wie die Wellen des Ozeans. Seine Buddha-Hand hielt meine.

Ein Zug fuhr vorbei. Er stieß mich an: »Schöne große eiserne Pferd!«, und wir fingen wieder an zu kichern.

Ich habe jede Menge unbegründeter Pauschalisierungen über Menschen im Kopf, beispielsweise, dass alle Schwarzen zwangsläufig Charlie Parker mögen. Deutsche sind grausam, alle Indianer haben einen merkwürdigen Sinn für Humor, so wie meine Mutter. Einer ihrer Lieblingswitze handelt von einem Typen, der sich bückt, um sich den Schuh zuzubinden, und ein anderer Typ kommt vorbei, verprügelt ihn und sagt: »Du bindest dir dauernd den Schuh zu!« Ein anderer geht so: Einem Gast fällt im Restaurant eine Tafel Schokolade hinunter, er bückt sich, hebt sie auf und sagt: »Oh, oh, jetzt hab ich die Tafel aufgehoben.« An ruhigen Tagen im Waschsalon erzählte sie mir Tony alle noch einmal.

Einmal war er sehr betrunken, sturzbetrunken, und geriet auf dem Parkplatz in eine Schlägerei mit ein paar Typen aus Oklahoma. Sie zerschlugen seine Flasche Jim Beam. Angel sagte, er würde ihm einen Viertelliter kaufen, wenn er in den Bügelraum käme und ihm zuhörte. Ich räumte meine Wäsche aus der Maschine in den Trockner, während Angel sich mit Tony über die Sitcom *One Day At a Time* unterhielt.

Als Tony wieder herauskam, drückte er mir seine Zehncentstücke in die Hand. Ich räumte seine Wäsche in einen Trockner, während er sich mit dem Schraubverschluss der

Jim-Beam-Flasche abmühte. Bevor ich mich hingesetzt hatte, schrie er mich an.

»Ich bin ein Häuptling! Ich bin Apachenhäuptling! Scheiße!«

»Selber Scheiße, Häuptling.«

Er saß einfach da, trank und sah auf meine Hände im Spiegel.

»Wieso machst du dann die Wäsche der Apachen?«

Ich weiß nicht, warum ich das sagte. Es war gemein, so was zu sagen. Vielleicht dachte ich, er würde lachen. Und er lachte auch.

»Was ist dein Stamm, Rothaut?«, sagte er und beobachtete meine Hände, die eine Zigarette hervorholten.

»Weißt du, dass ein Prinz meine erste Zigarette angezündet hat? Kannst du dir das vorstellen?«

»Klar, kann ich mir das vorstellen. Feuer?« Er gab mir Feuer, und wir lächelten uns an. Wir waren sehr nah beieinander, und dann verlor er das Bewusstsein, und ich war allein im Spiegel.

Ein junges Mädchen war noch da, nicht im Spiegel, sondern am Fenster. Ihr Haar lockte sich im Dampf, eine zerbrechliche Botticelli-Gestalt. Ich las alle Schilder durch. GOTT, GIB MIR KRAFT. NEUES KINDERBETT NIE BENUTZT – BABY GESTORBEN.

Das Mädchen tat seine Wäsche in einen türkisen Korb und ging. Ich räumte meine Kleider auf den Tisch, sah nach Tonys Wäsche und warf noch ein Zehncentstück ein. Ich war mit Tony allein bei Angel. Ich sah meine Hände und Augen im Spiegel an. Ziemlich blaue Augen.

Einmal war ich auf einer Yacht vor der Küste von Vina del Mar gewesen. Ich hatte meine erste Zigarette geschnorrt und Prinz Ali Khan um Feuer gebeten. »Enchanté«, sagte er. Dabei hatte er gar keine Streichhölzer.

Ich legte meine Wäsche zusammen, und als Angel zurückkam, fuhr ich nach Hause.

Ich kann mich nicht erinnern, wann mir auffiel, dass ich dem alten Indianer nie wieder begegnet bin.

Handbuch für Putzfrauen

Der 42er nach Piedmont. Bummelbus zum Jack London Square. Hausangestellte und alte Frauen. Ich saß neben einer alten Blinden, die Braille las, ihr Finger glitt über die Seite, langsam und still, Zeile für Zeile. Es war beruhigend, ihr zuzuschauen, über ihre Schulter mitzulesen. Die Frau stieg in der 29th Street aus, wo aus dem Schild AMERIKANISCHE PRODUKTE VON BLINDEN alle Buchstaben herausgefallen waren, außer BLINDE.

Die 29th Street ist auch meine Haltestelle, aber ich muss die ganze Strecke bis ins Zentrum fahren, um Mrs. Jessels Scheck einzulösen. Wenn sie mich noch einmal mit einem Scheck bezahlt, kündige ich. Außerdem hat sie nie Kleingeld für den Bus. Letzte Woche bin ich auf eigene Kosten für einen Vierteldollar den ganzen Weg zur Bank gefahren, und sie hatte vergessen, den Scheck zu unterschreiben.

Sie vergisst alles, sogar ihre Leiden. Wenn ich Staub wische, sammle ich sie ein und lege sie auf ihren Schreibtisch. 10 Uhr Morgens ÜBELKEIT (sic!) auf einem Zettel auf dem Kamin. DIARRHÖHE neben der Spüle. SCHWINDEL SCHLECHTES GEDÄCHTNIS auf dem Herd. Meistens erinnert sie sich nicht daran, ob sie ihr Phenobarbital genommen hat oder nicht oder dass sie mich deswegen schon zwei Mal zu Hause angerufen hat, oder wo ihr Rubinring ist usw.

Sie folgt mir von Zimmer zu Zimmer und sagt immer wieder dasselbe. Ich werde noch genauso gaga wie sie. Ich sage dauernd, dass ich kündige, aber dann tut sie mir leid. Ich bin die Einzige, die sie zum Reden hat. Ihr Mann ist Anwalt, spielt Golf und hat eine Geliebte. Ich glaube nicht, dass Mrs. Jessel das weiß oder sich daran erinnert. Putzfrauen wissen alles.

Putzfrauen stehlen tatsächlich. Nicht die Sachen, um die sich die Leute, für die wir arbeiten, Sorgen machen. Es ist der Überfluss, der einen schließlich dazu bringt. Das Kleingeld im Aschenbecher wollen wir nicht.

Auf irgendeiner Bridge-Party hat eine Dame das Gerücht in die Welt gesetzt, man könne die Ehrlichkeit einer Putzfrau testen, indem man hier oder da kleine Aschenbecher mit ein paar Münzen darin herumstehen lässt. Ich lege immer ein paar Pennys dazu, auch ein Zehncentstück.

Bevor ich mit der Arbeit beginne, sehe ich zuerst nach, wo die Armbanduhren sind, die Ringe, die Handtaschen aus Goldlamé. Wenn sie später rotgesichtig und verschwollen hereingestürmt kommen, sage ich nur kühl »unter dem Kissen« oder »hinter der avocadofarbenen Kloschüssel«. Das Einzige, was ich tatsächlich stehle, sind Schlaftabletten, falls einer dieser dunklen Tage kommt.

Heute habe ich ein Glas Spice-Islands-Sesamkerne gestohlen. Mrs. Jessen kocht selten, aber wenn, dann Sesam-Hühnchen. Das Rezept klebt im Gewürzschrank. Eine Kopie davon befindet sich in der Schublade mit den Briefmarken und Bindfäden und eine zweite in ihrem Adressbuch. Wenn sie Hühnchen, Sojasoße und Sherry bestellt, bestellt sie auch immer ein neues Glas Sesamkerne. Sie hat fünfzehn Gläser davon. Jetzt nur noch vierzehn.

An der Bushaltestelle setzte ich mich auf den Bordstein. Drei andere Dienstmädchen, dunkelhäutig in weißer Uniform, standen hinter mir. Sie waren alte Freundinnen, arbeiteten schon seit Jahren an der Country Club Road. Zuerst waren wir alle wütend... der Bus war zwei Minuten zu früh gekommen, wir hatten ihn verpasst. Verdammt. Der Fahrer weiß, dass die Hausangestellten immer hier stehen und der 42er nach Piedmont nur einmal in der Stunde fährt.

Ich rauchte, während sie ihre Beute verglichen. Sachen, die sie hatten mitgehen lassen... Nagellack, Parfüm, Toilettenpapier. Sachen, die sie bekommen hatten ... einzelne Ohrringe, ein 20er-Pack Kleiderbügel, zerrissene Büstenhalter.

(Ratschlag für Putzfrauen: Nimm alles an, was deine Arbeitgeberin dir schenkt, und sag Danke. Du kannst es im Bus lassen, im Spalt zwischen den Sitzen.)

Um ins Gespräch zu kommen, zeigte ich ihnen mein Glas Sesamkerne. Sie kreischten vor Lachen. »Ach Kindchen, Sesamkerne?« Sie fragten mich, wieso ich schon so lange für Mrs. Jessel arbeitete. Die meisten Putzfrauen ertragen sie nicht öfter als dreimal. Sie fragten, ob das stimmt mit den hundertvierzig Paar Schuhen. Ja, aber das Schlimme ist, es sind fast alle die Gleichen.

Die Stunde verging sehr angenehm. Wir redeten über die Damen, für die wir alle arbeiten. Wir lachten, nicht ohne Bitterkeit.

Normalerweise akzeptieren mich altgediente Putzfrauen nicht so ohne Weiteres. Ich kriege auch nur schwer Putzjobs, weil ich »gebildet« bin. Aber etwas anderes lässt sich im Moment einfach nicht finden. Habe gelernt, den Kundinnen gleich am Anfang zu erzählen, dass mein alkoholkranker Ehemann kürzlich gestorben ist und mich mit vier Kindern zurückgelassen hat. Dass ich noch nie arbeiten gegangen bin, weil ich ja die Kinder großziehen muss und so.

Der 43er von Shattuck nach Berkeley. Die Bänke, auf denen WERBEFLÄCHE steht, sind jeden Morgen klitschnass. Ich bat einen Mann um ein Streichholz, und er gab mir die ganze Schachtel. SUIZIDPRÄVENTION. Es war die blöde Sorte mit der Streichfläche auf der Rückseite. Aber besser die als keine.

Drüben auf der anderen Straßenseite fegte die Frau von der REINIGUNG FLECKENLOS ihren Gehweg. Rechts und links von ihrem Laden flogen Abfall und Blätter herum. Es ist Herbst in Oakland.

Später am Nachmittag, als ich vom Putzen bei den Horwitzens zurückkam, war auch der Gehweg vor FLECKENLOS wieder von Blättern und Müll bedeckt. Ich warf mein Umsteigticket dazu. Ich habe immer ein Umsteigticket. Manchmal gebe ich es weiter, normalerweise behalte ich es einfach.

Ter zog mich immer damit auf, dass ich Dinge behielt. »Hör zu, Maggie May, 's gibt nichts auf der Welt, was du festhalten kannst. Außer mich vielleicht.«

Eines Nachts wachte ich in der Telegraph Street davon auf, dass er mir den Verschluss einer Coors-Bierflasche in die Hand drückte. Er lächelte auf mich herab. Terry war ein junger Cowboy aus Nebraska. Er mochte keine ausländischen Filme. Gerade erst ist mir klar geworden, warum: Er konnte nicht schnell genug lesen.

Wenn Ter ein Buch las, selten, riss er jede gelesene Seite heraus und warf sie weg. Ich kam nach Hause, wo die Fenster immer offen standen oder kaputt waren, und durch das ganze Zimmer wirbelten Blätter wie die Tauben über den Parkplatz vorm Safeway-Supermarkt.

Der 33er-Schnellbus nach Berkeley. Der 33er hat sich verfahren! Vor dem SEARS-Kaufhaus hat der Fahrer den Abzweig zur Autobahn verpasst. Alle drückten auf die Klingel, als er, mit rotem Kopf, auf der 27th Street nach links abbog.

Wir blieben in einer Sackgasse stecken. Menschen kamen ans Fenster, um sich den Bus anzusehen. Vier Männer stiegen aus und halfen dem Fahrer, aus der schmalen Straße rückwärts zwischen den geparkten Autos herauszurangieren. Wieder auf der Autobahn, fuhr er gute achtzig. Es war beängstigend. Wir unterhielten uns alle, erfreut über die Abwechslung.

Heute bei Linda.

(Putzfrauen: Grundsätzlich nie für Freunde arbeiten. Früher oder später nehmen sie es dir übel, weil du so viel über sie weißt. Oder weil du es weißt, kannst du sie nicht mehr leiden.)

Linda und Bob sind gute alte Freunde. Ich spüre ihre Wärme, obwohl sie nicht da sind. Sperma und Blaubeermarmelade auf den Laken. Programme von Pferderennen und Zigarettenkippen im Bad. Notizen von Bob an Linda: »Bring Kippen mit und nimm das Auto… dumm-dido dumm-dido.« Zeichnungen von Andrea mit Liebe für Mama. Pizzaränder. Ihren Koks-Spiegel mache ich mit Windex sauber.

Es ist die einzige Wohnung, in der ich arbeite, die nicht schon von Anfang an total sauber ist. Genau genommen ist sie versifft. Jeden Mittwoch steige ich wie Sisyphos die Treppe zu ihrem Wohnzimmer hoch, wo es immer aussieht, als würden sie gerade umziehen.

Ich verdiene nicht viel an ihnen, weil ich nicht stundenweise abrechne, kein Fahrgeld nehme. Ganz sicher keine Mittagspause. Ich arbeite wirklich schwer. Aber ich sitze auch viel herum und bleibe bis spät. Ich rauche und lese die *New York Times*, Pornos oder *Wie baue ich ein Verandadach*. Meistens sehe ich nur aus dem Fenster auf das Haus gegenüber, wo wir früher gewohnt haben. Russell Street 2129 ½. Ich schaue auf den Baum mit den Wildbirnen, auf die Ter immer geschossen hat. Der Holzzaun glänzt von der Farbe der Gotcha-Bälle. Das

Schild der Umzugsfirma BEKINS, das nachts unser Bett beleuchtete. Ich vermisse Ter und rauche. Tagsüber hört man die Züge nicht.

Der 40er zur Telegraph Avenue. MILLHAVEN GENESUNGSHEIM. Vier alte Frauen in Rollstühlen starren mit verschleiertem Blick auf die Straße. Hinter ihnen auf der Schwesternstation tanzt ein wunderschönes schwarzes Mädchen zu »I Shot the Sheriff«. Die Musik ist laut, sogar für mich, aber die alten Frauen können sie gar nicht hören. Unterhalb von ihnen auf dem Gehweg hängt ein geschmackloses Schild: »TUMOR-EINRICHTUNG 1:30«.

Der Bus hat Verspätung. Autos fahren vorbei. Reiche Leute in Autos sehen nie Leute auf der Straße an. Arme immer … es scheint sogar, als würden sie nur herumfahren und sich Leute auf der Straße ansehen. Ich habe das gemacht. Arme warten oft. Auf Sozialhilfe, in Schlangen vor dem Arbeitsamt, Waschsalons, Telefonzellen, Notaufnahmen, Gefängnisse usw.

Während alle auf den 40er-Bus warteten, schauten wir ins Fenster von MILLS UND ADDIES WASCHSALON. Mill wurde in einer Mühle in Georgia geboren. Er hatte sich quer über fünf Waschmaschinen gelegt und brachte einen riesigen Fernseher an der Wand an. Addie machte alberne Pantomimen, die uns zeigen sollten, dass der Fernseher nie halten würde. Passanten blieben stehen, um Mill gemeinsam mit uns zuzuschauen. Wir alle spiegelten uns im Fernseher, wie eine »Man on the Street«-Show.

Am Ende der Straße bei Fouché findet eine große schwarze Beerdigung statt. Ich dachte immer, dass auf dem Neonschild »Touché« steht, und stellte mir den Tod maskiert vor, die Spitze des Degens auf meinem Herzen.

Ich habe inzwischen dreißig Tabletten, von Jessel, Burns, Mcintyre, Horwitz und Blum. Die Leute, für die ich arbeite, haben jeder genug Aufputsch- und Beruhigungsmittel, um einen Hells Angel für zwanzig Jahre auszuschalten.

Der 18er zum Montclair-Park. Das Stadtzentrum von Oakland. Ein betrunkener Indianer, kennt mich mittlerweile, sagt jedes Mal: »So ist das Leben, Süße.«

In der Park Avenue steht ein blauer Bus mit vergitterten Fenstern vom Büro des Bezirkssheriffs. Drinnen sind etwa zwanzig Gefangene auf dem Weg zum Haftrichter. Die Männer, aneinandergekettet, bewegen sich wie eine Sportmannschaft in ihrer orangefarbenen Häftlingskleidung. Mit derselben Kameraderie, im Grunde. Es ist dunkel im Bus. In den Fenstern spiegelt sich das Licht der Ampeln. Gelb WARTEN WARTEN. Rot STOPP STOPP.

Eine lange, schläfrige Stunde hoch in die wohlhabenden, nebligen Montclair-Hügel. Nur Hausangestellte im Bus. Unterhalb der lutheranischen Zionskirche hängt ein großes schwarz-weißes Schild, auf dem ACHTUNG STEINSCHLAG steht. Wenn ich es sehe, muss ich jedes Mal laut lachen. Die Hausangestellten und der Fahrer drehen sich um und gucken mich groß an. Das ist schon ein Ritual. Es gab Zeiten, da bekreuzigte ich mich automatisch, sobald ich an einer katholischen Kirche vorbeikam. Vielleicht habe ich damit aufgehört, weil die Leute im Bus sich immer umdrehten und mich groß anguckten. Ich spreche immer noch automatisch ein Ave-Maria, wenn ich eine Sirene höre, aber lautlos. Das ist lästig, weil ich am Pill Hill in Oakland wohne, neben drei Krankenhäusern.

Am Fuße des Montclair-Hügels warten Frauen in Toyotas darauf, dass ihre Putzfrauen aus dem Bus steigen. Ich werde immer die Snake Road hinauf mitgenommen, von Mamie und ihrer Arbeitgeberin, die sagt: »Mensch, Mamie, was sehen wir doch schick aus mit dieser eisgrauen Perücke und ich in meinen schäbigen Malerklamotten.« Mamie und ich rauchen.

Die Stimmen von Frauen sind immer zwei Oktaven höher, wenn sie mit Putzfrauen oder Katzen sprechen.

(Putzfrauen: Apropos Katzen … freunde dich nie mit Katzen an, lass sie nicht mit dem Wischmopp oder mit den Lappen spielen. Das macht die Damen eifersüchtig. Verscheuche aber niemals eine Katze von einem Stuhl. Freunde dich andererseits immer mit Hunden an, verbringe fünf oder zehn Minuten damit, Cherokee oder Smiley zu kraulen, wenn du das erste Mal dort bist. Vergiss nicht, die Toilettendeckel zuzuklappen. Fellige, tropfende Hängebacken.)

Die Blums. Das ist die seltsamste Wohnung, in der ich arbeite, das einzige schöne Haus. Beide sind Psychiater, Eheberater, mit zwei adoptierten »Vorschulkindern«.

(Arbeite nie in einem Haus, in dem es »Vorschulkinder« gibt. Babys sind großartig. Du kannst Stunden damit verbringen, sie anzuschauen, zu halten. Aber die Älteren … da gibt es Gekreische, herumfliegende Cheerios, kleine Unglücke, die schon eingetrocknet sind und von einem Snoopy-Pyjama-Fuß breit getreten wurden.)

(Arbeite auch nie für Psychiater. Du wirst verrückt. Ich könnte *denen* so die eine oder andere Sache beibringen … ich meine, Schuhe, die einen größer machen?)

Dr. Blum, der männliche Part, leidet schon wieder an Heimweh. Er hat Asthma, verdammt noch mal! Er steht in seinem Bademantel herum und kratzt sich mit seinem Pantoffel das haarige Bein.

Oh ho ho ho, Mrs. Robinson. Er hat eine Stereoanlage, die mehr als zweitausend Dollar wert ist, und bloß fünf Schallplatten. Simon and Garfunkel, Joni Mitchell und dreimal die Beatles.

Er steht in der Tür zur Küche und kratzt sich jetzt das andere Bein. Ich wische mich in sinnlichen Mr.-Clean-Wischmopp-Wirbeln von ihm weg in die Frühstücksecke, als er mich fragt, warum ich dieses spezielle Arbeitsgebiet gewählt habe.

»Ich schätze, entweder aus Schuldgefühl oder Wut«, sage ich gedehnt.

»Darf ich mir eine Tasse Tee machen, wenn der Boden getrocknet ist?«

»Ach, kommen Sie, setzen Sie sich einfach hin. Ich bringe Ihnen den Tee. Zucker oder Honig dazu?«

»Honig. Wenn es nicht zu viel Arbeit macht. Und Zitrone, wenn es …«

»Jetzt setzen Sie sich schon hin.« Ich bringe ihm Tee.

Einmal habe ich Natasha, die vier Jahre alt ist, eine schwarze Paillettenbluse mitgebracht. Zum Schickmachen. Frau Dr. Blum wurde wütend und schrie, das sei sexistisch. Einen Moment lang hatte ich den Verdacht, sie würde mich beschuldigen, Natasha verführen zu wollen. Sie warf die Bluse in den Müll. Ich holte sie später wieder heraus und trage sie jetzt manchmal, wenn ich schick sein will.

(Putzfrauen: Ihr werdet einer Menge emanzipierter Frauen begegnen. Das erste Stadium ist eine Selbsterfahrungsgruppe, das zweite Stadium eine Putzfrau, das dritte die Scheidung.)

Die Blums haben jede Menge Tabletten, eine Fülle von Tabletten. Sie hat Aufputschmittel, er Beruhigungsmittel. Herr Dr. Blum hat auch Belladonna-Tabletten. Ich weiß nicht, wogegen sie wirken, würde aber gern so heißen.

Eines Morgens hörte ich ihn zu ihr in der Küchenecke sagen: »Lass uns heute mal was Spontanes machen, mit den Kindern Drachensteigen gehen!«

Mein Herz flog ihm zu. Ein Teil von mir wollte hineinstürmen wie die Haushälterin auf der Rückseite der *Saturday*

Evening Post. Ich kann tolle Drachen bauen, ich weiß, wo es in Tilden guten Wind gibt. In Montclair gibt es keinen Wind. Der andere Teil von mir stellte den Staubsauger an, um ihre Antwort nicht hören zu müssen. Draußen regnete es in Strömen.

Das Spielzimmer war ein Chaos. Ich fragte Natasha, ob sie und Todd eigentlich mit all diesen Spielsachen spielten. Sie sagte mir, dass sie und Todd montags aufstanden und alles auskippten, weil ich kam. »Hol deinen Bruder«, sagte ich.

Ich ließ sie das Zimmer aufräumen, als Frau Dr. Blum hereinkam. Sie hielt mir einen Vortrag über Einmischung und wie sehr sie es ablehnte, in ihren Kindern »irgendwelche Schuld- oder Pflichtgefühle zu wecken«. Ich hörte missmutig zu. Im Nachsatz trug sie mir auf, den Kühlschrank abzutauen und mit Ammoniak und Vanille sauber zu machen.

Ammoniak und Vanille? Sofort hörte ich auf, sie zu hassen. So was Simples. Ich begriff, dass sie wirklich ein heimeliges Heim haben und in ihren Kindern keine Schuld- oder Pflichtgefühle wecken wollte. Später an diesem Tag trank ich ein Glas Milch, und sie schmeckte nach Ammoniak und Vanille.

Der 40er von der Telegraph nach Berkeley. MILLS UND ADDIES WASCHSALON. Addie ist allein im Laden und putzt das riesige Spiegelglasfenster. Auf einer Waschmaschine hinter ihr liegt ein enormer Fischkopf in einer Plastiktüte. Träge blinde Augen. Ein Freund, Mr. Walker, bringt ihnen immer Fischköpfe für die Suppe mit. Addie macht große Kreise aus flockigem Weiß auf dem Glas. Gegenüber im Saint-Lukes-Kindergarten denkt ein Kind, sie würde ihm zuwinken. Es winkt zurück, macht dieselben wirbelnden Kreise. Addie hält inne, lächelt, winkt diesmal wirklich. Mein Bus kommt. Die Telegraph Street hoch nach Berkeley. Im Fenster vom

ZAUBERSTAB SCHÖNHEITSSALON ist ein Stern aus Aluminiumfolie an einer Fliegenklatsche befestigt. Nebenan gibt es ein Orthopädie-Geschäft mit zwei flehenden Händen und einem Bein.

Ter weigerte sich, Bus zu fahren. Die Leute, die drin saßen, deprimierten ihn. Aber er mochte die Greyhound-Busbahnhöfe. Wir gingen oft zu denen in San Francisco und Oakland. Meistens in Oakland, an der San Pablo Avenue. Einmal sagte er mir, er würde mich lieben, weil ich wie die San Pablo Avenue sei.

Er war wie die Müllhalde von Berkeley. Ich wünschte, es gäbe einen Bus zur Halde. Wir fuhren dorthin, wenn wir Heimweh nach New Mexico hatten. Es ist kahl und windig, und Möwen segeln darüber hin wie Nachtfalken in der Wüste. Rings um dich her und über dir ist Himmel. Müllfahrzeuge donnern über von Staubschwaden durchzogene Straßen. Graue Dinosaurier.

Ich komme nicht klar damit, dass du tot bist, Ter. Aber das weißt du ja.

Es ist wie damals am Flughafen, als du schon fast auf der Rampe für die Raupenfahrzeuge nach Albuquerque warst.

»Scheiße. Ich kann nicht weg. Du wirst das Auto nie finden.«

»Was wirst du nur ohne mich machen, Maggie?«, hast du mich wieder und wieder gefragt, damals, als du nach London wolltest.

»Makramee, du Rüpel.«

»Was wirst du nur ohne mich machen, Maggie?«

»Du glaubst doch nicht wirklich, dass ich dich so sehr brauche?«

»Doch«, hast du gesagt. Eine schlichte Feststellung nach Nebraska-Art.

Meine Freunde sagen, ich ertrinke in Selbstmitleid und Reue. Sagten, ich würde überhaupt niemanden mehr treffen. Wenn ich lächele, lege ich unwillkürlich die Hand vor den Mund.

Ich sammle Schlaftabletten. Einst haben wir einen Pakt geschlossen … wenn bis 1976 nicht alles in Ordnung sei, würden wir hinten im Yachthafen eine Schießerei veranstalten. Du hast mir nicht getraut, hast gesagt, ich würde dich zuerst erschießen und dann weglaufen oder mich zuerst erschießen, wie auch immer. Ich habe genug von der Abmachung, Ter.

Der 58er vom College nach Alameda. Alte Damen aus Oakland gehen ins Hinks-Kaufhaus in Berkeley. Alte Damen aus Berkeley gehen ins Capwell-Kaufhaus in Oakland. In diesem Bus sind alle jung und schwarz oder alt und weiß, inklusive Fahrer. Die alten weißen Fahrer sind fies und nervös, besonders in der Gegend um die Technical High School in Oakland. Jedes Mal bremsen sie den Bus an der Haltestelle abrupt ab, regen sich übers Rauchen und die Radios auf. Sie lassen den Bus schlingern und halten mit einem Ruck, der die alten weißen Damen gegen die Haltestangen wirft. Die Arme der alten Damen bekommen sofort blaue Flecke.

Die jungen schwarzen Fahrer fahren schnell, rauschen auf der Pleasant Valley Road über gelbe Ampeln. Ihre Busse sind laut und verraucht, aber sie schlingern nicht.

Mrs. Burkes Haus heute. Ihr muss ich auch kündigen. Nichts ändert sich. Nichts ist je schmutzig. Ich verstehe nicht, wozu ich überhaupt da bin. Heute ging es mir besser. Wenigstens habe ich das mit den dreißig Flaschen Lancers Roséwein verstanden. Vorher waren es einunddreißig. Offenbar war gestern ihr Hochzeitstag. In seinem Aschenbecher lagen zwei Zigarettenstummel (nicht nur seiner), ein Weinglas stand auf dem Tisch (sie trinkt nicht) und meine neue Flasche Rosé. Die

Bowling-Trophäen waren verschoben worden, ein bisschen. Unser gemeinsames Leben.

Sie hat mir viel über Hauswirtschaft beigebracht. Leg das Toilettenpapier so ein, dass es sich von unten her abrollen lässt. Öffne den Deckel des Scheuermittels nur drei Löcher weit, nicht sechs. Spare in der Zeit, so hast du in der Not. Einmal riss ich in einem rebellischen Anfall den Deckel vollständig ab und verschüttete aus Versehen Scheuerpulver im gesamten Herd. Eine Sauerei.

(Putzfrauen: Zeige ihnen, dass du sorgfältig arbeitest. Stelle am ersten Tag alle Möbel falsch zurück ... fünf bis zehn Zentimeter weiter oder so, dass sie in die falsche Richtung zeigen. Drehe beim Staubwischen die siamesischen Katzenfiguren um, stelle das Milchkännchen links neben den Zucker. Bringe die Zahnbürsten durcheinander.)

Mein Meisterwerk auf diesem Gebiet vollbrachte ich, als ich die Oberseite des Kühlschranks bei Mrs. Burke sauber machte. Sie bemerkt alles, aber wenn ich die Taschenlampe nicht angelassen hätte, hätte sie übersehen, dass ich das Waffeleisen gescheuert und neu geölt, das Geisha-Mädchen repariert und auch die Taschenlampe gereinigt hatte.

Indem du alles falsch machst, beweist du ihnen nicht nur, dass du sorgfältig bist; es gibt ihnen auch die Möglichkeit, entschlossen und als »Chef« aufzutreten. Den meisten Amerikanerinnen ist es sehr unangenehm, Hausangestellte zu haben. Sie wissen nicht, was sie tun sollen, während du dort bist. Mrs. Burke beispielsweise fängt an, ihre Liste mit Leuten durchzugehen, die von ihr Weihnachtskarten erhalten, und sie bügelt das Geschenkpapier vom letzten Jahr. Im August.

Versuche, für Juden oder Schwarze zu arbeiten. Da bekommst du ein Mittagessen. Aber vor allem haben jüdische und schwarze Frauen Achtung vor der Arbeit, vor deiner Arbeit, und schämen sich überhaupt nicht dafür, dass sie den ganzen Tag absolut nichts tun. Schließlich bezahlen sie ja *dich*, nicht wahr?

Leute von den Freimaurern des Christlichen Ordens der Eastern Stars sind ein anderes Kaliber. Damit sie keine Schuldkomplexe kriegen, muss man immer etwas machen, was sie nie machen würden. Stell dich auf den Herd, um hochgespritzte Coca-Cola von der Decke zu wischen. Sperr dich in die Glasdusche ein. Schieb alle Möbel, inklusive Klavier, gegen die Tür. Das würden sie nie machen, außerdem kommen sie nicht mehr rein.

Gott sei Dank gibt es immer wenigstens eine Fernsehshow, nach der sie süchtig sind. Ich schalte für eine halbe Stunde den Staubsauger an (ein beruhigendes Geräusch), lege mich unter das Klavier, einen Staublappen fest in der Hand, nur für den Notfall. Ich liege einfach da, summe vor mich hin und denke nach. Ich habe mich geweigert, deinen Körper zu identifizieren, Ter, was eine Menge Ärger machte. Ich hatte Angst, dass ich dich schlagen würde für das, was du getan hast. Dass du gestorben bist.

Das Klavier ist das Letzte, was ich bei den Burkes sauber mache, bevor ich gehe. Das einzig Dumme daran ist, dass darauf keine anderen Noten stehen als die Hymne des Marine-Korps. Jedes Mal marschiere ich zu den Klängen von »From the Halls of Monte-zu-u-ma« zur Bushaltestelle.

Im 58er-Bus vom College nach Berkeley. Ein bösartiger alter weißer Fahrer. Es regnet, es ist spät, voll und kalt. Weihnachten ist eine schlechte Zeit zum Busfahren. Ein bekifftes Hippie-Mädchen schrie: »Lasst mich aus diesem Scheißbus raus!« – »An der nächsten Haltestelle!«, schrie der Fahrer zurück. Eine dicke Frau – eine Putzfrau – hatte sich über den Vordersitz erbrochen, auf die Gummischuhe der Mitfahrer und auf meinen Stiefel. Es roch widerlich, und mehrere Leute stiegen an der nächsten Haltestelle aus, wo auch sie ausstieg. Der Fahrer hielt an der Arco-Haltestelle vor Alcatraz, holte einen Schlauch, um sauber zu machen, aber natürlich lief das ganze Zeug nur nach hinten, und im Bus wurde es noch nasser. Er war wütend und rot im Gesicht, überfuhr die nächste rote Ampel, bringt uns alle in Gefahr, sagte der Mann neben mir.

An der Technical High School von Oakland warteten etwa zwanzig Schüler mit Radios hinter einem schwer gelähmten Mann. Das Amt für Sozialhilfe ist direkt neben der High School. Als der Mann mühevoll einstieg, sagte der Fahrer: *Verdammt* noch mal!, und der Mann sah überrascht aus.

Wieder bei den Burkes. Keine Veränderungen. Sie haben zehn Digitaluhren, und alle zeigen dieselbe korrekte Uhrzeit an. Wenn ich kündige, werde ich alle Stecker rausziehen.

Mrs. Jessel habe ich schließlich wirklich gekündigt. Sie bezahlte mich weiterhin mit einem Scheck, und einmal rief sie mich in einer Nacht vier Mal an. Ich telefonierte mit ihrem Mann und sagte ihm, ich hätte Pfeiffer'sches Drüsenfieber. Sie hat schon wieder vergessen, dass ich gekündigt habe, und rief mich letzte Nacht an, um zu fragen, ob sie auf mich ein bisschen blasser gewirkt hätte. Ich vermisse sie.

Heute eine neue Kundin. Eine echte Dame.

(Ich sehe mich nie als Putzfrau, auch wenn sie einen so nennen, ihre Hausangestellte oder ihr Dienstmädchen.)

Mrs. Johansen. Sie ist Schwedin und spricht Englisch mit ziemlich starkem Akzent, wie jemand von den Philippinen.

Das Erste, was sie heute zu mir sagte, als sie die Tür öffnete, war: »Heiliger Moses!«

»Oh. Bin ich zu früh?«

»Ganz und gar nicht, meine Liebe.«

Sie betrat die Bühne. Eine achtzigjährige Glenda Jackson. Ich war hin und weg. (Sehen Sie, ich fange schon an, so zu reden wie sie.) Hin und weg im Foyer.

Im Foyer, bevor ich überhaupt meinen Mantel ausgezogen hatte, Ters Mantel, setzte sie mich über das Ereignis ihres Lebens in Kenntnis.

John, ihr Mann, war vor sechs Monaten gestorben. Es war schwer für sie gewesen, besonders das Schlafen. Sie hatte angefangen, Bilderpuzzle zusammenzusetzen. (Sie zeigte auf den Kartentisch im Wohnzimmer, wo Jeffersons Landgut Monticello beinahe fertig war, bis auf ein klaffendes Urtierchen-Loch oben rechts.)

Eines Nachts war sie so in ihr Puzzle vertieft gewesen, dass sie gar nicht erst schlafen ging. Sie hatte es vergessen, sie hatte wirklich vergessen, ins Bett zu gehen! Und zu essen, das auch. Um acht Uhr morgens aß sie Abendbrot. Sie legte sich hin, wachte um zwei Uhr auf, frühstückte nachmittags um zwei und ging los, um ein neues Puzzle zu kaufen.

Als John noch lebte, gab es morgens um sechs Frühstück, Mittagessen um zwölf, Abendbrot um sechs. Ich werde dieser lächerlichen Welt sagen, dass die Zeiten sich geändert haben.

»Nein, meine Liebe, Sie sind nicht zu früh«, sagte sie. »Es könnte allerdings sein, dass ich jeden Moment ins Bett verschwinde.«

Ich stand immer noch da, schwitzte, blickte in die glänzenden, müden Augen meiner neuen Arbeitgeberin und wartete darauf, dass Tacheles geredet wurde.

Ich sollte nichts weiter tun, als die Fenster zu putzen und den Teppich zu saugen. Aber bevor ich den Teppich saugte, sollte ich ein Puzzleteil suchen, Himmel mit ein bisschen Ahorn. Ich weiß schon, dass es fehlt.

Es war schön auf dem Balkon beim Fensterputzen. Kalt, aber die Sonne schien mir auf den Rücken. Drinnen saß sie über ihrem Puzzle. Entrückt, aber doch in einer Pose. Sie muss früher wunderschön gewesen sein.

Nach den Fenstern folgte die Aufgabe, das Puzzleteil zu suchen. Zentimeter für Zentimeter im quietschgrünen Teppich, Crackerkrümel, Gummibänder vom *Chronicle*. Ich freute mich, das war der beste Job, den ich je gehabt hatte. Sie scherte sich »einen feuchten Kehricht« darum, ob ich rauchte oder nicht, also kroch ich über den Teppich, rauchte und schob den Aschenbecher vor mir her.

Ich fand das Puzzleteil auf der anderen Seite des Zimmers, weit weg vom Tisch mit dem Puzzle. Es war Himmel mit ein bisschen Ahorn.

»Ich hab's!«, rief sie. »Ich wusste doch, dass es fehlt!«

»Ich hab's!«, rief ich.

Dann konnte ich Staub saugen, womit ich noch beschäftigt war, als sie das Puzzle mit einem Seufzer beendete. Beim Gehen fragte ich sie, wann sie glaube, dass sie mich wieder brauchen würde.

»Wer weiß?«, sagte sie.

»Na ja ... möglich ist alles«, sagte ich, und wir lachten beide.

Ter, eigentlich möchte ich überhaupt nicht sterben.

Der 40er zur Telegraph. Haltestelle vor dem Waschsalon. MILLS AND ADDIES ist voll mit Leuten, die darauf warten, dass ihre Waschmaschine fertig wird, aber so feierlich, als warteten sie auf einen Tisch im Restaurant. Sie stehen am Fenster, schwatzen, trinken Sprite aus grünen Dosen. Mill und Addie mischen sich unter sie wie gesellige Gastgeber und wechseln Geld. Im Fernsehen spielt die Ohio State Band die Nationalhymne. Schneegestöber in Michigan.

Es ist ein kalter, klarer Januartag. Vier rasante Radfahrer reihen sich an der Ecke der 29th Street wie an einer Drachenschnur auf. Eine Harley tuckert im Leerlauf an der Haltestelle, und ein paar Kinder winken dem böse blickenden Biker von der Ladefläche eines 1950er-Dodge-Lasters zu. Endlich weine ich.

Trauern

Ich mag Häuser und all das, was sie mir zu erzählen haben. Das ist einer der Gründe, warum es mir nichts ausmacht, als Putzfrau zu arbeiten. Es ist so, als würde man ein Buch lesen.

Ich arbeite für Arlene von der Immobiliengesellschaft Central Reality. Putze meistens leere Häuser, aber auch leere Häuser haben Geschichten, Spuren. Ein Liebesbrief ganz hinten in einem Schrank, leere Whiskyflaschen hinter dem Wäschetrockner, Einkaufszettel… »Kauf bitte Tide-Waschpulver, eine Packung grüne Linguini und ein Sixpack Coors. Ich meinte das gestern Nacht nicht so.«

In letzter Zeit habe ich in Häusern sauber gemacht, in denen vor Kurzem jemand gestorben war. Sauber machen und den Leuten dabei helfen, Sachen auszusortieren, die sie mitnehmen oder in die Kleidersammlung geben wollen. Arlene fragt immer, ob sie Kleidung oder Bücher für das Altersheim für jüdische Eltern geben wollen, dort wohnt ihre Mutter Sadie. Die Arbeit war deprimierend. Entweder will jeder der Verwandten alles haben, und sie streiten sich über die kleinsten Dinge, ein Paar schäbige alte Strumpfhalter oder einen Kaffeebecher. Oder niemand will überhaupt etwas mit irgendetwas in diesem Haus zu tun haben, und ich packe alles zusammen. Das Traurige in beiden Fällen ist, wie wenig Zeit das in Anspruch nimmt. Überlegen Sie sich das mal. Wenn Sie sterben... Alles, was Ihnen gehört hat, könnte ich in weniger als zwei Stunden entsorgen.

Letzte Woche habe ich das Haus eines sehr alten schwarzen Postboten geputzt. Arlene hat ihn gekannt, sagte, er sei wegen Diabetes bettlägerig gewesen und an einem Herzinfarkt gestorben. Ein bösartiger, unbeugsamer alter Mann, sagte sie, Kirchenältester. Er war Witwer, seine Frau war vor zehn Jahren gestorben. Seine Tochter ist mit Arlene befreundet, eine politische Aktivistin, die in der Schulbehörde von L. A. arbeitet. »Sie hat viel für die Verbesserung von Bildung und Wohnverhältnissen der Schwarzen getan, eine echt zähe Frau«, sagte Arlene, und dann muss es wohl stimmen, genau das sagen die Leute nämlich auch über Arlene. Der Sohn ist ein Kunde von Arlene und eine völlig andere Geschichte. Ein Anwalt in Seattle, besitzt Immobilien in ganz Oakland. »Ich würde nie sagen, dass er eigentlich ein Mietwucherer ist, aber...«

Sohn und Tochter kamen erst am späten Vormittag, aber nach dem, was Arlene mir erzählt hatte, und den Spuren, die es gab, wusste ich schon sehr viel über sie. Das Haus war still, als ich eintrat, die hallende Stille eines Hauses, in dem niemand mehr wohnt, wo vor Kurzem jemand gestorben ist. Das Haus lag in einem heruntergekommenen Viertel von West Oakland. Es sah aus wie ein kleines Farmhaus, hübsch und ordentlich, mit einer Schaukel auf der Veranda, einem sorgfältig gepflegten Garten, in dem alte Rosenstöcke und Azaleen wuchsen. In den meisten Häusern ringsum waren die Fenster zugenagelt, die Fassaden mit Graffiti besprüht. Grüppchen von alten Säufern beobachteten mich von eingefallenen Verandatreppen aus; junge Crack-Dealer standen an der Ecke oder saßen in Autos.

Auch im Inneren passte das Haus überhaupt nicht in diese Gegend, mit Spitzengardinen und polierten Eichenmöbeln.

Der alte Mann hatte den Wintergarten im hinteren Teil des Hauses bewohnt, in einem Krankenhausbett und einem Rollstuhl. An den Fenstern standen Regale, dicht gefüllt mit Farn und Usambaraveilchen, und vier oder fünf Futtersäulen für Vögel hingen draußen vor den Scheiben. Da waren ein riesiger neuer Fernseher und ein Videorecorder – Geschenke von seinen Kindern, stellte ich mir vor. Auf dem Kaminsims stand ein Hochzeitsfoto, er im Smoking, das Haar glatt zurückgekämmt, ein bleistiftdünner Schnauzbart. Seine Frau war jung und hübsch, beide wirkten feierlich. Ein Foto von ihr, alt und weißhaarig, aber mit einem Lächeln, lächelnde Augen. Feierlich waren auch die beiden Fotos der Kinder beim Schulabschluss, beide attraktiv, selbstbewusst, hochmütig. Das Foto von der Hochzeit des Sohnes. Eine schöne blonde Braut in weißem Satin. Ein Foto von den beiden mit einem kleinen Mädchen, etwa ein Jahr alt. Ein Foto der Tochter mit dem Kongressabgeordneten Ron Dellums. Auf dem Nachttisch lag eine Postkarte, auf der stand: »Bitte entschuldige, ich war einfach zu eingespannt, um es zu Weihnachten nach Oakland zu schaffen…«, sie konnte von jedem der beiden sein. Die Bibel des alten Mannes war bei Psalm 104 aufgeschlagen. »Blickt er die Erde an, so zittert sie; rührt er die Berge an, so rauchen sie.«

Bevor sie eintrafen, hatte ich die Schlafzimmer und das obere Bad sauber gemacht. Es gab nicht viel, aber das, was in den Schränken und im Wäscheschrank war, stapelte ich auf eines der Betten. Ich machte gerade die Treppe sauber, als sie hereinkamen, und ich schaltete den Staubsauger aus. Er war nett, gab mir die Hand; sie nickte nur und ging die Treppe hinauf. Sie kamen offenbar von der Beerdigung. Er trug einen dreiteiligen schwarzen Anzug mit einem feinen Goldstreifen, sie einen grauen Kaschmir-Anzug und eine graue Wildlederjacke. Beide waren groß, auffallend gut aussehend. Ihr schwarzes Haar war zu einem Knoten zurückgebunden. Sie lächelte nicht; er lächelte die ganze Zeit.

Ich blieb hinter ihnen, als sie durch die Räume gingen. Er nahm einen ovalen geschnitzten Spiegel. Sonst wollten sie nichts. Ich fragte sie, ob es etwas gäbe, was sie dem Altenheim für jüdische Eltern vermachen würden. Sie sah mich mit ihren schwarzen Augen von oben herab an.

»Sehen wir jüdisch aus?«

Er erklärte mir eilig, dass die Leute von der Rose-of-Sharon-Baptistenkirche später vorbeikommen und alles, was die beiden nicht wollten, abholen würden. Und der Sanitätsdienst hole das Bett und den Rollstuhl. Er sagte, es sei wohl am besten, wenn er mir gleich mein Geld gebe, und zog vier Zwanziger aus einem dicken Bündel Scheine, das von einer silbernen Klammer zusammengehalten wurde. Er sagte, ich solle das Haus abschließen, wenn ich mit Saubermachen fertig sei, und den Schlüssel Arlene geben.

Ich putzte die Küche, während sie im Wintergarten waren. Der Sohn nahm das Hochzeitsfoto seiner Eltern, seine eigenen Fotos. Sie wollte das Foto ihrer Mutter. Er auch, aber er sagte: »Nein, nimm du es.« Er nahm die Bibel; sie nahm das Foto von ihr mit Ron Dellums. Sie und ich halfen ihm, den Fernseher, den Videorecorder und den CD-Player zum Kofferraum seines Mercedes zu tragen.

»Gott, es ist schrecklich, wie dieses Viertel jetzt aussieht«, sagte er. Sie sagte nichts. Ich glaube nicht, dass sie es überhaupt bemerkt hatte. Wieder im Haus, setzte sie sich in den Wintergarten und sah sich um.

»Ich kann mir Papa nicht beim Vögelbeobachten oder beim Blumengießen vorstellen«, sagte sie.

»Komisch, nicht? Aber ich habe nicht das Gefühl, ihn überhaupt richtig gekannt zu haben.«

»Er war es, der uns zu harter Arbeit angetrieben hat.«

»Ich weiß noch, wie er dich geschlagen hat, als du eine Drei in Mathe hattest.«

»Nein«, sagte sie, »es war eine Zwei. Zwei plus. Nichts, was ich gemacht habe, war jemals gut genug für ihn.«

»Ich weiß. Trotzdem ... ich wünschte, wir hätten ihn öfter besucht. Ich finde es schlimm, dass ich so lange nicht hier war... Ja, ich habe ihn oft angerufen, aber...«

Sie unterbrach ihn, sagte, er solle sich das nicht vorwerfen, und dann redeten sie darüber, dass ihr Vater unmöglich bei einem von ihnen hätte leben können, wie schwierig es für sie gewesen sei, sich von ihrer Arbeit freizumachen. Sie bemühten sich, einander ein gutes Gefühl zu geben, aber es war klar, dass es ihnen ziemlich schlecht ging.

Ich und meine große Klappe. Ich wünschte, ich würde manchmal einfach den Mund halten. Aber ich sagte: »Der Wintergarten ist so hübsch. Es sieht aus, als sei Ihr Vater hier glücklich gewesen.«

»Ja, nicht wahr?«, sagte der Sohn und lächelte mich an, aber die Tochter schaute böse.

»Ob er glücklich oder unglücklich war, geht Sie nichts an.«

»Verzeihen Sie«, sagte ich. Verzeihen Sie, dass ich Ihnen nicht Ihr gemeines Mundwerk stopfe. »Ich brauche einen Drink«, sagte der Sohn. »Wahrscheinlich ist nichts da, oder?«

Ich zeigte ihm den Schrank, in dem Brandy, Pfefferminzlikör und Sherry standen. Ich fragte sie, ob sie sich in die Küche setzen wollten, dann könnte ich dabei die Schränke ausräumen und ihnen die Sachen zeigen, bevor ich sie in die Kartons packte. Sie setzten sich an den Küchentisch. Er goss ihnen beiden Brandy ein. Sie tranken und rauchten Kools, während ich die Schränke leerte. Keiner von beiden wollte irgendetwas, also war alles schnell verpackt.

»Es gibt auch noch ein paar Sachen in der Speisekammer...« Das wusste ich, weil ich ein Auge darauf geworfen hatte. Ein altes Bügeleisen – geschnitzter Holzgriff, aus schwarzem Gusseisen gefertigt.

»Das möchte ich haben«, sagten beide. »Hat Ihre Mutter wirklich damit gebügelt?«, fragte ich den Sohn. »Nein, sie hat es benutzt, um getoastete Schinken-Käse-Sandwiches zu machen. Und um Corned Beef zu pressen.«

»Ich habe mich immer gefragt, wie die Leute das machen...«, sagte ich, fing schon wieder an zu plaudern, aber ich hielt den Mund, weil sie mir wieder diesen Blick zuwarf.

Ein altes abgewetztes Nudelholz, glatt vom Benutzen, seidig.

»Das möchte ich«, sagten beide. Nun lachte sie sogar. Der Drink, die Wärme in der Küche hatten ihre Frisur weicher gemacht, Strähnen lockten sich um ihr Gesicht, das jetzt glänzte. Ihr Lippenstift war verschwunden, sie sah wie das Mädchen auf dem Abschlussfoto aus. Er zog seinen Mantel und die Weste aus und nahm den Schlips ab, rollte die Ärmel seines Hemdes auf. Sie erwischte mich, wie ich seine gut gebaute Figur registrierte, und schickte mir ihren Dolchblick.

In dem Augenblick kam die Sanitätsfirma, um Bett und Rollstuhl abzuholen. Ich brachte sie zum Wintergarten, öffnete die hintere Tür. Als ich zurückkam, hatte der Bruder beiden ein neues Glas Brandy eingeschenkt. Er lehnte sich zu ihr hin.

»Schließ Frieden mit uns«, sagte er. »Komm und bleib übers Wochenende, lern Debbie kennen. Und Latina hast du noch gar nicht gesehen. Sie ist wunderschön und sieht genauso aus wie du. Bitte.«

Sie war still. Aber ich konnte sehen, wie der Tod in ihr arbeitete. Der Tod kann heilen, er lehrt uns Vergebung, erinnert uns daran, dass wir nicht allein sterben wollen.

Sie nickte. »Ich komme«, sagte sie.

»Oh, wie schön!« Er legte seine Hand auf ihre, aber sie zuckte zurück, ihre Hand rutschte weg, umklammerte den Tisch wie eine steife Klaue.

Wow, was für eine kalte Schnepfe du bist, sagte ich. Aber nicht laut. Laut sagte ich: »Und hier gibt es noch etwas, was Sie beide haben wollen, wetten?« Ein schweres gusseisernes Waffeleisen, eines von denen, die man direkt auf den Ofen stellt. Meine Großmutter, Mamie, hatte so eines. Diese Waffeln sind einmalig. Richtig knusprig, außen braun und innen weich. Ich stellte das Waffeleisen zwischen sie.

Sie lächelte. »Also das gehört jetzt mir!« Er lachte. »Du wirst ein Vermögen für Übergepäck ausgeben müssen.«

»Das ist mir egal. Weißt du noch, wie Mama uns Waffeln machte, wenn wir krank waren? Mit echtem Ahornsirup?«

»Am Valentinstag machte sie sie in Herzform.«

»Nur, dass sie nie wie Herzen aussahen.«

»Nein, aber wir haben gesagt, Mama, das sind richtige Herzen!«

»Mit Erdbeeren und Schlagsahne.«

Es gab noch mehr Sachen, die ich ihnen zeigte, verrostete Pfannen und Kartons voller Konservendosen, die uninteressant waren. Den letzten Karton, ganz oben auf dem Regal, stellte ich auf den Tisch.

Schürzen. Die altmodischen, die wie ein Latz waren. Handgefertigt, mit Vögeln und Blumen bestickt. Geschirrtücher, ebenfalls bestickt. Alle waren aus Getreidesäcken oder den Ginganstoffen alter Kleidungsstücke gemacht. Weich und verwaschen, nach Vanille und Nelken riechend. »Das hier ist aus dem Kleid, das ich am ersten Tag in der vierten Klasse getragen habe!«

Die Schwester faltete jede Schürze und jedes Handtuch

auseinander und verteilte sie auf dem Tisch. Oh! Oh!, sagte sie immer wieder. Tränen strömten ihr über die Wangen. Sie sammelte alle Schürzen und Tücher ein und hielt sie vor der Brust zusammen.

»Mama!«, weinte sie. »Liebe, liebe Mama.«

Der Bruder weinte jetzt auch und ging zu ihr. Er umarmte sie, und sie ließ zu, dass er sie hielt, dass er sie wiegte. Ich schlüpfte aus dem Zimmer, zur hinteren Tür hinaus.

Ich saß immer noch auf der Treppe, als ein Lastwagen vorfuhr und drei Männer von der Baptistenkirche ausstiegen. Ich führte sie vor das Haus zur Eingangstür und in den oberen Stock und zeigte ihnen, was wegsollte. Ich half einem der Männer mit den Sachen aus dem oberen Stockwerk und dann beim Einladen der Gegenstände, die noch in der Werkstatt waren, Werkzeug und Harken, ein Rasenmäher und eine Schubkarre.

»Das ist dann wohl alles«, sagte einer der Männer. Der Lastwagen stieß zurück, und sie winkten zum Abschied. Ich ging wieder ins Haus. Es war still. Bruder und Schwester waren gegangen. Ich kehrte noch den Boden und ging dann, schloss die Türen des leeren Hauses zu.

Carpe Diem

Meistens habe ich keine Probleme mit dem Altwerden. Manches aber gibt mir einen Stich, Skater zum Beispiel. Wie frei sie wirken, wenn sie dahingleiten auf langen Beinen, mit fliegendem Haar. Anderes versetzt mich in Panik, wie die Türen im Vorortzug. Man muss lange warten, bis die Türen sich öffnen, nachdem der Zug zum Stehen gekommen ist. Nicht sehr lange, aber zu lange. Dann ist keine Zeit mehr.

Und Waschsalons. Aber die waren schon ein Problem, als ich jung war. Es dauert einfach zu lange, sogar die Speed-Queen-Waschmaschinen. Dein ganzes Leben wandert an deinem inneren Auge vorüber, während du dasitzt, das zieht einen runter. Wenn ich ein Auto hätte, könnte ich natürlich zum Eisenwarenladen fahren oder zur Post und dann zurückkommen, um die Wäsche in den Trockner zu tun.

Die Automatikwaschsalons sind noch schlimmer. Da kommt es mir immer vor, als wäre ich die absolut Einzige dort. Aber alle Waschmaschinen und Trockner sind in Betrieb … wahrscheinlich sind die Leute alle im Eisenwarenladen.

Ich kannte viele Angestellte von Waschsalons; die Fährleute, die einem nicht von der Seite weichen, Geld wechseln oder nie Geld zum Wechseln haben. Jetzt gibt es die dicke Ophelia, die »kein Schweiß« wie »kein Thweith« ausspricht. Sie hat sich beim Kauen von Trockenfleisch die oberen Gaumenplatte ihres Gebisses zerbrochen. Ihre Brüste sind so riesig, dass sie sich, um durch die Tür zu kommen, seitlich drehen und hindurchmanövrieren muss wie einen Küchentisch. Wenn sie mit einem Wischmopp durch den Gang geht, treten alle Kunden zur Seite und schieben ihre Körbe weg. Sie ist eine Zapperin. Wenn wir uns gerade darauf eingestellt haben, die Spielshow *Newlywed Game* anzuschauen, schaltet sie auf *Ryan's Hope* um.

Einmal erzählte ich ihr aus Höflichkeit, dass ich ebenfalls Hitzewallungen hätte, und das ist es, womit sie mich jetzt immer in Verbindung bringt… Die Wechseljahre. »Was machen die Wechseljahre?«, sagt sie laut anstelle von Hallo. Das macht es nur schlimmer, dort zu sitzen, nachzudenken, älter zu werden. Meine Söhne sind inzwischen erwachsen, sodass ich statt fünf Waschmaschinen nur noch eine brauche, aber eine dauert genauso lange.

Letzte Woche bin ich umgezogen, zum vielleicht zweihundertsten Mal. Ich hatte meine sämtlichen Laken, Vorhänge und Handtücher dabei, sie türmten sich in meinem Einkaufswagen. Im Waschsalon war es voll, es gab keine zwei freien Waschmaschinen nebeneinander. Ich stopfte alle meine Sachen in drei Maschinen und ging, um mir von Ophelia Wechselgeld zu holen. Ich kam zurück, füllte Geld und Waschpulver ein und stellte sie an. Nur, dass ich drei falsche Waschmaschinen angestellt hatte. Drei, die mit den Sachen dieses Mannes gefüllt und gerade fertig waren.

Ich wurde gegen die Maschinen gedrängt, Ophelia und der Mann bauten sich drohend vor mir auf. Ich bin eine große Frau, trage jetzt Strumpfhosen von Big Mama, aber die beiden waren riesig. Ophelia hatte ein Vorwaschspray in der Hand. Der Mann trug abgeschnittene Hosen, seine gewaltigen Beine waren von rotem Haar bedeckt. Sein dichter Bart sah überhaupt nicht aus wie Haar, sondern wie ein gepolsterter roter Stoßdämpfer. Er trug eine Baseballkappe mit einem Gorilla darauf. Die Mütze war nicht zu klein, aber seine Haare waren so buschig, dass sie die Mütze auf seinem Kopf nach oben drückten, was ihn zwei Meter groß wirken ließ. Er schlug mit schwerer Faust in seinen roten Handteller. »Verdammt. Verdammte Scheiße!« Ophelia bedrohte mich nicht, sie beschützte mich, bereit, sich zwischen ihn und mich zu stellen oder zwischen ihn und die Maschinen. Sie sagt immer, es gebe nichts im Waschsalon, womit sie nicht fertigwerde.

»Sie, Mister, setzen sich jetzt ma' hin und ruhn sich 'n bisschen aus. Wenn die Maschinen einmal am Laufen sind, gehn die nicht mehr aus. Gucken Sie 'n bisschen fern oder nehmse sich 'ne Pepsi.«

Ich steckte jeweils einen Vierteldollar in die richtigen Maschinen und stellte sie an. Dann fiel mir ein, dass ich pleite war, kein Waschpulver mehr hatte und dass die Vierteldollar für die Trockner bestimmt gewesen waren. Ich fing an zu weinen.

»Wieso zum Teufel heult die denn jetzt? Was glaubst du, was aus mei'm Sonnabend wird, du blöde Schlampe? Meine Herren!«

Ich bot an, seine Wäsche für ihn in den Trockner zu tun, falls er irgendwohin wolle.

»Ich würde dich nicht mal in die Nähe meiner Sachen lassen! Also bleib von meiner Wäsche weg, kapiert?« Es gab keinen anderen Sitzplatz als den direkt neben mir. Wir sahen die Maschinen an. Ich wünschte, er wäre hinausgegangen, aber er saß nur da, dicht bei mir. Sein großes rechtes Bein vibrierte wie eine Schleuder. Sechs kleine rote Lichter leuchteten uns an.

»Vermasselst du immer alles?«, fragte er.

»Hören Sie, es tut mir leid. Ich war müde. Ich hatte es eilig.«
Ich fing an zu kichern, nervös.

»Ob du's glaubst oder nicht, ich hab's auch eilig. Ich fahre einen Schlepper. Sechs Tage die Woche. Zwölf Stunden am Tag. Und das ist er jetzt. Mein freier Tag.«

»Wo wollten Sie denn so eilig hin?« Ich hatte das nett gemeint, aber er dachte, ich wäre sarkastisch.

»Dumme Trine! Wenn du ein Kerl wärst, würde ich dir den Kopf waschen. Deine leere Birne in den Trockner stecken und auf kochend heiß stellen.«

»Ich habe gesagt, es tut mir leid.«

»Sollte's dir auch. Du bist ein einziges großes trauriges Tut-mir-Leid von einer Trine. Hab ich gleich gesehen. Die totale Versagerin, schon bevor du das mit meinen Sachen gemacht hast. Ich glaub's nicht. Jetzt heult sie wieder. Meine Herren!«

Ophelia sah auf ihn herab.

»Lass sie in Ruhe, du, hörst du? Ich weiß, dass sie's grade nicht leicht hat.«

Woher wusste sie das? Ich war erstaunt. Sie weiß alles, diese riesige schwarze Sybille, diese Sphinx. Ach, wahrscheinlich meinte sie die Wechseljahre.

»Ich lege Ihre Wäsche zusammen, wenn Sie wollen«, sagte ich zu ihm.

»Schsch, Mädchen«, sagte Ophelia. »Der Punkt ist: Was soll der Scheiß? Heute in hunnert Jahren, wen interessiert das dann noch?«

»Hunnert Jahre«, flüsterte er. »Hunnert Jahre.«

Und das dachte ich auch. Hundert Jahre. Unsere Waschmaschinen vibrierten vor sich hin, und all die kleinen roten Programmlichter waren an.

»Ihre ist wenigstens sauber. Ich hab mein ganzes Waschpulver verbraucht.«

»Ich kauf dir 'n neues Waschpulver, verdammt.«

»Zu spät. Aber trotzdem danke.«

»Sie hat mir nicht den Tag vermasselt. Sie hat mir die ganze verdammte Woche vermasselt. Kein Waschpulver.«

Ophelia kam zurück, blieb stehen, um mir etwas zuzuflüstern.

»Ich hab Schmierblutung. Der Arzt sagt, wenn's nicht aufhört, brauch ich 'ne Ausschabung. Hast du Schmierblutung?«

Ich schüttelte den Kopf.

»Kriegst du aber. Frauenprobleme hören nie auf. Das ganze Leben, ein einziges Problem. Ich bin aufgedunsen. Bist du aufgedunsen?«

»Ihr Kopf ist aufgedunsen«, sagte der Mann. »Hör zu, ich geh jetzt zum Auto und hol mir 'n Bier. Und bleib ja von meinen Maschinen weg! Schwör's. Deine sind 34, 39, 43. Kapiert?«

»Ja. 32, 40, 42.« Er fand das nicht witzig.

Die Wäsche war im letzten Schleudergang. Ich würde meine über den Zaun zum Trocknen hängen müssen. Nach der nächsten Gehaltszahlung würde ich noch einmal mit Waschpulver wiederkommen.

»Jackie Onassis zieht jeden Tag frische Bettwäsche auf«, sagte Ophelia. »Das ist doch krank, wenn du mich fragst.«

»Das ist krank«, stimmte ich zu.

Ich wartete, bis der Mann seine Wäsche in einen Korb getan und zu den Trocknern geschafft hatte, bevor ich meine herausholte. Einige Leute grinsten, aber ich ignorierte sie. Ich füllte meinen Einkaufswagen mit den nassen Laken und Handtüchern. Er war fast zu schwer zum Schieben, und nass passte auch nicht alles rein. Die rosa Gardine warf ich mir über die Schulter. Der Mann am anderen Ende des Raums wollte etwas sagen, sah dann weg.

Es dauerte lange, bis ich zu Hause war. Und noch länger,

alles aufzuhängen, obwohl ich sogar eine Leine fand. Nebel zog auf.

Ich goss mir etwas Kaffee ein und setzte mich auf die Stufen. Ich war froh. Ich fühlte mich ruhig, gelassen. Das nächste Mal im Vorortzug werde ich nicht schon ans Aussteigen denken, bevor der Zug überhaupt zum Stehen gekommen ist. Wenn er hält, werde ich es genau rechtzeitig schaffen.

B. F. und ich

Ich mochte ihn sofort, nur vom Reden am Telefon. Eine raue, unbeschwerte Stimme mit einem Lächeln und Sex drin, Sie wissen, was ich meine. Wie kommt es überhaupt, dass wir Menschen nach ihren Stimmen beurteilen? Die Service-Dame der Telefongesellschaft ist dienstbeflissen und herablassend, und sie ist noch nicht mal ein echter Mensch. Und bei dem Typen von der Kabelanschlussfirma, der sagt, unser Auftrag sei ihnen wichtig und sie wollten uns zufriedenstellen, hört man den Spott in der Stimme.

Ich arbeitete in der Telefonzentrale eines Krankenhauses und verbrachte den ganzen Tag damit, mit verschiedenen Ärzten zu reden, die ich nie persönlich kennenlernte. Wir hatten alle unsere Lieblinge und solche, die wir nicht ausstehen konnten. Keine von uns hatte Dr. Wright je gesehen, aber seine Stimme war so sanft und lässig, dass wir alle in ihn verliebt waren. Wenn wir ihn anpagen mussten, legte jede von uns einen Dollar auf die Schalttafel, eilte zu den Hörern und wollte diejenige sein, die ihn erwischte, das Geld gewann und sagte: »Hallihallo, Dr. Wright. Die Intensivstation möchte Sie sprechen, Sir.« Dr. Wright sah ich im richtigen Leben nie, aber als ich einen Job in der Notaufnahme bekam, lernte ich die anderen Ärzte kennen, mit denen ich am Telefon gesprochen hatte. Ich merkte schnell, dass sie genauso waren, wie wir sie uns vorgestellt hatten. Die besten Mediziner waren die, die prompt antworteten, klar und höflich, die schlimmsten die, die uns anschrien und so was sagten wie: »Stellen sie eigentlich Bekloppte als Telefonistinnen ein?« Das waren die, die ihre Privatpatienten in die Notaufnahme schickten, und die mit der Bedürftigenversicherung ins Krankenhaus des Countys. Erstaunlich, dass die mit den sexy Stimmen auch im richtigen Leben sexy waren. Aber nein, ich kann nicht beschreiben, wie die Leute ihre Stimmen so klingen lassen, als wären sie gerade aufgewacht oder auf dem Weg ins Bett. Testen Sie mal Tom Hanks' Stimme. Können Sie vergessen. Okay, jetzt die von Harvey Keitel. Und wenn Sie Harvey nicht sexy finden, machen Sie einfach die Augen zu.

Also, ich habe eine sehr schöne Stimme. Ich bin eine starke und sogar harte Frau, aber wegen meiner Stimme halten mich alle für sanft. Ich klinge jung, obwohl ich siebzig Jahre alt bin. Die Jungs vom Einrichtungsgeschäft flirten mit mir. »Hey, ich wette, Sie werden es richtig genießen, auf diesem Teppich zu liegen.« Solche Sachen.

Ich habe versucht, jemanden zu finden, der in meinem Bad Fliesen verlegen kann. Die Leute, die in den Zeitungen Anzeigen für diverse Jobs schalten, Malern usw., brauchen offenbar gar keine Arbeit. Sie sind im Moment alle ziemlich ausgebucht, oder ein Anrufbeantworter springt an mit Metallica im Hintergrund, und sie rufen nie zurück. Nach sechs Versuchen war B.F. der Einzige, der sagte, er würde vorbeikommen. Er meldete sich am Telefon mit: Ja, hier ist B.F., also sagte ich: Hey, hier ist L.B. Und er lachte, sehr langsam. Ich sagte ihm, ich hätte einen Boden zu fliesen, und er sagte, dafür sei er der Richtige. Er könnte jederzeit kommen. Ich stellte ihn mir als zwanzigjährigen Klugscheißer vor, gut aussehend, mit Tattoos und Stachelhaaren, Lieferwagen und Hund.

An dem Tag, den er zugesagt hatte, tauchte er nicht auf, aber am Tag danach rief er an, sagte, ihm sei etwas dazwischengekommen, ob er am Nachmittag vorbeikommen könne. Klar. Später an diesem Tag sah ich den Lieferwagen, hörte ihn an die Tür hämmern, aber es dauerte eine Weile, bis ich dort war. Ich habe schlimme Arthritis und verfing mich außerdem in meinem Sauerstoffschlauch. Immer langsam mit den jungen Pferden!, rief ich.

B. F. hielt sich an der Wand und am Treppengeländer fest, keuchte und hustete, nachdem er die drei Stufen hochgestiegen war. Er war ein Riese, groß, sehr dick und sehr alt. Schon als er noch schnaufend vor der Tür stand, konnte ich ihn riechen. Tabak und schmutzige Wolle, ranziger, alkoholgetränkter Schweiß. Er hatte blutunterlaufene himmelblaue Augen, die lächelten. Ich mochte ihn sofort.

Er sagte, er könnte gut etwas von meinem Sauerstoff gebrauchen. Ich sagte, er solle sich ein Sauerstoffgerät besorgen, aber er sagte, er hätte Angst, sich damit beim Rauchen in die Luft zu jagen. Er kam herein und ging gleich zum Bad. Zeigen musste ich es ihm nicht. Ich wohne in einem Trailer, und da gibt es nicht so viele Möglichkeiten, wo es sein kann. Aber er stapfte einfach los, und das Haus erzitterte unter seinem Schritt. Ich sah ihm eine Weile beim Ausmessen zu, dann setzte ich mich in die Küche. Ich konnte ihn immer noch riechen. Seine Ausdünstungen waren für mich wie eine Madeleine, brachten mir Großvater und Onkel John zurück, für den Anfang.

Üble Gerüche können nett sein. Ein schwacher Geruch nach Stinktier im Wald. Pferdedung bei den Rennen. Fast das Beste an Tigern im Zoo ist der animalische Gestank. Bei Stierkämpfen saß ich gern ganz oben, um alles sehen zu können, wie in der Oper, aber wenn man neben der *barrera* sitzt, riecht man den Stier.

B.F. war exotisch für mich, einfach, weil er so schmutzig war. Ich lebe in Boulder, wo es keinen Schmutz gibt. Keine schmutzigen Menschen. Sogar die vielen Jogger sehen aus, als wären sie gerade unter der Dusche gewesen. Ich fragte mich, wo er zum Trinken hinging, denn ich hatte auch nie eine schmutzige Bar in Boulder gesehen. Er schien der Typ Mann zu sein, der beim Trinken gern redete.

Er sprach im Bad mit sich selbst, stöhnte und schnaufte, als er sich auf den Boden kniete, um den Wäscheschrank abzumessen. Als er sich mit einem Ver*dammt*! wieder hochhievte, schwankte das ganze Haus vor und zurück, ich schwör's. Er kam raus, teilte mir mit, dass ich vier Quadratmeter bräuchte. Ist das zu glauben?, sagte ich. Ich habe viereinhalb gekauft! Na ja, Sie haben ein gutes Auge. Zwei gute Augen. Er grinste mit falschen braunen Zähnen.

»Sie dürfen dann zweiundsiebzig Stunden nicht reingehen«, sagte er.

»Das ist verrückt. So was habe ich ja noch nie gehört.«

»Tja, so ist es. Die Fliesen müssen sich setzen.«

»Mein ganzes Leben habe ich nie jemanden sagen hören ›Wir sind in ein Motel gegangen, während die Fliesen sich setzten‹. Oder ›Kann ich bei dir übernachten, bis sich meine Fliesen gesetzt haben?‹. Nicht ein einziges Mal hat das jemand erwähnt.«

»Weil die meisten Leute mit Fliesen zwei Badezimmer haben.«

»Und was machen Leute, die nur eines haben?«

»Den Teppich drinlassen.«

Der Teppich war da gewesen, als ich den Trailer gekauft hatte. Knallorange und fleckig.

»Ich kann diesen Teppich nicht ausstehen.«

»Kann ich Ihnen nicht verübeln. Ich sage nur, dass Sie

sich zweiundsiebzig Stunden von den Fliesen fernhalten müssen.«

»Das kann ich nicht. Ich nehme Lasix für mein Herz. Ich bin da zwanzig Mal am Tag drin.«

»Dann gehen Sie eben einfach rein. Aber wenn die Fliesen verrutschen, dann sagen Sie nicht, das wäre meine Schuld, denn ich fliese gut.«

Wir einigten uns auf einen Preis, und er sagte, er würde am Freitagmorgen vorbeikommen. Ihm tat offensichtlich alles weh, nachdem er sich gebückt hatte. Luftschnappend humpelte er aus dem Haus, blieb einmal stehen, um sich an den Küchentisch zu lehnen und dann noch an den Kamin im Wohnzimmer. Ich folgte ihm zur Tür, machte die gleichen Verschnaufpausen. Am Fuß der Treppe zündete er sich eine Zigarette an und lächelte zu mir hoch. War schön, Sie kennen- zulernen. Sein Hund wartete geduldig im Wagen.

Er kam den ganzen Freitag über nicht. Er rief nicht an, also versuchte ich es am Sonntag unter seiner Nummer. Keine Antwort. Ich fand die Zeitungsseite mit den vielen anderen Nummern. Von denen nahm auch keiner ab. Ich stellte mir eine Bar aus einem Western vor, voller Fliesenleger, die Fla- schen, Karten oder Gläser in den Händen hielten, die Köpfe schlafend auf den Tischen.

Gestern rief er an. Ich sagte Hallo, und er sagte »Wie geht's, L.B.?«.

»Prima, B.F. Habe mich gefragt, ob ich Sie je wiedersehe.«

»Wie wär's, wenn ich morgen vorbeikomme?«

»Klingt gut.«

»Gegen zehn?«

»Klar«, sagte ich. »Jederzeit.«

Einen Augenblick noch

Seufzer, der Rhythmus unserer Herzschläge, Geburtswehen, Orgasmen, das alles fließt ein in die Zeit, so wie Pendeluhren, die, wenn man sie nebeneinanderstellt, bald im Gleichklang schlagen. Glühwürmchen im Baum leuchten alle gleichzeitig auf und verlöschen. Die Sonne geht auf, und sie geht unter. Der Mond nimmt zu, nimmt ab, und morgens um sechs Uhr fünfunddreißig schlägt die Zeitung auf der Veranda auf.

Die Zeit hält an, wenn jemand stirbt. Natürlich hält sie für die Sterbenden an, vielleicht, aber für die Trauernden läuft sie Amok. Zu früh kommt der Tod. Er vergisst die Gezeiten, die länger und kürzer werdenden Tage, den Mond. Er zerfetzt den Kalender. Du bist nicht an deinem Schreibtisch oder in der U-Bahn oder beim Vorbereiten des Abendessens für die Kinder. Du bist im Wartezimmer vor dem OP und liest in einer belanglosen Zeitschrift oder frierst draußen auf dem Balkon, rauchst die ganze Nacht. Du starrst ins Leere, sitzt in deinem alten Kinderzimmer mit dem Globus auf dem Tisch. Persien, Belgisch-Kongo. Das Schlimme an der Rückkehr ins normale Leben ist, dass dir alle Routinen, die Koordinaten des Tages, wie sinnlose Lügen erscheinen. Alles ist verdächtig, ein Trick, um uns zu beschwichtigen, uns wieder einzuschwingen auf die gemächliche Unbarmherzigkeit der Zeit.

Wenn jemand todkrank ist, wird das beruhigende Mahlen

der Uhrwerke zerstört. Zu schnell, keine Zeit, Ich liebe dich, muss dieses noch fertig machen, ihm jenes noch sagen. Einen Augenblick noch! Ich will das erklären. Wo ist Toby überhaupt? Oder die Zeit dehnt sich auf sadistische Weise. Der Tod bleibt einfach ein bisschen da, während du darauf wartest, dass es Nacht wird, und dann darauf wartest, dass es Morgen wird. Jeden Tag verabschiedest du dich ein wenig. Ach, bringen wir es doch einfach hinter uns, verdammt! Du schaust ständig auf die Tafel mit den Ankunfts- und Abfahrtszeiten. Die Nächte sind endlos, weil du vom leichtesten Husten oder Schluchzen erwachst, dann wach liegst und lauschst, wie sie atmet, so leicht wie ein Kind. Nachmittags am Bett liest du die Uhrzeit an der wandernden Sonne ab, jetzt auf der Jungfrau von Guadalupe, jetzt auf dem mit Kohle gezeichneten Akt, dem Spiegel, dem geschnitzten Schmuckkästchen, blendend auf dem Fracas-Flakon. Der Süßkartoffelverkäufer pfeift unten auf der Straße, und dann hilfst du deiner Schwester in die *sala*, um die Nachrichtensendung aus Mexiko-Stadt anzuschauen und dann die Nachrichten aus den USA mit Peter Jennings. Ihre Katzen sitzen auf ihrem Schoß. Sie hat Sauerstoff, aber das Katzenhaar erschwert ihr trotzdem das Atmen. »Nein! Nimm sie nicht weg. Einen Augenblick noch!«

Jeden Abend nach den Nachrichten weinte Sally. Heulte, schmerzlich und heiser. Wahrscheinlich nicht lange, aber in der Zeitschleife ihrer Krankheit hörte ihr Weinen nicht auf. Ich kann mich nicht erinnern, ob meine Nichte und ich anfangs mit ihr weinten. Ich glaube nicht. Keine von uns ist eine Heulsuse. Aber wir hielten sie im Arm und küssten sie, sangen für sie. Wir versuchten, Späße zu machen. »Vielleicht sollten wir lieber Tom Brokaw anschauen.« Wir machten ihr *aguas* und Tee und Kakao. Ich kann mich nicht erinnern, wann sie mit dem Weinen aufhörte, kurz vor ihrem Tod, aber als sie dann aufhörte, war sie wirklich schrecklich, die Stille, und sie dauerte lange.

Wenn sie weinte, sagte sie manchmal Dinge wie: »Entschuldige, das muss die Chemo sein. Es ist eine Art Reflex. Achte gar nicht darauf.« Aber manchmal bat sie uns auch, mit ihr zu weinen.

»Ich kann nicht, *mi Argentina*«, sagte Mercedes dann. »Aber mein Herz weint. Weil wir wissen, dass es passieren wird, härten wir uns automatisch ab.« Es war nett von ihr, das zu sagen. Mich machte das Weinen einfach verrückt.

Einmal sagte Sally, als sie weinte: »Ich werde nie wieder Esel sehen!«, was uns irrsinnig witzig vorkam. Sie wurde zornig, schleuderte ihre Tasse und die Teller, unsere Gläser und den Aschenbecher an die Wand. Sie stieß den Tisch um, schrie uns an. Kalte, berechnende Ziegen! Kein Hauch von Mitgefühl oder Mitleid.

»Wenigstens eine winzige Träne! Ihr seht ja noch nicht mal traurig aus.« Mittlerweile lächelte sie. »Ihr seid wie Polizistenweiber. ›Trink das. Hier ist ein Taschentuch. Übergib dich ins Becken.‹«

Nachts machte ich sie bettfertig, gab ihr Tabletten, eine Spritze. Ich küsste sie und deckte sie zu. »Gute Nacht. Ich habe dich lieb, meine Schwester, *mi cisterna*.« Ich schlief in einem kleinen Zimmer, einer Kammer, direkt neben ihr, konnte durch die Sperrholzwand hören, wie sie las, summte, schrieb. Manchmal weinte sie, und das waren die schlimmsten Stunden, denn sie versuchte, dieses stille, traurige Weinen im Kissen zu ersticken.

Anfangs ging ich zu ihr hinein und versuchte, sie zu trösten, aber das schien sie noch mehr zum Weinen zu bringen, sie noch unruhiger zu machen. Die Schlaftabletten bewirkten das Gegenteil, sie hielten sie wach, regten sie auf und verursachten Übelkeit. Also rief ich nur zu ihr hinüber: »Sally. Meine liebe Sal *y pimienta*, Salsa, sei nicht traurig.« So etwas.

»Erinnerst du dich, wie Rosa in Chile heiße Ziegel in unsere Betten gelegt hat?«

»Das hatte ich vergessen!«

»Soll ich einen Ziegel für dich suchen?«

»Nein, *mi vida*, ich schlafe gleich ein.«

Sie hatte eine Mastektomie und Bestrahlungen bekommen, und dann ging es ihr fünf Jahre lang gut. Richtig gut. Sie strahlte vor Schönheit, war unbändig glücklich mit einem freundlichen Mann, Andrés. Sie und ich wurden Freundinnen, zum ersten Mal seit unserer schlimmen Kindheit. Es fühlte sich an, als wären wir verliebt, unser gegenseitiges Entdecken, wie viel wir gemeinsam hatten. Wir fuhren zusammen auf die Yucatán-Halbinsel und nach New York. Ich besuchte sie in Mexiko, oder sie kam nach Oakland. Als unsere Mutter starb, verbrachten wir eine Woche in Zihuatanejo, wo wir tagelang, nächtelang redeten. Wir trieben unsere Eltern und unsere Rivalität aus wie böse Geister, und ich glaube, wir wurden beide erwachsen.

Als sie anrief, war ich in Oakland. Der Krebs hatte ihre Lungen erreicht. Er war überall. Es blieb keine Zeit mehr. *Apúrate.* Komm sofort!

Ich brauchte drei Tage, um meinen Job zu kündigen, alles zusammenzupacken und auszuziehen. Im Flugzeug nach Mexiko dachte ich darüber nach, wie der Tod die Zeit zerreißt. Mein normales Leben war verschwunden. Therapiesitzungen, Bahnen im YMCA-Pool. Wie wäre es mit Mittagessen am Freitag? Glorias Fest, morgen Zahnarzt, Wäschewaschen, Bücher bei Moe's abholen, sauber machen, kein Katzenfutter mehr, Babysitten der Enkelsöhne am Samstag, in der Arbeit

Verbandsmull und Gastronomieteller bestellen, an August schreiben, mit Josee sprechen, Plätzchen zum Tee backen, C.J. kommt vorbei. Noch unheimlicher war es, dass ein Jahr später die Angestellten im Lebensmittelgeschäft und im Buchladen oder Freunde, die ich auf der Straße traf, nicht einmal bemerkt hatten, dass ich weg gewesen war.

Ich rief Pedro, ihren Onkologen, vom Flughafen in Mexiko aus an, um zu erfahren, was mich erwartete. Es hatte sich angehört, als handelte es sich nur um ein paar Wochen oder einen Monat. »*Ni modo*«, sagte er. »Wir machen mit der Chemo weiter. Es können sechs Monate werden, ein Jahr, vielleicht mehr.«

»Du hättest mir nur sagen müssen: ›Ich möchte, dass du sofort kommst‹, dann wäre ich auch gekommen«, sagte ich später an diesem Abend zu ihr.

»Nein, wärst du nicht!« Sie lachte. »Du bist Realistin. Du weißt, dass ich Haushaltshilfen habe, die alles machen, und Krankenschwestern, Ärzte, Freunde. Du hättest gedacht, ich bräuchte dich noch nicht. Aber ich möchte dich jetzt hier haben, damit du mir hilfst, meine Sachen zu ordnen. Ich möchte, dass du kochst, damit Alicia und Sergio hier essen. Ich möchte, dass du mir vorliest und auf mich aufpasst. Jetzt bin ich alleine und habe Angst. Ich brauche dich jetzt.«

Wir alle haben ein geistiges Fotoalbum. Standbilder. Schnappschüsse von Menschen, die wir irgendwann geliebt haben. Hier ist Sally im dunkelgrünen Jogginganzug, wie sie mit gekreuzten Beinen auf dem Bett sitzt. Durchscheinende Haut, die grünen Augen tränenverhangen, während sie mit mir spricht. Ohne Arglist oder Selbstmitleid. Ich umarmte sie, dankbar für ihr Vertrauen.

In Texas, als ich acht und sie drei war, hasste ich sie, beneidete sie mit einem heftigen Fauchen im Herzen. Unsere Großmutter ließ mich verwahrlosen, lieferte mich den Launen der anderen Erwachsenen aus, aber Klein Sally wurde behütet, sie kämmte ihr das Haar und machte Törtchen nur für sie, wiegte sie in den Schlaf und sang »Way Down in Missoura«. Aber auch von damals habe ich Schnappschüsse von Sally, wie sie mir lächelnd einen Kuchen aus Sand anbietet, mit dieser unbestreitbaren Freundlichkeit, die sie nie verloren hat.

Die ersten Monate in Mexiko-Stadt vergingen im Nu, wie in alten Filmen, in denen die Tage auf dem Kalender durchgeflippt werden. Im Schnellvorlauf hämmerten Charlie-Chaplin-Tischler in der Küche, Klempner klopften im Bad. Männer kamen, um Türgriffe und zerbrochene Fenster zu reparieren, die Böden abzuschleifen. Mirna, Belen und ich machten uns über die Abstellkammer, den *tapanco*, über Schränke, Bücherschränke und Kommoden her. Wir warfen Schuhe und Hüte, Hundehalsbänder und Nehru-Jacken weg. Mercedes, Alicia und ich räumten Sallys Kleidung und Schmuck aus und beschrifteten alles, um es verschiedenen Freundinnen zu geben.

Träge, süße Nachmittage auf Sallys Fußboden. Wir sortierten Fotos, lasen Briefe, Gedichte, plauderten, erzählten uns Geschichten. Telefon und Türklingel läuteten den ganzen Tag. Ich filterte die Anrufe und die Besuche, ich war es, die den Leuten das Wort abschnitt, wenn Sally müde war, oder auch nicht, wenn sie glücklich war, wie jedes Mal mit Gustavo.

Wem eine tödliche Krankheit diagnostiziert wird, den überschwemmen Anrufe, Briefe und Besuch. Aber die Monate vergehen, und mit der Zeit wird die Zeit schwierig, immer weniger Leute kommen vorbei. Die Krankheit breitet sich aus, und die Zeit wird langsam und laut. Zu hören sind die Uhren und die Kirchenglocken und das Erbrechen und jeder kratzige Atemzug.

Sallys Exmann Miguel und Andrés kamen jeden Tag, aber

zu verschiedenen Zeiten. Nur einmal überschnitten sich die Besuche. Ich war überrascht, dass der Exmann automatisch Vorrang hatte. Er hatte längst wieder geheiratet, aber immer noch musste auf seinen Stolz Rücksicht genommen werden. Andrés war nur wenige Minuten in Sallys Zimmer gewesen. Ich brachte ihm einen Kaffee und ein Pan Dulce hinein. Als ich die Sachen auf den Tisch stellte, kam Mirna, um zu sagen: »Der Señor ist auf dem Weg!«

»Schnell, in dein Zimmer!«, sagte Sally. Andrés eilte in mein Zimmer, nahm Kaffee und Pan Dulce mit. Ich hatte gerade die Tür hinter ihm zugemacht, als Miguel kam.

»Kaffee! Ich brauche Kaffee!«, sagte er, also ging ich in mein Zimmer, nahm den Kaffee und das Pan Dulce von Andrés und brachte sie zu Miguel. Andrés verschwand.

Ich wurde sehr schwach, und das Laufen fiel mir schwer. Wir hielten es für *estress* (im Spanischen gibt es kein Wort für Stress), aber dann verlor ich auf der Straße das Bewusstsein und wurde in die Notaufnahme gebracht. Ich hatte eine ernstzunehmende Anämie, verursacht durch eine blutende Speiseröhrenhernie. Ich blieb mehrere Tage zur Bluttransfusion dort.

Als ich zurückkehrte, fühlte ich mich viel kräftiger, aber meine Erkrankung hatte Sally Angst gemacht. Der Tod erinnerte uns daran, dass er noch da war. Die Zeit beschleunigte wieder. Manchmal glaubte ich, sie wäre eingeschlafen, und stand auf, um ins Bett zu gehen.

»Geh nicht!«

»Ich geh nur ins Bad, bin gleich wieder da.« Nachts, wenn sie würgte oder hustete, wachte ich auf und schaute nach ihr.

Sie war jetzt an ein Sauerstoffgerät angeschlossen und stand kaum noch auf. Ich wusch sie in ihrem Zimmer, gab ihr Spritzen gegen Schmerzen und Übelkeit. Sie trank etwas Brühe, aß manchmal Cracker. Zerstoßenes Eis. Ich tat Eis in ein Handtuch und schlug es, schlug es, schlug es gegen die Betonwand. Mercedes legte sich zu ihr, und ich lag auf dem Fußboden, las ihnen vor. Ich hörte auf, wenn ich dachte, sie wären eingeschlafen, aber dann sagten beide: »Nicht aufhören!«

Bueno. »Ich behaupte, dass niemand sagen kann, unsere sicher nicht lasterfreie Becky sei dem Publikum auf unanständige und beleidigende Weise vorgestellt worden.«

Pedro saugte ihre Lunge ab, aber dennoch hatte sie mehr und mehr Mühe zu atmen. Ich beschloss, dass wir in ihrem Zimmer richtig sauber machen sollten. Mercedes blieb mit ihr im Wohnzimmer, während Mirna, Belen und ich fegten und Staub wischten, die Wände, die Fenster und den Boden putzten. Ich verrückte ihr Bett so, dass es quer unter dem Fenster stand; jetzt konnte sie den Himmel sehen. Belen bezog das Bett mit sauberen gestärkten Laken und weichen Bezügen, und wir trugen sie wieder hinein. Sie lehnte sich in ihr Kissen zurück, die Frühlingssonne voll auf ihrem Gesicht.

»*El sol*«, sagte Sally. »Ich kann sie spüren.«

Ich lehnte mich an die Wand gegenüber und sah ihr zu, wie sie aus dem Fenster schaute. Flugzeug. Vögel. Kondensstreifen. Sonnenuntergang!

Viel später gab ich ihr einen Gutenachtkuss und ging in mein kleines Zimmer. Der Luftbefeuchter an ihrem Sauerstoffgerät blubberte wie ein Springbrunnen. Ich wartete darauf, sie auf eine Weise atmen zu hören, die mir sagte, dass sie schlief. Ihre Matratze quietschte. Sie rang nach Luft, stöhnte dann, atmete heftig. Ich lauschte und wartete, dann hörte ich die Ringe des Vorhangs über ihrem Bett klimpern.

»Sally, Salamander, was machst du?«

»Ich schaue zum Himmel!«

Dicht bei ihr sah ich aus meinem eigenen kleinen Fenster.

»Oje, Schwester…«

»Ja«, sagte ich.

»Ich kann dich hören. Du weinst um mich!«

Es ist sieben Jahre her, seit du gestorben bist. Und als Nächstes werde ich natürlich sagen, dass die Zeit wie im Flug vergangen ist. Ich bin alt geworden. Ganz plötzlich, *de repente*. Das Gehen fällt mir schwer. Ich sabbere sogar. Ich lasse die Tür unverschlossen für den Fall, dass ich im Schlaf sterbe, aber wahrscheinlicher ist, dass es endlos so weitergeht, bis man mich irgendwohin steckt. Ich werde schon schrullig. Ich parkte mein Auto um die Ecke, weil jemand auf meinen Platz stand. Als ich später die Parklücke sah, fragte ich mich, wo ich es hingestellt hatte. Es ist nicht so seltsam, dass ich mit meinem Kater rede, aber ich komme mir albern vor, weil er stocktaub ist.

Nie ist genug Zeit. »Echte Zeit«, wie die Gefängnisinsassen, die ich einmal unterrichtete, immer sagten, um zu erklären, dass es nur so schien, als hätten sie alle Zeit der Welt. Nicht einmal die Zeit gehörte ihnen.

Ich unterrichte jetzt in einem hübschen – *fresa* – Bergstädtchen. Dieselben Rocky Mountains, in denen Papa in der Mine arbeitete, aber weit entfernt von Butte oder Coeur d'Alene. Ich habe Glück. Ich habe hier gute Freunde. Ich lebe in den Gebirgsausläufern, wo Rehe anmutig und genügsam an meinem Fenster vorbeilaufen. Ich habe Stinktiere gesehen, die sich im Mondschein paarten; ihre scharfkantigen Schreie klangen wie orientalische Instrumente.

Ich vermisse meine Söhne und ihre Familien. Ich sehe sie vielleicht einmal im Jahr, und das ist immer herrlich, aber ich habe nicht länger teil an ihrem Leben. Oder an dem unserer

Enkel. Obwohl Mercedes und Enrique hierhergekommen sind, um zu heiraten!

So viele andere sind gegangen. Mir kam es immer komisch vor, wenn jemand sagte: »Ich habe meinen Ehemann verloren.« Aber so fühlt es sich an. Jemand ist verloren gegangen. Paul, Tante Chata, Buddy. Ich verstehe, warum Menschen an Geister glauben oder Séancen zur Anrufung der Toten veranstalten. Monate können vergehen, ohne dass ich an jemand anderes als die Lebenden denke, und dann taucht Buddy mit einem Witz auf, oder du bist ganz lebhaft da, heraufbeschworen von einem Tango oder einem *agua de sandia*. Wenn du nur mit mir sprechen könntest. Du bist so schlimm wie mein tauber Kater.

Zuletzt kamst du einige Tage nach dem Schneesturm zurück. Eis und Schnee bedeckten noch den Boden, aber wir hatten das Glück eines warmen Tages. Eichhörnchen und Elstern schnatterten, und Spatzen und Finken sangen in den kahlen Bäumen. Ich öffnete Türen und Fenster. Ich trank Tee am Küchentisch, spürte die Sonne auf meinem Rücken. Wespen kamen aus ihrem Nest auf der vorderen Veranda, trieben schläfrig durch mein Haus, summten in dösigen Runden in der Küche umher. Genau in diesem Moment gab die Batterie des Rauchmelders den Geist auf, begann zu zirpen wie eine Grille im Sommer. Die Sonne berührte die Teekanne und das Glas mit Mehl, die silberne Vorratsvase.

Eine träge Beleuchtung, wie an einem mexikanischen Nachmittag in deinem Zimmer. Ich konnte die Sonne auf deinem Gesicht sehen.

Nach Hause finden

Ich habe nie gesehen, wie die Krähen morgens den Baum verließen, aber jeden Abend, etwa eine halbe Stunde vor Einbruch der Dunkelheit, kommen sie von überall her aus der Stadt angeflogen. Vielleicht gibt es Treiber unter ihnen, die über mehrere Häuserblocks hinweg durch die Luft schießen und die anderen nach Hause rufen, oder vielleicht kreist jede Krähe umher und sammelt Nachzügler ein, bevor sie im Baum landet. Ich habe so oft zugeschaut, dass man annehmen könnte, ich müsste es mittlerweile wissen. Aber ich sehe die Krähen, Dutzende Krähen, nur von weit her aus allen Richtungen angeflogen kommen, und fünf oder sechs kreisen wie Flugzeuge über O'Hare, rufend, rufend, und im nächsten Moment ist es auf einmal still, und keine Krähe ist mehr zu sehen. Der Baum sieht wieder aus wie ein gewöhnlicher Ahorn. Nie würde man denken, dass hier gerade noch so viele Vögel gewesen sind.

Ich war auf der vorderen Veranda, als ich sie zum ersten Mal sah. Ich war in der Stadt gewesen und saß mit meinem tragbaren Sauerstoffgerät auf der Schaukel, um mir das Abendlicht anzusehen. Normalerweise sitze ich auf der Veranda hinterm Haus, weil da der feste Schlauch hinreicht. Manchmal schaue ich um diese Zeit auch die Nachrichten oder mache Abendessen. Was ich meine, ist: Ich hätte ohne

Weiteres auch nie erfahren können, dass dieser eine Ahorn bei Sonnenuntergang voller Krähen ist.

Fliegen sie dann gemeinsam weg, um sich einen anderen Baum zum Schlafen zu suchen, höher am Mount Sanitas? Vielleicht, denn ich stehe zeitig auf und sitze am Fenster, das auf die Ausläufer der Berge hinausgeht, und ich habe sie nie aus dem Baum wegfliegen sehen. Stattdessen sehe ich Rehe, die den Berg hinauf zum Mount Sanitas und dem Dakota Ridge unterwegs sind, und die aufgehende Sonne, die rosa auf den Felsen glüht. Wenn Schnee liegt und es sehr kalt ist, gibt es Alpenglühen, dann verwandeln Eiskristalle die Farben des Morgens in Buntglasrosa und Neonrot.

Natürlich ist jetzt Winter. Der Baum ist kahl, und es gibt keine Krähen. Ich denke bloß an die Krähen. Das Laufen fällt mir schwer, schon die paar Seitenstraßen den Berg hinauf wären zu weit für mich. Ich könnte das Auto nehmen, wie Buster Keaton, der sich von seinem Chauffeur einmal über die Straße fahren lässt. Aber ich glaube, dann wäre es schon zu dunkel, um die Vögel im Inneren des Baumes noch zu sehen.

Ich weiß nicht, wie ich überhaupt darauf komme. Elstern blitzen jetzt blau und grün vor dem Weiß des Schnees auf. Sie haben ein ähnliches herrisches Kreischen. Natürlich könnte ich in einem Buch nachsehen oder jemanden anrufen und nach den Nistgewohnheiten von Krähen fragen. Aber was mich stört, ist, dass ich sie nur zufällig bemerkt habe. Was habe ich sonst noch verpasst? Wie oft war ich in meinem Leben gewissermaßen auf der hinteren Veranda statt auf der vorderen? Was hat man mir gesagt, ohne dass ich es hörte? Welche Liebe mag es gegeben haben, die ich nicht spürte?

Das sind sinnlose Fragen. Ich habe nur deshalb so lange gelebt, damit ich meine Vergangenheit loslasse. Die Tür verschließe vor Trauer vor Reue vor einem schlechten Gewissen.

Würde ich sie öffnen, nur einen selbstvergessenen Spalt, klatsch, flöge sie auf ein Sturm von Schmerzen zerreißt mir das Herz vor Scham nimmt es mir die Sicht Tassen und Flaschen zerbrechen Krüge zerschellen Fenster bersten blutig stolpere ich über verschütteten Zucker und Scherben aus Glas panisches Würgen, bis ich mit einem letzten Beben und Schluchzen die schwere Tür wieder schließe. Die Scherben aufsammle, noch einmal.

Vielleicht ist es nicht ganz so gefährlich, die Vergangenheit hereinzulassen, geschieht es mit dem Gedanken: »Was wäre, wenn?« Was, wenn ich mit Paul geredet hätte, bevor er ging? Was, wenn ich um Hilfe gebeten hätte? Was, wenn ich H geheiratet hätte? Jetzt, da ich hier sitze und aus dem Fenster zum Baum hinübersehe, der ohne Zweige und Krähen ist, sind die Antworten auf jedes »Was wäre, wenn« seltsam beruhigend. Dieses Was wäre, wenn, jenes Was wäre, wenn, nichts davon hätte geschehen können. Alles Gute oder Schlechte, was sich in meinem Leben ereignet hat, war vorhersehbar und unvermeidlich, besonders jene Entscheidungen und Handlungen, die dafür gesorgt haben, dass ich jetzt vollkommen allein bin.

Aber wenn ich noch weiter zurückgehen würde, in die Zeit, bevor wir nach Südamerika zogen? Was, wenn Doktor Mock gesagt hätte, ich dürfte Arizona ein Jahr lang nicht verlassen, ich bräuchte eine ausgiebige Behandlung und Eingewöhnungszeit für das Korsett, vielleicht sogar eine Operation wegen meiner Skoliose? Ich wäre im Jahr darauf zu meiner Familie gestoßen. Was, wenn ich mit den Wilsons in Patagonia gelebt hätte, einmal wöchentlich zum Orthopäden in Tucson gegangen wäre, auf der heißen Busfahrt dorthin *Emma* oder *Jane Eyre* lesend?

Die Wilsons hatten fünf Kinder, jedes von ihnen alt genug, um im Gemischtwarenladen oder in dem kleinen Café zu arbeiten, die den Wilsons gehörten. Vor und nach der Schule arbeitete ich mit Dot im Café, und ich teilte das Dachzimmer mit ihr. Dot war siebzehn, das älteste Kind. Eigentlich schon eine Frau. Sie sah aus wie die Frauen im Film, wenn sie festes Puder-Make-up auftrug, ihren Lippenstift an einem Kleenex trocknete, Rauch aus der Nase stieß. Wir schliefen gemeinsam auf der Matratze aus Stroh, über die alte Decken gebreitet waren. Ich lernte, sie nicht zu stören, still zu liegen, eingehüllt in ihre Gerüche. Sie bändigte ihre Locken mit Wildroot-Öl, rieb sich abends Noxzema-Reinigungsmilch ins Gesicht und tupfte sich immer Tweed-Parfüm auf die Handgelenke und hinter die Ohren. Sie roch nach Zigaretten, Schweiß und Mum-Deo und, wie ich später herausfinden sollte, nach Sex. Wir rochen beide nach altem Fett, weil wir im Café Hamburger und Pommes frites brieten, bis es um zehn zumachte. Wir gingen über die Hauptstraße und entlang der Schienen nach Hause, eilten an der Frontier-Kneipe vorbei und die Straße hinunter zum Haus, wo ihre Leute wohnten. Das Haus der Wilsons war das hübscheste Haus in der Stadt. Ein großes, zweistöckiges weißes Haus mit einem Lattenzaun, einem Garten und einer Rasenfläche. Die meisten Häuser in Patagonia waren klein und hässlich. Provisorische Bergarbeiter-Reihenhäuser färbten diese seltsame Bergarbeitersiedlung mit Bahnhof karamellbraun. Die meisten Leute arbeiteten oben auf dem Berg, in der Trench- und der Flux-Mine, die mein Vater geleitet hatte. Inzwischen kaufte er Erz in Chile, Peru und Bolivien auf. Er hatte nicht weggehen wollen, hatte die Minen und die Arbeit dort nicht aufgeben wollen. Meine Mutter hatte ihn überredet, alle hatten ihn überredet. Es war eine großartige Gelegenheit, und wir würden reich werden.

Er zahlte den Wilsons Miete für mein Zimmer und die Verpflegung, aber sie fanden, es wäre gut für meinen Charakter, wenn ich wie die anderen Kinder arbeiten ging. Und wir arbeiteten alle hart, besonders Dot und ich, weil wir bis spät im Café blieben und morgens um fünf Uhr aufstanden. Wir öffneten das Geschäft für die drei Busse voller Bergarbeiter, die von Nogales zur Trench-Mine fuhren. Die Busse kamen im Fünfzehn-Minuten-Takt, die Bergarbeiter hatten gerade genug Zeit für ein oder zwei Tassen Kaffee und ein paar Donuts. Sie bedankten sich bei uns und winkten auf dem Weg nach draußen, *Hasta luego!* Wir beendeten den Abwasch, machten uns Sandwiches für das Mittagessen. Mrs. Wilson kam, um uns abzulösen, und wir gingen zur Schule. Ich besuchte immer noch die Schule oben auf dem Berg, Dot war auf der High School.

Wenn wir abends nach Hause kamen, schlich sie zur Hintertür hinaus, um sich mit ihrem Freund Sextus zu treffen. Er lebte auf einer Farm in Sonoita, war von der Schule abgegangen, um seinem Vater zu helfen. Ich weiß nicht, wie spät sie zurückkam, sobald mein Kopf auf dem Kissen lag, schlief ich ein. Im selben Moment, in dem ich ins Stroh fiel! Ich mochte die Idee einer Strohmatratze wie in *Heidi*. Das Stroh fühlte sich gut an, und es roch gut. Mir war immer so, als hätte ich gerade erst die Augen zugemacht, wenn Dot mich wach rüttelte. Sie hatte sich schon gewaschen oder geduscht und war angezogen, und während ich mich wusch, kämmte sie sich die Haare zu einer Pagenfrisur und schminkte ihr Gesicht. »Was starrst du mich so an? Mach das Bett, wenn du nichts zu tun hast.« Sie konnte mich überhaupt nicht leiden, aber ich mochte sie genauso wenig, also war es mir egal. Auf dem Weg zum Café sagte sie mir wieder und wieder, ich dürfe niemandem erzählen, dass sie sich mit Sextus traf, ihr Vater würde sie umbringen. Wenn in der Stadt nicht schon jeder über sie und Sextus Bescheid gewusst hätte, hätte ich es erzählt, nicht ihren Leuten, aber irgendjemandem, einfach, weil sie so gemein war. Sie war aus Prinzip gemein. Sie fand, sie sollte dieses Kind, das man zu ihr ins Zimmer gesteckt hatte, einfach hassen. Tatsächlich kamen wir ansonsten gut klar, alberten, lachten, waren ein gutes Team beim Zwiebelnschneiden, Limonademischen, Hamburgerwenden. Beide waren wir schnell und tüchtig, beide hatten wir Spaß an den Leuten, den netten mexikanischen Bergarbeitern, die morgens Witze rissen und mit uns scherzten. Nach der Schule kamen Schulkinder und Leute aus der Stadt, wollten Limonade oder Eisbecher, bedienten die Jukebox oder den Flipper. Wir servierten Hamburger, Hotdogs mit Chili, Toast mit Käse überbacken. Wir hatten Thunfisch-Eier-Salat, Kartoffelsalat und Krautsalat, den Mrs. Wilson machte. Das beliebteste Gericht war allerdings das Chili, das die Mutter von Willie Torres jeden Nachmittag vorbeibrachte. Rotes Chili im Winter, Schweinefleisch und grünes Chili im Sommer. Weizentortillas wärmten wir stapelweise auf dem Grill.

Einer der Gründe, warum Dot und ich so hart und schnell arbeiteten, war unsere unausgesprochene Vereinbarung, dass sie sich am Abend, sobald wir den Abwasch gemacht und den Grill gesäubert hatten, hinter dem Café mit Sextus traf und ich die wenigen Bestellungen von Kuchen und Kaffee zwischen neun und zehn allein erledigte. Die meiste Zeit über machte ich mit Willie Torres Hausaufgaben.

Willie arbeitete bis neun im Büro des Edelmetallprüfers nebenan. Wir waren zusammen in einer Klasse gewesen, und ich hatte mich mit ihm angefreundet. Am Samstagmorgen war ich mit meinem Vater immer im Lieferwagen in die Stadt heruntergekommen, um Lebensmittel einzukaufen und die Post für die vier oder fünf Familien zu holen, die auf dem Berg in der Nähe der Trench-Mine wohnten. Nachdem er alles gekauft und aufgeladen hatte, schaute Papa im Büro von Mr. Wise Assay vorbei. Sie tranken Kaffee und redeten über Erz, Minen und Adern? Tut mir leid, ich habe nicht aufgepasst. Ich weiß, es ging um Bodenschätze. Willie war im Büro ein anderer als sonst. In der Schule war er schüchtern, war mit acht Jahren aus Mexiko gekommen, darum hatte er, obwohl er klüger war als Mrs. Boosinger, manchmal Probleme mit Lesen und Schreiben. Auf seiner ersten Valentinskarte an mich stand: »Willst du mit mir gähn?« Aber niemand machte sich über ihn lustig, so wie sie sich über mich und mein Korsett lustig machten und »Bohnenstange!« riefen, weil ich so groß war. Er war ebenfalls groß, hatte ein indianisches Gesicht, hohe Wangenknochen und dunkle Augen. Seine Kleidung war sauber, aber abgetragen und zu klein, sein glattes schwarzes Haar lang und unordentlich, geschnitten von seiner Mutter. Als ich *Sturmhöhe* las, sah Heathcliff aus wie Willie, wild und unerschrocken.

Im Büro von Assay schien er sich mit allem auszukennen. Er wollte später einmal Geologe werden. Er zeigte mir, wie man Gold erkannte und wie Katzengold aussah und Silber. An jenem ersten Tag fragte mich mein Vater, worüber wir geredet hätten. Ich zeigte ihm, was ich gelernt hatte. »Das ist Kupfer. Quarz. Blei. Zink.«

»Wunderbar!«, sagte er, ehrlich erfreut. Auf dem Weg nach Hause hielt er mir einen Vortrag über die Geologie der Gegend, bis wir bei der Mine angekommen waren.

An den folgenden Samstagen zeigte mir Willie noch mehr Steine. »Das ist Glimmer. Dieses Gestein ist Schiefer, das ist Kalkstein.« Er erklärte mir die Bergbaukarten. Wir gruben uns durch Schachteln voller Fossilien. Er und Mr. Wise gingen oft auf die Suche danach. »Hier, das! Guck dir dieses Blatt an!« Mir war nicht klar, dass ich Willie liebte, weil unsere Verbundenheit so still war, nichts mit der Liebe zu tun hatte, von der die anderen Mädchen die ganze Zeit redeten, nichts von Romanze oder Schwärmerei oder Oh, Jeeny liebt Marvin.

Im Café schlossen wir die Jalousien, saßen an der Theke und machten in dieser letzten Stunde Hausaufgaben, aßen Karamelleis. Er konnte die Jukebox so einstellen, dass sie immer wieder »Slow Boat to China« spielte oder »Cry« oder »Texarkana Baby«, endlos. Er war gut im Rechnen und mit Algebra, ich war gut mit Worten, und wir halfen uns gegenseitig. Wir lehnten aneinander, die Beine um die Stuhlbeine geklemmt. Er stützte sogar seinen Ellbogen auf den vorstehenden Teil meines Korsetts, und es machte mir nichts aus. Normalerweise starb ich vor Scham, sobald ich bemerkte, dass jemand das Korsett unter meiner Kleidung auch nur wahrgenommen hatte.

Mehr als alles teilten wir das Gefühl von Müdigkeit. Wir sagten nie: »Gott, bin ich müde. Bist du auch so müde?« Wir waren einfach gemeinsam müde, lehnten im Café gähnend aneinander. Gähnten und lächelten uns in der Schule über den Raum hinweg zu.

Sein Vater wurde von einem Verbruch in der Flux-Mine getötet. Mein Vater hatte versucht, die Mine schließen zu lassen, seit er aus Arizona zurück war. Das war jahrelang sein Job gewesen, Minen daraufhin zu überprüfen, ob die Adern sich erschöpften oder sie nicht mehr sicher waren. Sie nannten ihn »Mach-sie-dicht-Brown«. Ich wartete im Lieferwagen, als er Willies Mutter die Nachricht brachte. Das war, bevor ich Willie kannte. Mein Vater weinte den ganzen Weg zurück nach Hause, was mir Angst machte. Es war Willie, der mir später sagte, mein Vater habe dafür gekämpft, dass die Bergarbeiter und ihre Familien Renten bekämen, und wie sehr das seiner Mutter geholfen hätte. Sie hatte noch fünf weitere Kinder, machte für andere Leute die Wäsche und kochte für sie.

Willie stand so früh auf wie ich, hackte Holz, machte seinen Brüdern und Schwestern Frühstück. Gesellschaftskunde war am schlimmsten, unmöglich, dabei wach und interessiert zu bleiben. Das hatten wir um drei. Eine endlose Stunde. Im Winter beschlugen die Fenster von der Heizung, und unsere Wangen waren feuerrot. Mrs. Boosingers Wangen brannten unter ihren zwei violetten Rougetupfern. Im Sommer bei offenen Fenstern schwirrten die Fliegen, summten die Bienen, tickte die Uhr so einschläfernd und es war so heiß, und sie redete und redete über den Ersten Zusatzartikel der Verfassung und klatsch! krachte ihr Lineal auf den Tisch.

»Aufwachen! Aufwachen! Ihr zwei Waschlappen ohne Rückgrat, setzt euch gerade hin! Augen auf! Waschlappen!« Einmal dachte sie, ich wäre eingeschlafen, aber ich ruhte nur meine Augen aus. Sie sagte: »Lulu, wie heißt der Außenminister?«

»Acheson, Ma'am.« Das überraschte sie.

»Willie, wie heißt der Landwirtschaftsminister?«

»Topeka und Santa Fe?«

Ich glaube, wir waren trunken vor Müdigkeit. Jedes Mal, wenn sie uns mit dem Gesellschaftskundebuch einen Schlag auf den Hinterkopf gab, lachten wir noch mehr. Sie schickte ihn auf den Flur und mich in die Garderobe, nur, um uns beide nach der Stunde eingerollt und im Tiefschlaf vorzufinden.

Einige Male kletterte Sextus nach oben in Dots Zimmer. Ich hörte ihn flüstern: »Schläft die Kleine?«

»Auf der Stelle eingepennt.« Und das stimmte. Sosehr ich auch versuchte wach zu bleiben, um mitzubekommen, was sie machten, ich schlief jedes Mal ein.

Diese Woche ist mir etwas Merkwürdiges passiert. Ich konnte diese kleinen schnellen Krähen direkt an meinem linken Auge vorbeifliegen sehen. Ich drehte mich um, aber sie waren weg. Und wenn ich die Augen zumachte, zogen blitzende Lichter vorüber, als würden Motorräder auf der Autobahn vorbeisausen. Ich dachte, ich würde halluzinieren oder hätte Augenkrebs, aber der Arzt sagte, es sei eine Glaskörpertrübung, das hätten viele Menschen.

»Wie können da im Dunkeln Lichter sein?«, fragte ich, genauso verwirrt wie von der Funktionsweise des Kühlschranks. Er sagte, mein Auge würde meinem Gehirn mitteilen, dass da Licht wäre, und mein Gehirn würde es glauben.

Bitte lachen Sie nicht. Das machte die Sache mit den Krähen nur noch schlimmer. Es brachte auch noch einmal die Frage über den Baum zurück, der im Wald umfällt. Vielleicht hatte mein Auge meinem Gehirn einfach mitgeteilt, da wären Krähen im Ahorn.

Eines Sonntags wachte ich morgens auf, und Sextus lag neben Dot und schlief. Es hätte mich mehr interessiert, wenn sie ein schöneres Paar gewesen wären. Er hatte eine Igelfrisur und Pickel, weiße Augenbrauen und einen riesigen Adamsapfel. Allerdings war er ein Meister im Lasso-Reiten und beim Barrel-Race, und sein Schwein hatte auf der Landwirtschaftsmesse der Jugendorganisation 4-H drei Jahre hintereinander einen Preis gewonnen. Dot war häuslich, einfach nur häuslich. Die vielen Farben, die sie auftrug, ließen sie noch nicht einmal billig aussehen, damit betonte sie nur ihre kleinen braunen Augen und den großen Mund mit den auffälligen Eckzähnen, der in einem ständigen Pseudofauchen offen stand. Ich rüttelte sie sanft und zeigte auf Sextus. »Ach du liebe Güte!«, sagte sie und weckte ihn. Innerhalb von Sekunden war er zum Fenster hinaus, die Pappel hinunter und verschwunden. Dot drückte mich ins Stroh, ließ mich schwören, kein Wort zu sagen. »Ey, Dot, habe ich doch bisher auch nicht, oder?«

»Und wenn, dann verrat ich dich und diesen Mexi.« Ich war erschüttert, sie klang wie meine Mutter.

Es war schön, mir keine Gedanken über meine Mutter machen zu müssen. Ich war jetzt ein netterer Mensch. Nicht mehr mürrisch und düster. Höflich und hilfreich. Ich kleckerte nicht, zerbrach nichts, ließ nichts fallen wie zu Hause. Ich wollte nie wieder weg von hier. Mr. und Mrs. Wilson sagten immer wieder, was für ein liebes Mädchen ich sei, eine gute Arbeitskraft, und dass sie mich schon zur Familie zählten. An Sonntagen kam die Familie zum Essen zusammen. Dot und ich arbeiteten bis mittags, während sie in der Kirche waren, dann schlossen wir das Café ab, gingen nach Hause und halfen beim Kochen. Mr. Wilson sprach ein Dankgebet. Die Jungs stießen einander in die Seite und lachten, redeten über Basketball, und wir alle redeten über, also, ich weiß nicht mehr, was. Vielleicht redeten wir gar nicht viel, aber es war freundlich. Wir sagten: »Könntest du mir bitte die Butter reichen?« »Die Soße?« Am schönsten fand ich es, dass ich meine eigene Serviette mit Serviettenring hatte, die mit allen anderen auf der Anrichte lag.

Samstags wurde ich im Auto nach Nogales mitgenommen und stieg dann in den Bus nach Tucson. Die Ärzte steckten mich stundenlang in einen schmerzhaften mittelalterlichen Streckverband, bis ich es nicht mehr aushielt. Sie vermaßen mich, prüften, ob Nerven beschädigt waren, indem sie mich mit Nadeln stachen, klopften mir mit einem Hammer auf Beine und Füße. Sie stellten das Korsett und die Einlage an meinem Schuh ein. Es sah aus, als kämen sie zu einer Entscheidung. Verschiedene Ärzte sahen sich mit zusammengekniffenen Augen meine Röntgenaufnahmen an. Der berühmte, auf den sie alle gewartet hatten, sagte, meine Rückenwirbel lägen zu dicht am Nervenstrang. Eine Operation könne zu

Lähmungen führen, ein Schock für alle Organe, die sich der Krümmung angepasst hätten. Es würde teuer, nicht nur die Operation selbst, sondern weil ich während meiner Genesung fünf Monate lang reglos auf dem Bauch liegen müsste. Ich war froh, dass sie die Operation offenbar nicht befürworteten. Ich war sicher, wenn sie meine Wirbelsäule richten würden, wäre ich zweieinhalb Meter groß. Aber ich wollte, dass sie nicht aufhörten, mich zu untersuchen; ich wollte nicht nach Chile. Ich durfte eines der Röntgenbilder mitnehmen, auf dem das Silberherz zu sehen war, das Willie mir geschenkt hatte. Meine s-förmige Wirbelsäule, mein Herz an der falschen Stelle und sein Herz direkt in der Mitte. Willie hängte es in einem kleinen Fenster im hinteren Teil des Assay-Büros auf.

Manchmal fand am Samstagabend Scheunentanz statt, weit draußen in Elgin oder Sonoita. In Scheunen. Jeder im Umkreis von etlichen Meilen ging hin, alte Leute, junge Leute, Babys, Hunde. Gäste von den Ferienranches. Die Frauen brachten etwas zu essen mit. Grillhähnchen und Kartoffelsalat, Kuchen und Torten und Punsch. Die Männer gingen in Gruppen nach draußen, standen bei ihren Pick-ups und tranken. Auch ein paar Frauen waren dabei, meine Mutter immer. Schüler von der High School betranken sich und kotzten, wurden beim Knutschen erwischt. Alte Frauen tanzten miteinander und mit den Kindern. Alle tanzten. Meistens Twostepp, aber auch ein paar langsame Tänze und Jitterbug. Squaredance und mexikanische Tänze wie *La Varsoviana*. Auf Englisch geht das so: »Stell dein Füßchen, stell dein Füßchen da hin«, und man hüpft, hüpft und dreht sich. Sie spielten alles, von »Night and Day« bis »Detour, There's a Muddy Road Ahead«, von »*Jalisco no te Rajes*« bis »Do the Hucklebuck«. Jedes Mal eine andere Band, aber mit demselben Musikmix. Wo kamen diese bunt zusammengewürfelten wunderbaren Musiker her? *Pachuro-*

Hornisten und Guiro-Spieler, Country-Gitarristen mit großen Hüten, Bebop-Schlagzeuger und Klavierspieler, die wie
Fred Astaire aussahen. Die Musik, die diesen kleinen Bands
am nächsten kam, hörte ich im Five Spot in den späten Fünf-
zigerjahren. Ornette Colemans »Ramblin«. Alle schwärmten
davon, wie neu und aufregend er sei. Klang für mich wie Tex-
Mex, wie ein guter Schwof in Sonoita.

Die biederen Hausfrauen, Typ Pfadfinderin, machten sich
zum Tanz alle schick. Toni-Dauerwelle und Rouge, Schuhe
mit hohen Absätzen. Die Männer waren lederhäutige, schwer
arbeitende Viehzüchter oder Bergarbeiter, die während der
Wirtschaftskrise aufgewachsen waren. Äußerst gottesfürch-
tige Arbeiter. Die Gesichter der Bergarbeiter faszinierten
mich. Die Männer, die ich schmutzig und abgespannt von
der Schicht kommen sah, waren jetzt rotgesichtig und sorg-
los, schmetterten ein »Ah ha San Antone!« oder ein »*Ai, Ai,
Ai*«, denn nicht nur tanzten alle, sie sangen auch und johlten.
In den Pausen wurden Mr. und Mrs. Wilson langsamer und
fragten mich keuchend: »Hast du Dot gesehen?«

Willies Mama kam mit einer Gruppe Freundinnen zum
Tanz. Sie tanzte zu jeder Musik, immer in einem hübschen
Kleid, die Haare hochgesteckt, ihr Kruzifix flog. Sie war schön
und jung. Und damenhaft. Langsame Tänze tanzte sie nicht
eng, und sie ging nie raus zu den Pick-ups. Nein, mir ist das
nicht aufgefallen. Aber den Frauen aus Patagonia, und sie erwähnten es zu ihren Gunsten. Sie sagten auch, dass sie nicht
lange Witwe sein würde. Als ich Willie fragte, warum er nie
käme, sagte er, er könne nicht tanzen und außerdem müsse er
auf die Kinder aufpassen. Aber andere Kinder waren auch da,
warum konnten sie nicht mitkommen? Nein, sagte er. Seine
Mutter sollte sich amüsieren, es war wichtig, dass sie manchmal von den Kindern wegkam.

»Na gut, aber was ist mit dir?«

»Ich mach mir nicht so viel daraus. Ich bin nicht selbstlos. Ich will nur genauso sehr wie meine Mama, dass sie einen neuen Mann findet«, sagte er.

Wenn Diamantenschürfer in der Stadt waren, kam richtig Leben in die Tanzabende. Ich weiß nicht, ob es noch Diamantenschürfer gibt, aber in jenen Bergarbeitertagen damals waren sie ganz spezielle Typen. Sie brausten immer zu zweit mit neunzig Meilen pro Stunde in die Siedlung, eingehüllt in eine Staubwolke. Sie fuhren keine Pick-ups oder normale Familienkutschen, sondern schnittige Zweisitzer mit glänzendem Lack, der noch unter dem Staub leuchtete. Diese Männer trugen keine Jeans- oder Khakihosen wie die Viehzüchter oder die Bergarbeiter. Vielleicht dann, wenn sie in die Minen stiegen, aber auf Reisen oder beim Tanz trugen sie dunkle Anzüge, Seidenhemden und Schlips. Sie hatten lange Haare, zu einer Schmalzlocke frisiert, mit langen Koteletten, manchmal einen Schnauzer. Obwohl ich sie nur in den Minen im Westen sah, waren ihre Autokennzeichen gewöhnlich aus Tennessee, Alabama oder West Virginia. Sie blieben nie lange, höchstens eine Woche. Sie verdienen mehr als Hirnchirurgen, sagte mein Vater. Sie waren diejenigen, die eine gute Ader öffneten oder fanden, glaube ich. Ich weiß mit Sicherheit, dass sie wichtig waren und ihre Arbeit gefährlich. Sie sahen gefährlich aus und, wie ich jetzt weiß, sexy. Mit ihrer Lässigkeit und Arroganz hatten sie die Ausstrahlung von Matadoren, Bankräubern, Einwechselwerfern beim Baseball. Jede Frau, ob alt oder jung, wollte beim Scheunentanz mit einem Diamantenschürfer tanzen. Ich wollte. Die Schürfer wollten mit Willies Mutter tanzen. Am Ende landete immer die betrunkene Ehefrau oder Schwester von irgendjemandem mit einem von ihnen draußen, und dann gab es einen blutigen Kampf, mit all den Männern, die aus der Scheune stürzten. Die Kämpfe endeten immer damit, dass jemand in die Luft schoss, die Schürfer in der Nacht verschwanden und die verletzten Kavaliere mit geschwollenem Kiefer oder blauem Auge zum Tanz zurückkehrten. Die Band spielte irgendwas wie »Du hast mich zweimal und einmal zu oft betrogen«.

Eines Sonntagnachmittags fuhr Mr. Wilson mich und Willie zur Mine hoch, damit wir unser altes Haus anschauen konnten. Ich bekam Heimweh, als ich die Mr.-Lincoln-Rosen meines Vaters roch und unter den alten Eichen herumlief. Felsige Klippen ringsumher und eine Aussicht über das ganze Tal und zum Mount Baldy. Die Falken und Häher waren da und das Tick-tick-Geräusch der Flaschenzüge im Schmelzwerk wie das Becken eines Schlagzeugs. Ich vermisste meine Familie und strengte mich an, nicht zu weinen, weinte aber trotzdem. Mr. Wise nahm mich in den Arm, sagte, keine Sorge, ich würde bestimmt wieder mit ihnen zusammen sein, sobald die Schule zu Ende sei. Ich sah Willie an. Er wandte den Kopf ab, wies auf die Rehe und Kitze, die uns nur wenige Meter entfernt anstarrten. »Sie wollen nicht, dass du gehst«, sagte er.

Wahrscheinlich wäre ich also nach Südamerika gegangen. Aber dann gab es ein schreckliches Erdbeben in Chile, eine nationale Tragödie, und meine Familie wurde getötet. Ich lebte weiterhin in Patagonia, Arizona bei den Wilsons. Nach der High School erhielt ich ein Stipendium von der Universität von Arizona, wo ich Journalismus studierte. Willie erhielt ebenfalls ein Stipendium und studierte Kunst und Geologie im Hauptfach. Nach dem Abschluss heirateten wir. Willie bekam einen Job in der Trench-Mine, und ich arbeitete für den *Nogales Star*, bis unser erster Sohn Silver geboren wurde. Wir wohnten in der Nähe von Harshaw, in Mrs. Boosingers schönem alten Lehmziegelhaus oben in den Bergen (sie war bereits gestorben), mit einem Garten voller Apfelbäume.

Ich weiß, es klingt ziemlich schmalzig, aber Willie und ich lebten glücklich miteinander bis ans Ende unserer Tage.

Was, wenn es passiert wäre, dieses Erdbeben? Ich weiß, was dann. Das ist das Problem mit dem »Was wäre, wenn«. Früher oder später ist da ein Haken. Ich hätte nicht in Patagonia bleiben können. Ich wäre in Amarillo, Texas, gelandet. Flaches Land, Silos, Himmel und Steppenroller, kein Berg weit und breit. Ich hätte bei Onkel David und Tante Harriet und meinem Urgroßvater Grey gelebt. Sie hätten mich als Problem betrachtet. Ein Kreuz, das sie zu tragen hatten. Es hätte jede Menge von dem gegeben, was sie »sich aufführen« nannten und was der Psychologe als Hilfeschreie bezeichnet hätte. Nach meiner Entlassung aus der Jugendstrafanstalt hätte es nicht lange gedauert, bis ich durchgebrannt wäre, mit einem Diamantenschürfer, der auf Durchreise in der Stadt war, unterwegs nach Montana – und ist das zu glauben? Mein Leben hätte mich genau dorthin gebracht, wo ich jetzt bin, unterhalb der Kalksteinfelsen von Dakota Ridge, zu den Krähen.

Notiz des Herausgebers

Stephen Emerson

»Die Vögel haben alle Rittersporn- und Malvensamen gefressen, die ich ausgesät hatte ... saßen aufgereiht nebeneinander wie in der Cafeteria.«

Brief an mich vom 21. Mai 1995

Lucia Berlin war meine engste Freundin. Und sie war eine herausragende Schriftstellerin, eine der besten, die ich kannte. Ihre Art zu schreiben hat Biss. Sie erweckt in mir das Bild eines Meistertrommlers, der hinter einem riesigen Schlagzeug beidhändig auf Schnarrtrommeln, Tamtams und Ride-Becken schlägt, während er mit den Füßen die Pedale bedient. Nicht, dass ihr Werk mit einem Trommelwirbel zu vergleichen wäre, es ist darin nur einfach jede Menge los.

Diese Prosa greift weit über Seiten eines Buches hinaus. Sie ist voller Leben. Sie enthält Offenbarungen.

Ein komisches kleines Elektroauto, etwa um 1950: »Es sah aus wie jedes andere Auto, nur, dass es sehr hoch und kurz war, wie ein Auto aus einem Comic, das gegen eine Wand gefahren war. Ein Auto, dem die Haare zu Berge standen.«

Das Auto ist hoch *und* kurz.

An einer anderen Stelle, über die Reisenden vor *Angels Waschsalon*:

»Schmutzige Matratzen, rostige Stühle, festgebunden auf den Dächern verbeulter alter Buicks. Undichte Ölhosen, undichte Wasserbehälter aus Stoff. Undichte Waschmaschinen. Die Männer sitzen mit freiem Oberkörper in den Autos, zerdrücken Hamm's-Bierbüchsen, sobald sie leer sind.«

Und die Mutter (ach, die Mutter):

»Du hast dich immer sorgfältig gekleidet. Strumpfhalter. Nahtstrümpfe. Ein pfirsichfarbener Satinunterrock, der mit Absicht ein wenig hervorguckte, nur damit diese Bauern wussten, du trägst einen. Ein Chiffonkleid mit Schulterpolstern, eine Brosche mit winzigen Diamanten. Und dein Mantel. Ich war fünf, aber auch damals wusste ich schon, dass er schäbig und alt war. Weinrot, die Taschen fleckig und ausgefranst, die Bündchen zogen Fäden.«

Freude ist ein wesentliches Element in ihrem Werk. Ein seltenes Gut, das man nicht so oft findet. Balzac, Isaac Babel, García Márquez fallen einem ein. Eine Prosa, die so tief in die Welt hineingreift wie die Lucia Berlins, feiert sie. Ihr Werk ist von einer Freude durchdrungen, die von dieser Welt abstrahlt. Es ist ein Erzählen, das sich aus dem Unentwegten der menschlichen Existenz speist – Orte, Essen, Gerüche, Farben, Sprache. Die Welt wird eingefangen in ihrer immerwährenden Bewegung, ihrem Potenzial zu überraschen, ja sogar zu beglücken. Das hat nichts mit der Frage zu tun, ob die Autorin pessimistisch ist oder nicht, ob die Ereignisse oder Gefühle, die sie beschreibt, heitere sind. Es geht allein darum, dass wir spüren, was uns gezeigt wird:

»Die Menschen in den Autos um uns herum aßen schlabbriges Zeug. Wassermelonen, Granatäpfel, Bananen mit braunen Stellen. Bier war auf die Dächer gespritzt, Schaum rann an Autotüren hinab. Ich wollte an einer Orange lutschen. Ich habe Hunger, quengelte ich. Mrs. Snowden hatte das vorausgesehen. Ihre behandschuhte Hand reichte mir Fig Newtons, die in Talkumtaschentücher eingewickelt waren. Die Feigenkekse gingen im Mund auf wie japanische Blüten (…).«

Die Freude ist nicht allgegenwärtig. Ja, manche Geschichten vermitteln pure Trostlosigkeit. Aber die Freude ist die übergeordnete Wirkung dieser Prosa. Nehmen wir *Streuner*. Der Schluss der Geschichte ist so ergreifend wie ein Lied von Janis Joplin. Und genau wie ein Lied von Janis Joplin hat es *Rhythmus*.

Gleichzeitig werden Lucia Berlins Geschichten von einem ausgelassenen Humor angetrieben, der eng mit dem Thema der Freude verknüpft ist. Wenig überraschend verwenden viele ihrer Leser den Begriff »schwarzer Humor«. Ich verstehe ihn anders. Für mich ist dieser Humor einfach zu lustig, um an ihm ein Messer zu wetzen. Céline und Nathanael West, Kafka – das ist ein anderer Humor. Berlins Humor ist vergnügt.

Aber das Geheimnis ihrer Literatur ist das Plötzliche. Unvermittelte Veränderungen und Überraschungen sorgen für diese Lebendigkeit, das Markenzeichen ihrer Kunst.

Ihre Prosa verläuft synkopisch und springt, wechselt die Kadenzen und Themen. Das sind die Stellen, an denen es knistert. Geschwindigkeit in der Prosa ist etwas, worüber selten gesprochen wird, viel zu selten.

Panteón de Dolores ist eine sich breit auffächernde Geschichte von großer emotionaler Tiefe, enthält aber auch diese hohe Geschwindigkeit. Man braucht nur die Passage zu lesen, die beginnt mit »Zugehört hast du nie« und endet mit »der hohen Schadstoffbelastung«. Oder diese Stelle: »Mama, du hast überall Hässlichkeit und Schlechtigkeit gesehen, in jedem Menschen, an jedem Ort. Warst du verrückt oder eine Seherin?«*

Die letzte Geschichte, die Berlin je geschrieben hat, ist kurz. Hier brodelt nichts, es gibt keine großen Themen, keine Kindsmorde, keinen Drogenschmuggel, keine Mutter-Tochter-Konflikte oder Versöhnung. Auf gewisse Weise ist die Geschichte gerade deshalb so bemerkenswert kunstvoll. Sie ist behutsam und schnell zugleich. Berlin führt den knarzigen alten Handwerker, der in ihrem Trailer Fliesen verlegen soll, folgendermaßen ein: B. F. »keuchte und hustete, nachdem er die drei Stufen hochgestiegen war. Er war ein Riese, groß, sehr dick und sehr alt. Schon als er noch schnaufend vor der Tür stand, konnte ich ihn riechen. Tabak und schmutzige Wolle, ranziger, alkoholgetränkter Schweiß. Er hatte blutunterlaufene himmelblaue Augen, die lächelten. Ich mochte ihn sofort.«

Dieses »Ich mochte ihn sofort« wirkt beinahe wie aus dem Zusammenhang gerissen. Und genau darin liegt das Tempo. Und der Witz. (Man muss sich nur bewusst machen, was das über das erzählende »Ich« aussagt.)

Eine Autorin dieses Kalibers lässt sich oft schon an einem

---

*   Die Interpunktion in Lucia Berlins Prosa folgt nicht immer den Regeln und ist manchmal uneinheitlich. Der Grund dafür ist wieder das Tempo. Sie mochte kein Komma, das eine Pause setzt, die man beim Sprechen nicht hört oder eine unerwünschte Verlangsamung des Textes erzeugt. In anderen Fällen bewirkt das Weglassen eines Kommas erst die hektische Geschwindigkeit, die dem Text diesen kraftvollen Schwung verleiht. Anm. der Übersetzerin: Die amerikanische Originalausgabe dieses Bandes folgt in den meisten Fällen der von Lucia Berlin verwendeten Originalinterpunktion im Englischen. Das Gleiche gilt für einige grammatikalische Besonderheiten, die sich aus der Verwendung von Slang und die für Berlin so charakteristische Verknappung ergeben. Soweit es ging, ist dies in die deutsche Übersetzung eingeflossen.

einzigen Satz erkennen. Hier ist ein Satz aus derselben Geschichte, noch immer geht es um B. F. und seinen Geruch:

»Üble Gerüche können nett sein.«

Das ist typisch Lucia Berlin. Es ist so abgedroschen (»nett«), läuft so sehr Gefahr, ungelenk zu wirken. Aber es stimmt, und es hat Tiefe. Stellt man diesen Satz ihrer ansonsten meist sehr kultivierten Stimme gegenüber, wirkt er fast unredlich, doch er beschleunigt ungemein. Der Wechsel im Tonfall, sogar in der Erzählstimme, schickt uns auf neues Terrain.

Es sind fünf Wörter, alle einsilbig.

Über B.F.s Gestank – nein, sie kann es nicht Gestank nennen. Mief? Auch nicht. Sie muss auf britischen Slang zurückgreifen, um einen Begriff zu finden, der stark genug, aber dennoch neutral ist, dennoch keine Wertung vornimmt.

»Ausdünstungen.« *Pong*. Seine Ausdünstungen. Was uns zu Proust führt.

»Seine Ausdünstungen waren für mich wie eine Madeleine.«

Wer, außer Lucia Berlin, würde so schreiben? Die Ausdünstungen waren wie eine Madeleine.

Die Freude in ihrer Literatur hat sich auf mich übertragen, als ich die Geschichten für dieses Buch zusammenstellte. Unter anderem wurde mir klar, dass ihr Werk an Strahlkraft noch gewonnen hat, seit das letzte ihrer Bücher erschienen ist.

Black Sparrow Press und ihre früheren Verlage haben sich sehr bemüht, und sie hatte sicher zwei- bis dreitausend treue Leser, doch sind das viel zu wenige. Ihr Werk wird die versiertesten Leser erfreuen. Dabei haben ihre Geschichten nichts Exklusives; im Gegenteil, sie laden zur Lektüre geradezu ein. Damals mag es jedoch unvermeidlich gewesen sein, dass Berlin nur das Publikum kleiner Verlage erreichte. Immerhin lebte sie im Großen und Ganzen in einem »Außerhalb«.

Die Boheme der Westküste, Geistliche und Fabrikarbeiter, Waschsalons, »Therapiegruppen«, Geschäfte, die einzelne Schuhe verkaufen, und Unterkünfte wie beispielsweise dieser Trailer gaben die Kulisse für einen Großteil ihres Erwachsenenlebens ab (in dem sie trotz allem immer elegant auftrat).

Und dieses »Außerhalb« verleiht ihrem Werk schließlich auch seine außergewöhnliche Intensität.

Aus Boulder schrieb sie mir (und hier spielt sie auf ihren späteren ständigen Begleiter, die Sauerstoffflasche, an):

»Die Bucht von San Francisco, New York und Mexiko-Stadt waren die einzigen Orte, an denen ich mich nicht fühlte wie eine Außenseiterin. Ich kam vom Einkaufen zurück, und alle wünschten mir einen schönen Tag und lächelten meiner Sauerstoffflasche zu, als wäre sie ein Pudel oder ein Kind.«

Ich kann mir niemanden vorstellen, der diese Geschichten nicht gerne liest.